SASCHA MACHT
SPYDERLING

SASCHA MACHT

SPYDERLING

ROMAN

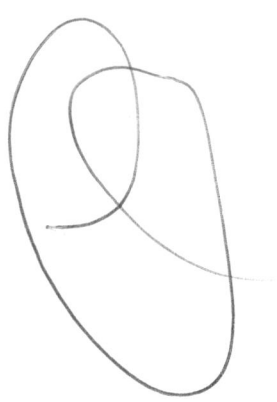

DUMONT

Von Sascha Macht ist bei DuMont außerdem erschienen:
Der Krieg im Garten des Königs der Toten

Der Autor dankt sehr herzlich dem Deutschen Literaturfonds e.V.,
der Kulturstiftung des Freistaates Sachsen und dem Literarischen
Colloquium Berlin für die Unterstützung des vorliegenden Buches.

Dieses Buch wurde klimaneutral produziert.

ClimatePartner.com/17531-2110-1001

FSC
www.fsc.org
MIX
Papier aus ver-
antwortungsvollen
Quellen
FSC® C083411

Erste Auflage 2022
© 2022 DuMont Buchverlag, Köln
Alle Rechte vorbehalten
Umschlaggestaltung: Nurten Zeren, www.zerendesign.com
Satz: Fagott, Ffm
Gesetzt aus der Centennial und der Modula Tall
Druck und Verarbeitung: CPI books GmbH, Leck
Gedruckt auf säurefreiem und chlorfrei gebleichtem Papier
Printed in Germany
ISBN 978-3-8321-8191-8

www.dumont-buchverlag.de

INHALT

Nimic nu este mai important decât cunoaşterea
existenţei acestei dimensiuni a iadului.

Nichts ist bedeutsamer als das Wissen
um die Existenz dieser Höllendimension.

Sprichwort aus Moldau

THUNDERDOME

Von meinem Fenster aus sah ich den Garten in Flammen stehen. Ich hörte mich atmen, griff nach meinen Würfeln auf dem Nachttisch und lief aus dem Zimmer, den finsteren Flur entlang und die Treppen hinunter. Im Foyer, neben dem Telefonapparat an der Wand, stand Ioana, ein blaues Taschentuch in den Händen; dort, wo ihre Augen sein sollten, steckten zwei Klumpen aus ineinander verschlungenen weißen Würmern. Ihr gegenüber, im Durchgang zum Speisezimmer, hielt sich Leon am Türrahmen fest, den Mund weit aufgerissen, regungslos; sein rechtes Bein war von ihm weggeknickt, der Fuß zeigte in den Raum hinter ihm. Das alles habe ich gesehen, im Vorbeilaufen, die Hand in der Hosentasche, wo die Würfel waren, die aneinanderschlugen mit jedem meiner Schritte, weich aneinanderschlugen in meiner Hand, und ich nahm all meinen restlichen Mut zusammen, öffnete die Terrassentür und trat in die Nacht, in den brennenden Garten hinaus.

In der Mitte des Raumes steht ein Tisch. Drei Menschen sitzen schweigend auf Stühlen drum herum. Auf dem Tisch liegt ein Brett aus bemalter Pappe. Mehr braucht es nicht: die Menschen, den Tisch, das Brett. Draußen lauert der Feind, drinnen fallen die Würfel. Wir leben im Zeitalter des Spiels.

Das Weingut erreichte man nur über eine ungepflasterte Straße, die zwischen Walnussbäumen hindurchführt. Auf diese Straße kam man nur über eine andere Straße, die Orte wie Orhei, Peresecina oder Măgdăceşti mit Chişinău verbindet, der Hauptstadt der Republik Moldau. Die Hauptstadt erreichte man beispielsweise mit dem Flugzeug, das, von Berlin kommend, eine Zwischenlandung in Kiew machte, einem Flugzeug, das stundenlang über die zerklüfteten Weiten der Ukraine schnellte. Nach Berlin fuhr ein Reisebus aus München mit nächtlichem Zwischenstopp in Leipzig, wo ein schneller Zug aus Frankfurt am Main hielt, der während eines der seltenen deutschen Hochwasser geflutete Landschaften durchquerte. Von Frankfurt aus nach Dallas, Texas, in den Vereinigten Staaten von Amerika ging es wiederum nur mit dem Flugzeug, dann ein letzter Umstieg in Fort Worth, und nach zweieinhalb Stunden war man in Cheyenne, Wyoming, gelandet, wo sich am Himmel über den Ebenen die Wolken zu grauen Ungeheuern türmten. Hier begann ich meine Reise, aber wo bin ich jetzt? Es gibt keine Entfernungen mehr. Ich befinde mich noch immer an allen Orten gleichzeitig, die ich besuchte. Da ist der Himmel, da ist der Bahnhof, da ist die Leere, da sind die Walnussbäume.

Ein Brettspiel ist, auf den ersten Blick, ein Gegenstand, dessen Funktionsweise nicht selbsterklärend ist. Einen Film oder eine Musik muss jemand abspielen, damit etwas zu sehen oder zu hören ist. Wenn niemand ein Brettspiel spielt, dann bleibt es ein unbekanntes, totes Ding. Wie ein Buch, das nicht gelesen wird, oder ein Bild, das niemand betrachtet. Brettspiel, Buch und Bild benötigen zwingend die Interaktion, um stattfinden zu können. Der Film läuft, auch wenn ihn niemand sieht; die Musik spielt, auch wenn sie niemand hört. Das Brettspiel verlangt unsere gesamte Aufmerksamkeit. Wenn wir uns nicht damit beschäftigen, existiert es nur als Ansammlung von Pappe, Holz und Plastik, in bunten Farben bemalt. Ein Brettspiel zu entwickeln (ein Buch zu schreiben, ein Bild zu malen, ein Auto zu waschen, einen Mord zu begehen) bedeutet, das Chaos der Wirklichkeit zu bändigen und handhabbar zu machen. Beim Spielen gehen die Menschen einzeln mit diesem konzentrierten Chaos um, beobachten andere dabei und teilen schließlich ihre während des Spielens gemachten Erfahrungen miteinander.

Als ich fünfzehn Jahre alt war, saß ich unter den Wolken am Himmel über Wyoming und dachte mir Ideen für Brettspiele aus. Heute bin ich achtundzwanzig und stehe vor der Frage, was eigentlich Qualität bedeutet. Ich spreche meinen Namen aus, so wie es mein Vater tat: die erste Silbe betont, den Rest schnell hinterher. Daytona. Mein Name ist ein Ort, an dem Auto- und Motorradrennen stattfinden, nicht weit von einem traumhaften Atlantikstrand entfernt, ein Superspeedway, auf dem über dreißig Rennfahrer in den Tod gerast sind: Marshall Teague, Bernie Taylor, Joe »Rusty« Bradley, Friday Hassler, Charles Ogle, Neil Bonnett, Dale Earnhardt, Roy H. Weaver III. … Ich denke: Das Brettspiel macht uns die permanente Gegenwart des Lebens bewusst, ohne uns die Unendlichkeit des Todes vorzuenthalten. Sollte da wirklich was dran sein, dann glaube ich, dass ich es liebe zu spielen.

Das Herrenhaus des Weingutes war ein fahlgelber Brocken aus Sichtbeton. Als ich es zum ersten Mal sah, von der Allee mit den Walnussbäumen aus, an einem sonnigen Nachmittag, da war mein erster Gedanke, das Gebäude habe sich, bei seinem Sturz aus den Tiefen des Alls, noch im Inneren eines Asteroiden befunden, der beim Aufprall auseinanderbrach, erbarmungslos in einen der vielen Hügel gerammt, zwischen die Bäume, zwischen das Gras. Die außerirdische Strahlung des Gesteins brachte fleischige Pflanzen mit farblosen Blüten zum Wachsen, ließ die Tiere der Umgebung missgestalteten Nachwuchs zur Welt bringen und zerfraß im Laufe der Jahre den Untergrund zu Schächten, Gängen und Höhlen, aus denen in der Nacht ein dumpfes sich wiederholendes Geräusch ans Ohr des Schlaflosen drang. Großer Quatsch, meinte Leon zu mir, als ich ihm auf unserem Rundgang von meinem ersten Eindruck erzählte: Spyderling habe das Weingut vor fünfzehn Jahren zu einem Spottpreis von einem kommunistischen Baulöwen, Schlagersänger und Feinschmecker namens Antonin Brin gekauft, der es sich nach dem Zusammenbruch der Sowjetunion als Landsitz errichtet hatte und längst außer Landes geflohen war. Das Dach bestand aus drei riesigen, wahllos zueinander positionierten Haifischflossen, auf deren porösem Gestein Staub und Regen schwarze Schlieren hinterlassen hatten.

Als ich zum ersten Mal die Außenwände mit ihren abgeschrägten Flächen, zwecklosen Ausbuchtungen und willkürlich platziert wirkenden Winkeln, Nischen und Durchlässen betrachtet hatte, war mir sofort ein wenig schwindlig geworden. Die zahlreichen Fenster waren nicht mehr als dunkle Schießscharten, einige mit rostigen Metallblenden versehen, um die sich die vertrockneten Sprosse von Schlingpflanzen gewickelt hatten.

»Das Haus ist grottenhässlich, aber es lebt«, sagte Ioana einmal zu mir.

Drinnen waren die verschiedenen, mit Holzpaneelen verkleideten Räume durch enge, finstere Flure miteinander verbunden. Ein zentraler Treppenaufgang führte vom Eingangsbereich mit der Küche, dem Speisezimmer, dem Rauchsalon und dem Büro für die Verwaltung des Weingutes nach oben. Die erste Etage bestand aus den Gästeräumen, der Hunderte Brettspiele umfassenden Ludothek und dem Kaminzimmer samt Balkon, der, über der rückwärtigen Frühstücksterrasse und dem Pool gelegen, einen Blick in den Garten hinaus bot. Die einzige Treppe, über die man in das oberste Geschoss und damit in den Privatbereich von Spyderling gelangen konnte, lag hinter einer verschlossenen Tür am Ende des Flurs. Im Waschkeller unter der Küche befand sich der Zugang zum unterirdischen Höhlensystem, wo der Ertrag der Weinberge reifte. Wer wollte, konnte durch die Dunkelheit mit einem elektrischen Golfmobil zu den in den Fels gesprengten Probierräumen fahren, die dem Kommandostand eines Atom-U-Bootes, der Sixtinischen Kapelle, der postapokalyptischen Gladiatoren-Arena »Thunderdome« aus dem Film *Mad Max 3* oder dem Büro des Generalsekretärs der KPdSU nachempfunden waren.

In meinem Zimmer standen ein Bett, ein Schreibtisch, ein Stuhl und ein Schrank. Es gab ein winziges Bad mit Dusche und WC, aber kein Telefon. Auf dem Fensterbrett hatte jemand den verstaubten Helm eines Samurais platziert. Solche sonderbaren dekorativen Details ließen sich überall im Haus finden, wenn auch nicht gleich beim ersten Hinsehen: das Gemälde einer Schlachtung von Menschen und Tieren in toskanischer Landschaft im

Flur des ersten Obergeschosses, ein altes Steinschlossgewehr im Schirmständer nahe des Windfangs, ein blühender Ast mit drei ausgestopften Neuntötern auf dem Kühlschrank in der Küche, das Modell eines Wehrmachtpanzers als Stopper der Tür zum Verwaltungsbüro, das Bild eines lachenden Kindes ohne Augen auf dem Kaminsims, ein geschwärzter Menschenschädel in einer Vitrine im Rauchsalon.

Es gibt ein Brettspiel, in dem alle Mitspieler die Rollen von wuchernden Sträuchern in einem Stadtpark einnehmen müssen. Ich glaube, ich mag es nicht, wenn Spiele mir etwas vormachen wollen, was letzten Endes und in keiner Sekunde irgendetwas mit mir zu tun hat. Es gibt unzählige Brettspiele, die Produktions- und Warenkreisläufe im europäischen Mittelalter zum Thema haben. Solche Spiele sind nur etwas für die Sprösslinge von Professoren, Aufsichtsräten und CEOs von Unternehmen der Pharmaindustrie. Ein wirklich gutes Brettspiel versetzt dir einen Stich in deiner schwächsten Minute, zwingt dich für ein paar Stunden dazu, dich mit der unbekannten Finsternis um dich herum zu beschäftigen, lässt dich aufschreien vor Glück und, jawohl!, rührt dich zu Tränen. Es erzählt dir etwas über dich, während du es spielst. Und dann musst du auch gar nicht traurig sein, wenn du verloren hast. Gewinnen zu wollen ist etwas für Arschlöcher, Leistungssportler und Leute, die gerne Kinder anschreien.

Ronny Neugebauer hatte eine Einladung erhalten. Johanna van Tavantar hatte eine Einladung erhalten. Arno Picardo hatte eine Einladung erhalten. Der vierzehn Jahre alte Campbell Campbell hatte eine Einladung erhalten. Elke von Manteuffel hatte eine Einladung erhalten. Selbst Clark Nygård hatte eine Einladung erhalten, der Idiot. King Trakto Sherpa hatte eine Einladung erhalten. Daytona Sepulveda hatte eine Einladung erhalten. Darin stand nur ein einzelnes Wort: »Konsultation«. Darunter die Adresse des Weingutes, irgendwo im Herzen der fernen Republik Moldau. Wenige Tage später erreichte mich das Flugticket per Post. Und nun waren wir alle hier. Manche von uns hielten sich für Künstler, andere für Naturwissenschaftler, jemand behauptete, Spiele nur des Geldes wegen zu entwickeln, ein anderer füllte seine Freizeit damit. So oder so: Wir schufen etwas aus dem Nichts. Und das bedeutete: Uns allen war schmerzlich bewusst, dass wir dem Tode geweiht sind.

Ich hatte davon gehört, dass Spyderling bestimmte Leute zu sich ruft, einmal im Jahr, hielt es aber für ein Gerücht. Niemals hätte ich es für möglich gehalten, einmal eine solche Einladung zu bekommen. Wie Spyderling aussah – niemand wusste es. Spyderlings wirklicher Name – niemand kannte ihn. Spyderlings Spiele sind fanatische Großprojekte, komplex und unerbittlich. Und sie richten sich stets an nur einen einzelnen Spieler. Keine Kooperation mit zögernden Feiglingen am Tisch, kein Wettlauf um Siegpunkte mit irgendwelchen Trotteln, die glauben, sich mit taktischer Vorausplanung oder purem Würfelglück über andere erheben zu können. Nur du und das Spiel – und das Spiel gegen dich. Unter meinen Kolleginnen und Kollegen hieß es, Spyderling sei in den letzten Jahren noch radikaler geworden. Ich liebe Spyderlings Arbeiten. Es graut mir so davor. Als ich zum ersten Mal *Tal des Terrors* spielte, da war das wie ein schneller, unerwarteter Streich mit einem glühenden Florett, der meinen Körper in zwei Hälften teilte. Bei *Der Fleischplanet* gewann ich von siebenundvierzig Partien eine einzige. An *Politische Polizei,* das neuste Werk, hatte ich mich bisher noch nicht herangetraut. Spyderlings Nähe zu spüren bedeutet für mich, mit bloßer Hand in eine Laserstrahlschneidmaschine zu greifen, ohne Geigerzähler in die Ruine eines Atomkraftwerks zu gehen oder mit einem entsicherten Revolver unter dem Kopfkissen zu schlafen. Seit Tagen warteten wir auf dem Weingut auf Spyderlings Ankunft. Ioana und Leon vertrösteten uns, immer wieder. Wann würde Spyderling zu uns stoßen? Und was würde dann mit uns geschehen?

Die zweidimensionale Fläche des Spielbretts wird in der Vorstellungskraft der Spielenden zum dreidimensionalen Raum. Indem sich jeder Spieler auf diese Weise mit dem Spiel verbindet, wird er unwiderruflich Teil des Spiels. Die grundlegende Fähigkeit des Menschen, sich mit etwas einverstanden zu erklären, wird zur Voraussetzung dafür, einen neuen Aspekt des Lebens erfahren zu dürfen. Das Spiel verändert und erweitert die Welt – in uns und um uns herum. Vielleicht ist es das, was wir uns seit Tagen gegenseitig sagen wollten, ohne bisher die Worte dafür gefunden zu haben.

Von meinem Fenster aus sah ich den Garten in Flammen stehen. Der brennende Körper von Arno saß im Sonnenstuhl, der brennende Körper von Johanna lehnte an der Pergola, der brennende Körper von Campbell lag auf der Wiese. Wir alle wollten nur spielen. Spyderling wollte, dass wir verstehen lernen. Erst im Spiel begreifen wir die Welt. Da ist die offen stehende Tür meines Zimmers, da ist der finstere Flur, da ist Daytona Sepulveda. Ich höre mich atmen, das Spiel beginnt.

AUTOMATEN DER TRAURIGKEIT

Am späten Abend, eine Stunde nach meiner Ankunft auf Spyderlings Weingut, begab ich mich auf der Suche nach etwas zu essen und einer Flasche Bier in die Küche des Herrenhauses. Während unserer Tour durch das Haus hatte Leon mir erklärt, dass Ioana ein kaltes Büfett für uns Gäste vorbereitet und in den Kühlschrank gestellt hatte. Es gab Brot mit Streichwurst und Konservenfisch. Neben dem Herd stand ein Kasten mit Bier aus Chişinău. Wer Wein wollte, durfte sich am Regal bedienen.

Ich holte einen Teller aus dem Schrank und Besteck aus der Schublade, schmierte mir ein Brot mit Butter und Salz, griff nach einer Bierflasche und ging langsam durch den stillen Flur und das Speisezimmer zum Rauchsalon, wo eine Flügeltür hinaus zur Terrasse und zum Pool führte. Dort saß, an einem eisernen Tisch und unter einem Sonnenschirm, Ronny Neugebauer und tippte auf seinem Handy herum. Leon hatte Öllaternen entzündet und auf der Balustrade der Terrasse verteilt. Dahinter bewegten sich die Büsche in der Dunkelheit.

»Hallo«, sagte ich.

Ronny schaute auf.

»Na?«, sagte er.

Ich ging ein paar Schritte auf ihn zu, Brot und Bier in den Händen, und überlegte, ob ich mich auf den freien Stuhl an seinem Tisch setzen sollte.

»Du bist Ronny, oder?«, sagte ich und blieb stehen.

Er nickte.

»Und wer bist du?«, fragte er.

Ich setzte mich wieder in Bewegung, stellte mein Bier auf seinem Tisch ab und streckte ihm die Hand entgegen.

»Daytona. Ist ganz schön hier.«

Ronny legte sein Handy zur Seite, beugte sich über die Tischplatte und schüttelte meine Hand.

»Warst du schon mal hier?«, fragte er.

»Nein. Du?«

»Nee.«

»Du bist der mit dem Käse-Spiel, richtig? Ich habe von dir im Internet gelesen.«

»Und du bist … Nein, dich kenne ich nicht.«

»Kein Problem«, sagte ich.

»Setz dich doch«, sagte Ronny und deutete auf den freien Stuhl. Ich nahm Platz und trank einen Schluck aus meiner Flasche. Mein Abendessen hielt ich unterhalb der Tischplatte versteckt; in diesem Augenblick war mir überhaupt nicht danach, herzhaft in das Brot zu beißen.

»Ja, ja, das Käse-Spiel«, seufzte Ronny. »Ich hätte den Leuten im Internet nichts davon erzählen sollen.«

»Warum?«, fragte ich. »Ist doch eine ganz coole Idee.«

»Auf jeden Fall. Aber manchmal frage ich mich schon, was dieser ganze Quatsch eigentlich soll.«

Ich versuchte mich daran zu erinnern, was ich noch über sein Spiel wusste. Der, zugegebenermaßen, ziemlich bekloppte Titel lautete *Was für ein Käse?!*. Es ging um die Herstellung und den Verkauf von – na was wohl? – Käse natürlich!, Käse in vielen Formen und Farben, also ein klassisches Wirtschaftsspiel. Doch dann, bei Einbruch der Dunkelheit, müssen sich die tags als Käsereibetreiber agierenden Spielerinnen und Spieler zusammentun und, je nach gewähltem Szenario, alles daransetzen, aus dem Nichts angreifende Heerscharen von außerirdischen Invasoren, untoten Hedgefonds-Managern oder laktoseintoleranten Ninjas zurückzuschlagen.

»Und ihre einzige Waffe«, sagte ich, »ist ihr ganzer blöder Käse. Und wer zu wenig davon produziert oder zu viel verkauft hat, den überrollen die Toten in der Nacht. Ist doch geil. Und es gibt ein doppeltes Spielbrett, oder? Das ist gar nicht schlecht.«

Ronny lächelte bemüht.

»Stimmt ja«, sagte er. »Die Piratenschiffkanone, geladen mit Kugeln aus Appenzeller Rotschmierkäse, ist mein Liebling. Aber gerade das Spielbrett kostet mich den letzten Nerv. Wie zum Teufel soll man so was umsetzen, damit es wirklich ordentlich funktioniert? Es ist das blanke Grauen.«

»Lass dir was einfallen«, sagte ich.

Ronny Neugebauer also. Der Typ mit dem Käse-Spiel. Ich kannte eines seiner frühesten Werke recht gut, *Die unglaublichen Fareccis.* Ein Spiel im Zirkusmilieu, bei dem die Spielerinnen und Spieler die Rollen von rivalisierenden und streng genommen ziemlich wahnsinnigen Mitgliedern der berühmten Artistenfamilie Farecci übernehmen und waghalsige Nummern auf dem Hochseil oder am Trapez vollführen, Feuer spucken, über Tiger hüpfen, mit Messern um sich schmeißen. Sieger ist, wer seinen Geschwistern als ultimativer Star des Zirkus den Rang abläuft. Alles in allem ziemlich grober Unfug, klar, aber ich mochte daran, wie grausam man seinen Gegenspielern in die Parade fahren konnte: »Unfälle« mit gerissenen Sicherungsseilen, falsch geworfenen Messern oder ausgehungerten Tigern passieren nun mal beim Artistentraining oder während der Vorstellung vor ausverkauften Rängen.

»Ist schon verrückt, hier zu sein«, sagte Ronny nach einer Weile, in der jeder für sich irgendwohin geblickt hatte, ich in die Finsternis des Gartens hinaus, er sonst wohin.

»Kennst du Spyderling?«, fragte er. »Ich meine, persönlich.«

»Nein.«

»Ich auch nicht. Mann oder Frau?«

»Wer?«

»Na, Spyderling!«

»Keine Ahnung. Ist mir aber auch eigentlich egal.«

»Der ist ein Typ. Auf jeden Fall.«

»Natürlich«, seufzte ich. »Was sonst.«

»Na ja, wie auch immer. Ziemlich nett von ihm, dass er uns zu sich einlädt. Und dass wir echt alles gezahlt bekommen: Flüge, Essen, Unterkunft, Honorar. Der muss doch nicht ganz dicht sein.«

»Entschuldigung«, sagte ich, »was heißt das: nicht ganz dicht?«

Mein Deutsch war gut, aber manchmal hakte es noch.

»Na bekloppt halt«, antwortete Ronny, »nicht ganz sauber, irre, plemplem.«

»Plemplem?«

»Total.«

»Aha«, sagte ich. »Ich finde Spyderling gar nicht so plemplem. Eher außergewöhnlich. Ja, das trifft es vielleicht ganz gut.«

»Er ist verrückt«, sagte Ronny. »Keine Fotos im Netz, keine Infos über sein Privatleben. Lebt hier in diesem kleinen verschissenen Land auf seinem Weingut und entwickelt Spiele, die einfach nur böse sind. Ich weiß nicht, was ich davon halten soll.«

»Diese Spiele«, sagte ich, »haben etwas Besonderes an sich.«

»Ach ja? Was denn?«

»Sie erinnern uns daran, dass wir alle sterben müssen.«

»Na schönen Dank auch!«, rief Ronny und schlug sich auf sein Schenkelchen. »Sag mal, kann ich einen Schluck von deinem Bier haben?«

»Nein«, sagte ich.

»Hast du mal *Tal des Terrors* gespielt?«

Ich nickte.

»Der Typ hat sie doch nicht mehr alle«, fuhr Ronny fort, ohne mich anzusehen. »Welcher Idiot macht ein Spiel, bei dem man seine eigene Spielfigur umbringen muss, um zu gewinnen?«

»Gewinnen ist was für Idioten«, sagte ich.

»Und das Thema von *Der Fleischplanet*«, stöhnte er auf. »Ich fand das alles einfach so widerlich.«

»Ich auch. Na und?«

Jetzt sah mich Ronny wieder an, lange. Diese kleinen Augen da hinter seiner runden Brille ...

»Ich verstehe«, sagte er. »Du bist ein Fan.«

»Ja«, sagte ich. »Warum denn nicht? Spyderling hat begriffen, worum es geht: Der Tod ist im Spiel verborgen. Der Schmerz auch, die Traurigkeit auch, das Verbrechen auch und die letzte Hoffnung sowieso. Wer gewinnt, gewinnt auf Kosten anderer. Wer verliert, ist selbst daran schuld. Wenn ich beim Spielen auch nur für eine

Sekunde an all das erinnert werde, dann spiele ich ein gutes Spiel. Welches Spiel konfrontiert mich heute schon damit? Keines – außer diese beschissenen Spiele von Spyderling.«

Ronny schnaufte.

»Das ist doch alles zynischer Mist«, sagte er schließlich. »Entschuldige bitte, Daytona, aber ich finde das nicht gut.«

»Ich auch nicht«, sagte ich. »Aber darum geht es überhaupt nicht.«

»Worum denn dann?«, schrie er jetzt fast.

Mein Gott, dachte ich da, so schwer ist das doch alles nicht zu verstehen, du Wurst.

»Ich glaube«, sagte ich und fing jetzt doch an, mein Brot zu essen, mit winzigen Bissen und großem Genuss, »wenn wir spielen, dann durchleben wir einen Prozess: Wir denken, wir planen, wir handeln und empfinden eine Menge Freude dabei. Das finde ich total in Ordnung. Warum? Weil wir in der kurzen Zeit des Spielens so viele Dinge auf einmal erleben: Wir sind froh, etwas vom Spiel zu erhalten, mit dem wir das Spiel weiterspielen können; wir sind traurig, wenn uns der Gegner etwas wegschnappt, was wir zum Weiterspielen brauchen. Darin zeigt sich doch schon ziemlich deutlich das Elend unserer Existenz: Wir wollen unbedingt etwas besitzen, um etwas anderes, Größeres, Neues damit anzustellen. Die Frage aber besteht darin: Wieso wollen wir das überhaupt – und von welcher Qualität ist unser Tun? Dass wir uns auch nur annähernd mit solchen Fragen beschäftigen – nicht mehr und nicht weniger sollte selbst so etwas Bescheuertes wie ein Brettspiel uns ermöglichen.«

Ronny blickte mich ausdruckslos an. Diese Augen … hinter dieser Brille …

»Wenn du meinst«, sagte er schließlich, streckte die Beine unter dem Tisch aus, die meine Füße berührten, und fuhr sich mit der Hand durchs Haar.

»Ich glaube, ich drehe noch eine Runde durch den Garten«, sagte ich und stand auf.

»Hast du Lust, noch mit auf mein Zimmer zu kommen?«, fragte Ronny.

»Nein«, sagte ich.

»Okay«, sagte Ronny.

So viele Brettspiele handeln vom Krieg. Das kann doch einfach kein Zufall sein. Irgendwo in der Dunkelheit vor mir sang ein Ziegenmelker sein Lied.

Damals wusste ich noch nicht, dass der Garten recht abschüssig war. Dass er, bei Tag betrachtet, vielleicht sogar als zerklüftet zu bezeichnen ist. Nun, in dieser Nacht, als ich ihn zum ersten Mal betrat, spürte ich lediglich unter meinen Füßen, wie die Rasenfläche mich schon nach wenigen Schritten sanft in eine Tiefe hinabführte. Ringsumher waren dichte Büsche gepflanzt worden, ein paar alte Bäume, dazwischen auch wilder Wein an einem Spalier. Die Luft war kühl und trocken, am Himmel zeigte sich ein Stern. Hier hatte es seit Wochen nicht geregnet. Ich hielt die Bierflasche an ihrem Hals, zwischen Daumen, Zeige- und Mittelfinger. Beim Gehen schlug sie mir manchmal gegen den Oberschenkel, aber das war okay. Im Gebüsch raschelte etwas, natürlich, in Gebüschen raschelt immer etwas, sei es der Wind oder ein Igel oder ein ruheloser Leichnam kurz vor seinem Herausbrechen aus der ungeweihten Erde. Ich weiß ganz genau: Meine Gedanken entstehen nicht von selbst, denn mein Verstand verbindet sich mit dem Ort, an dem ich mich gerade aufhalte, und nutzt dessen offensichtliche Merkwürdigkeiten für Sprünge, Erfindungen, Ideen, allesamt aus Faszination und Furcht geboren. Spyderlings Garten war in der ersten Nacht ein Ort der Angst, war ab dem Morgen danach ein Ort intimer Konfrontation, war in unseren letzten Tagen hier ein zerfallender Ort. Jetzt, in der Finsternis, war mir nicht vollkommen bewusst, wie uneben, scharfkantig und unwegsam er wirklich war – aber ich ahnte es bereits. Statuen gab es hier auch, die dunklen Körper zwischen die Hecken gedrückt, unförmige Installationen, Vogeltränken, Pavillons und Bänke aus ruiniertem Stein zum nachdenklichen Verweilen, Masturbieren oder Intrigieren wie in einem dieser Lustgärten von gelangweilten preußischen Prinzessinnen. Langweilig war mir jetzt auch, und Lust hatte ich sowieso. Also sah ich mich nach Ronny Neugebauer um, der bestimmt noch auf der Terrasse hockte, deren Öllaternenlichter in der Ferne zwischen irgendwelchen Blättern blinkten. Dann setzte ich mich auf eine Bank, stellte die Bierflasche neben mir ab, zog mir mein Motörhead-T-Shirt ein Stück über den Bauch und schob meine Hand unter den Bund meiner kurzen Hose, die Fingerspitzen tastend nach den Haaren dort. Wozu sollte so ein wunderschöner, finsterer Garten sonst gut sein? Kinder spielen irre gern Verstecken, erwachsene Menschen suchen ständig und zwanghaft nach Schutz. Hier fühlte ich mich sicher und unbeobachtet, doch wirklich nur für einen Moment, denn als ich einmal nach links blickte, sah ich jemanden zwischen den Büschen stehen, fünf Schritte oder so von mir entfernt, die zerzauste Frisur scharf ausgeschnitten vom Lichtschein auf der Terrasse, das Gesicht in Dunkelheit gehüllt. Es war nicht Ronny Neugebauer, der ja einen ganz ordentlichen Fassonschnitt trug. Langsam zog ich die Hand aus der Hose, wobei ich versuchte, sie wenigstens ganz kurz am Stoff trocken zu wischen, und streifte mein T-Shirt wieder zurück.

»Gott«, brachte ich leise heraus, »hast du mich erschreckt.«

Die Gestalt machte zwei Schritte auf mich zu, murmelte etwas im Vorübergehen und stolperte tiefer in den Garten hinein, mit schwerem, ungelenkem Gang, als wäre sie ein Kleinkind, das über Nacht erwachsen geworden war.

»Hey«, rief ich ihr nach, »verlauf dich nicht!«

»Da sind doch Lichter«, antwortete sie mir aus dem Unterholz. Englisch. Stimmbruch.

»Campbell?«, fragte ich.

»Campbell«, sagte Campbell.

Ich ließ ihn ziehen. Armer Junge. Nicht nur dass er, der vielleicht dreizehn oder vierzehn Jahre alt war, eine erwachsene Frau in einem nächtlichen Garten bei der Selbstbefriedigung überrascht hatte, nein: Sein Vorname war gleichzeitig auch sein Nachname. Ich fragte mich, was sich seine Eltern wohl dabei gedacht hatten. (Tage später würde Campbell mir erzählen, dass schon sein Vater, Großvater und so ziemlich alle Väter davor diese denkwürdige Namenskombination getragen hätten: Campbell Campbell. Sie alle entstammten einem äußerst fundamentalistischen Zweig des berühmten schottischen Clans Campbell und legten sehr viel Wert auf Herkunft, Tradition, Nachfolge und solchen Unfug. Alles klar so weit? Alles klar.) Und ich überlegte kurz, ob ich jetzt in diesem Land eine Straftat begangen hätte. Bestimmt keinen Kindesmissbrauch, aber sicherlich so etwas wie Erregung öffentlichen Ärgernisses. Ich wusste nichts von den gesetzlichen Bestimmungen der Republik Moldau. Vage erinnerte ich mich daran, dass die Länder im östlichen Europa ziemlich religiös waren. Na ja, wie auch immer. Campbell Campbell der Soundsovielte mit seinem komischen Namen würde schon nicht heulend zur nächsten Kirche oder Polizeizentrale rennen, um mich zu verpfeifen.

Ich blieb noch eine Weile auf der Bank sitzen, ohne mich anzufassen, und hing dem Gedanken nach, warum ich mich eigentlich so oft fremd fühlte in der Welt. Wenn ich nicht einschlafen konnte, stellte ich mir vor, allein an Bord eines kleinen Raumschiffes durch den unendlichen, eiskalten, radioaktiven Abgrund des Alls zu trudeln – dies beruhigte mich zwar immer ungemein, aber machte mich das schon zu einer Außerirdischen? Scham war kein Gefühl, das mich häufig überkam. Und mit den alltäglichen Problemen anderer und deren Moralvorstellungen konnte ich herzlich wenig anfangen. Fast fürchtete ich in diesem Moment auf der Bank in Spyderlings Garten, dass ich mich keinen Deut für meine Mitmenschen interessierte, aber das stimmte ja gar nicht. Vielleicht war es eher so, dass mir ihre persönlichen Sichtweisen (auf sich selbst, auf mich, auf andere) einfach nicht viel zu sagen hatten. Alles, was ich sehe und denke, gehört nur mir. Sich bewusst zu sein, die Dinge anders zu bewerten, als sie gemeinhin bewertet werden, befreit einen von der Last, irgendwann von den Menschen um einen herum und von ihren Ansichten, Körpern und Stimmen genervt zu sein.

Bald darauf kam Campbell auch schon wieder zurück, in etwa auf dem Weg, den er nach unserer Begegnung gegangen war, und trug etwas Schweres mit sich.

»Na, alles klar?«, fragte ich und betrachtete neugierig den großen, eiförmigen Stein, den der Junge wie ein furchtbar entstelltes Neugeborenes auf der Höhe seines Unterleibes mit beiden Händen umschlossen hielt.

»Für mein Spiel«, sagte er, »vielleicht. Mal schauen.«

Sofort musste ich mich revidieren: Natürlich zogen mich Menschen wie Campbell Campbell an. Ihr Denken, Fühlen und Verhalten waren eine Art Leuchtfeuer in einer grenzenlosen nächtlichen Steppe, an dem ich mich, längst verrückt gewordene Wanderin, orientieren konnte. Würde ich das Licht erreichen, wäre ich gerettet. Gemeinsam starb es sich leichter.

Ächzend setzte Campbell seinen Weg zurück zum Herrenhaus fort. Ich hörte ihn noch einige Sekunden lang zwischen den Pflanzen rumoren, dann war ich wieder allein. Bis auf die Kamera natürlich, die in einem der Bäume mir gegenüber hing und ihre schwarze Linse direkt auf mich gerichtet hatte. Wusste ich von vornherein, dass sie dort war, als ich mich auf die Bank gesetzt hatte? Ich weiß viele Dinge. Einiges davon habe ich mit eigenen Augen gesehen.

Nachdem ich am frühen Abend das kleine Zimmer im ersten Stock des Herrenhauses bezogen hatte, breitete ich sofort ein paar Bestandteile meines Spiels auf dem Schreibtisch in der Ecke aus. Nichts davon war in irgendeiner Weise final, weder das Material noch dessen Gestaltung, außer die vielen Würfel, nachtschwarz mit zarter Marmorierung und goldenen Augen. Ich hatte Franz Blessing, einen Freund und Künstler aus Leipzig, der sich von irgendwoher einen 3-D-Drucker beschafft hatte, gebeten, mir ein paar Untersätze zu bauen, winzige Harley-Davidsons aus dunklem Plastik, die an der Stelle der Sitzbank eine quadratische Vertiefung besaßen, worin die Würfel wunderbar eingepasst werden konnten. Nach meinem nächtlichen Ausflug in den Garten stand ich nun, beide Hände auf die Tischplatte gestützt, über meinem Material und begutachtete es im Stehlampenschein mit ebenjener gerade noch spürbaren Zuneigung, die ich imstande war aufzubringen für ein paar nichtsnutzige Gegenstände. Der Würfel mit der oben liegenden Sechs steckte schon auf seinem Motorrad: Er stellte den Präsidenten des *Devil's Dice Motorcycle Club* dar, ihm zur Seite stand die Fünf, sein Vize; um beide herum gruppierten sich die Lieutenants des Clubs, alle mit oben liegender Vier: der Secretary, der Sergeant-at-Arms, der Road Captain und der Treasurer; die einfachen Clubmitglieder ohne Amt, Augenzahl drei, lagerten noch in der Schachtel, ebenso die Zweier, jene bunten Würfel der Spielerinnen und Spieler, die zu Partiebeginn den Rang von Prospects innehatten, Anwärterinnen und Anwärter auf eine Mitgliedschaft im Club; zuletzt gab es noch ein paar Einser, sogenannte Hangarounds, also Familienmitglieder, Freunde oder Sympathisanten des Clubs, denen von den Spielern bestimmte, einfache Aufgaben zugewiesen werden konnten. In der Mitte des Tisches lag das Spielbrett ausgebreitet, eine stilisierte, weit verzweigte Karte des Stadtgebietes von Cheyenne, Wyoming, und seinem Umland: Hier bewegten die Spieler ihre Würfel, etwa auf das Clubhaus in der Murray Road, die Kneipe Rollin' Thunder, das Wyoming State Capitol, die Zentrale des Cheyenne Police Departement, den Cheyenne Regional Airport, die Opiumhöhle hinter der East High School, das Cheyenne Regional Medical Center, die Müllkippe an der Windmill Road, das Redaktionsgebäude des Wyoming Tribune Eagle, die Francis E. Warren Air Force Base oder die First Presbyterian Church. Das Spiel handelte von einer Zeit irgendwann in den 1960er-Jahren, in der sich ein anarchischer Haufen von motorradfahrenden Säufern und Raufbolden, von denen nicht wenige als blutjunge Soldaten in Europa, auf den pazifischen Inseln oder in Korea gekämpft hatten, zu einer kriminellen, militärisch strukturierten Organisation entwickelte – oder eben nicht. Je höher die Zahl des eigenen Würfels und damit auch der persönliche Rang in der Clubhierarchie stiegen, desto höher die Anzahl an Aktionen, die auf dem Brett durchgeführt werden konnten: So konnten die Spielerinnen und Spieler etwa versuchen, die Herrschaft des Clubs an sich zu reißen, indem sie den amtierenden Präsidenten in den Knast oder eben gleich um die Ecke brachten. Oder sie arbeiteten mit der Polizei, den Journalisten oder einem korrupten Lokalpolitiker zusammen, übergaben oder fälschten Beweise für die verbrecherischen Umtriebe der Biker und ließen das Clubhaus von Spezialeinheiten stürmen und alle Mitglieder festnehmen. Oder sie erwirtschafteten einfach die meiste Kohle, indem sie die legalen, halb legalen und illegalen Geschäfte des Clubs für ihre eigenen Zwecke nutzten. Oder sie machten von allem ein bisschen und ließen sich am Ende davon überraschen, was dabei herauskam. So oder so: Zum Spielziel gehörte, einen Haufen rassistischer und sexistischer Rowdys mit verrottenden Jeanswesten dabei zu begleiten, wie sie auf ihren frisierten Feuerstühlen die Ausfahrt Richtung Hölle nahmen.

Ich seufzte. Etwas an meinem Spiel war mir entschieden zu realistisch und gleichzeitig zu unrealistisch geraten. Komm schon, Daytona, ein Motorradclub – ist das wirklich dein Ernst? Und dann gleich mit Action-Elementen wie aus einem dieser müde zusammengezimmerten Hollywoodstreifen, in denen jemand sagt: ›Hey, Baby, ich liebe dich sehr, aber meine Freiheit liebe ich mehr, okay?‹ Würdest du so ein Spiel spielen wollen? Darüber musste ich nachdenken. Und ich musste mir mehr Klarheit darüber verschaffen, was ich eigentlich wollte. Und vielleicht musste ich, fuck!, meine Kolleginnen und Kollegen um Rat fragen. Ich liebte das Setting meines Spiels, die freien Gestaltungsmöglichkeiten der eigenen Spielweise, die mehr oder weniger versteckte und die mehr oder weniger offene Konfrontation aller Mitspieler. Die nuancierte Dynamik liebte ich an meinem Spiel, die komplexen Details, das Eintauchen in eine fremde, abgeschottete, zuweilen sogar bösartige Welt. Das alles wollte ich unbedingt beim Spielen erleben, das alles ging mich beim Spielen unbedingt an. Die Geschichte über die Entstehung und Entwicklung der US-amerikanischen Outlaw Motorcycle Clubs erzählt von einem eklatanten Widerspruch, nämlich dass es Menschen gibt, die sich aus einem immensen Drang nach innerer und äußerer Autonomie der Gesetzlosigkeit verschrieben haben, um sich gleichzeitig einer streng hierarchischen Gesellschaft innerhalb ihres Clubs zu unterwerfen. Mein Spiel sollte auch davon erzählen, wie mit dieser Hierarchie umgegangen werden konnte: Bestätigte man sie bloß und führte sie damit fort, schlug man aus ihr Profit, erschütterte man sie in ihren Grundfesten, sprengte man sie in die Luft? Beim Spielen geht es mir darum, die Freiheit zu haben, zu tun und zu lassen, was immer ich will. Okay, also alles halb so wild – mir war ja doch bewusst, was ich an meiner Spielidee hatte. Manchmal musste ich es mir eben nur wieder und wieder und wieder ins Gedächtnis rufen.

Die erste Nacht auf Spyderlings Weingut verlief, im Vergleich zu anderen Nächten, die ich schon erlebt hatte, unspektakulär. Auf meinem Rückweg zum Herrenhaus überkam mich der Gedanke, den leblosen Körper Ronny Neugebauers bäuchlings im Pool schwimmend vorzufinden, der Kopf malträtiert von einem großen, schweren Stein aus dem hinteren Teil des Gartens. Gott weiß, warum ich das dachte. Aber es befand sich niemand mehr auf der Terrasse, das Licht im Rauchsalon war gelöscht, alles still. Später, im Traum, kam ich mir einsam vor, eingesperrt in einer leeren, strahlend weißen Weite. Am Morgen erwachte ich davon, dass jemand an meine Tür klopfte. Ich öffnete aber nicht.

Es ging bereits auf zehn zu, als ich aufstand. Auf dem Klo sitzend lauschte ich auf Geräusche vor meinem Zimmer, aber es war nichts zu hören. Mein Fenster befand sich auf der Gartenseite; ich hatte es über Nacht offen stehen lassen und war froh, dass auch jetzt noch ein kühler Luftzug ins Zimmer wehte, den ich sogar im Bad, an meinen nackten Füßen, spüren konnte.
Nachdem ich mich angezogen hatte, öffnete ich die Tür und trat auf den Flur. Im selben Augenblick kam am anderen Ende des Ganges Ronny Neugebauer aus seinem Zimmer, sah zu mir und hob die Hand.

»Guten Morgen«, sagte ich.

Er nickte.

Ich wartete, bis er an mir vorbeigegangen war, und folgte ihm dann nach unten. Dort kreuzte Ioana unseren Weg, zwei silberne Kaffeekannen in den Händen, eine Schürze vor den Bauch gebunden. Sie blickte mich an und sagte in gebrochenem Deutsch: »Sehr schön, sehr jung«, wandte sich Ronny zu und sagte: »Du auch.« Während sie im Speisezimmer verschwand, sahen Ronny und ich uns kurz an. Die Begegnung hatte ihn vielleicht fröhlich gestimmt, mir war so viel Aufmerksamkeit etwas zu intensiv am Morgen.

Ronny ging Ioana hinterher, die ihre Kannen auf dem Frühstücksbüfett im Speisezimmer abstellte. Ich wollte sofort auf die Terrasse, um eine Zigarette zu rauchen. An dem großen Tisch im Rauchsalon saß ein Mann mit dem Rücken zu mir, weißes Hemd, kurze, dichte schwarze Haare. Im Vorbeigehen sah ich, dass er ein Spiel ausgebreitet hatte: detailliert gestaltete Miniaturen von verkleideten Menschen auf einem Brett, das der schlammigen Fläche eines zerfurchten Sumpflandes nachempfunden war. Der Mann zuckte, als er mich bemerkte, und drehte sich zu mir. »Ah!«, rief er. »Hallo, hallo.«

Ich lächelte. Das war King Trakto Sherpa, ein Autor aus Kathmandu, bekannt für seine pompös gestalteten Miniaturenspiele, berüchtigt für seine speziellen Themenwelten.

»Was spielst du?«, fragte ich.

King fuhr mit der Hand über das Brett vor ihm, griff sich eine der Figuren und hielt sie mir unter die Nase.

»Das«, sagte er, »ist der bedauernswürdige Herr Stacheldraht. Er wünscht dir trotz alledem einen schönen guten Morgen.«

Die graue Miniatur hatte die Gestalt eines hochgewachsenen Mannes in langem Mantel. Um seinen vernarbten Kopf war eine silbern bemalte Schnur gewickelt, der Mund zum Schrei geöffnet. Zornig blickte ein rotes Auge zwischen den Dornen heraus.

»Hallo, Herr Stacheldraht«, sagte ich. »Du siehst echt furchtbar aus.«

Und King Trakto Sherpa begann mir davon zu erzählen, wie ein junger deutscher Soldat namens Werner Krappauer während der Dritten Flandernschlacht 1917 von einer Granate erwischt und in ein Stück seines gerade gelegten Stacheldrahtes geschleudert worden sei. Das Metall habe sich sofort um seinen gesamten Körper gewunden und war aufgrund der Hitze mit seinem Gesicht verschmolzen. Zurück aus dem Feldlazarett, ging Krappauer, wahnsinnig geworden, nach Berlin, wo er unter dem Namen »Stacheldraht« eine schillernde Karriere als Raubmörder, Erpresser und Anführer einer Schlägerbande begann, das Herz voll Hass und Verbitterung. Und nur eine Gruppe mutiger Außenseiter könne seinen brutalen Umtrieben noch Einhalt gebieten: die ruhmreiche Reichsheldenschar!

»Aha, echt?«, sagte ich.

King langte über das Spielbrett und griff sich eine Handvoll weiterer Miniaturen: einen Maskierten mit wehendem Cape, einen Mann mit verschwommenen Gesichtszügen, eine Dame in engem rotem Overall, einen Typen mit einer Art kastenförmiger Kamera auf dem Kopf.

»Die heroischen Verteidiger der Weimarer Republik, Streiter des Guten, Zerrissene zwischen den politischen Lagern«, sagte er. »Schau hier: der fanatische ›Reichstag‹, der ohne Rücksicht auf Verluste Recht und Gesetz verteidigt. Oder hier: ein bedauernswerter Kerl namens ›Neumensch‹ – durch geheime medizinische Experimente am Rudolf-Virchow-Krankenhaus zum Gestaltwandler gemacht. Und diese Dame nennt sich ›Propaganda‹, beherrscht verschiedene Kampfkunststile und prügelt ihren Gegnern die Lehre des Marxismus ein. Und das hier ist ›Der Kinematograph‹, der jede seiner Heldentaten auf Zelluloid brennt, aber viel mehr eigentlich nicht draufhat. Sie alle schützen die Armen und Schwachen vor solch gepeinigten Scheusalen wie Herrn Stacheldraht.«

»Entschuldige«, sagte ich, »aber das ist mir irgendwie zu viel am Morgen.«

Das sei kein Problem, meinte King und bot an, später, wenn ich Zeit hätte, mit mir den Kampf der Reichshelden gegen Stachel-

draht und seine Bande auf den Rieselfeldern vor der Reichshauptstadt zu spielen. Oder wir würden uns gemeinsam dem tierhaf-
ten Riesen Mauser entgegenstellen, dem unumstrittenen Boss
der Berliner Unterwelt. Oder wir würden Fräulein Propagandas
Hinwendung zum Nationalsozialismus und ihre anschließende
Verwandlung in die rechtsextreme Kämpferin »Swastika« erleben. Ganz wie ich Lust hätte.

»Klingt gut«, sagte ich.

»Du bist Daytona aus Amerika, nicht wahr?«, sagte King. »Ich
habe dein Bild mal in einer Zeitung gesehen.«

Ich zuckte mit den Schultern. Es hatte eine Zeit gegeben, in der
man Fotos von mir in vielen Zeitungen sehen konnte, aber das
war lange her. Seit ich damit begonnen hatte, professionell Brettspiele zu entwickeln, hatte mich niemand mehr fotografiert.

Ich nickte King zu und wankte durch die geöffnete Flügeltür hinaus auf die Terrasse. An einem Tisch saßen eine Frau und ein
Mann, die ich nicht kannte, und sprachen leise miteinander. Jemand zog seine Bahnen im Pool. Ich begrüßte die Leute am Tisch
von Weitem, sie blickten zu mir herüber und führten dann ihr
Gespräch fort, also setzte ich mich etwas abseits und mit dem
Rücken zu ihnen auf einen freien Stuhl, zog meine Schachtel Zigaretten aus der Hosentasche, zündete mir eine Kippe an, streckte die Beine aus und lauschte den Geräuschen des Wassers im
Pool, das von den Körperbewegungen des Schwimmers über den
Rand gedrückt wurde. Im geöffneten Fenster des Herrenhauses
sah ich Ronny Neugebauers Kopf, der mit geschlossenen Augen
in ein Frühstücksbrötchen biss.

Ich kam mir wie gestrandet vor. Keine Ahnung, was heute, morgen oder übermorgen an diesem Ort geschehen sollte. In einem
Forum für Brettspielenthusiasten im Internet hatte jemand namens GabboThePlayer83 mal die Bemerkung gemacht, während
der einmal im Jahr stattfindenden Treffen auf Spyderlings Weingut würde der Völlerei, der Faulheit und der Wollust gefrönt und,
ganz nebenbei gesagt, noch die Zukunft des Brettspiels an sich
beschlossen werden. Auf die Frage eines anderen Nutzers, ob er

überhaupt schon einmal bei solch einem Treffen dabei gewesen sei, war keine Antwort mehr gekommen. Niemand, der etwas im Internet schreibt, sollte in irgendeiner Weise für voll genommen werden.

»Shuuu!«, machte ich in Richtung des geöffneten Fensters vom Speisezimmer. Und nach ein paar Sekunden noch einmal: »Shuuu!« Ronny drehte seinen Kopf zu mir.

»Wirf mir mal ein Brötchen raus«, sagte ich, laut genug, dass er mich hören konnte.

Ronny schüttelte erschrocken den Kopf.

»Na, dann eben nicht, du Penner«, sagte ich leise und ließ meine Kippe zu Boden fallen.

Ein Brettspiel – was ist das überhaupt? Ich bin der Meinung: so etwas wie komprimierte Wirklichkeit. Oder anders ausgedrückt: eine Rückschau in die Vergangenheit, ein Umgang mit der Gegenwart, ein Blick in die Zukunft. Oder anders ausgedrückt: das Leben in seiner Fülle und Komplexität, verarbeitet in bunt bemalter Pappe. Das Brettspiel veranschaulicht, macht vertraut und, ja, vereinfacht auch, meistens, leider. Es bietet uns Mittel und Wege. Nur wofür? Das ist die Frage. Ein Brettspiel besteht aus seinem Spielthema, seiner Symbolsprache und seiner Spielmechanik. Mehr braucht es erst mal nicht. Mancher glaubt, das Brettspiel sei nur etwas für Kinder und Vollidioten. Klar, für die ist es ja gedacht. Die Frage bleibt: wofür? Mancher glaubt, das Brettspiel sei nur ein nutzloser Zeitvertreib. So wie Fahrzeugtuning, soziale Medien oder Extrembergsteigen. Das ist ein Irrtum. Ein Brettspiel erzählt vom Zusammenleben der Menschen, vom Glück, von richtigen Entscheidungen, vom Überleben während des Dreißigjährigen Krieges, vom Zufall, von der Besiedlung des Asteroidengürtels, von falschen Entscheidungen, vom Elend der Eroberung Südamerikas, von der Einsamkeit des Denkens, von der politischen Alternative, von der eigenen Unzulänglichkeit. Mancher glaubt, das Brettspiel sei nichts weiter als Mathematik und bedruckter Papiermüll. Mancher glaubt, ein Brettspiel zu spielen habe mit nichts mehr als mit übertriebenem Ehrgeiz zu tun. Mancher glaubt, ein Brettspiel an sich sei totaler Quatsch. Ein Buch ist auch totaler Quatsch, ein Film ist auch totaler Quatsch, ein Theaterstück ist auch totaler Quatsch, und eine Musik ist auch totaler Quatsch. Aber: Sie dringen in unsere Köpfe ein – Buch, Film, Theaterstück, Musik. Und das Brettspiel? Das natürlich auch. Wenn der Spieler es will. Wenn die Autorin es beabsichtigt. Ein Brettspiel – was ist das überhaupt? Ich stelle mir lieber die Frage: Was könnte es noch sein?

»Na, wer macht denn hier so einen Dreck?«, hörte ich eine Stimme, nur ein paar Zentimeter entfernt von mir. Ich neigte den Kopf und versuchte aus den Augenwinkeln heraus zu erkennen, wer mich da angesprochen hatte. Kurz darauf spürte ich kalte Wassertropfen auf meinem Gesicht und den Armen. Sofort schnellte mein Oberkörper herum, und ich sah Clark Nygård in einer viel zu engen, viel zu roten Badehose neben mir stehen und sich durch seine klatschnassen Haare wuscheln. Dann deutete er auf die Zigarettenkippe zu meinen Füßen und sagte: »Dahinten steht ein Aschenbecher, junge Dame.«
Ich verrenkte mich auf meinem Stuhl, glotzte hinab, hob den Kopf, schaute Nygård ins Gesicht, brachte mich wieder in eine aufrechte Sitzposition, wandte den Blick von ihm ab und starrte schweigend gegen die Hauswand. Im Fenster war Ioana gerade damit beschäftigt, Ronny Neugebauers Frühstückstisch abzuräumen. Auf meinen Armen fühlte ich, wie sich die Härchen aufstellten.
»Öh«, machte Nygård irgendwo außerhalb meines Blickfeldes.
Wenn ich ihn nur lange genug ignorierte, würde er schon wieder abdampfen.
»Na gut«, sagte er nach einer Weile, in der ich ihn kontinuierlich schnaufen hörte, »dann eben nicht. Einen schönen Tag dir noch.«
Er schlurfte davon, ich drehte den Kopf ein wenig und linste ihm nach. Dieser Typ war einzig und allein bekannt dafür, missverständliche Spiele zu machen: Spiele, denen etwa vorgeworfen wurde, ihre Spieler dazu zu animieren, ein Bordell zu betreiben, den

Sklavenhandel zu unterstützen oder die mörderischen Aktionen rechtsgerichteter Paramilitärs während des Bürgerkrieges in Kolumbien nachzustellen. Immer wieder gelang es ihm jedoch, die Einwände als bloße Irrtümer zu entkräften: Das vermeintliche Bordell entpuppte sich als historisch verbürgte Darstellung eines mittelalterlichen Heiratsmarktes, bei der angeblichen Versklavung handelte es sich um harmlose Importunternehmungen der Schwedischen Westindien-Kompanie, und die mutmaßlichen Bürgerwehren fochten lediglich einen Freiheitskampf gegen die sozialistischen, Recht und Ordnung mit Füßen tretenden und sich in Kokablätter kleidenden Guerillabewegungen im Urwald Amazoniens aus. Ich verabscheute diesen Kerl. Seine Spiele, stockkonservativ in Thema und Mechanik, verkauften sich zwar nicht überragend, aber doch einigermaßen respektabel, was dazu führte, dass er jedes Jahr aufs Neue sein Zeug auf den Markt warf, und die Leute rissen es ihm, ohne auch nur einmal nachzudenken, aus den Händen. Ich konnte mir zusammenreimen, warum er nach Moldau eingeladen worden war: Möglicherweise sah Spyderling Clark Nygård als einen Autor an, der mit seinem rechten Scheißdreck dem von allen guten Geistern verlassenen liberalen Mainstream kräftig eins auswischte. Das musste so jemandem wie Spyderling natürlich gefallen, denn Spyderlings Spiele stachen dem bürgerlichen Moralempfinden ja ebenso mühelos ins Auge. Aber anders als Nygårds Ergüsse verstörten diese Spiele ihre Spielerinnen und Spieler nachhaltig – und zwar bis in deren Selbstverständnis als menschliche Wesen hinein. Nygård brachte es lediglich fertig, die lahmsten Klischees auf dem Spielbrett zu reproduzieren und damit einen Kundenstamm zu unterhalten, der immer nur die eigenen Vorurteile bestätigt haben wollte. Ich schwor: Sollte sich mir irgendwann während unseres Aufenthaltes hier die Gelegenheit bieten, ihm eine runterzuhauen – ich würde kein einzelnes Sekündchen zögern.

Mein Magen knurrte. Also schlich ich ins Haus zurück, in der Hoffnung, im Speisezimmer noch etwas vom Frühstücksbüfett abzubekommen. Im Rauchsalon saß immer noch King Trakto Sherpa am Tisch, versunken in den Kampf seiner Superheldentruppe gegen die zahlreichen Feinde der Weimarer Republik. Einen Augenblick lang wünschte ich, das zu können, was er konnte: Die Anwesenheit anderer Menschen schien ihn nicht zu bekümmern. Vielleicht lag es aber auch bloß an der Konzentration auf sein komplexes Spiel, dass wir Autorinnen und Autoren, die ständig auf die Terrasse und wieder zurück traten, ihn nicht aus der Ruhe zu bringen vermochten. Ich hatte wirklich Lust, einmal mit ihm zu spielen, aber jetzt war nicht die Zeit dazu. Der Hunger drückte schon schmerzhaft gegen meine Bauchwand.

Im Speisezimmer war niemand mehr. Auf einem Tisch standen Essensbehälter aus Metall, in denen Würstchen, Rührei und Weißkohl warm gehalten wurden. Es gab Kaffee, Orangensaft, Milch und, was mich zunächst stutzig machte, aber dann doch erfreute, eine ungeöffnete Flasche Sahnelikör. Zwischen der Wurst- und der Käseplatte befanden sich zwei Körbe mit Brötchen und Weißbrot in Scheiben. Ich nahm einen Löffel, kostete vom Rührei und machte mir eine Tasse voll Likör mit etwas Kaffee. Dann setzte ich mich auf Ronnys frei gewordenen Platz und blickte zum Fenster hinaus. Der Garten sah großartig aus im Licht der Vormittagssonne, wie ein halbwegs sauberer, nur an wenigen Stellen zurechtgestutzter Dschungel. Zwischen den Büschen sah ich Leon stehen, eine riesige Heckenschere in die Höhe gereckt. Er machte einen entspannten Eindruck. Dem Garten wurden anscheinend nur ab und zu ein paar widerspenstige Wucherungen entrissen; ansonsten ließ man die Pflanzen hier wachsen, wie sie es wollten.

Jemand betrat das Speisezimmer, und ich löste meinen Blick vom Fenster. Campbell Campbell war hereingekommen und stierte verschlafen auf das Büfett.

»Guten Morgen«, sagte ich, bekam aber keine Antwort, also sah ich wieder nach draußen.

Die beiden Leute, die am Tisch auf der Terrasse gesessen hatten, spazierten mittlerweile am Fuße der Treppe herum. Ich überlegte, ob ich sie kannte. Bei dem Mann handelte es sich vielleicht um Arno Picardo, aber er sah sehr, sehr viel älter aus als auf den verwackelten Fotos, die ich von ihm im Internet gesehen hatte. Irgendwann hatte ich mal eines seiner Spiele gespielt, vor Jahren, wusste aber nicht mehr, welches. Mir war lediglich in Erinnerung geblieben, dass es eine ziemlich trockene Rechnerei gewesen war, in der man seine Spielzüge optimal planen musste, um gegenüber der Konkurrenz nicht ins Hintertreffen zu geraten. Die Frau kannte ich nicht, auch wenn es nur wenige Autorinnen in unserem Berufszweig gab. Zwar freute es mich, dass sie auch hier war, aber ich hatte mir in den vergangenen Jahren ein gewisses Maß an Vorsicht antrainiert, denn ganz gleich ob Frau oder Mann: Wir Autorinnen und Autoren für Brettspiele gehen – im Übrigen wie alle Menschen, die sich Dinge ausdenken – auf eine mehr oder weniger antisoziale Weise mit unseren Mitmenschen um. Wir sind scheu und schweigsam, wir verschleiern unsere Absichten, wir lauern. Viele von uns sind neidisch und kritisieren eher, als dass sie loben. Einige scheinen wie eingeschlossen in ihrem Verstand, was nicht verwunderlich ist, denn wir sind ständig am Überlegen, Tüfteln und Korrigieren. Wer uns anspricht, muss mit einer völlig überzogenen oder gar keiner Reaktion rechnen.

Ich sah wieder in den Raum hinein. Campbell hatte sich mittlerweile an einen Tisch in der Ecke gesetzt und schaufelte mit geschlossenen Augen einen Teller voll Rührei in sich hinein. Ioana kam, begrüßte ihn und fummelte an den Dosen mit Brennpaste unter den Essensbehältern herum.

»Diese Scheißdinger«, zischte sie, »gehen immer wieder aus. Die sind noch aus der Zeit des Bürgerkriegs. Wir kaufen sie auf dem Markt, von einem alten Soldaten. Wie oft habe ich Leon schon gesagt: Hör endlich auf, Geld dafür auszugeben! Ach, aber warum erzähle ich euch davon? Ihr wollt ja nur eure Ruhe haben. Hat jemand von euch ein Feuerzeug?«

Ich zog meines aus der Hosentasche und reichte es ihr. Sie nahm es mir aus der Hand und bedankte sich.

»Hat Spyderling sich schon gemeldet?«, fragte ich.

»Nein«, antwortete Ioana, während sie die Pasten neu entzündete. »Spyderling meldet sich nicht. Ist hier zu Hause. Kommt einfach vorbei.«

»Ich wollte nur wissen …«

»Warum? Keine Sorge. Ruh dich aus. Alles ist gut.«

»Ich möchte hier nicht so gern meine Zeit vertrödeln.«

»Aha. Du willst fleißig sein? Geh nach oben und räum die Spiele auf!«

Sie gab mir mein Feuerzeug zurück und ging wieder aus dem Zimmer.

»Was meint sie? Welche Spiele?«, fragte ich Campbell.

»Ludothek, erster Stock«, sagte er. »Große Sammlung. Hervorragende Sammlung.«

»Klingt gut. Kommst du mit?«

Campbell antwortete mir nicht, wischte sich den Mund mit einer Serviette ab, stand auf und trottete aus dem Speisezimmer. Ich nahm meine Tasse Kaffeelikör und folgte ihm.

Die Ludothek war vielleicht mal die Bibliothek des Vorbesitzers gewesen, ein schmaler, schachtartiger Raum mit hohen Schränken an beiden Wänden und in der Mitte, die verstaubten Regale bis auf den letzten Zentimeter gefüllt mit Spielen. Der helle Putz an der merkwürdig gekrümmten Decke ahmte eine hirnoberflächenartige Struktur nach, die sich spiralförmig um vier Punkte wand, von denen Glühbirnen an ihren Kabeln in den Raum hineinhingen. Am Fenster gegenüber der Tür standen ein Stuhl und ein kleiner Tisch mit Lampe. Ich verspürte große Lust, später mal hier ein paar Spielanleitungen zu studieren, an irgendeinem Abend, während vielleicht ein starker Regen gegen die Scheibe schlagen würde. Das Fenster führte zum Vorplatz des Herrenhauses hinaus. In der Ferne sah ich die umliegenden Weinberge und zählte vier hoch aufragende Gerüste zwischen den Reben, so etwas wie Jagdsitze oder Wachtürme; zudem ritten in diesem Moment zehn, zwölf oder noch ein paar mehr Menschen auf Eseln den Pfad zwischen Weingut und Hauptstraße entlang, die Oberkörper geduckt, als müssten sie den Zweigen der Walnussbäume ausweichen.

Campbell hatte recht: Spyderlings Sammlung war riesig. Auf den ersten Blick erkannte ich ein paar Klassiker, die längst nicht mehr nachgedruckt wurden, etwa *Spiel ohne Autos* von Lady Darjeeling, Hosianna del Mestres *Nackt am Strand*, Walter Kotzepittys *Die Oma im Garten* oder *T. T. Tolliver's Tennessee Tobacco Tycoon 2* von T. T. Tolliver. Eines der unteren Regale schien nur Prototypen vorbehalten zu sein, die nie veröffentlich worden waren – zumindest sagten mir Spiele wie *Infizierte Reiche* oder *Geister auf Reisen* oder *Bazooka-Boy und das Geheimnis des Bösen* oder *In der Ferne die Hirsche* nichts, und auch die selbst gebastelten Schachteln bestätigten meine Vermutung. Darüber hinaus beinhaltete Spyderlings Sammlung auf den ersten Blick scheinbar so ziemlich jedes Genre, das sich im Bereich der Brettspiele finden ließ: Es gab abstrakte Spiele, Kinderspiele, Lernspiele, Strategiespiele, Aufbauspiele, brasilianische Spiele, Wirtschaftsspiele, Konfliktsimulationen, Patience-Varianten, Gedächtnisspiele, Rollenspiele, Kartenspiele, erotische Spiele, Sammelkartenspiele, Miniaturenspiele, Legespiele, Würfelspiele, isländische Spiele, Planspiele, Erzählspiele, Monopoly-Varianten, Rätselspiele, kolonialistische Spiele, Buchstabenspiele, Tauschspiele, magische Spiele, Geschicklichkeitsspiele, sumerische Spiele, Papier-und-Bleistift-Spiele, zeitkritische Spiele, Betrugsspiele, mongolische Spiele, Kombinationsspiele, Poker-Varianten, sexistische Spiele, Verhandlungsspiele, Börsensimulationen, unansehnliche Spiele, vierdimensionale Spiele, Versteigerungsspiele, Kommunikationsspiele, protofaschistische Spiele, Reaktionsspiele, sowjetische Spiele, Fadenspiele, naturreligiöse Spiele, Stapelspiele, Quizspiele, zypriotische Spiele, Glücksspiele, Baccara-Varianten, Mehrheitenspiele, Gebietsspiele, marxistische Spiele, Bohnenspiele, indonesische Spiele, Eisenbahnspiele, zerfallene Spiele, Detektivspiele, faschistische Spiele, Magnetspiele, Angelspiele, hoffnungslose Spiele, Streichholzspiele, Wurfspiele, Kennenlernspiele, japanische Spiele, Erkundungsspiele, dämonische Spiele, Schach-Varianten, fünfdimensionale

Spiele, Stichspiele, südafrikanische Spiele, Lotteriespiele, homosexuelle Spiele, Schnippspiele, nichtsnutzige Spiele, Sprachspiele, Logikspiele, Geduldsspiele, Erziehungsspiele, postfaschistische Spiele, Lückentextspiele, tschetschenische Spiele, Dominospiele, außerirdische Spiele, Puzzlespiele, Reisespiele, todessehnsüchtige Spiele, Pachisi-Varianten, stalinistische Spiele, Rennspiele, Friedensspiele, Ratespiele, vampirische Spiele, Steckspiele, Trinkspiele, neofaschistische Spiele, Spielbücher, Backgammon-Varianten, bitterernste Spiele, Wissensspiele, Partyspiele, kooperative Spiele, altägyptische Spiele, halb kooperative Spiele, ozeanische Spiele, Zweipersonenspiele, dunkle Spiele und, natürlich, Solitärspiele aller Art. Ich überlegte, ob sich Spyderling manchmal einsam fühlte, hier draußen auf dem Weingut, am frühen Abend, in der Nacht, wenn es zu schneien begann. Die allermeisten Brettspiele dienen der Interaktion zwischen zwei oder mehr Menschen. Spyderling hatte sich dazu entschieden, nur Spiele zu entwickeln, die man allein, für sich, mit niemandem sonst an seiner Seite spielen konnte. Ich hatte nicht den Eindruck, dass sich in naher oder ferner Zukunft daran etwas ändern würde. Zu bestimmend schien mir der Kampf Spieler gegen Spiel für Spyderlings spielerische Philosophie – eine extrem ausschließliche Philosophie, denn der Kampf Spieler gegen Spiel bedeutet ja letzten Endes nichts anderes als: die Spielerin gegen sich selbst.

Spyderlings bislang erschienene Spiele lagerten im mittleren Bereich jenes Regals, das links vom Tisch an der Wand stand: Ich sah *Tal des Terrors* und *Der Fleischplanet* und *Von Wölfen* und *Massacre à la tronçonneuse d'Eguisheim* und *Житомир* und *Jonathan Brandis* und *Anweisung zur Bildung des Verstandes und Herzens* und *Serbia* und *Von Wölfen 2* und *Schwarzwald* und *Tote Zonen* und *Würmzeit* und auch *Politische Polizei*, Spyderlings aktuelles Werk, das erst vor ein paar Monaten auf den Markt gekommen war. Von all diesen Spielen in ihren düsteren Kartons schien eine Energie in den Raum zu strahlen, die mich frösteln ließ, schwindlig machte, erregte. Es kamen Erinnerungen an einzelne Partien in mir hoch, die sich überlagerten: War es meine

Schuld, dass der Schauspieler Jonathan Brandis auf Nimmerwiedersehen in den bodenlosen Vaginalkanal des atmenden Planeten stürzte? Ließ ich während eines urzeitlichen Eissturms meine Kettensäge in den leeren Gassen von Eguisheim aufkreischen? Folgte ich der wolfsköpfigen Schwadron durch die Ruinen von Novi Sad, oder verfolgte sie mich? Brachte ich das zu Stein erstarrte Tal mit meinem vergossenen Blut zum Erblühen? Herrschte ich gerecht oder tyrannisch über das einsame Land Kineseret? Begegnete ich den gut gekleideten Kannibalen in den Wäldern oder auf dem Grat des Berges? Trug ich das pumpende Herz der Revolutionärin in den Thronsaal des Weinkönigs? Zerschmetterte ich die Hoffnungen der Ureinwohner am gefrorenen Strand? Sah ich wirklich den Hundsstern vom Himmel stürzen? Verlor ich alles bei der Schlacht am Glaswaldsee?

Reglos saß ich auf dem Stuhl beim Fenster und sog die staubige Luft tief durch die Nase ein, die Kaffeetasse fest in beiden Händen haltend. Erst als jemand das Zimmer betrat, lösten sich meine erstarrten Glieder. Campbell war hereingekommen. Er ging an den Regalen entlang, zog hier und dort eine Schachtel heraus, öffnete die Deckel, griff sich eine Handvoll Spielmaterial und stopfte es in einen gelben Plastikbeutel, der um seine Schulter hing.

Währenddessen fragte ich ihn: »Weißt du, was Ioana damit meinte, dass ich hier aufräumen soll? Sieht mir eigentlich alles ganz gut sortiert aus. Ein bisschen verstaubt vielleicht. Will sie etwa, dass wir hier putzen? Unglaublich.«

Campbell fuhr unbeirrt damit fort, die Inhalte der Schachteln durchzugehen, ohne meine Frage zu beantworten.

Minuten später, nachdem er eine Weile wie ein verwirrtes Kind in seinen Beutel geschaut hatte, sah er zu mir und sagte: »Sie meint mich. Ich arbeite. Das bringt Unordnung. Immer.«

Und schon verließ er die Ludothek wieder. Auf dem Flur hörte ich ihn wie wild geworden mit seinem Beutel rascheln.

Diese Spiele sind mein Leben – ich kann es gar nicht anders beschreiben. Nichts interessiert mich so sehr wie dieses Zeug. Alles lässt sich darin auffangen. Alles lässt sich davon ableiten. Was in den Spielen geschieht, betrifft die ganze Welt und all ihre Bewohner. Das klingt vielleicht erst mal blöd, aber es ist so.

Die Tür zum Kaminzimmer, dem Raum direkt neben der Ludothek, war einen Spalt breit geöffnet. Ich stand im Flur und lauschte den Geräuschen, die Campbell dahinter machte: das Rascheln seiner Plastiktüte, das Schneiden einer Schere, ein Husten, ein Summen. Langsam bewegte ich mich auf die Tür zu und schob sie ein Stück weit auf, erst dann klopfte ich leicht gegen das Holz des Rahmens. Campbell blickte nicht auf. Er saß, den Rücken zur geschlossenen Balkontür, an einem breiten Tisch, der mit Häufchen aus Spielfiguren, Karten, Würfeln, Plastikchips und Papierbögen bedeckt war. Dazwischen ragte der Stein auf, den er in der Nacht aus dem Garten ins Haus geschleppt hatte. In der linken Hand hielt Campbell einen Pinsel, den er immer mal wieder über ein paar Papiere oder die graue Oberfläche des Steins vor ihm strich; in der rechten eine Schere, die er, einem nur ihm bekannten Takt folgend, öffnete und schloss, als zerschneide er etwas in der Luft. Sein linker Fuß steckte in der gelben Plastiktüte unter dem Tisch und wühlte darin; um den rechten herum lagen weiteres Spielmaterial, Papierreste, geöffnete Farbdosen, Ausstanzbögen und leere Plastikverpackungen auf dem Teppich verteilt. Ioana musste heute Morgen bei diesem Anblick die Krise gekriegt haben.

»Was machst du?«, fragte ich ihn.

»Ich spiele«, sagte er, ohne aufzusehen.

»Mit dem Stein?«

»Noch nicht.«

Von der Treppe her waren Stimmen zu hören. Ich drehte mich um und sah den Kopf von Ronny Neugebauer zwischen den Sprossen des Geländers auftauchen, kurz darauf auch den Kopf von King Trakto Sherpa. Sie quasselten miteinander, Ronny erzählte irgendeine Geschichte über ein Dorf im Gebirge, seinen Großvater und ein brennendes Huhn, King kicherte dabei ohne Unterlass. Als beide die oberste Treppenstufe erreicht hatten, blickten sie mich an.

»Daytona Sepulveda«, sagte King.

»Gibts da was Interessantes?«, fragte Ronny.

Sie kamen näher und schauten ebenfalls ins Kaminzimmer.

»Ach so«, sagte Ronny, »Campbell arbeitet.«

»Er ist der Fleißigste von uns«, sagte King.

»Ich glaube, er saß hier die ganze Nacht«, sagte Ronny. »Bist du auch so fleißig, Daytona?«

Ich reagierte nicht.

»Hey, Campbell«, rief Ronny in den Raum hinein, »räum mal ein bisschen was auf! Nachher solls regnen, und wir wollen eine Runde spielen.«

»Was spielt ihr?«, fragte ich.

»Erst mal eine Partie *Space Congress 2815*. Kennst du das?«

»Das ist doch das Spiel von Adolfo Campioni, wo der Wiener Kongress nicht 1815 in Wien, sondern auf einer Raumstation in der Umlaufbahn des Merkur stattfindet, richtig? Das ist ziemlich cool.«

»Genau«, sagte Ronny. »Napoleon als galaktischer Imperator, preußische Weltraumraketen, der kaiserlich-königliche Asteroidengürtel, die interstellare Doppelmonarchie und so.«

»Und danach will Clark uns sein neues Spiel vorstellen«, sagte King. »Irgendwas mit Waffenhandel und Migrantenströmen. Und dass der Klimawandel nur ausgedacht ist, um uns alle …«

»O mein Gott«, sagte ich.

»Ach, komm schon«, sagte Ronny. »Clark tut doch keinem was.«

»Finde ich nicht«, sagte ich.

»Na ja«, sagte Ronny – und ich bemerkte ganz genau, wie dieser Blödmann ein wenig die Augen verdrehte –, »jedenfalls treffen wir uns nach dem Mittagessen, um eins. Wenn du dabei sein willst …«

»Ich schau mal«, sagte ich. »Muss noch was arbeiten. Oder schlafen.«

»Daytona wartet lieber auf Spyderling, sehnsüchtig auf der Fensterbank hockend«, sagte Ronny zu King, der daraufhin wieder zu kichern begann. »Sie ist nämlich sein allergrößter Fan.«

In diesem Moment kam Campbell zur Tür gestürzt und schlug sie mit einem kräftigen Ruck vor unseren Nasen zu.

»Ey!«, rief Ronny und griff sofort nach der Türklinke. »Der hat sie doch nicht mehr alle!«

»Lass ihn in Ruhe«, sagte ich.

»Armer Campbell«, seufzte King, »immer beschäftigt, immer verrückt.«

Ich verabschiedete mich von den beiden und ging den Flur entlang zu meinem Zimmer. Auf dem Weg dorthin fiel mir ein Satz der Brettspielautorin Hosianna del Mestre ein, den sie auf ihrem Sterbebett geäußert haben soll: »Ich kann ja vieles erdulden, aber diese Scheiße hier macht mich fertig.« Ach, komm schon, Daytona – du wusstest doch von Anfang an, dass du es mit lauter überdrehten Deppen zu tun haben wirst.

Die Mittagssonne machte aus dem Herrenhaus des Weingutes einen Ofen. Ich lag auf meinem Bett, schwitzend, die Gardine vor dem geöffneten Fenster beobachtend, deren Saum leicht zitterte, als würde er durch die abstrahlende Hitze der Metallfensterbretter bewegt. Am Vormittag war die Temperatur noch angenehm gewesen, doch jetzt schien es, als hätten sich alle Gäste in die schattigen Bereiche des Gartens oder ins kühlere Untergeschoss des Herrenhauses verzogen. Keinesfalls wollte ich in diesem Moment auf einen von ihnen treffen, zu klebrig fühlte ich mich, zu sehr brauchte ich jetzt meine Ruhe. Irgendwann überlegte ich, vielleicht doch hinunterzugehen, um mir etwas vom Mittagsbüfett zu holen, aber die Wärme und mein Wunsch, allein zu sein, drückten mich fest auf meine Matratze. Ich bin niemand, der sich oft und ausdauernd und überhaupt liebend gern bedauert, aber nun hatte ich das Gefühl, verloren gegangen zu sein. Ich war hier fehl am Platz. Mit diesem Ort konnte ich einfach nichts anfangen, und das raubte mir die Kraft. Allerdings war ich – und das musste ich mir jetzt eingestehen, als ich so dalag, lang ausgestreckt, den Kopf zum Fenster gedreht – noch nicht einmal vierundzwanzig Stunden hier. Möglicherweise hatte ich Heimweh. Aber wonach? Leipzig?

Bestimmt nicht. Cheyenne? Auf keinen Fall. Etwa El Salvador? Darüber wollte ich gar nicht nachdenken. Den Ort, nach dem ich mich sehnte, gab es schlichtweg nicht. Oder eben nur in meiner Vorstellung. Aber auch dort hatte er keine Form, keinen Namen, nichts Greifbares. Warum also weiter grübeln, verflucht? Hier war Moldau, hier war das Weingut, hier war Spyderling (irgendwo), hier war ich. Das musste genügen, für den Moment.

»Hallo?«, hörte ich eine Stimme von der Terrasse aus rufen.

Ich zog mich am Fensterbrett hoch, schob die Gardine beiseite und streckte den Kopf hinaus.

Unten stand eine junge Frau mit raspelkurzen hellblonden Haaren, Sonnenbrille, einem silbernen Ring in der Nase und gelbem Kleid und blickte sich nach allen Seiten um, ein Rollköfferchen neben sich abgestellt. Als sie mich am Fenster sah, hob sie die Hand. Ich rührte mich nicht.

»Kann mir vielleicht mal jemand helfen?«, fragte sie auf Deutsch mit niederländischem Akzent, der mich nicht antworten ließ, weil ich plötzlich zu sehr damit beschäftigt war, die Gänsehaut zu genießen, die ich von ihm bekam.

»Ist Spyderling hier irgendwo?«, fragte sie.

Ich schüttelte langsam den Kopf.

»Okay«, sagte sie.

Manchmal verhält es sich doch so mit diesen wundersamen Orten, nach denen man sich sehnt, die man aber nie erreicht: Sie geraten mit den Jahren in Vergessenheit, und das ist dann ja vielleicht auch völlig in Ordnung. Warum sollte man irgendwelchen Hirngespinsten nachjagen? All die Fragen, die man sich immerzu stellt, müssen doch irgendwann auch mal beantwortet werden. Versperrte Aussichten, unlösbare Rätsel, verschüttete Wege – nein danke, darauf hatte ich echt keinen Bock mehr!

»Hey!«, rief die Frau zu mir hoch. »Bist du irgendwie bekloppt oder was? Jetzt komm schon runter und hilf mir endlich!«

Johanna van Tavantar. Manche nennen sie »Die Besessene«. Ich weiß, warum. Ich will mich aber nicht an den Spekulationen der anderen beteiligen. Ich glaube ihr einfach.

Auf dem Flur vor meinem Zimmer war niemand, auch im Treppenhaus nicht, weder im Speisezimmer noch im Rauchsalon. Johanna stand, die Sonnenbrille mittlerweile ins Haar geschoben, auf der Terrasse, blickte hinüber zum Pool und sagte: »Nicht schlecht.«

Ich spürte die Hitze der Terrassensteine an meinen Fußsohlen und versuchte, halbwegs auf den Ballen zu ihr zu gehen, was mir unangenehm war, weil es blöd aussehen musste, aber es ging nicht anders. Auf die Zehenspitzen wollte ich mich nicht stellen, das kam mir dann doch allzu zimperlich vor.

»Aha«, sagte Johanna und streckte mir ihre Hand hin. »Grüß dich. Johanna.«

Ich nahm ihre Hand und sagte: »Ich weiß. Daytona.«

»Ich weiß. Du bist ›Die Verschwundene‹.«

»Und du bist ›Die Besessene‹.«

»Ha«, machte Johanna, »was solls. Wie lange bist du schon hier?«

»Seit gestern.«

»Und? Gefällts dir?«

»Noch nicht. Jeder macht hier, was er will.«

»Voll gut. Gott, bin ich froh, dass Spyderling mich eingeladen hat.«

»Mir ist langweilig«, sagte ich. »Und irre heiß.«

»Willst du wieder weg?«

»Nein, eigentlich nicht. Ich glaube, niemand von uns hat schon sein Rückflugticket. Das kriegen wir von Ioana. Oder von Spyderling. Oder von weiß Gott wem.«

»Pfffh, Rückflugticket … Ich bleibe für immer hier. Wer ist denn noch da?«

Ich zählte alle auf, die mir bereits begegnet waren: Ronny Neugebauer, Campbell Campbell, King Trakto Sherpa, Clark Nygård, der Mann, der vielleicht Arno Picardo sein könnte, und eine Frau, die ich nicht kannte.

»Bestimmt Elke von Manteuffel«, überlegte Johanna. »Die war schon ein paarmal hier.«

»Meinst du?«, sagte ich. »Kann schon sein. Sie hat *Die Religionen* gemacht. Das ist super.«

»Hab ich nie gespielt. Ist das nicht bloß ein Abklatsch von Tonino Süßmilchs *Noch ist Mallorca nicht verloren*?«

»Quatsch!«, rief ich. »Øyvind Zetterströms *Auf nach Makadamien!* ist ganz klar ein Abklatsch von *Noch ist Mallorca nicht verloren*. Und *Noch ist Mallorca nicht verloren* wiederum ist ziemlich frech von Ilona Klavterhalvens *Teheran*-Trilogie abgekupfert. Tja, allerdings hat *Die Religionen* was von Dr. Ganymeds *Brennen muss Hohenlohe*, Serjoscha Babukins *Der große Frieden* und sogar – auch wenn man das kaum glauben mag – Leila Firchaus *Dietrich der Bedrängte*. Aber ist ja eigentlich auch piepegal: Wir klauen doch eh alle wie die Raben.«

»Stimmt«, sagte Johanna. »Man muss sich nur gut überlegen, was man macht, warum und wie.«

Johanna van Tavantar war zu dem Zeitpunkt, als wir zum ersten Mal auf Spyderlings Weingut aufeinandertrafen, so etwas wie ein Shootingstar unter den Autorinnen und Autoren für Brettspiele: Bereits ihre erste Veröffentlichung war ein veritabler Verkaufserfolg geworden, von der Fachpresse gelobt und mit einigen Preisen bedacht: *The Spy Who Loved Forever*, ein schnelles, unkompliziertes Sammelkartenspiel, in dem Geheimagenten mit Sonnenbrillen, Pomade im Haar und Kugelschreiberpistolen gegen die Hochenergielaser, Todesviren und Haifischarmeen größenwahnsinniger Superschurken antreten; gut geeignet für gelangweilte Jugendliche, aber auch für angetrunkene Partygäste. In ihrem zweiten Spiel, *Du, ich & Roland Emmerich*, arbeiteten alle Mitspieler daran, die Erde auf möglichst schnelle und spektakuläre Weise untergehen zu lassen, sei es durch das plötzliche Erscheinen von schwarzen Löchern in menschlichen Geschlechtsöffnungen, auf Spaziergänger einprügelnde Baumwurzeln, explodierende Waschmaschinen, vergiftete Lakritzbonbons oder die weltweite Verbreitung eines tödlichen Schlagers. (Als ich damals dieses Spiel kurz nach seiner Veröffentlichung spielte, an einem kargen Tisch auf einer schlecht besuchten Hobbymesse irgendwo in der mitteldeutschen Provinz, stellte ich mir zum ersten Mal die Frage, inwieweit die geistige Verfassung einer Brettspielautorin Auswir-

kungen auf das von ihr entwickelte Endprodukt haben könnte –
die nach wie vor ausbleibende Antwort scheint mich bis heute zu
verfolgen, fürchte ich.) Und ihr drittes Spiel schließlich, *Rover.
Eine Gespenstergeschichte aus den Niederlanden,* führte nach seiner Veröffentlichung beim Polizeispiele Verlag zu einem mittel-
großen Skandal: nicht etwa weil das Spiel schlecht war, historische Verbrechen verharmloste oder Minderheiten diskriminierte,
sondern weil Johanna van Tavantar in der Anleitung ausführ-
lich beschrieb, dass sie ein strikt autobiografisches Spiel entwickelt habe und damit zugleich der Öffentlichkeit preisgab, dass
sich seit ihrer frühesten Kindheit eine übernatürliche, poltergeist-
ähnliche Präsenz namens »Rover« an ihrer Seite befinde, die Dinge um sie herum verschwinden lasse, Gegenstände verschiebe,
sie mit Kieselsteinen bewerfe oder ihre Sexualpartner auf Nimmerwiedersehen in die Flucht schlage. Manche Leute hielten das
für einen schlechten Scherz oder einen Werbegag des Verlags,
andere wiederum warfen ihr vor, das Medium Brettspiel dafür
zu benutzen, ihre vermeintlichen psychischen Probleme zu glo-
rifizieren. Ein paar Menschen jedoch hatten einfach Spaß an ihrem Spiel, das seine Mitspieler, wie ich finde, auf eine ernsthafte
und gefühlvolle Art damit vertraut macht, was es heißt, von einem Poltergeist durchs Leben begleitet oder eben auch verfolgt
zu werden. Ich glaube, mir lief sogar die Nase, als ich es spielte.
Na ja, wie auch immer: In Fachkreisen kursierte Johanna seitdem nur noch unter ihrem Spitznamen »Die Besessene« – und
wenn ich eines gelernt habe, dann dass man solch einen Scheiß
nie wieder loswird.
»Meinst du«, fragte ich, »dass es Leute gibt, die glauben, von einem Fluch betroffen zu sein, der es jedes Mal regnen lässt, wenn
sie vor die Haustür treten?«
Johanna, die sich mittlerweile auf eine der Sonnenliegen am Pool
gesetzt hatte, sah mich ernst an.
»Ist nur 'ne Fachfrage«, schob ich hinterher.
»Glaubst du an Flüche?«, fragte sie.
»Ich weiß nicht. Vielleicht?«

»Ja oder nein.«

»Ja klar, warum nicht? Irgendwie gibt es ja alles auf der Welt.«

»Dann kannst du dir deine Frage gefälligst selbst beantworten«, sagte sie und setzte sich ihre Sonnenbrille wieder auf.

Aus dem Haus war ein dumpfes Geräusch zu hören, als sei etwas Schweres umgestürzt. Vielleicht hatte Ioana etwas fallen lassen, oder Leon war eine Weinkiste von der Sackkarre gerutscht, oder Ronny hatte in irgendwelchen Schränken gekramt und dabei etwas heruntergerissen. Vielleicht.

Auf der Wasseroberfläche des Pools sah ich ein Büschel Haare schwimmen, ein kleiner, fester Ball, wie das Gewölle von Eulen oder das Ausgewürgte einer Katze. Möglicherweise von Clark Nygård. Ekelhaft.

Johanna zog an meinem T-Shirt und wartete, bis ich mich zu ihr gedreht hatte. Dann lächelte sie und fragte mich: »Weißt du, wo ich hier einen Dry Martini bekomme?«

Anders als Johanna van Tavantar habe ich mir meinen Spitznamen nicht durch meine Brettspiele verdient. Man nennt mich »Die Verschwundene«. Und das stimmt auch insofern, als ich wirklich einmal verschwunden bin, vor vielen Jahren. Aber ich bin auch wieder aufgetaucht, unversehrt, ein wenig zerzaust und verschreckt, bin aus den dunklen Tiefen des Waldes zurückgekehrt in die Arme meiner Familie und meiner Freunde, um nun das zu tun, was ich eben tue. Darüber sagt mein Spitzname natürlich nichts aus. Ich bin verschwunden und bleibe es. Was für eine Scheiße.

»Prost«, sagte Johanna und stieß mit mir an.

Gemeinsam hatten wir in der Küche nach einer Flasche Martini gesucht, aber nichts gefunden. Irgendwann war Ioana hereingekommen, und nachdem ich ihr Johanna vorgestellt und sie nach Gin und Wermut gefragt hatte, nickte sie und öffnete einen Schrank in der Ecke, in dem sie Spyderlings Schnapsvorräte aufbewahrte. Ich füllte zwei Gläser und bemerkte, wie Ioana damit anfing, Johannas Haar zu berühren, was schon allein ziemlich schräg war, aber währenddessen flüsterte sie auch noch: »Johanna, Ioana, Johanna, Ioana ...« Ich beeilte mich mit den Getränken, und als wir endlich die Küche verließen, sah ich einen erleichterten Ausdruck auf Johannas Gesicht.

»Prost«, sagte ich und streckte meinen Rücken auf der Sonnenliege durch.

»Auf was?«, fragte Johanna, die neben mir lag und mit den Füßen wackelte.

»Auf Ioana?«

»Auf Ioana!«

Wir lachten.

Vielleicht fühlte ich mich ja doch ganz wohl hier. Am Pool, im Schatten des Sonnenschirms, einen niederländischen Akzent im Ohr, ein Getränk in der Hand, von irgendwoher ein leichter Wind, hinter mir der Garten, von einem Abgrund umgeben.

Was wusste ich eigentlich über die Republik Moldau, ehe ich hierher eingeladen wurde? Nichts natürlich. Bevor ich vor einigen Jahren nach Leipzig zog, der Brettspiele und einiger anderer Dinge wegen, hatte ich mich zwar ein wenig mit der politischen Topografie Europas beschäftigt, aber dabei augenscheinlich ein so winziges Land wie Moldau übersehen. Rumänien oder Bulgarien sagten mir natürlich etwas; sogar ein paar ehemalige Republiken der Sowjetunion hatte ich parat, aber von einem Staat namens Moldau und seiner Hauptstadt Chişinău hatte ich noch nie was gehört. Allerdings verbindet mich auch nichts mit dem europäischen Teil dieser Welt: Die Geschichte meiner Familie lässt sich, anders als die Geschichten vieler meiner Freunde, Schulkameradinnen und Kommilitonen, nicht von Europa aus erzählen, eben weil jene Phantome, aus denen die wenigen noch greifbaren Sepulvedas von heute hervorgegangen sind, allesamt wohl aus den Weiten der Pampa, den Lichtungen des Amazonas und den Hochtälern der Anden stammen, die sie irgendwann in Richtung Norden verlassen hatten, immer weiter und weiter gescheucht von verwahrlosten spanischen Kolonialtruppen, betrunkenen marxistischen Revolutionären und feist grinsenden Militärdiktatoren. Wer wann von uns wo hindurchkam, wer wann von uns wo landete, wer wann von uns wo starb – reine Spekulation, der sich mein Vater, pensionierter Verkäufer von gebrauchten Autos und passionierter Fan des Rennwagensports, einige Jahre lang mit großem Eifer, alten Tagebüchern, nicht zu Ende erzählten Geschichten und lückenhaften Stammbäumen gewidmet hatte. Seine Eltern wie auch die Eltern meiner Mutter waren in México D. F. verstorben, Jahre nachdem ihre ineinander verliebten Kinder die mit Blut und Katzengold gezogene Grenze zwischen Ciudad Juárez, Chihuahua, und El Paso, Texas, überquert hatten. So gesehen ist es kein allzu großes Wunder, dass ich mich an nichts gebunden fühle – mehr, als dass ich von irgendwoher »aus dem Süden« zu stammen scheine, ist mir über die Vergangenheit meiner Familie nicht bekannt. Spuren nur, Gespenster, leere Namen, die vor langer Zeit in der Wüste des nördlichen Mexikos davongeweht worden sind.

Als mich Spyderlings Einladung erreicht hatte, tippte ich die Adresse des Weingutes im Internet ein und erfuhr so zum ersten Mal von dieser inmitten einer historischen Landschaft namens Bessarabien gelegenen Republik, die sich zwischen den Flüssen Dnister und Pruth ausbreitet, seit 1991 als souveräne Nation existiert, einen kurzen, aber heftigen Bürgerkrieg hinter sich hat und heute als »Armenhaus Europas« gilt, gebeutelt von staatlich organisierter Kriminalität, nicht enden wollender Abwanderung und ethnischen Konflikten, eingekeilt zwischen den Einflusssphären Russlands und der Europäischen Union. Moldau, so erfuhr ich weiter, sei ein zur Bewegungslosigkeit verdammter »gekaperter Staat«, in dem ein paar schamlose Oligarchen an der Regierungsspitze über Jahre hinweg die überschaubare Wirtschaftsleistung des Landes ihrem Privateigentum hinzugerechnet hatten. So kam es 2014 zu einem Raub, bei dem Geld im Wert von insgesamt mehr als einer Milliarde Euro aus drei verschiedenen Banken des Landes einfach so verschwand und nie wieder auftauchte. Der zentrale Teil der Republik wird auch als »Codrii« bezeichnet, was »Die Wälder« bedeutet, Eichen und Buchen und so, und ich dachte mir, als ich davon las: Na toll, schon wieder so ein Wald, aus dem es diesmal vielleicht kein Entrinnen gibt – aber was solls: Ich stieg natürlich trotzdem ins Flugzeug, denn ich bin jung und am Leben und so voller Mut, dass es schon fast nicht mehr auszuhalten ist.

Mein Flug nach Chişinău mit Zwischenhalt in Kiew ging ab Berlin. In Kiew angekommen, suchte ich sofort den Raucherbereich auf, ein verglaster Raum, in dem man die Hand vor Augen kaum sah. Ich drückte mich in eine Ecke und zündete mir eine Zigarette an, still beobachtet von ein paar unauffällig aussehenden Kerlen, die sich um den Aschenbecher an der gegenüberliegenden Wand geschart hatten; kurz darauf öffnete sich die Tür, der Nebel lichtete sich für den Moment, und eine blutjunge, bildschöne Soldatin des ukrainischen Militärs kam herein, ein Maschinengewehr um die Schulter gehängt, stellte sich ans Fenster und schaute rauchend auf den Parkplatz des Flughafens hinaus. Während des Fluges über die Ukraine sah ich lange auf die ultragrüne Landschaft unter mir hinab und war mir plötzlich sicher, die breiten Furchen, aufgeworfenen Erdhügel und niedergewalzten Leichen erkennen zu können, die hier von all den aus West und Ost herbeigerollten Panzerarmeen hinterlassen worden waren, in diesem Land des nicht enden wollenden Abschlachtens, dessen oft nur schematisch umrissene Karte auf den Brettern so vieler Kriegsspiele nicht mehr als eine glatte farbige Fläche ohne irgendwelche Details ist. Überhaupt: Hackt man nicht wie eine komplett Wahnsinnige mit den Figuren auf das Spielbrett ein, dann hinterlässt Kriegsgerät aus Plastik auf bemalter Pappe keine Spuren – der Gewaltmarsch, die Grabenkämpfe, das Zerreiben, die Kapitulation, der Rückzug finden statt, indem das Kriegsmaterial von seinen Spielern vorsichtig von Feld zu Feld geschoben wird, den Versorgungslinien entlang, dem Frontverlauf folgend. Im Spiel zerstört der Krieg an sich rein gar nichts, weil es nur um seine beiden grundlegenden Effekte geht: Sieg und Niederlage.

Das ist ein generelles Problem so vieler Brettspiele: Sie tun immer nur so als ob – und das meistens auch noch in höchst abstrakter und systematisierter Form. Wo sind denn die Toten im Spiel zu finden, wo das Feuer, wo der Dreck, wo die Kälte, wo die Flucht, wo die ganze Scheiße, wo die Rettung, wo die Stille? Die meisten Brettspiele verhalten sich ignorant zur Wirklichkeit, weil sie deren unterschiedliche Phänomene nur als Vehikel gebrauchen, um ihren Spielerinnen und Spielern für einen überschaubaren Zeitraum Spaß und Spannung in einer ihnen halbwegs vertrauten Umgebung zu bescheren. Was für ein Widerspruch, der mir das Herz zerreißt: Indem ein Spiel ganz direkt auf sein Thema hindeutet, lenkt es gleichzeitig völlig davon ab, denn es geht ihm ja gar nicht um die Erfahrung von Gefahr, das Nachvollziehen von Beweggründen oder die lähmende Angst vor dem Tod – es geht ihm allein um mathematisch berechnete Unterhaltung in einem kontrollierbaren Rahmen. Ich will keineswegs bestreiten, dass solch ein künstlich hergestellter und einem mehr oder weniger komplexen Regelwerk folgender »Zeitvertreib zum Vergnügen« mit all seinen kümmerlichen Reduktionen die Kenntnisnahme und den Umgang mit Dingen ermöglicht, die einem zuvor fremd oder unverständlich waren. Aber ist das schon genug, um von einem Kunstwerk sprechen zu können? Ich glaube nicht. Daher sind die meisten Brettspiele keine Kunst, sondern Handwerksarbeiten, auch wenn ihre Entstehung zunächst einmal viel mit den Schaffensprozessen anderer Kunstgattungen gemein hat, seien es die Entwicklung von Fiktionen, das schweißtreibende Austarieren der Spielmechaniken oder die grafische Gestaltung. Natürlich: Ein Brettspiel ist per se erst mal keine Literatur, kein Gemälde, keine Musik und kein Film, aber es ermöglicht uns eine Anteilnahme, die dem Genuss von – ach du große Scheiße! – »wahrhaftiger Kunst« in nichts nachsteht, glaube ich. Und dies führt eben zu der Schlussfolgerung, dass wir mit einem Brettspiel uns selbst und die Welt um uns herum besser verstehen lernen, Grenzen der eigenen Wahrnehmung übertreten und der Wirklichkeit etwas noch nie vorher Dagewesenes hinzufügen können. Was für ein Gelaber!

Warum nur bin ich so fixiert darauf? Weil ich – wie jeder Mensch, der halbwegs bis drei zählen kann und spürt, dass ein lebendiges Herz in ihm schlägt – den bestehenden Verhältnissen nicht viel abgewinnen mag, ich *geschmolzene Seele*. Oder weil ich nicht an Gott und seine allumfassende Gnade glaube. Oder weil ich als Kind zu heiß gebadet wurde. Oder weil ich einmal in einem Wald in El Salvador verloren gegangen bin und bis heute den Rückweg suche. Oder weil die Sterne es mir aufgetragen haben.

Bestimmt dachte ich auf meinem Flug nach Moldau über all dies nach, denn ich denke immer darüber nach, was die Kunst alles sein kann und wann auch ein Brettspiel die Grenze überschreitet, selbst Kunst sein zu können. Am Aeroportul Internaţional Chişinău wurde ich bereits von Leon erwartet, hatte ich ihm doch wenige Tage zuvor meine Ankunftszeit per E-Mail mitteilen müssen. Er war vielleicht fünf oder sechs Jahre älter als ich, aber die Haut seines Gesichts war dunkel und faltig, als würde er oft in sengendem Sonnenschein arbeiten. Auf einem Schild in seiner Hand stand »Dayton Sepulvo« geschrieben, in dieser fröhlich geschwungenen, dickbäuchigen Hippie-Schriftart, grelles Pink auf kanariengelber Pappe. Wir reichten uns die Hände. Sein Englisch war schlecht, aber ich verstand ihn. Ich trug einen Reiserucksack bei mir, und während wir das Flughafengebäude verließen und zu seinem Auto gingen, machte er keinerlei Anstalten, mir etwas von meinem Gepäck abzunehmen, was ich vollkommen in Ordnung fand, denn ich benötige keine Hilfe bei so einem simplen Scheiß wie Sachentragen, auch nicht aus Höflichkeit.

Leon fuhr einen alten weißen Kleinbus, und ich überlegte, ob es sich um sein Privatfahrzeug handelte oder ob es aus Spyderlings Wagenflotte stammte.

»Ist das dein Auto?«, fragte ich ihn.

Und Leon sagte: »Manchmal.«

Die zweispurige Autobahn vom Flughafen führte, ohne irgendwelche sichtbaren Ausfahrten, in schnurgerader Linie direkt auf Chişinău zu, dessen Stadtgrenze von einem gewaltigen Wohnkomplex aus sowjetischen Zeiten markiert wird, der sich links und rechts der Fahrbahn erhebt und, wie Leon mir stolz berichtete, als »Stadttor« bezeichnet wird. Kaum waren wir hindurch, wurde die Autobahn zum Boulevard, der wie hineingefräst wirkte in ein Labyrinth aus sich endlos aneinanderreihenden sozialistischen Apartmenthochhäusern mit braunen oder grauen Fassaden, zahllosen Fenstern und Balkonen, auf denen Wäsche trocknete, Kinder winkten oder Partys gefeiert wurden.

Leon überholte einen hinfälligen Bus, der durch ein Stromkabel mit einem Oberleitungsnetz verbunden war, und sagte: »Das sind unsere Trolleybusse. Hast du so was schon mal gesehen?«, und ich log ihn an, dass ich so etwas noch nie gesehen hätte.

Immer mal wieder überquerten Menschen direkt vor uns die Straße, woraufhin sich Leon zu einer Hup- und Schimpftirade hinreißen ließ, die ihresgleichen suchte. Frauen hockten unter Bäumen und verkauften Trachten, kommunistische Devotionalien und eingewecktes Gemüse. Wir erreichten eine große Kreuzung ohne Ampelanlage, auf der ein Motorradfahrer einem Trolleybus auswich und der Trolleybus einer strahlend weißen Stretchlimousine auswich und die strahlend weiße Stretchlimousine einem Pferdewagen auswich, fuhren an einem verspiegelten Einkaufszentrum vorbei, hielten kurz neben dem Bronzedenkmal eines moldauischen Herrschers mit einem Kreuz in der linken Hand an (»Das ist Ştefan cel Mare«, sagte Leon, »Held aller Helden.«), kauften von ein paar Jugendlichen in Jogginganzügen am Straßenrand zwei Schachteln Zigaretten, Kekse und Zitronensaft und verließen schließlich die Stadt Richtung Norden, wo sich hinter den Häusern eine Landschaft aus Bäumen, Feldern und Hügeln erstreckte, einfach so und ohne weitere Besonderheiten. Leon kurbelte das Fenster herunter, und wir begannen zu rauchen, während über uns die Nachmittagssonne mit ihren Todeslaserstrahlen die dicken Wolken zerschoss. Ich erzählte ihm was von mir, dass ich Amerikanerin sei und seit ein paar Jahren in Deutschland leben würde, und er nickte dabei langsam, die Augen zu Schlitzen verengt, die Zigarette locker im Mundwinkel hängend. Keinen Schimmer, ob er mich verstand, aber ich mochte ihn.

»Moldova ist ein kleines Land«, sagte er irgendwann, »und viele kleine Menschen leben hier«, und ich wartete darauf, dass er das noch etwas näher erläuterte, aber er fuhr schweigend weiter zwischen den Walnussbäumen hindurch, die sich links und rechts der holprigen Straße im Wind schüttelten.

Ich erschrak, als ich Gebrüll aus dem Herrenhaus hörte, und hätte beinahe meinen Martini verschüttet. Johanna schob sich die Sonnenbrille auf die Stirn und sah mich mit verschlafenen Augen an. Ein kleiner, struppiger Kerl, mit Vollbart und in Lederfetzen gekleidet stürzte aus der Terrassentür, drehte sich um und machte mit beiden Armen eine Geste, die mir sehr obszön vorkam. Kurz darauf erschien Ioana in der Tür und schrie ihn auf Russisch oder Rumänisch oder so an. Der Mann verschränkte die Arme hinter dem Rücken und ging langsam in den Garten hinaus; wir hörten ihn noch eine Weile hinter uns schnalzen, pfeifen und die Nase hochziehen.
»Was war denn da los?«, fragte Johanna.
»Ach«, sagte Ioana, »das war nur Pawel. Er ist Spyderlings ... Angestellter. Lebt ganz hinten im Garten, bei dem Teich in der Senke, in einer Grotte. Hat im Haus nichts zu suchen. Lasst ihn bitte niemals rein.«
Dann führte sie ihre Faust zum Mund, spreizte den kleinen Finger ab und tat so, als würde sie an ihrem Daumen nuckeln.
»Hilft er Leon im Garten?«, fragte ich.
Ioana lachte auf.
»Der?«, sagte sie. »Niemals. Er ist ... o, Doamne, wie sagt man das bloß ... ein Einsiedler. Ein Eremit. Er wird dafür bezahlt, in einen Baum zu klettern, im Garten Beeren zu essen, in die Büsche zu pinkeln und auf dem Gras in der Sonne zu liegen. Er kommt aus der Ostukraine. Aber keine Angst: Pawel tut niemandem was. Doch ins Haus darf er nicht – vergesst das nicht, verstanden?«
Johanna öffnete den Mund zu einem Lachen und ließ die Augen rollen, machte aber keinen Ton. Ich zog die Stirn kraus, stieß laut Luft durch die Nase aus und schüttelte leicht den Kopf.

»Das ist ja der Hammer!«, rief Johanna, nachdem Ioana ins Haus zurückgegangen war.

»Was macht Pawel hier?« fragte ich verwirrt.

»Keine Ahnung«, prustete sie los, »aber Spyderling hat doch echt nicht mehr alle Latten am Zaun.«

»Meinst du, dass …«

»Spyderling eine Faschistin ist? Aber na klar! Dieser Garten, dieses Haus, die Bediensteten, der ukrainische Eremit … Als ich vorhin mit dem Taxi hier ankam, habe ich die Wachtürme in den Weinbergen gesehen. Jede Wette, dass dort in der Nacht Soldaten postiert sind.«

»Hm«, machte ich. »Und nicht zu vergessen: Spyderlings Spiele.«

»Puh«, machte Johanna. »Ja, die sind echt krass. Ich kann so was nicht spielen. Davon bekomme ich Albträume.«

»Hast du Spyderling schon mal getroffen?«

»Nein, aber fast. Ich war mal mit meinem Verlag auf einer Messe in England eingeladen, zwischen einem stillgelegten Bahnhof und einem Schlachthof, und es hieß, Spyderling wäre auch dort. Alle waren zweieinhalb Tage lang total aufgeregt, doch sie kam einfach nicht. Vielleicht trieb sie sich dort wirklich herum, inkognito unter all den Besuchern, und niemand von uns Idioten hat sie erkannt.«

»Das heißt … Pawel? Könnte doch sein …«

Johanna kicherte.

»Klar, warum nicht?«, sagte sie. »Ich tippe aber eher auf Ioana. Ach, am Ende bin ich vielleicht selbst die beschissene Spyderling und habe es nur noch nicht mitbekommen.«

Zum Mittagessen gab es für uns alle Plăcinte – kleine, fettige runde Kuchen, die mit gestückelten Äpfeln, Schokolade oder weichem Käse gefüllt waren. Ioana hatte eine ganze Platte voll im Speisezimmer angerichtet und gekühlten Weißwein in drei Karaffen mit Eiswürfeln dazugestellt. Ich war ins Haus gegangen, um zwei Teller für Johanna und mich vorzubereiten. Danach aßen wir gemeinsam am Pool. Jeder, der auf die Terrasse kam, wurde von

Johanna mit einem lautstarken Gruß und einer Umarmung begrüßt. Ich blieb währenddessen auf meiner Liege sitzen, hörte mir so halb den Small Talk an, biss von meinem fettigen Stück Teig ab und blinzelte der Sonne entgegen, die sich auf der Wasseroberfläche des Pools spiegelte. Johanna schien jeden der Mitanwesenden irgendwo schon einmal getroffen zu haben, auf einer Messe, bei einem Kongress, in einem Café, auf einer Party, im Zoo oder einfach nur zufällig auf der Straße. Die Freude der anderen, sie wiederzusehen, war dabei ebenso groß, ganz besonders bei Clark Nygård, Ronny Neugebauer und King Trakto Sherpa. Sie machten Scherze miteinander, die ich nicht verstand, stießen mit ihren Weißweingläsern an und faselten davon, wie geil es doch sei, hier zu sein, wie groß die Ehre, Spyderlings Einladung erhalten zu haben, bla bla bla. Ronny lud Johanna zu der anstehenden Partie *Space Congress 2815* im Kaminzimmer ein, und Johanna nahm freudig an. Ein wenig später gesellten sich auch die Frau, die vielleicht Elke von Manteuffel war, und ihr ständiger Begleiter, den ich für Arno Picardo hielt, zu der aufgekratzten Gesellschaft hinzu. Und tatsächlich: Es handelte sich bei den beiden um von Manteuffel und Picardo, wie ich, nach wie vor ein paar Meter abseits sitzend, beim Zuhören herausfand. Von Manteuffel beeindruckte mich sofort: Sie trug ihr langes weißes Haar offen und dazu ein nachtblaues Kleid; außerdem war die glatte Haut ihres Gesichts stark geschminkt, was ihre autoritäre Ausstrahlung noch gehörig verstärkte. Picardos Anblick hingegen ließ mich einigermaßen verstört zurück: Am Morgen hatte ich ihn nur aus einiger Entfernung und im Vorbeigehen wahrgenommen – ein hagerer Typ eben mit raspelkurzen braunen Haaren. Jetzt fiel mir auf, dass er in Wahrheit eine Glatze hatte, und dort, wo seine Haare sein sollten, überzog ein riesiges Muttermal die gesamte Kopfhaut, mit Ausnahme des Gesichts, wie eine obskur gescheckte Frisur. Mir wurde keineswegs übel davon, aber ich hatte auch keine Lust mehr weiterzuessen – zu überwältigend war meine Beschäftigung mit dem Gedanken, dass ich so etwas wirklich noch nie gesehen hatte.

Oder etwa doch? Nachdem ich wieder zur Ruhe gekommen war, fiel mir ein, dass ich vor meiner Abreise im Internet die Geopolitik Osteuropas studiert und dabei eine Weile gebannt auf eine politische Karte vom Krieg in der Ostukraine gestarrt hatte, ein beeindruckend gesprenkeltes Action Painting, auf dem die von den separatistischen Milizionären besetzten Städte in einem dunklen Braun und die vom ukrainischen Militär kontrollierten Regionen in einem hellen Gelb markiert waren. Vielleicht musste ich den Einsiedler Pawel beizeiten mal fragen, in welchem der Gebiete er gelebt hatte, die im April 2014 Bestandteil einer dieser beiden kleinen brutalen, vom Wahnsinn geschüttelten Rebellenrepubliken geworden waren: in Donezk oder in Lugansk – oder in dem höllischen Niemandsland dazwischen? So langsam, das spürte ich jetzt, wuchs mein Interesse für Moldau und das verrückte Drumherum, die postsozialistischen Verwicklungen, das freudig kreischende Elend Osteuropas. Etwas ausgesprochen Beachtenswertes, Fiebriges, Unheimliches ging hier vor sich, das so weit von mir entfernt schien, dass es auch auf einem winzigen dunklen Planeten weit jenseits unseres Sonnensystems hätte stattfinden können. Aber es fand statt, zweifellos, und es war wahrnehmbar, keine Frage, und zwar ganz in meiner Nähe. Und ich war drauf und dran zu versuchen, mir das einmal genauer anzuschauen.

Nach dem Essen schloss ich mich mit dem guten Gefühl in meinem Zimmer ein, dass Johanna van Tavantar und ich uns auf eine angenehme Art gerade so ähnlich waren, dass sie mir nicht auf die Nerven ging. Klar, ich bin kein geselliger Mensch und oft nur darauf bedacht, mich von allem abzuschirmen – aber schließlich mag ich es auch, Leute um mich zu haben, die wie Brausetabletten laut und fröhlich vor sich hin sprudeln, wenn sie sich nur in die geeignete Flüssigkeit stürzen können. Johanna erinnerte mich sehr an meine Freundin Abby Montevertigo, mit der ich in Cheyenne dieselbe Schule besucht hatte, zuerst die Grundschule, später dann auch die Highschool. Vom ersten Tag an waren wir unzertrennlich. Abby mit ihren langen blonden Haaren war zart, hell und lustig, und weil sie von klein auf eine Brille mit richtig dicken Gläsern tragen musste, berührte sie all die Dinge um sie herum, die sie interessierten, meistens mit der Nasenspitze. Im Klassenraum passierte es uns beiden immer wieder, dass die eine unkontrolliert zu kichern anfing und die andere kurz darauf einsetzte, ein ziemlich blödes Spiel, das uns oft den Ärger unserer Lehrerin Miss Somerset einbrachte, aber ich erinnere mich gut daran, wie haltlos ich mich jedes Mal dabei fühlte, als hätte ich überhaupt nichts dagegen unternehmen können, dass scheinbar eine Kraft außerhalb meines Körpers sich meiner bemächtigte, glucksende Laute aus mir herauspresste und meine Glieder schüttelte, bis ich völlig außer Atem war. Unsere Freizeit verbrachten wir mit ausgedehnten Fahrradtouren rund um Cheyenne, die uns in den Wald, ans Ufer des Sloan Lake, auf die weiten Parkplätze der Supermärkte oder in die Automatenhöllen, Schnellrestaurants und Spielzeuggeschäfte an den Ausfallstraßen führten. Unsere Eltern hatten uns strikt verboten, mit irgendwelchen Unbekannten zu sprechen oder gar in fremde Autos zu steigen, wenn wir dazu aufgefordert würden. In den Nachrichten war zu dieser Zeit immer wieder die Rede von Serienmördern wie dem »Würger von Laramie«, dem »Neuntöter«, dem »Deer Hunter« oder dem »Old Faithful Killer« – wirre, abgemagerte, bleiche Typen mit den Gesichtern von Phantomzeichnungen, die nachts in ihren einschläfernd lackierten Chevrolet Classics langsam durch die Industriegebiete rollten und von denen einige gefasst wurden, andere nicht. Im Frühjahr 2006 entdeckten wir auf einer unserer Touren am Stadtrand einen Trödelmarkt, der dort an jedem Wochenende stattfand, in einer großen Halle zwischen Waschstraßen, Nagelstudios, Autohäusern, Stripclubs, Versicherungsbüros und Werkstätten. Unheimliche Leute aus der Umgebung verkauften hier ihr verstaubtes Hab und Gut, das sie auf wackligen Tapeziertischen oder von Motten zerfressenen Decken auf dem Boden ausgebreitet hatten: Fernseher, Geschirr, Schallplatten, Gemälde, Computer, Videokassetten, Waschbecken, Gartengeräte, Militaria, Plüschtiere, Kunststoffpflanzen, Bücher, Küchenutensilien, Waffen, Motorroller, Briefmarkensammlungen, Werkzeug, Kleidung, Porzellanpüppchen und, natürlich, Brettspiele aller Art. Abby und ich schritten wie die Prinzessinnen eines Königreichs aus Schrott und Unrat durch die Reihen, setzten uns gegenseitig Infanteriehelme der U.S. Army mit Einschusslöchern auf, kicherten (wie immer), klauten hier und da einen Traumfänger, ein Set Salz- und Pfefferstreuer oder einen Reiseführer für Lissabon (mit verklebten Seiten), aßen Empanadas an der Kochstelle einer uralten Bolivianerin, fuchtelten an einem Stand mit echten Äxten herum, bis der Verkäufer uns davonjagte – und kamen die Woche darauf zurück. Dieser Markt wurde bald zu einem Zeitvertreib, auf den wir uns schon Tage vorher freuten. Irgendwann hatte sich Abby dort mit einem Mädchen angefreundet, das in unserem Alter war und hier jedes Wochenende ihren Eltern dabei half, Gerümpel zu verscherbeln; und ich war eines Tages am Stand mit den Brettspielen hängen geblieben, ohne besonderen Grund, wahrscheinlich nur weil mir die bunten Schachteln gefielen, begann zu stöbern und kaufte mir von meinem Taschengeld mein erstes Spiel: die Brettspielumsetzung des Teenie-Horrorfilms *Ich weiß, was du letzten Sommer getan hast* mit dem bekloppten, auf die Rückseite der Schachtel gedruckten Slogan »Ich weiß, was du letzten Sommer gespielt hast« (das Spiel selbst war, gelinde gesagt, große Scheiße). Das junge punkige Pärchen, das den Stand betreute, machte niemals Anstalten, mir irgendetwas zu empfehlen oder überhaupt mit mir zu sprechen; entweder stritten sie miteinander oder starrten schweigend und rauchend vor sich hin, und wenn ich etwas gefunden hatte, das mir gefiel, dann nahm einer von ihnen teilnahmslos mein Geld entgegen. Heute glaube ich, dass sie alles in allem ziemlich am Ende ihrer Kräfte waren und vielleicht sogar ständig unter Drogen standen, aber immerhin war ihre Spieleauswahl rückblickend betrachtet famos: Hier stieß ich etwa auf das taktische Legespiel *Schlaf und Gesang* von Albin Lüderitz, das für seinen ausgeklügelten Verrätermechanismus bekannte Kriegsspiel *Tora Bora* von Ilse und Ruprecht Karmesin oder das mit verdächtig vielen softpornografischen Abbildungen illustrierte

Würfel-Karten-Quiz-Echtzeit-Erzähl-Geschicklichkeitsspiel *O wie gut schmeckt mir Pozole!* von Romy Rodriguez; hier lernte ich legendäre Autorinnen und Autoren wie Hosianna del Mestre, T. T. Tolliver, Ilona Klavterhalven, Little Pinky, Tiffany Nakamura, Jim Britzki, Indriði Sanchez, Jonni Purzel, Dr. Ganymed, Walter Kotzepitty, Lady Darjeeling, Ottilo Entembe oder Heinz Li kennen; und hier gelangte ich sogar in den Besitz meines allerersten Spiels von Spyderling, nämlich des durch und durch verstörenden Klassikers *Anweisung zur Bildung des Verstandes und Herzens.* Abby war so freundlich, ein paarmal mit mir zu spielen, erklärte mir aber bald recht deutlich, dass sie sich jetzt eigentlich mehr für Jungs, die Musik von The Killers, Selbstbefriedigung und Improvisationstheater interessierte und keinerlei Kinderkram mehr in ihrem Leben dulden würde (was unsere Freundschaft keineswegs zerstörte, sondern nur in eine neue, viel aufregendere Richtung verschob). Auch meine Eltern gaben sich Mühe, jede meiner neuen Anschaffungen wenigstens einmal mit mir auszuprobieren, aber ich durchschaute bald, dass es ihnen keinen Spaß machte und sie wohl nur aus Liebe zu mir sich überhaupt dazu aufrafften, mit Eisenbahngeschützen die Reichshauptstadt Berlin anzugreifen, ein Peperoni-Imperium zu errichten, das meiste Kokain unter den somnambulen Prominenten von Miami zu verticken, eine ehemalige Sowjetrepublik herunterzuwirtschaften oder den allerschönsten Friedhof zu besitzen. Oft verließ mein Vater noch weit vor Spielende den Tisch, um draußen in der Einfahrt zu arbeiten, und meine Mutter vergaß ständig die Spielregeln, die ich ihr wieder und wieder erklären musste, woraufhin sie dann meistens auch noch gewann, was mich völlig entmutigt zurückließ. Am liebsten spielte ich sowieso gegen mich selbst, spürte in aller Ruhe den Spielmechanismen nach, las mir jede Anleitung mehrmals und Wort für Wort durch, hielt träumend das Material in meinen Händen oder starrte auf die Illustrationen auf dem Brett. Während ich spielte, allein auf dem Teppich in meinem Kinderzimmer, verbrachte Abby immer öfter Zeit mit dem Mädchen vom Trödelmarkt, ein schlankes Metal-Girl mit schwarzem Mantel,

Stachelbändern um die Handgelenke und viel zu viel Kajal im Gesicht. Jennifer Vulcanesti war ihr Name, und für einige Wochen war ich nicht Teil dieser Freundschaft, bis zu jenem Tag nach den Sommerferien, als Jennifer auf unsere Schule kam, weil ihre Eltern sich dazu entschieden hatten, von Casper nach Cheyenne zu ziehen, da sie sowieso jedes Wochenende hier auf dem Trödelmarkt verbrachten. Jennifer hätte ich nie vorgeschlagen, eines meiner Spiele mit mir zu spielen. Sie schien so viel älter als Abby und ich zu sein, geistig und körperlich, dabei war sie gerade erst sechzehn geworden, während wir noch ein halbes Jahr lang fünfzehn sein würden. Jennifer trank Bier, rauchte Joints und traf sich mit Jungs, alles nach der Schule und meistens alles zusammen, in einem Autowrack in einem Waldstück beim Crow Creek, südlich der Stadt. Als Abby mich zum ersten Mal dort hinführte, lag überall um das Auto herum Müll verteilt, Verpackungen, Getränkedosen, gebrauchte Kondome, Glasflaschen und so und merkwürdigerweise auch ein ganzer Haufen Bücher, die Jennifer, so erklärte es mir Abby später auf dem Heimweg, in der Leihbibliothek mitgehen ließ und nie zurückbrachte.

»Warum?«, wollte ich damals von Abby wissen.

Aber sie antwortete nur: »Keine Ahnung.«

Abby machte auch Andeutungen, dass Jennifer manchmal hier draußen übernachtete – weshalb, sagte sie nicht, und ich traute mich nie, Jennifer danach zu fragen. Die beiden hatten, so stellte ich an diesem Tag fest, eine Obsession für jene Serienmörder entwickelt, die sich in unserem Bundesstaat herumtrieben und die uns wenige Jahre zuvor noch nach unseren Mamas rufen ließen, wenn nachts im Wandschrank etwas knackte. So sprach Jennifer immer wieder vom »Deer Hunter« in einem zuckersüßen Ton, der mich annehmen ließ, sie sei Hals über Kopf in ihn verknallt. Sie erklärte mir, alle seine Opfer, elf an der Zahl bis zu diesem Zeitpunkt, meistens junge Leute in unserem Alter, Studenten oder wandernde Backpacker, seien weit außerhalb der Städte gefunden worden, in Waldgebieten wie diesem, in dem das Autowrack stand, und alle seien mit jeweils einem einzelnen sauberen Blattschuss in die Lungen aus großer Entfernung getötet worden. Und dann meinte sie, jede von uns würde einen dieser Schwerverbrecher brauchen, dem sie ihr Herz schenken könne, denn dies sei das Einzige, das jene davon abhalten könne, weiterzumorden – sie habe sich für den »Deer Hunter« entschieden, Abby für den »Würger von Laramie«, und ich könne noch zwischen dem »Neuntöter« und dem »Old Faithful Killer« wählen oder mir auch gerne jemanden ausdenken, denn ganz sicher sei gerade ein Mörder unterwegs, auf den die Polizei und die Zeitungen noch nicht aufmerksam geworden seien, einer, der nicht methodisch tötete oder nur ein- bis zweimal alle zwanzig Jahre oder nur, wenn seine Mutter Geburtstag habe, oder dessen Mordserie längst abgerissen sei, weil er bereits wegen eines anderen Vergehens im Knast sitzen würde oder sich längst ins Jenseits gesoffen habe und so weiter. Als sie das alles erzählte, saßen wir im Auto: Jennifer am Steuer, Abby auf dem Beifahrersitz, ich hinten. Das Polster war feucht und stank nach Urin, über uns trommelte leise der Regen aufs Dach, und ich glaube, ich fühlte mich damals wie das roboterhafte Kleinkind zweier Eltern, die drauf und dran waren, einen Amoklauf zu starten. Abby faselte etwas davon, dass wir unsere Lieblinge doch aufspüren sollten, um bis ans Ende aller Tage mit ihnen zusammen sein zu können. Jennifer hielt das für eine großartige Idee und fragte mich, ob ich eine Vorstellung davon hätte, wie wir das bewerkstelligen könnten. Ich hatte leider keine Vorstellung davon, und das sagte ich ihr auch.

Sie überlegte eine Weile und schlug schließlich Folgendes vor: »Wenn Daytona uns nicht helfen kann und sich sowieso auch noch keinen Liebling ausgewählt hat, dann können wir sie ja wenigstens als Köder benutzen, um den ›Hunter‹ oder den ›Würger‹ zu uns zu locken.«

Abby fragte, ob sie das wirklich ernst meine. Wir schwiegen.

»War doch nur Spaß!«, rief Jennifer, lachte und verteilte ein paar Dosen Bier.

Mein Kopf glühte, als wir kurze Zeit später aus dem Auto stiegen und in die Stadt zurückradelten. Sicher, wir waren bloß bescheuerte Kinder mit viel zu viel Fernsehunterhaltung. Doch bis heute werde ich den Gedanken nicht los, dass das, was drei Jahre später mit uns in El Salvador geschah, in irgendeiner Weise damit zusammenhing, worüber wir uns an diesem Tag in diesem schrecklichen Autowrack Gedanken gemacht hatten.

Die Erinnerung an Abby und Jennifer bekam mir nicht gut. Ich lag zusammengekrümmt auf meinem Bett und fühlte, dass ich meine Glieder nicht mehr bewegen konnte. Im Zimmer war es zu hell, aber es gab keinen Vorhang am Fenster, den ich hätte zuziehen können. Ich schloss die Augen und versuchte zu schlafen, aber es ging nicht. Minuten später hörte ich Geräusche auf dem Flur: Ganz sicher die Spielgesellschaft, die sich für *Space Congress 2815* und Clark Nygårds neuesten Erguss traf. Die Tür zum Kaminzimmer hatten sie anscheinend offen gelassen; mir war, als hockte Johanna unter meinem Bett und schickte ihr Gelächter zu mir nach oben. Lange glotzte ich auf das Licht, wie es sich aus meinem Zimmer zurückzog, und dachte dabei an Sex mit einem Schatten, von dem eine starke Wärme ausging, ein afrikanischer Wind mit menschenähnlicher Silhouette oder so, und ich dachte an Leipzig, diese freundliche, harmlose, sonnendurchflutete Stadt, die mir aber nie weitläufig, sondern dörflich, klein, eng, aggressiv und ignorant vorgekommen war und deren ornamentierte Gründerzeitbauten mir auch heute noch so massiv und hoch erscheinen, dass ich in ihrer unmittelbaren Nähe keine Luft mehr bekomme, und ich dachte an eine Straßenbahn in Leipzig, in der man Partys feiern kann, während man tanzend und trinkend im Stroboskoplicht und vom Bass geschüttelt durch die schlafende Stadt fährt, und ich dachte an meine Eltern in Wyoming, die ich seit zwei Jahren nicht mehr besucht hatte, und ich dachte an meinen Körper, auf den ich mich offenbar immer weniger verlassen konnte, und ich dachte an Franz, den Künstler mit dem 3-D-Drucker, mit dem ich einmal geschmust hatte und es gerne wieder tun würde, auch wenn das ziemlich unwahrscheinlich war (er meinte einmal beiläufig auf einer Fahrt in der

Party-Straßenbahn zu mir, ich hätte ihm mit meinem unmöglichen Verhalten das Herz gebrochen), und ich dachte an Milchpudding mit Himbeeren, und ich dachte krampfhaft an einen tonnenförmigen Gegenstand aus Metall mit Deckel, Flügeln, Ventilen und Rohren, dessen Bild mir ganz klar vor Augen stand, aber die Bezeichnung dafür wollte und wollte mir einfach nicht einfallen, und ich dachte an Nastassja de La Rochefoucauld, meine für mich zuständige Redakteurin im Flughafen Spieleverlag, und ich dachte daran, einmal mit ihr telefonieren zu müssen, ohne genau zu wissen, worüber, und ich dachte an den Flughafen Spieleverlag, und ich dachte an den Polizeispiele Verlag, und ich dachte an die mal mehr, mal weniger offen ausgetragene Rivalität zwischen dem Flughafen Spieleverlag und dem Polizeispiele Verlag, und ich dachte an die mir bevorstehende notwendige Entscheidung, entweder noch einmal etwas zu studieren oder eben in die Privatwirtschaft gehen zu müssen, denn das trostlose Elend der Selbstständigkeit war einfach nicht mehr auszuhalten, und ich dachte an die verspielte Gewalttätigkeit der schmuddeligen Jungs vom *Devil's Dice Motorcycle Club*, und ich dachte an den Faschismus in Spyderlings Spielen, der sich beim Spielen offenbart und gleichzeitig nicht offenbart, als Ahnung einer großen Gefahr, kosmisches Entsetzen, das den spielenden Verstand längst erfasst hat, während der dazugehörige Körper nicht aufhören kann, im Spiel nach einer allerletzten Rettung zu suchen, und ich dachte an die siebenundneunzig Fotos von Abbys Kamera aus den Tiefen des Urwaldes, und ich dachte an den Einsiedler Pawel und wie er durch den Garten streifte, und ich dachte an Las Vegas, und ich dachte an einen Baum (irgendeinen Baum), und ich dachte an Babys, und ich dachte an Bier, und ich dachte an Batman, und ich dachte an die schwarze Erde der Ukraine, und ich dachte an den mit Silber beschlagenen Harnisch Gottes, und ich dachte an all die gruseligen Nerds, die Brettspiele nur als mathematisch lösbare Denkaufgaben begreifen, in der Finsternis hausen und dort ihrem Hass auf Zufall, Vergnügen und Liebe freien Lauf lassen, und ich dachte an Adolf Hitler, und ich dachte an den Pazifischen Ozean, und ich dachte an Selbstbefriedigung, und ich dachte an die Hitze einer fremden Haut, und ich dachte an den Tod, und ich dachte daran, jemandes Füße kitzeln zu wollen, und ich dachte an den toten Körper von Jonathan Brandis, und ich dachte an Brustwarzen, und ich dachte an den Geruch von Urin, und ich dachte noch einmal an Batman, und ich dachte an meine langen schwarzen Haare, und ich dachte daran, wie es wohl wäre, Johanna van Tavantar zu küssen, und ich dachte an Ştefan cel Mare, den Helden aller Helden, und ich dachte an die sizilianische Mafia, und ich dachte an militante Außerirdische in waffenstrotzenden UFOs, und ich dachte an meine Wohnung in Leipzig, die so winzig war, dass nur ein Hochbett hineinpasste (aber dafür besaß sie einen kleinen Balkon), und ich dachte an die beschissenen Verhältnisse, mit denen man sich am Ende doch zufriedengibt, und ich dachte an das Spiel *Die Religionen* von Elke von Manteuffel, und ich dachte an das Spiel *Der Panzer mit den blauen Augen* von Little Pinky, und ich dachte an das Spiel *The Raspberry People* von Jeff Leclercq, und ich dachte an das Spiel *Lotti gegen den Rest der Welt* von Ivo Maribor, und ich dachte an das Spiel *Житомир* von Spyderling, und ich dachte an den blutjungen, schuftenden Körper von Campbell Campbell, und ich dachte an die Stille, und ich dachte an die Elektrizität, und ich dachte an die Wildnis, und ich dachte an einen Raketenwerfer, und ich dachte an einen Schneesturm, und ich dachte an die weißen Mundwinkel meiner Mutter Sofia, und ich dachte an den von der Sonne verbrannten Nacken meines Vaters Rafi, und ich dachte an das dunkelgrüne Herz von El Salvador, und ich dachte an den Panamakanal, und ich dachte an ein U-Boot, das die Karibische See durchquert bis an die Küste Floridas, vollgestopft mit Kokain und nur Platz für ein klitzekleines, uraltes Großmütterchen, und ich dachte an die Homosexualität an sich (aber auch an die Homosexualität auf einem Piratenschiff zu Beginn des 18. Jahrhunderts), und ich dachte daran, meine Genusssucht, meine Trinkfreudigkeit, mein sexuelles Verlangen und mein Interesse an Schönheit unbedingt mit jemandem teilen zu wollen, und ich dachte an die große Verschmelzung, und ich dachte an Johannas Poltergeist »Rover«, und ich dachte an die Einsamkeit, und ich dachte an den Deutschen Herbst, und ich dachte an dies, und ich dachte an das, und ich dachte auch an die Sprachlosigkeit, und ich dachte an das Vergessen, und ich dachte an Smartphones, und ich dachte an Nordirland, und ich dachte an den Mars, und ich dachte an den Zerfall der Sowjetunion, und ich dachte an unbewohnte Häuser, und ich dachte an den entfesselten Zorn Jesu Christi, und ich dachte an eine Atomwüste voller gigantischer Insekten, und ich dachte an das Blutbad in den Diokletiansthermen, und ich dachte mir das 20. Jahrhundert als einen letzten Wimpernschlag, der so gewaltsam und unerbittlich war, dass beim kraftvollen Aufreißen des Lids schließlich das ganze Auge herausploppte, und ich dachte an den Blick des Lebens und an den Blick des Todes, und ich dachte an meine eigene Maßlosigkeit, indem ich mir vorstellte, alles um mich herum würde nur in meinem Kopf geschehen und lediglich als Bild auf meine Netzhaut projiziert werden, und ich dachte an meine Freundin Abby Montevertigo, und ich dachte an meine Freundin Jennifer Vulcanesti, und wie ich all dies so dachte, brach auch schon der Tag an. Ich schob meinen Oberkörper über die Bettkante, atmete ein paar Sekunden lang tief durch, spannte alle meine Muskeln in der unteren Körperhälfte an und ließ mich dann extra langsam von der Matratze rutschen. Die Beine in die Höhe gestreckt, die Arme ausgebreitet, fuhr ich mit den Händen ein paarmal über den Teppich, den Blick zum Fenster gerichtet, wo dunkelblau das Morgenlicht hereinschien. Dann stand ich auf und ging aufs Klo.

Das Brettspiel ist gewiss keine Metapher für das Leben. Das Brettspiel ist ein Teil des Lebens: Wenn es richtig gut ist, dann nähert es sich auf angemessene Weise den Phänomenen der Wirklichkeit an, weckt starke Gefühle, die eine Beziehung zu den Dingen erst ermöglichen, und verändert seine Spielerinnen und Spieler während des Spielens enorm; wenn es richtig schlecht ist, dann hat das natürlich auch mit dem Leben zu tun, nämlich unmittelbar mit all dem Üblen darin, etwa der Langeweile, der Einsamkeit, dem Unglück, der Hoffnungslosigkeit. Ein Brettspiel, das Licht und Schatten vollständig in sich zu vereinen vermag – was ist das? Ich weiß noch nicht ganz ... So etwas wie ein Ding der Unmöglichkeit? Ein heiliger Zustand? Eine Wasserstoffexplosion? Ein Kriegsgrund? Ein instabiles Teilchen mit geringster Halbwertszeit, zerfallen schon im Moment des Entstehens? Vielleicht. Aber es wäre zumindest ein Anfang.

Die Tür zum Kaminzimmer am Ende des Flurs war noch geöffnet. Langsam ging ich darauf zu, an den anderen Gästezimmern vorbei, aus denen kein Geräusch drang. Dort angekommen, blieb ich stehen und lauschte. Jemand lachte. Jemand schnarchte leise. Jemand schlug rhythmisch mit einem kleinen Gegenstand auf einem größeren herum, was eine feine Reihe schöner Töne machte. Ich öffnete die Tür. Am Tisch sah ich Johanna und Ronny sitzen, ein Spielbrett zwischen den beiden leeren Bierflaschen und vollen Aschenbechern ausgebreitet. Johannas nacktes rechtes Bein war ausgestreckt und lag auf Ronnys linkem Oberschenkel. Neben dem Kamin schlief Nygård in einem Ohrensessel, der Körper verrutscht, den Kopf auf der linken Schulter, den Mund weit geöffnet. Auf der anderen Seite des Zimmers, neben der Balkontür, saß Campbell im Licht der Morgensonne und pickte mit einem Hämmerchen auf seinem bemalten Stein herum, den er sich zwischen die Beine geklemmt hatte. Es stank nach Alkohol, Zigarettenrauch, Fürzen und Dope. Campbell blickte nicht auf, als ich ins Zimmer trat. Johanna sah zu mir und nickte müde. Ronny hob kurz den Kopf, sah mich mit ausdruckslosen Augen an und wandte sich dann wieder dem Spielbrett zu. Ich erkannte sofort, was sie spielten, und ich war entsetzt. Sie spielten *Conca d'Oro*, mein erstes veröffentlichtes Spiel, das sie in Spyderlings Ludothek aufgestöbert haben mussten – und sie spielten es falsch: *Conca d'Oro* ist ein Spiel für drei bis fünf Spieler, ein Spiel über die Entstehung und den Aufstieg der sizilianischen Mafia im goldenen Becken um Palermo, und weil es zwingend voraussetzt, dass zwei oder mehr Spieler die Rollen von Mafiafamilien einnehmen und nur ein einziger Spieler aufseiten der staatlichen Ermittlungsbehörden spielt, zerstörten diese beiden Schwachköpfe da am Tisch alles, was ich mir dabei gedacht hatte. Und warum musste es überhaupt mein Spiel sein? Hätten sie sich nicht mit etwas anderem beschäftigen können? Dann aber bemerkte ich, dass es gar nicht so uninteressant schien, was da gerade auf dem Brett passierte: Schon auf den ersten Blick war mir aufgefallen, dass jeder von ihnen die Mafia spielte und dass sie die Behörden gänzlich aus dem Spiel entfernt hatten. Johanna war drauf und dran, Ronny nasszumachen: Während sich ihre Familienmitglieder bereits auf dem Stadtgebiet von Palermo ausgebreitet hatten, Restaurants besaßen, die Stadtverwaltung infiltrierten und in den obersten Etagen der Banken hockten, kämpfte er im Umland noch darum, mit seinen zerlumpten Haudraufs ein paar Münzen Schutzgeld aus den bettelarmen Zitronenbauern zu pressen. Das war sicher die fieseste Variante meines Spiels, und ich erinnerte mich, dass ich sie damals bei der Entwicklung sogar einige Male durchgegangen war, aber schnell festgestellt hatte, dass die Macht der Mafia ins Unermessliche wuchs, wenn sie nicht durch einen halbwegs moralisch integren Spieler und seiner Armee aus Richtern, Staatsanwälten und Carabinieri reguliert wurde. Ich blieb in der Nähe der Tür und beobachtete die beiden. Johanna sandte gerade ein Killerkommando von der Stadt aufs Land hinaus und ließ einige von Ronnys Männern im Dörfchen Torretta niederschießen, die sich dort für einen Rinderdiebstahl eingefunden hatten. Dabei rutschte sie ein Stück weit auf ihrem Sessel nach unten und rieb ihren nackten Fuß langsam auf seinem Oberschenkel hin und her. Ronny zischte: »Scheiße!«, dachte eine Weile lang nach und wagte einen verzweifelten Ausfallschritt, indem er mit seinem allerletzten Geld den Bürgermeister von Palermo zu bestechen versuchte, um einen Teil von Johannas Familie in der Stadt festsetzen zu lassen. Währenddessen hatte er – unwillkürlich, wie mir vorkam – nach Johannas Fuß gegriffen und knetete ihn jetzt, auf eine irgendwie geistesgestörte Art. Johanna unterdrückte ein

Lachen, schüttelte sich kurz und schickte dann ihren treuesten Gefährten, den»Postboten«, zur Villa des Bürgermeisters, schnippte dessen Spielfigur über die Balustrade in die Fluten des Tyrrhenischen Meeres und klatschte einmal in die Hände. Ronny schnaufte, blickte verwirrt über den Tisch, sah zum Fenster, drehte sich kraftlos zur Tür und fragte mich, ob er in dieser Situation überhaupt noch irgendetwas reißen könne. Ich zuckte erst mit den Schultern, schüttelte dann aber doch den Kopf. Ohne die Möglichkeit, seinen Boss mit den Behörden eines dritten Spielers zusammenarbeiten und ihn so zum Verräter, aber immerhin auch zum Überlebenden werden zu lassen, waren die Tage seiner ohnehin schon ziemlich lächerlichen Familie gezählt. Johanna meinte, er habe zwar megaschlecht gespielt, solle aber nicht traurig sein. Es war faszinierend: Mit hoher Wahrscheinlichkeit würden die beiden nach dieser Partie übereinander herfallen. Das entschädigte mich ein bisschen für den Schrecken, den mir der plötzliche Anblick meines Spiels eingebracht hatte.

Wir hörten Campbell zweimal kräftig niesen.

»Gezondheid!«, rief Johanna.

»Danke«, sagte Campbell, sah zum Tisch hinüber und fragte:»Warum heißt du eigentlich ›Fantafanta‹?«

»Weiß ich auch nicht«, antwortete Johanna. »Warum heißt du kleiner Blödmann eigentlich ›Campbell Campbell‹?«

»Weil es das Schicksal so wollte«, sagte Campbell und widmete sich wieder seinem Stein.

Nicht mehr lang, und es würde Frühstück geben.

Um wenigstens etwas Geld zu verdienen – denn mit der Entwicklung von Brettspielen verdient man in der Regel kein oder nur sehr, sehr wenig Geld –, übersetze ich manchmal Spielanleitungen, Karten, Pressematerial und anderes Zeug vom Deutschen ins Englische, für verschiedene kleine Verlage in Großbritannien und den USA, Unknown Submarine Object Games oder Monterrey & Co. oder The Snake, the Lizard, and the Kakapo, um nur ein paar davon zu nennen. Über die Spielanleitung mache ich mir dabei immer wieder so meine Gedanken, ist sie doch, neben dem Spielmaterial, einer der beiden elementaren Bestandteile, ohne die mit einem Spiel gar nicht erst gearbeitet werden kann. Die Anleitung sagt, was überhaupt zu tun ist. Sie verdeutlicht, was im Detail getan werden kann. Sie zählt die Regeln auf, unterbindet alles, was diesen Regeln widerspricht, steckt das Spielziel ab, schüttet die Belohnungen aus und warnt vor Bestrafungen. Sie ist ihrem Wesen nach äußerst autoritär, gewürzt mit einer ordentlichen Prise Prophetie: Das Spiel »beginnt«, das Spiel »verläuft«, das Spiel »endet«; du »musst«, du »sollst«, du »kannst«, du »darfst«; es ist »erlaubt«, es ist »verboten«, es ist »ratsam«; wenn dieses oder jenes Ereignis »eintritt«, dann »passiert« auf jeden Fall dies oder das. Alles in allem eine überaus faszinierende Art des Gebrauchstextes, die sich nicht darum zu scheren braucht, was man von ihr hält, denn sie hat ja sowieso nur einen einzigen Zweck: Sie verlangt, dass man sich ihr komplett unterwirft – und wer das nicht tun will, der kann sich aus dem vor ihm liegenden Spielmaterial ein hübsches Mobile basteln oder alles wieder einpacken und in einer Mülltonne verbrennen. Die Anleitung ordnet einen durch und durch chaotischen Zustand. Sie erschafft ein strikt begrenztes System, in dem streng regulierte Handlungen erfolgreich durchgeführt werden können. Wer also von der Freiheit innerhalb eines Spiels spricht, muss völlig durchgeknallt sein. Jedoch: So totalitär sich die Anleitung auch immer geben mag – ihre Zähne sind alles andere als geschärft. Wer vorgibt, ihre Anweisungen zunächst zu akzeptieren, nur um dann auf der Grundlage ebenjener Anweisungen seinen eigenen Weg einzuschlagen, der braucht das Spiel noch lange nicht zum genügsamen Altpapier zu legen. Je rigoroser und ausführlicher die Anleitung ihre Regeln darlegt, desto einfacher ist es nämlich, eine zweite Wirklichkeit innerhalb dieser Regeln zu entdecken, indem man diese teils umgeht, teils vervollständigt, teils neu interpretiert. Etwas großmütterlich wird dies in der Szene auch als »Hausregel« bezeichnet, die dazu beitragen soll, Unklarheiten im Regelwerk aus der Welt zu schaffen, Fehler im Design zu beheben oder den allgemeinen Spielfluss zu verbessern. Aber darüber hinaus ist ja noch so viel mehr möglich. Sicher: Die bequemste Art, ein Spiel zu konsumieren, ist, dessen Anleitung zu lesen und zu befolgen und sonst nichts weiter. Damit erzielt man meistens ohne weitere Schwierigkeiten die von der Autorin oder dem Autor angedachte Spielerfahrung. Doch was für ein Erlebnis wäre es, genau dies nicht zu tun? Brettspiele sind aufgrund ihrer nichtssagenden Materialbeschaffenheit, der erst ein Sinn zugeordnet werden muss, per se variabel und ähneln folglich, mit Bedacht ausgedrückt, abstrakten Werken der bildenden Kunst. Wenn man es darauf anlegt, kann man alles mit ihnen anstellen. Aber wer sollte das überhaupt wollen? Und weshalb? Und wohin würde ein solcher Vorstoß führen? Postwendend zurück ins Chaos? Ins Nichts? Auf eine neue Ebene des Erlebens? In die finstere Konfusion? Zum Glutkern der totalen Überforderung? In eine andere Realität, wildwüchsiger und freizügiger als jemals zuvor?

Vielleicht sorgte allein der Umstand, mit ansehen zu müssen, wie Johanna und Ronny mein Spiel *Conca d'Oro* auf ihre ganz eigene Art spielen wollten, dafür, dass ich mir einige dieser Fragen nun dringender stellen wollte denn je.

Noch aber war das Speisezimmer leer, also beschloss ich, mir die Zeit mit einem Spaziergang durch den Garten zu vertreiben. Die Blätter der Bäume und Büsche waren feucht und ließen sich nur träge von dem schwachen kühlen Wind bewegen, der, soweit ich ihm nachspüren konnte, aus Nordost herangeweht kam. Nachdem ich mich ein paar Meter von der Terrasse entfernt hatte, fürchtete ich für einen Moment, gleich mich selbst durch das Gestrüpp streifen zu sehen, da drüben zu Füßen der Statue mit dem Hammer in der einen und der Pistole in der anderen Hand oder dort bei den Birken, wo das Wasser des Teiches ein paar Stufen aus dunkelbraunem Hartplastik herabsprudelte – meine von mir lang ersehnte wunderschöne Doppelgängerin Christina Ricci, die als mittlerweile erwachsene Frau erneut in ihre Rolle als Wednesday Addams geschlüpft war, die gewalttätige Tochter der gleichnamigen Horrorfamilie, durch unbekannte Kräfte aus einem Paralleluniversum hierher verschleppt und mir bis aufs Haar gleichend, aber noch eine beträchtliche Spur verdrehter und gerissener als ich, denn die Wirklichkeit in den Paralleluniversen, so stelle ich sie mir zumindest vor, gleicht dem fiesen Grinsen eines wiederbelebten Toten. Nun aber gut – nichts dergleichen geschah. Die Unheimlichkeit des Gartens genügte sich selbst an diesem Morgen. Ich fragte mich, wie groß er eigentlich war und wie lange es dauern würde, an seine Begrenzung zu stoßen, denn von hier, ein paar Schritte weg von der Terrasse, waren seine Ausmaße nicht abzuschätzen. Jeder Blick verlor sich in Schatten und Grün, wurde verstellt von einer Hecke oder einem Laubengang, blieb hängen am Wasserspiel eines Springbrunnens oder einem in den Ästen wehenden Stoffrest (ich hielt das für ein merkwürdiges Hobby von Pawel, dem Einsiedler, der auf diese Weise hier und dort den Bereich seines entsetzlichen Zuhauses markierte). Und dann hörte ich die Stimmen: erst wie ein Zischeln, dann wie ein Flüstern, herangetragen vom Wind, der durch die Blätter ging. Und ich hörte Jennifer, die zu mir sagte: »Pass auf!«, und gleich darauf hörte ich Abby, die zu mir sagte: »Komm hierher, Tony!«, aber ich sah keine von beiden, nur das Autowrack im Waldstück am Crow Creek und davon eigentlich auch nur die Vorderreifen, die Leuchten und einen Teil der Kühlerhaube, denn der Rest lag verborgen hinter Gesträuch und kleineren Bäumen, und ich rief ihnen zu: »Hört doch mal auf, das ist nicht witzig!«, aber sie warfen einfach Kieselsteinchen nach mir aus ihrem Versteck, rüttelten an den Zweigen der Büsche und huschten von Baum zu Baum, ohne dass ich sie erspähen konnte, und ich überlegte schon, einfach wieder auf mein Fahrrad zu steigen, das da neben mir auf der Erde lag, und nach Hause zu fahren, und ich weiß noch, wie Jennifer rief: »Schließ die Augen, Tony, dann kommen wir!«, und ich tat, was sie wollte, und machte meine Augen ganz fest zu und wartete eine Weile, die Geräusche meiner Freundinnen im Ohr, die sie im Wald machten, das Getriller eines Vogels hoch über mir, das leise Plätschern des Baches, und dann spürte ich ein warmes Ausatmen an meiner Wange und Abbys Stimme ganz dicht an meinem Gesicht, die flüsterte:»War doch nur Spaß«, und ich machte die Augen wieder auf, und ich sah nur Schatten und Grün, Hecken und Laubengänge, einen Springbrunnen mit kreisrunder Sitzfläche drum herum und ein paar in den Ästen hängende Stofffetzen.

Weit war ich an diesem Morgen nicht gekommen: In kurzer Entfernung zur Terrasse stand eine große leere Vase, die jemand mit germanischen Runen verziert hatte, und nun wartete ich hier, drückte meine Hüfte fest gegen den tönernen Bauch, spürte mein Herz rasen und den Schwindel in meinem Kopf. Es war doch ziemlich dumm von mir gewesen, allein herumspazieren zu wollen – in der Finsternis anderthalb Tage zuvor hatte ich mich viel weiter getraut, den Lichtern der Terrasse und meiner unverfrorenen Geilheit sei Dank. Das Problem war gar nicht so sehr der Weg hinein: Ich hatte schier Angst, den Rückweg nicht mehr zu finden. Vielleicht war ich davon überzeugt, dass mir die wilden Kräfte des Universums nur ein einziges Mal gestattet hatten, einen Ausweg aus dem Unterholz einzuschlagen (so unwahrscheinlich und zufällig dieser auch gewesen sein mag damals), und beim nächsten Mal würden sie sich einfach prustend abwenden, um mich fernab von allem verrecken zu lassen. Würde Leon meine verrenkten Glieder mit Holzschienen formen, mich auf ein Podest heben und eine Statue aus mir machen? Würde Pawel meine vertrockneten Überreste in seine Bäume hängen, als Warnung für die Fremden, sich nicht zu weit in sein Gebiet vorzuwagen? Spyderling hätte an beiden Möglichkeiten sicher eine helle Freude gehabt. Mit der rohen Gewalt der Natur würde ich hier möglicherweise kein zweites Mal fertigwerden – mit ein paar krakeelenden Armleuchtern, die in ihrer Freizeit Brettspiele entwickelten, hingegen schon.

Zum Frühstück gab es für mich: ein Weizenbrötchen, die eine Hälfte belegt mit Salami aus dem Supermarkt, die andere bestrichen mit Camembert aus dem Supermarkt; zwei leicht erwärmte

Croissants mit etwas Pflaumenmus; ein weich gekochtes Ei mit wenig Salz; eine eingelegte Tomate, gefüllt mit einer undefinierbaren würzigen Paste; eine Schale Joghurt mit roten Früchten und gezuckerten Knusperkissen aus Getreide; ein Glas Orangensaft aus dem Karton; zwei kleine Tassen Kaffee mit Sahne. Es tat mir irrsinnig gut, so zu essen. Aus dem Rauchsalon hörte ich alle Viertelstunde die Glocke der Standuhr schlagen. Hinter mir saßen Elke von Manteuffel und Arno Picardo am Nachbartisch. Sie hatten dort bereits nebeneinandergesessen, als ich ins Speisezimmer gekommen war, von Manteuffel in ihrem nachtblauen Kleid, Picardo in einem grauen Anzug. Mein Morgengruß war von ihnen mehr oder weniger unbeantwortet entgegengenommen worden: Von Manteuffel hatte mich kurz angeblickt, als ich ins Zimmer getreten war; Picardo hatte derweil von seinem Brötchen abgebissen, die Augen auf seinen Teller gerichtet. Also gut, hatte ich da gedacht und mich mit dem Rücken zu ihnen an einen leeren Tisch gesetzt, wenn ihr Arschgeigen nicht höflich sein wollt, dann lasst es eben bleiben, ist mir doch scheißegal.

Während ich aß, flüsterten die beiden unentwegt miteinander, doch irgendwann wechselte von Manteuffels Stimme in eine höhere Lautstärke, sodass ich mitbekam, worüber sie sprachen. Offenbar erzählte sie Picardo eine Geschichte, bei der mir zunächst nicht ganz klar war, ob sie ihr wirklich oder nur im Traum oder in einem Film passiert war, den sie einmal gesehen hatte: Anscheinend habe sie sich einmal inmitten einer Hochhaussiedlung auf einer Terrasse aufgehalten, die in großer Höhe errichtet worden sei, denn von ihrem Aussichtspunkt aus habe sie die unter ihr aufsteigenden Wolken beobachten können, die immer näher und näher an sie herankrochen und sich kurz darauf wie fester Schaum um ihren Körper legten, was, so von Manteuffel, ein irres Gefühl gewesen sei, aber auch nicht sehr lange angehalten habe, denn die Wolken hätten sich schnell wieder verflüchtigt, und sie habe daraufhin Platz genommen an einem Tischchen in der Nähe, das unter einem Sonnenschirm gestanden habe, und wenig später sei ein junges Pärchen dazugekommen, das sich an ein anderes Tischchen gesetzt und sie fortwährend argwöhnisch beobachtet habe, vor allem nachdem von Manteuffel ihren Laptop ausgepackt und zu arbeiten begonnen habe, so lange, bis sie auf die Toilette gemusst und nicht weit von ihrem Platz einen offen stehenden Eingang in den Plattenbau entdeckt habe, woraufhin sie sich, den Laptop unterm Arm, in einer dunklen, nur spärlich möblierten Einraumwohnung wiedergefunden habe, und während sie den Blick kreisen ließ, auf der Suche nach einer weiteren Tür in ein Badezimmer, sei plötzlich ein glatzköpfiger Mann mit rotem, faltigem Gesicht im Halbdunkel des Raums aufgetaucht, und mit Erschrecken habe sie festgestellt, dass sie sich wirklich in einer Privatwohnung aufhielt, die sie unrechtmäßig betreten hatte, denn das Tischchen draußen und auch die Terrasse gehörten wohl diesem Mann, der hier anscheinend der Mieter war, und sie entschuldigte sich vielmals für ihr Eindringen, so was sei ihr ja noch nie passiert, und sie würde sofort wieder gehen, »Verzeihung, Verzeihung, verzeihen Sie bitte«, und dann richtete sie aber doch noch einmal eine Frage an den Mieter, aus Verlegenheit, aus Höflichkeit auch, nämlich, wie lange er denn schon hier lebe, und der Mieter antwortete, dass er sich daran gar nicht mehr erinnern könne, so viel Zeit sei bereits vergangen, und plötzlich sei er ganz nah an sie herangerückt, von einer auf die andere Sekunde, einem Sprung oder einem Satz gleich oder wie auch immer, jedenfalls habe er ihr den Weg nach draußen versperrt, und ihr sei aufgefallen, dass er völlig betrunken sein musste, so wie er schaute, so wie er schwankte, und dann habe er nach ihrem Arm gegriffen, sie fest gekniffen, äußerst schmerzhaft sei das gewesen, aber nur kurz, denn sie habe sich aus seinem Griff winden können und sei an ihm vorbei nach draußen auf die Terrasse gestürzt, wo sie tief Luft geholt habe im Sonnenschein, nur um dann festzustellen, dass sie ihren Laptop mit ihrer gesamten Arbeit darauf nicht mehr dabeihatte, dass sie ihn irgendwo in der Wohnung hatte liegen lassen, »So ein verdammter Mist, Mist, Mist!«, also habe sie ihren ganzen Mut zusammengenommen und sei noch einmal reingegangen, wo jetzt das Licht eingeschaltet und eine Tür in den Flur sichtbar gewesen sei, als habe sich in ihrer Abwesenheit eine Geheimwand zum restlichen Teil des Apartments geöffnet, und also habe sie sich ganz vorsichtig durch die Räume bewegt, eiskalt vor Angst, der Mieter könne wieder ihren Weg kreuzen, herausstoßen aus einer dunklen Ecke direkt auf sie zu, und als sie so etwas wie sein Schlafzimmer gefunden habe, da habe der Laptop auf einem frisch bezogenen, ausgeklappten Bett gelegen, und sie habe ihn sich geschnappt und sei aus der Wohnung gestürmt, und nichts weiter sei passiert, außer dass sich draußen die Wolken wieder zusammengebraut hätten, eine dichte schaumartige Masse, die einem schier die Luft zum Atmen genommen habe.

»So viele ernüchternde Gefühle«, hörte ich Arno Picardo murmeln, nachdem Elke von Manteuffel zu Ende erzählt hatte.

»Entschuldigung«, sagte ich, während ich mich zu den beiden drehte, »ich bin Daytona. Was ist denn das für eine komische Geschichte gewesen?«

»Ach«, sagte von Manteuffel, ohne mir in die Augen zu sehen, »wer kann das schon genau sagen? Manchmal träumt man etwas, was einem vor langer Zeit passiert ist. Oder man träumt etwas, was einem erst noch passieren wird. Oder man hat irgendwann bloß einen Film gesehen, erinnert sich aber nicht mehr daran, weil man schon längst glaubt, dass alles, was in diesem Film passiert ist, einem vor langer Zeit selbst passiert ist. Wie gehts dir, Daytona? Hast du gut gefrühstückt?«

Ich nickte.

»Ihr wisst nicht zufällig«, fragte ich, »ob Spyderling heute kommt?«

Die beiden sagten einen Moment lang kein Wort, dann fingen sie an zu lachen. Ich verstand nicht, was das sollte.

»Wartest du auf Spyderling?«, fragte von Manteuffel.

»Oder wartest du darauf, was passiert, wenn Spyderling kommt?«, fragte Picardo.

Ich überlegte.

»Beides, schätze ich.«

Von Manteuffel schüttelte den Kopf und sagte: »Wenn er deine

Ungeduld bemerkt – und glaube mir, Daytona, er wird sie bemerken –, dann kannst du noch sehr, sehr lange auf ihn warten.«

»Hä?«, machte ich. »Was soll denn das für ein Quatsch sein?«

»Wir kennen sie gut«, sagte Picardo. »Spyderling ist vielleicht so etwas wie unsere älteste Freundin.« Und dann lenkte er sofort vom Thema ab: »Hast du eigentlich vor, uns irgendwann eines deiner Spiele zu zeigen?«

»Ja klar«, sagte ich, »warum nicht? Dafür sind wir doch hier, oder?«

»Genau«, sagte von Manteuffel. »Wir sind hier, um zu spielen. Und das ist auch ganz in Spyderlings Sinn – egal, ob er nun selbst hier bei uns ist oder nicht. Alles andere braucht uns nicht zu kümmern.«

»Sind wir fertig?«, fragte Picardo.

»Wir sind fertig«, antwortete von Manteuffel.

Dann standen die beiden auf, stellten ihr Geschirr zusammen, lächelten mich an und verließen das Speisezimmer.

Ich blieb sitzen, guckte auf einen Punkt an der Wand und rieb mir mit der Hand langsam über meinen Mund. Kurz darauf kam Ioana ins Zimmer, begrüßte mich, fuhr unwirsch mit einem feuchten Lappen auf meinem Tisch herum und forderte mich auf – hopp, hopp, genug gefrühstückt! –, an die Arbeit oder wenigstens an den Pool zu gehen. Widerstandslos ließ ich mich von ihr vertreiben. Der Tag begann.

Spyderling, Spyderling, Spyderling. Weshalb hielt Spyderling sich eigentlich so versteckt all die Jahre? Es ist ja nicht so, dass Autorinnen und Autoren für Brettspiele eines besonderen Schutzes bedürfen. Die stetig nach Blut lechzende Öffentlichkeit kümmert sich in der Regel wenig bis gar nicht um uns. Lange Zeit waren Spiele nicht mehr als obligatorische Haushaltsgegenstände, die alle paar Monate mal hervorgekramt wurden, wenn am Weihnachtsfeiertag Leben in die Bude musste – und niemanden interessierte, wer sie geschaffen hatte, so wie man sich ja auch nicht dafür interessiert, wer den Handstaubsauger, den WC-Stein oder den Rasensprenger erfunden hat. *Von Wölfen* war 1992 Spyderlings erste Veröffentlichung, und auch das schon unter Pseudonym. Warum nur? Anders als alle nachfolgenden Projekte ist *Von Wölfen* noch keine direkte Attacke auf die psychische Integrität und körperliche Unversehrtheit seines Spielers (ja, es ist furchtbar schwer, doch die Hege und Pflege des eigenen Werwolfrudels in einer verstrahlten Stadtruine geschieht auf eine mehr oder weniger abstrakte Weise, die sicher auch auf die grottenschlechte Illustration zurückgeführt werden kann). Je radikaler, gefährlicher und fragwürdiger Spyderlings Spiele in den folgenden Jahren wurden, umso mehr ergab es Sinn, dass sich das Individuum dahinter vor der Liebe und dem Zorn der Öffentlichkeit verbarg. Warum aber die Entscheidung, von Beginn an Person und Spiel strikt zu trennen? Vielleicht war Spyderling damals schon bewusst, zukünftig immer tiefer und tiefer in einen Abgrund steigen zu müssen, aus dem es kein Entkommen geben würde. Vielleicht stand Spyderling aber auch einfach darauf, einen Mythos aus sich zu machen? (Und ja, Spyderling ist ganz klar ein Mythos – hinterlistiger, menschenfeindlicher und zerstörerischer als jede andere Geißel der modernen Unterhaltungsindustrie.) Ich habe keinen Schimmer. Aber ich genieße es, wie alles daran uns Raum für Spekulationen lässt, denn dies scheint mir Spyderlings einzige Art zu sein, fernab der Spiele mit uns kommunizieren zu können: Ist Spyderling ein vampirischer Knochenhaufen, der sich tief in den Stollen und Höhlen unter einem osteuropäischen Weingut verbirgt, bis er zu Neumond seinem Grab entsteigt, um der schlotternden Botin von der moldauischen Post sein neuestes Werk in die Hände zu drücken? Ist Spyderling ein Zeitreisender aus einer fernen, längst zerstörten Zukunft, der zu uns zurückgekehrt ist, um uns in den Arm zu nehmen, die Geheimnisse des Universums zuzuflüstern und den Gnadenstoß zu verpassen? Handelt es sich bei Spyderling vielleicht doch um zwei ineinander verliebte Personen, die nicht begreifen können, dass ihr gemeinsamer Hang zum Sadismus solche Machwerke hervorbringt, und die diese Last auf eine ausgedachte Persönlichkeit übertragen müssen, um sich nicht gegenseitig den Hals umzudrehen? Ist Spyderling die mediale Verkörperung einer neuartigen, hocheffizienten Terrorgruppe, die uns wohlgenährte Menschenwürmer der westlichen Hemisphäre mit Anschlägen auf unser Gefühlsleben mürbe zu machen versucht? Ist Spyderling ein ruheloser Dämon, der Besitz ergreift von jungen, genialen Wirrköpfen, um ihnen die Hand zu führen und sie ins Verderben zu stürzen, ehe er sich an einem anderen Ende der Welt einen neuen Wirtskörper sucht? Ist Spyderling dein mies gelaunter Nachbar, der Sonntagmittag den Rasen mäht? Sitzt Spyderling in der Führungsspitze von al-Qaida? Sammelt Spyderling tote Nachtfalter? Was für eine Person war Spyderlings Mutter? Zündelt Spyderling gerne, zum Beispiel vor dem Schlafengehen? Mag Spyderling süßen oder salzigen Ayran? Wohin fährt Spyderling in den Urlaub? Fügt Spyderling sich selbst Verletzungen zu? Glaubt Spyderling an das Blutwunder Christi? Schaut Spyderling Gewaltpornos? War Spyderling mal dazu gezwungen, auf dem Arbeitsamt vorstellig zu werden? Liebt Spyderling jemanden (außer sich selbst)? Empfindet Spyderling Freude an den kleinen Dingen? Worauf gründet sich Spyderlings Streben? Welche Bedeutung hat Freundschaft für Spyderling? Hat Spyderling Angst oder wenigstens Respekt vor dem Tod? Trinkt Spyderling? Isst Spyderling gerne Käse? Spritzt Spyderling sich Heroin? Schließt Spyderling beim Musikhören die Augen? All diese wunderschönen, zu Eis erstarrten Fragen.

Ich befolgte weder die eine noch die andere von Ioanas Anweisungen, sondern begann damit, mich wie im Traum durch das Herrenhaus zu bewegen, und ich kam mir dabei vor, als würde ich durch die leeren, stillen Gänge und Räume eines durch die finsteren Tiefen des Ozeans treibenden U-Bootes schleichen, auf dem sich vor langer Zeit etwas Furchtbares ereignet hatte oder in nur wenigen Augenblicken ereignen würde. Ich trat also aus dem Speisezimmer in den Flur: Links ging es zum Rauchsalon und zum Verwaltungsbüro des Weingutes, rechts zur Küche, und mir gegenüber lag die Eingangstür mit gläsernem Windfang, wo ein

Schirmständer in der Ecke stand, der keine Schirme, aber ein altes Steinschlossgewehr enthielt, das jemand dort vergessen oder zu Dekorationszwecken hineingesteckt hatte. Der Flur selbst war eng und dunkel, und es gab keinerlei Lichter an seiner Decke, die hätten eingeschaltet werden können. Die Tür zum Rauchsalon war geschlossen, die zum Büro einen Spaltbreit geöffnet (als Türstopper diente das Modell eines Wehrmachtpanzers), und die zur Küche stand weit offen, weil Ioana alle zehn bis fünfzehn Minuten herauskam, um das Frühstücksbüfett aufzufüllen. Ich entschied mich, einen Blick in das Büro zu werfen, obwohl das sicher nicht erlaubt war – aber was sollte mir schon groß geschehen?

Der Raum war angenehm hell, die Wände geweißt, und auf einem Schreibtisch mit uraltem Computer, Drucker und Telefon stapelten sich irgendwelche Papiere. Ich stellte mir vor, dass Leon hier arbeitete, wenn er nicht im Garten oder im Umland unterwegs war, vielleicht kam auch alle paar Tage jemand aus Chișinău vorbei – eine Studentin, ein Expat oder irgendeine andere Fachkraft –, um die Ergebnisse der Traubenernte zu protokollieren, Gehaltszahlungen anzuweisen und Weinbestellungen zu bearbeiten. Auf dem Fensterbrett stand ein kleines Radio, aus dem leise Musik lief, flotte Schlager mit rumänischen Texten, die immer wieder unterbrochen wurden durch das jäh einsetzende Geschrei und Gelächter eines offenkundig geisteskranken Moderators. Ich wollte nicht allzu viel Zeit hier drin verbringen, sah mich aber trotzdem nach etwas um, was von Interesse für meinen Aufenthalt sein könnte, ein Schriftstück mit meinem Namen etwa, ein Foto von mir, Dokumente über die anderen Gäste, Geheimdienstberichte, Todeslisten, Spyderlings Masterplan, so etwas in der Art, das meine Befürchtung ein Stück weit bestätigen könnte, dass wir nicht allein für Urlaub, Sex und Brettspiele eingeladen worden waren. Aber nichts dergleichen fand sich, was dann irgendwie auch völlig okay war. Ständig suchte ich nach etwas, ob hier oder in Leipzig oder in den USA, daher hatte ich mich längst damit abgefunden, den ewigen Prozess des Suchens als das zu begreifen, was er in Wirklichkeit ist: ein sich niemals auflösendes Gefühl monotoner Anspannung, unterbrochen nur von irrtümlich für Teilerfolge gehaltenen Herzattacken. Wie leichtes Sodbrennen mit Schluckauf. Oder von Gliederzuckungen durchsetzter Schlaf.

Ich kehrte also in den Flur zurück und öffnete die Tür zum Rauchsalon. Zum ersten Mal fiel mir nun auf, dass eine der Wände von einem breiten Bücherregal eingenommen wurde, in dem alles Mögliche untergebracht war, Romane ebenso wie Kochbücher, Abhandlungen zu natur-, betriebs-, geschichts- und militärwissenschaftlichen Themen ebenso wie Groschenheftreihen, esoterische Machwerke ebenso wie Kinderbücher. Nicht zu vergleichen mit der Ludothek im ersten Stock, aber Spyderling schien auch einfach kein großer Leser zu sein. Auf dem großen Tisch lag noch eine einzelne Miniatur aus King Trakto Sherpas Spiel über die Superhelden aus der Zeit der Weimarer Republik: ein unförmiger, im Gebrüll erstarrter Fleischberg, halb Bär, halb Mann, halb blind, die Arme ausgestreckt, die Hände zu Fäusten geballt, das ganze muskulöse Gebilde mit Inseln aus struppigem Fell bedeckt. Das musste Mauser sein, Unterweltboss und Erzfeind der Reichsheldenschar, der als junger Soldat in den Schützengräben an der Somme einem Angriff mit experimentellem Giftgas ausgesetzt gewesen war und später die Herrschaft über die kriminellen Ringvereine in Berlin an sich gerissen hatte. Ich steckte die etwa handtellergroße Figur in meine Hosentasche. Mich beeindruckte, wie akribisch King die Ereignisse des Krieges und deren Folgen in die Biografien seiner Spielfiguren eingeschrieben hatte; das dazugehörige Spiel mochte zwar nichts weiter als Kampfgetümmel und Würfelglück sein, aber die Geschichten dahinter faszinierten mich. Eine ganz ähnliche Anziehung übte die Vitrine in der Ecke zwischen Bücherregal und Terrassentür auf mich aus. Sie enthielt Dinge, die Spyderling anscheinend von Reisen rund um die Welt mitgebracht hatte, versehen mit kleinen Tafeln, auf denen Informationen über die Fundstücke abgedruckt waren: den Stoßzahn eines Narwals aus der Grönlandsee, die prähistorische Statuette einer Fruchtbarkeitsgöttin aus Mähren, den in Formaldehyd eingelegten Fötus eines Elefanten aus dem Tschad, einen Gedenkteller mit Zeich-

nungen von grinsenden, Fahnen schwenkenden Menschen und der Aufschrift »Der Sozialismus siegt! Die SED-Kreisleitung begrüßt ihre Gäste von nah und fern zum 900. Jubiläum der Stadt Görlitz, 1071–1971«, den rußgeschwärzten Schädel eines Menschen unbekannter Herkunft, einen Verdienstorden der Streitkräfte Myanmars, das unbebrütete Ei eines Dodos von der Insel Mauritius, ein Paar verrosteter Daumenschrauben aus der Folterkammer von Burg Stolpen, die nach ihrem Tod an Nierenversagen zu einem stecknadelkopfgroßen Diamanten gepresste Hauskatze »Survivor«, eine Narrenkappe des Festkomitees Kölner Karneval von 1823 e. V., einen vertrockneten Kaiserskorpion aus dem Tiergarten Schönbrunn. Die Vitrine war abgeschlossen, und es fand sich kein Schlüssel in der Nähe, also verwarf ich meinen Plan, zwei oder drei von Spyderlings imperialistischen Besitztümern mitgehen zu lassen (den Diamanten, den Narrenhut, vielleicht auch das tote Elefantenbaby), und begab mich in die Küche. Ioana war gerade im Speisezimmer zugange. Auf dem Herd kochten Eier in einem Topf, der Ofen backte Brötchen auf, und im italienischen Vollautomaten tropfte gerade eine neue Kaffeekanne voll. Ich ging hinüber zu einer niedrigen weiß lackierten Tür, die nur angelehnt war. Das war der Zugang zum Waschraum, und irgendwo dort unten gab es, wie ich von Leon wusste, eine weitere Tür, die in das alte Höhlensystem unter dem Weingut führte, in dem die gesamte Jahresproduktion reifte. Die Hand auf der Klinke, warf ich einen Blick die Holztreppe hinunter, die von einer Neonleuchte an der feuchten Wand weiß bestrahlt wurde.
»Musst du waschen?«, fragte mich Ioana, die gerade hereingekommen war.
Ich schüttelte den Kopf.
»Willst du Wein trinken gehen?«, fragte sie, während sie die Eier vom Herd nahm.
Ich zuckte mit den Schultern.
Sie murmelte etwas, öffnete den Kühlschrank, sortierte einige Dinge, machte den Kühlschrank wieder zu, stellte die drei ausgestopften, auf einem Ast sitzenden Neuntöter, die von ihrem Ge-

ruckel umgefallen waren, wieder richtig hin, räumte Geschirr in die Spülmaschine, holte die Brötchen aus dem Ofen, tat sie in einen Korb, kam zu mir, drückte mich zur Seite und schloss die Kellertür.

»Geh weg«, sagte sie.

»Okay«, sagte ich.

Von der Küche aus führte mich eine schmale Treppe ins Obergeschoss. Dort schaltete ich das Licht im Korridor ein, um mir die Gemälde an den Wänden anzuschauen: altertümliche Jagdszenen, Porträts wohlhabend gekleideter und irgendwie entstellt aussehender Bürger, eine Schlachtung von Menschen und Tieren in toskanischer Landschaft, Stillleben mit elektronischen Kleingeräten, ein Gefecht zwischen zwei modernen Flottenverbänden in stürmischer See. Die Bilder hingen viel zu dicht nebeneinander, waren nicht beleuchtet und wurden von Rahmen gehalten, in denen längst schon der Holzwurm steckte. Kunst im Allgemeinen schien keinesfalls Spyderlings Stärke zu sein. Ich öffnete dann noch kurz die Tür zur Ludothek, fühlte mich aber eingeschüchtert vom Anblick der vielen Spiele und machte die Tür schnell wieder zu. Im Kaminzimmer war mir deutlich wohler zumute. Johanna und Ronny hatten mein Spiel glücklicherweise wieder zusammengeräumt und weggepackt. Falls ich sie irgendwann dabei erwischen sollte, wie sie auch noch mein zweites Spiel, *The Troubles*, spielten, würde ich sie sehr wahrscheinlich in kleine Stücke hacken. Dort, wo Nygård eingepennt war, hatte sich ein großer dunkler Fleck auf dem Polster der Sitzfläche ausgebreitet. Kein weiteres Wort dazu. Aber dort, wo Campbell gearbeitet hatte, lag, auf dem Boden am Fenster, noch sein heiliger Stein. Ich setzte mich im Schneidersitz daneben und begutachtete sein Werk: Campbell hatte den Stein nicht nur mit feinen schwarzen Strichen, bunten Farbflächen und mir unbekannten Symbolen bemalt, sondern auch eine filigrane Konstruktion um ihn herum errichtet, eine Art Gerüst aus dünnen Holzstäben, verbunden mit Sekundenkleber, Schnüren, Tesafilm und Gummibändern. Ich erkannte einzelne Etagen, Auf- und Abgänge, vielleicht sogar so etwas

wie Aussichtspunkte oder Ruhezonen, mit dunkler Farbe angedeutete Durchlässe ins Innere des Steins, Fahrstuhlschächte, Geländer, Flaschenzüge. Aber was sollte das alles darstellen? Eine
Demonstration moderner Architektur, um das uralte Artefakt einer längst untergegangenen Zivilisation wieder bewohnbar zu
machen? Einen Bergbauasteroiden? Eine Ausgrabungsstätte? Ein
Spielbrett? Oder doch einfach nur einen bemalten Stein mit viel
Holz drum herum? Ziemlich sicher war ich mir aber, dass Campbells Arbeit daran noch nicht beendet war. Und etwas an seinem
Stein gab mir unmissverständlich zu verstehen, dass Campbell
uns noch alle retten würde, wenn es hart auf hart käme. Im Übrigen war das Kaminzimmer der einzige für uns Gäste zugängliche Ort im Herrenhaus, in dem Spyderling Fotos aufbewahrte.
Sie fanden sich hier einfach überall: an den Wänden, auf dem
Kaminsims, als Stapel auf einer Anrichte, in den Schubladen eines Sekretärs, ein paar sogar auf die Scheibe der Balkontür geklebt. Viele von ihnen waren Schnappschüsse, meistens Polaroids,
auf Partys gemacht, unscharfe Aufnahmen von trinkenden, tan-
zenden oder um ein Brettspiel herumsitzenden Menschen, der
Diskokleidung und den Föhnfrisuren der Abgebildeten nach zu
urteilen bereits einige Jahrzehnte alt. Andere Bilder schienen in
einem Fotostudio aufgenommen worden zu sein: Sie zeigten lächelnde Familien, oft auch mit ihren Haustieren, oder gut aus-
geleuchtete Porträts von alten Leuten, jungen Paaren, Kindern.
Diese Fotos lagen jedoch meist irgendwo im Raum verteilt; an die
Wände waren nur seltsam verwischte Landschaftsszenen oder
Detailaufnahmen von Körperteilen, Strukturen und mechanischen Geräten gehängt worden. Ein verwackeltes Bild mit goldenem Rahmen auf dem Kaminsims zeigte ein etwa sechsjähriges
Kind, das mit seinen fehlenden Schneidezähnen fett in die Kamera grinste, und mitten in seinem Gesicht deuteten zwei mit glat-
ter Haut überzogene Vertiefungen seine nur rudimentär ausge-
prägten Augenhöhlen an. Wer waren diese Leute? Wer hatte sie
abgelichtet? Und warum umgab sich Spyderling mit diesen Aufnahmen? Ich hatte in meinem Leben schon weitaus unheimli-

chere Dinge gesehen, aber diese Galerie ließ mich trotzdem frösteln. »Lächle doch mal!«, hörte ich Abby in diesem Moment rufen, und ich lächelte breit, und sie betätigte den Auslöser ihrer neuen Kamera, und plötzlich fiel Jennifer über mich drüber und schlang ihre Arme um mich, und Abby schoss Foto um Foto von uns beiden, und danach holten wir uns noch Burger mit Pommes bei Wendy's, ehe wir bis spät in die Nacht auf der Betonbegrenzung am Rande eines Parkplatzes versackten, bis ich mich wieder aus dem Kaminzimmer zurückzog und hinaus auf den Flur trat. Dort ging ich in schnellem Schritt auf eine niedrige Tür zu, die nicht zu einem der Gästezimmer gehörte, sondern ins oberste Geschoss hinaufführte, in Spyderlings privaten Bereich, und ich drückte ein paarmal die Klinke herunter, aber die Tür war abgeschlossen, natürlich. Und wie ich da so stand, spürte ich plötzlich ein leichtes Schwingen unter meinen Fußsohlen, als habe sich die Erde tief unter mir in Bewegung gesetzt, und ihre bis an die Oberfläche reichenden Kräfte sorgten nun dafür, dass das gesamte Haus in ein leichtes Zittern geriet. Das dauerte gar nicht lang, vielleicht fünfzehn Sekunden oder so. Dann öffnete sich in meiner Nähe eine andere Tür, und Johanna trat auf den Gang. Sie hob die Hand und gähnte ausgiebig. Ich sah, wie sie ein paar Meter den Flur hinunterging, eine weitere Tür öffnete und dahinter verschwand. Aus dem Zimmer, das sie verlassen hatte, schaute der zerzauste Kopf von Nygård heraus, ruckte die Nase durch die Luft, als würde er etwas erschnüffeln wollen, und zog sich wieder zurück.

Armer Ronny, dachte ich da, aber bevor ich länger über meine totale Untauglichkeit als Weissagerin nachdenken konnte, hörte ich von fern mein Handy klingeln, und zwar den Song *Hey Sandy* von Polaris und gleichzeitig die Intromelodie der Fernsehserie *Pete & Pete* aus den 90er-Jahren über die spektakulären Abenteuer zweier rothaariger Brüder in der US-amerikanischen Kleinstadt Wellsville. Ich schlurfte also zu meinem Zimmer, fand das Handy zwischen dem zerwühlten Bettzeug (»Hey smilin' strange. / You're lookin' happily deranged.«) und nahm ab.

Nastassja de La Rochefoucauld, meine für mich zuständige Redakteurin im Flughafen Spieleverlag, begrüßte mich mit einem euphorischen »Hallo, liebe, liebe Daytona, sag mir doch bitte: Wie geht es dir?«

»Hallo«, sagte ich. »Immer besser und besser. Und dir?«

Nastassja war guter Dinge. Sie erzählte mir, dass sie gerade in ihrem Büro in Ingolstadt sitze, wo die Sonne zum Fenster hereinscheine, und dass eine Kollegin gerade zu ihr hereingekommen sei, um ihr einen Teller Kekse und ein völlig zerdrücktes, eingerissenes Päckchen zu geben, das anscheinend an meine Adresse in Leipzig geschickt worden sei, wo es niemand in Empfang genommen habe, sodass es daraufhin einige Wochen lang auf den unergründlichen Postwegen Deutschlands unterwegs gewesen sei, bis es schlussendlich jemand an der Pforte des Flughafen Spieleverlags in Ingolstadt abgegeben habe, warum auch immer.

»Und?«, fragte ich. »Was ist drin?«

»Eine klitzekleine Pistole!«, rief Nastassja und lachte, ein Lachen, das ängstlich und begeistert zugleich klang. »In einem ziemlich hübschen Köfferchen. Scheint echt zu sein. Aber ohne Munition.«

»Was?«, fragte ich.

»Warum bestellst du dir denn so was?«, fragte sie.

»Hab ich nicht.«

»Okay«, sagte sie. »Und was mache ich jetzt damit?«

»Was steht denn auf dem Paket?«

»Nichts weiter. Nur lauter Aufkleber. Retourenscheine, Barcodes, deine Adresse und die Adresse des Verlags, aber kein Absender. Vielleicht erlaubt sich da jemand einen Spaß mit dir?«

Ich dachte nach. Etwas in mir begann sich zu regen und strahlte seine Kälte, vom Magen ausgehend, auf meinen gesamten Körper aus, wie ein leichter Schüttelfrost, der tief aus dem Inneren kam und sich durch nichts lindern ließe, weder durch eine dicke Decke noch durch ein heißes Bad.

»Weiß ich nicht«, sagte ich. »Kann schon sein. Es gibt so viele Irre da draußen. Bringst du es zur Polizei?«

»Ja klar«, sagte sie erleichtert, »gute Idee.«

Ich wusste nicht, worüber wir noch sprechen sollten, und auch Nastassja schien keine Ahnung zu haben, also schwiegen wir uns einige Sekunden lang an. Aber dann kehrte sie in ihren professionellen Modus zurück, der es ihr möglich machte, jedes noch so erbärmliche Gespräch am Laufen zu halten, und fragte mich, ob ich schon in Moldau sei. Ich bejahte. Und so sprachen wir dann doch viel über mich, meine bisherige Zeit hier, wer noch vor Ort sei und ob mir Spyderling schon über den Weg gelaufen sei.

»Und was genau macht ihr da den lieben langen Tag?«, fragte Nastassja.

»Nichts, eigentlich«, antwortete ich. »Am Pool rumhängen und trinken. Spielen. Essen.«

»Und ist das gut?«

»Für den Moment, klar. Aber die Grenze zum Wahnsinn ist nicht mehr weit. Ich kann sie schon sehen.«

Nastassja atmete hörbar aus. Sie kannte Spyderlings jährliche Konsultationen zwar vom Hörensagen, aber warum es ausgerechnet mich getroffen hatte, konnte sie mir damals auch nicht erklären, als ich ihr zum ersten Mal davon erzählte, dass ich nach Moldau fliegen würde. Tage später schickte sie mir jedoch eine kurze Nachricht, in der sie schrieb, dass Spyderling wohl Gefallen an meinen bisherigen Spielen gefunden hätte.

»Aber du bist dort auch zum Arbeiten, oder?«, fragte sie.

»Ich habe angefangen. Aber ich stecke fest. Weiß noch nicht, ob ich hier weiterkomme.«

Und Nastassja erklärte mir einige Minuten lang, wie gut es doch sei, dass ich mich dort unten den lieben langen Tag mit meinen Kolleginnen und Kollegen austauschen könne, frei und ohne Hemmungen, denn der ganze himmelschreiende Betrieb, so verstand sie immerhin den Sinn von Spyderlings Konsultation, spiele auf dem Weingut ja überhaupt keine Rolle, denn es sei ja wohl niemand von den anderen Verlagen anwesend, der etwas von uns wolle und uns in etwas reinrede, was überhaupt noch nicht spruchreif sei, oder gar eine Veröffentlichung in Aussicht stelle, die am Ende dann doch nicht passieren würde. Und schon hatte sie es durch ihre ziemlich ausgefuchste Art fertiggebracht, dass ich ihr doch ein bisschen was von meinem Spiel *Devil's Dice Motorcycle Club* erzählte, und sie fand das alles sehr vielversprechend und riet mir, fleißig dranzubleiben, aber ein endgültiges Urteil werde sie natürlich erst dann fällen, wenn das Spiel einen vorzeigbaren, gut funktionierenden Prototypenstatus erreicht habe, den ich ihr auf jeden Fall schicken solle, wenn ich so weit sei.

Eigentlich ziemlich schrecklich, dachte ich, während sie weitersprach. Wir reden und reden, und Nastassja sitzt in Ingolstadt und feuert mich an, obwohl ja klar ist, dass ihre Arbeit darin besteht, etwas zu verkaufen, was bereits Marktreife erreicht hat, und ich hocke hier irgendwo in Osteuropa und weiß weder ein noch aus. Wir sprechen lediglich über Rahmenbedingungen, nicht über das Eigentliche, wir sprechen über etwas, das ein vom Himmel stürzender Zeppelin oder ein fahruntüchtig geschossenes Auto sein könnte, denn unser Gespräch ist eigentlich völlig irreal und führt auch zu nichts, weil ich nicht weiß, was sie fernab der Erfüllung ihrer Pflichten wirklich interessiert, und weil sie nicht weiß, dass ich ihr nicht sagen kann, dass ich völlig vom Weg abgekommen bin. Wir sind immer miteinander in einem vorläufigen Geschäft, das aber niemals einen Abschluss zu finden scheint. Oder wir verstehen uns einfach nicht richtig. Oder vielleicht braucht es ja auch einfach genau diese Art von Distanz, damit wir beide in Ruhe unsere Arbeit machen können: Ich denke, und sie steuert – und dazwischen ist nichts. Ach, lasst mich doch besser alle mit eurem Scheiß in Frieden, bevor ich euch zu jagen beginne.

»Übrigens«, sagte Nastassja, »wir haben im letzten halben Jahr noch mal zwei Exemplare von *Conca d'Oro* und fünf von *The Troubles* verkauft. Das ist ...«

»Alles klar«, sagte ich.

»Na gut, dann pass mal schön auf dich auf da unten. Wir bereiten hier gerade die Veröffentlichung von Walter Kotzepittys neuem Kartenspiel vor, aus seiner *Verhindere die Katastrophe!*-Serie. Diesmal geht es um das Reaktorunglück von Tschernobyl. Hinten auf der Schachtel steht ... Warte mal, das muss ich dir echt kurz vorlesen … ›Und wer die Kernschmelze nicht abwenden kann, ist der strahlende Verlierer.‹«

»Schwieriger Witz«, sagte ich.

»Daytona, machs gut.«

»Du auch.«

Ich stand dann noch eine Zeit lang in meinem Zimmer herum und dachte aus mir unerfindlichen Gründen über Johanna van Tavantars Begleiter nach, ihren sogenannten Poltergeist mit dem Namen »Rover«. Fakt ist: Laut der Anleitung ihres autobiografischen Brettspiels *Rover. Eine Gespenstergeschichte aus den Niederlanden* handelt es sich – Johannas eigenen Worten nach – wirklich um einen Geist, also einen ruhelosen Toten, der die Lebenden nicht in Ruhe lassen kann, warum auch immer. Woher wusste sie das alles so genau? Sprach Rover ab und zu mit ihr? Woher hatte er überhaupt diesen bescheuerten Namen? Aber ich glaubte ihr ja, jedes einzelne Wort. Hatte ich vielleicht auch so einen Begleiter, seitdem ich aus dem Dschungel El Salvadors zurückgekehrt war? Oder war bloß das Internet meine dunkle, ständig anwesende Präsenz, die mich umgab, unsichtbar, an meinen Nerven rüttelnd, ein Chor der untoten Stimmen, tausend- und abertausendfach lautlos kreischend, bis mir der letzte Rest Verstand durch ein winziges Loch aus meinem Kopf rieselte? Keine Ahnung, dem Teufel sei Dank. Aber ich glaubte Johanna, musste ihr einfach glauben.

Genau genommen läuft so ziemlich jedes Brettspiel auf gerade mal zwei Endergebnisse hinaus: Jemand gewinnt, und jemand verliert. Bei Punktegleichstand am Ende finden die grausameren Brettspiele jede noch so bescheuerte Möglichkeit, wie doch nur ein einzelner Sieger bestimmt werden kann, sei es durch die Spielerreihenfolge zu Partiebeginn, die Anzahl der verbliebenen Handkarten oder die eine einzelne Münze, die irgendein geiziger Trottel am Tisch mehr besitzt; die gnädigeren Spiele erklären aus Faulheit bei gleicher Punktzahl einfach mehrere Spieler zu Siegern. Aber das alles ist letzten Endes völlig egal, denn es kommt ja nur auf eines an: gewinnen oder verlieren. Sind Spiele so realitätsfern? Oder schnurrt in ihnen nur die Wirklichkeit auf das zusammen, was ihren eigentlichen Kern bildet? Auf jeden Fall ist es zum Verzweifeln. Ich fürchte, dass dies mein größtes Problem ist, das ich mit Brettspielen, ihren Verlagen und ihren Autorinnen und Autoren habe: Sie machen es sich alle viel zu einfach. Auch ich mache es mir viel zu einfach. Ein Spiel gewinnt oder verliert man – Punkt. Es gibt nichts dazwischen, es gibt nichts darüber hinaus. So funktioniert ein Spiel (sagt man, weiß man, ist nun mal schon immer so gewesen). O du mein köstliches Stück Plăcintă, sind wir alle eingerostet, bequem und stinkend! Oder haben wir nur erkannt, worum es eigentlich geht? Nein, das darf einfach nicht sein. Ich bin so gelangweilt von der letzten Wahrheit. Aber auf die kommt es doch an, oder? Die muss doch gefunden werden. Aber keinesfalls auf diese Weise. Die Spiele irren sich. Die Menschen, die Spiele machen, irren sich. Die Menschen, die Spiele spielen, irren sich und werden noch dazu für dumm verkauft. Wer das Spiel neu denken will, muss es von Grund auf neu denken. Keine Traditionen mehr, keine etablierten Mechanismen, keine abgestandenen Themen. Ich habe die Schnauze so was von voll davon. Kinderkram für Grenzdebile. Das Spiel muss eine Kanone mit genug Feuerkraft sein, um einen anderen Planeten zerstören zu können, errichtet auf einem fremden, kalten, trostlosen Mond – und ihr Lauf zeigt direkt auf die Erde. Nur so kommen wir aus diesem Elend wieder raus. Nur so begreifen wir endlich, was es bedeuten kann zu spielen. Nur so.

Ich schlief. Ich schlief einen bodenlosen Schlaf. Und ich träumte den Traum, der mein Ende sein würde. Im Traum war ich zurück in El Salvador oder immer noch oder zum ersten Mal. Alles kam mir vertraut vor, die Straßen, die Häuser, die Menschen, aber im Traum tat ich so, als hätte ich das alles noch nie gesehen. Abby war bei mir, Jennifer war bei mir, und noch jemand begleitete uns, der nie zu dicht herankam, das Gesicht verdunkelt, die Umrisse seines Körpers nur undeutlich erkennbar. Es war der Morgen bevor wir in den Nationalpark El Imposible aufbrachen, und wir hingen noch in dieser ranzigen Jugendherberge in Ataco herum, aßen Weißbrot und tranken Milchkaffee auf der Veranda vor dem Haus, und die Sonne schien schon so heiß, dass wir sogar im Schatten schwitzten. Leute gingen die Straße hinunter zum Markt, Autos fuhren vorüber, ein Esel stand nicht weit entfernt an einer Kreuzung und schrie. Abby lehnte am Geländer und studierte die Karte des Nationalparks, auf der sie unsere Wanderroute mit einem roten Stift markiert hatte. Jennifer hockte rauchend auf der Treppe. Ich unterhielt mich mit einem australischen Backpacker, der große Ähnlichkeit mit dem französischen Schauspieler Vincent Cassel besaß, den man jedoch über Jahre hinweg in einem Darkroom gefangen gehalten zu haben schien. Ihm erzählte ich von dem Tagestrip, der vor uns lag, woraufhin er mir riet, dass wir die Pfiffe des blinden Pfefferfressers im Unterholz ignorieren sollten, um bloß nicht vom Pfad abzukommen. Danach ging alles ganz schnell: Wir schulterten unsere Rucksäcke, und schon hatten wir Ataco hinter uns gelassen, den ungepflasterten Weg in Richtung der bewaldeten Hügel vor uns, Abby zwischen Jennifer und mir, unser dunkler Begleiter ein paar Schritte hinter uns. Unterwegs wurden wir von fünf oder sechs Bauern angesprochen, die uns entgegenkamen. Aus ihren Mündern hörte ich nur gurgelnde Laute kommen, aber Abby und Jennifer verstanden sie anscheinend, zumindest machten sie Scherze miteinander, deuteten mit ihren Fingern gen Boden und zum Himmel hinauf, die Bauern lachten, meine Freundinnen lachten, nur ich stand daneben und kapierte nichts. Einmal verschwand die Sonne für einige Minuten hinter den Wolken, und sofort fing ich an zu frieren, wie ich noch niemals zuvor in meinem Leben gefroren hatte. Ich versuchte, Abby und Jennifer darauf aufmerksam zu machen, die ein paar Meter vor mir liefen und sich unterhielten, aber sie reagierten nicht auf mich, als ich nach ihnen rief, also blieb ich stehen, rieb mir die Arme, trat von einem Bein aufs andere und spürte, wie mein Unterkiefer sich völlig unkontrollierbar auf und ab bewegte. Aus den Augenwinkeln sah ich unseren Begleiter, der näher und immer näher an mich herankam, und dann war er auch schon an mir vorbeigegangen, langsam, mit schlenkernden Armen, und als die ersten Sonnenstrahlen wieder auf den Weg vor mir fielen, schlug er sich plötzlich nach rechts einen steilen Abhang hinunter, wo ich ihn nicht mehr sehen konnte. Ich schloss zu meinen Freundinnen auf und wollte ihnen erzählen, was ich gesehen hatte, aber ich brachte kein einziges Wort heraus. Auf einer Anhöhe blieben wir stehen. Der Ausblick auf die nahen Hügel des Nationalparks war fantastisch, unter dem weiten Himmel sausten kleine Vögel umher. Abby holte die Kamera aus ihrem Rucksack und begann, Fotos zu machen, von Jennifer, von mir, von uns beiden, von sich selbst, von uns dreien, von der uns umgebenden Natur. Im Traum war mir bewusst, dass diese Fotos später im Internet zu sehen sein würden, jedes einzelne, und genau davor warnte ich Abby auch, aber sie meinte nur, dass sie kein Problem damit hätte, ja dass es sie überhaupt keinen Deut kümmern würde, denn wenn es so weit wäre, würde sie eh viel zu beschäftigt sein mit anderen Dingen, das sei doch völlig klar. Ich wusste sofort, worauf sie hinauswollte, auch wenn sie es merkwürdig ausgedrückt hatte, und begann, ihr davon zu erzählen, wie ich ein halbes Jahr später, längst zurück in Cheyenne, zum ersten Mal ihre Bilder sehen würde, in unserem Wohnzimmer auf dem Laptop meines Vaters, und ich sprach von dem Gefühl, das ich dabei empfand, ein Gefühl totaler Auslöschung, als würde die Wärme in meinem Körper von einer auf die andere Sekunde vollends verschwinden, und ich zeigte ihr mit meinen Händen, wie ich daraufhin den Laptop zuklappte, denn ich klappte ihn nicht einfach nur so zu, wie man normalerweise einen Laptop zuklappt, sondern schlug den Bildschirm mit aller Kraft nach unten, wobei irgendetwas am Laptop kaputtging, am Bildschirm oder am Scharnier, genauer konnte ich es Abby nicht sagen. »Schon klar«, hörten wir Jennifer von der Seite sich in unser Gespräch einmischen. Sie hatte sich auf einen Balken gesetzt, der als Absturzsicherung diente. »Schon klar«, wiederholte sie und fügte hinzu, dass sie unser Gewäsch nicht mehr ertragen könne, und wenn wir uns dann endlich zusammengerissen hätten, könnten wir ja mal weitergehen, ein paar Stunden immerhin würden wir noch unterwegs sein. Ich zog Jennifer von ihrem Balken, umfasste ihre Hüften und schob sie vor mir her. Abby verstaute noch ihre Kamera im Rucksack, und als ich kurz darauf zu ihr zurückblickte, da lockte sie gerade unseren Begleiter aus den Büschen, und ich dachte mir nur: Bitte nicht, warum denn, nein, lass das doch!, aber irgendwann hatte sie uns eingeholt, und der Begleiter folgte uns wieder, einige Schritte entfernt. Wir stiegen von der Anhöhe hinab, gingen an einer Zuckerrohrplantage entlang, kamen an einem Haus mit weiter Rasenfläche und einem Spielplatz vorbei, und gegen Mittag näherten wir uns der Grenze des Nationalparks, dem Endpunkt unseres Pfades. Ich musste meine Augen nicht anstrengen, um die Bäume in der Ferne zu sehen, eine Wand, dunkelgrün, mit herabhängenden Ästen und Dornen und Gesträuch und Schlingpflanzen, ein Wall, der sich immer und immer mehr zu schütteln schien, je näher wir ihm kamen, Laute ausstoßend, kreischende Vögel, fauchende Raubkatzen, brechendes Holz, ein sich in ständiger Bewegung befindliches Ding, undurchdringlich, nicht umgehbar – und ich sagte zu meinen Freundinnen, dass wir umkehren sollten, bevor es dunkel sein würde, hier gelangten wir ja doch nicht weiter, der Weg hinein sei versperrt, kommt, wir lassen es bleiben und machen einfach was anderes, kommt mit mir zurück, bitte, kommt. Doch Abby und Jennifer waren den Pfiffen und dem Winken unseres Begleiters gefolgt, der in einer Senke am Rand des Dschungels stand, vor einer schmalen, finsteren Öffnung zwischen den Bäumen, und ich konnte nichts tun, und ich ließ sie gehen, und ich wartete, bis sie nicht mehr zu sehen waren im Unterholz – und dann spürte ich die Muskeln in meinen Beinen, die sich an- und entspannten, und ich fühlte den steinigen Untergrund unter meinen Schuhsohlen, und mein Verstand kehrte aus El Salvador in unser Wohnzimmer in Cheyenne zurück, von wo aus er sofort in meine Wohnung in Leipzig sprang, um schließlich in meinem Gästezimmer im Herrenhaus von Spyderlings Weingut zur Ruhe zu kommen, und mein Körper schleppte sich ihnen hinterher, mit Tränen in den Augen, in unser aller Untergang hinein.

Warum denn ausgerechnet Deutschland, Daytona?, höre ich immer noch die Stimme meiner Mutter im Ohr. Ich habe ihr diese Frage niemals erschöpfend beantwortet – sicherlich auch, weil es mir peinlich war, in Anwesenheit anderer Menschen die genauen Gründe für meinen Wegzug aus den USA laut auszusprechen –, aber mir selbst stand immer klar und deutlich mein großer Plan vor Augen, dass ich eines Tages der Spiele wegen nach Europa gehen würde.

Amerikanische Spiele sind Würfelschlachten mit einem hohen Glücksanteil, in denen die Willkür regiert, was auf dem Brett geschieht, und meistens steht die Präsentation irgendeines Themas oder das Erzählen einer Geschichte im Vordergrund, während die Spielmechanismen nur als Legitimation dafür dienen, dass es sich um ein halbwegs ernst zu nehmendes Brettspiel und nicht etwa um eine bloße Ansammlung bunter Karten, Würfel und Plastikfiguren handelt, mit denen man auch weiß der Teufel was anstellen könnte. Im amerikanischen Spiel geht es in erster Linie darum, zu konsumieren und dabei Zeit totzuschlagen und sich keinesfalls mehr damit belasten zu müssen, wenn das Spiel schließlich wieder in seiner Schachtel und im Schrank verschwunden ist. Hinter europäischen Spielen, oder: Spielen aus Europa, oder: Spielen, erdacht von Autorinnen und Autoren mit Bezügen zur Entwicklung von Brettspielen europäischer Prägung, oder eben: German-style Games (was sich nicht auf die Herkunft, sondern auf die spielerische Philosophie dahinter bezieht), steckt hingegen oftmals eine ausgeklügelte Spielmechanik, die nicht das göttliche Würfelglück, sondern die strategische Intelligenz ihrer Spielerinnen und Spieler reizt; das unvermeidliche Thema oder die notwendige Geschichte ist dabei das Feigenblatt, um die Mechanik greifbarer werden zu lassen, und ernst gemeint ist Thema oder Geschichte nur in den seltensten Fällen.
Brettspiele an sich sind immer Abstraktionen, und während sich

amerikanische Spiele dieser Tatsache in ihrem Totaleskapismus verweigern, sind europäische Spiele sich dessen sehr bewusst (es gibt, wie immer, Ausnahmen über Ausnahmen, aber um die geht es hier gerade nicht). Ich für meinen Teil bin keine große Freundin der Abstraktion, aber ich halte sie für unabdingbar; ein Übel, mit dem umzugehen ist, dient sie doch als eine Art Vehikel für jenen Prozess, in dem sich letztlich unser Verständnis für alles konfiguriert, was in der Welt so vor sich geht. Soll heißen: Unser Denken schießt wie eine Flipperkugel ständig zwischen Abstraktion und Konkretion hin und her, hält sich mal im Ungefähren auf, um es mit dem Erfahrenen in Beziehung zu setzen, und schnellt schließlich vom einzelnen Detail zur Zusammenfassung und wieder zurück. Das ist der Wahnsinn, in dem wir uns alle befinden, ein Wahnsinn, der sich gar nicht als Wahnsinn offenbart, weil er eben keine Abweichung, sondern eine Alltäglichkeit darstellt, und dennoch: nichts weiter ist als ein monumentaler, alles überschattender Wahnsinn.

Hätte ich also meiner Mutter jemals erklären können, weshalb ich nach Europa gezogen bin, dann vielleicht so: weil ich das Gefühl habe, wahnsinnig zu sein, und nur in den europäischen Spielen einen tröstenden Ausdruck dafür zu finden glaube, eine Legitimation für meinen Zustand – Europa als Beginn einer Suche auf dem Grund eines tiefen Sees, wo alles verborgen liegt.

An einem meiner ersten Abende in Leipzig schnitt ich mir den linken Daumen am aufgeklappten Deckel einer Dose Ravioli auf und musste mit der Straßenbahn in die Notaufnahme des Universitätskrankenhauses fahren, weil der Blutfluss nicht aufhören wollte. Später zerbiss ich mir in der Mensa am Peterssteinweg einen bereits kariösen Backenzahn, weil die Pommes so dünn und hart waren, dass man sie eigentlich nur lutschen konnte. Manchmal fragte ich mich, ob Leipzig langsam, aber sicher meinen Körper zerstört, aber diese Frage ist – wie so viele andere Fragen, die sich mir stellen – von solch komplexer und überwältigender Gestalt, dass ich entschied, sie weiterhin nur aus der Ferne zu betrachten und eine Antwort darauf in die Zukunft zu verschieben.

Was hätte ich sonst tun sollen? Wann beginnt das Verschwinden? Was verbirgt sich hinter einer Erinnerung? Wieso kann ich euch nicht mehr sehen? Warum vergesse ich wichtige Dinge? Wer führt mich da in die Dunkelheit? Wo ist der Himmel? Was versteckt sich hinter den Sternen? Warum ist es so finster in mir drin? Wieso kann ich mich nicht begreiflich machen? Warum fühle ich mich so einsam? Weshalb bin ich so selten zufrieden? Wer spricht da zu mir in der Finsternis? Warum bin ich so aufbrausend? Wieso gibt es nichts, was mich hält? Warum bedeuten mir so wenige Dinge etwas? Wieso fällt es mir schwer, einem Blick standzuhalten? Wann habe ich das letzte Mal geweint? Warum zerstöre ich mich Stück für Stück? Wo bin ich? Warum bin ich so traurig? Wo seid ihr? Verfluchte Scheiße, wo seid ihr?

Es war bereits später Nachmittag, als ich aufwachte. Ich blinzelte in den Raum hinein, streckte meine Beine und Arme unter der Decke fest durch und sprang dann mit einem Satz von der Matratze. Aus dem Bad holte ich mir ein Handtuch, strich mir die Haare glatt, und schon war ich aus dem Zimmer hinausgestürmt, denn es war völlig ausgeschlossen, dass ich noch eine weitere Sekunde mit mir selbst da drinnen blieb.

Johanna lag auf einer Sonnenliege am Pool, am Tisch saßen King und Ronny, vier leere Bierflaschen vor ihnen aufgereiht, und spielten das Kartenspiel *Killer Jesus*, etwas abseits davon stand Campbell, an die Balustrade gelehnt, mit einem Teller voller kleiner Gurkenschnitze in der Hand, die er sich langsam und Stück für Stück in den Mund schob. Ich trat an den Rand des Pools, ließ einen Fuß im Wasser kreisen und reagierte nicht auf Ronnys bescheuerten Zuruf: »Ey, Sepulveda, ich weiß ja nicht, ob das hygienisch ist, nur in Unterwäsche in den Pool zu gehen, aber wenn du meinst ...«

Ich stieg die kurze Treppe hinunter, spürte dem Gefühl des mich umgebenden, von der Sonne erwärmten Wassers auf meiner Haut nach und stieß mich von der untersten Stufe ab, tauchte ein paar Meter und schnellte am anderen Ende des Pools wieder nach oben, rieb mir das Chlor aus den Augen und sah Johanna über mir sitzen, die mich vielleicht, vielleicht aber auch nicht durch ihre Sonnenbrille anblickte.

»Na?«, sagte ich.

»Na?«, sagte Johanna.

Dann zog ich noch ein paar Bahnen, und kurz darauf kamen auch Ronny und King in den Pool, bespritzten sich gegenseitig mit Wasser, machten ein paar Witze und hingen dann am Beckenrand herum, wo sie sich eine ganze Zeit lang irgendeinen Schwachsinn erzählten.

Am frühen Abend saßen wir unter der Pergola im hinteren Teil des Gartens beisammen und spielten das Spiel *Die Religionen* von Elke von Manteuffel. Ronny hatte zweifellos den perfekten Platz für unsere Partie entdeckt: Unter dem von wildem Wein überwucherten Baldachin standen mit Lederpolstern bezogene Stühle und ein Tisch – so ein professionell gefertigtes Exemplar für Brettspielenthusiasten mit abgesenkter Spielfläche, Einschubsystem in der Unterkonstruktion, grünem Filzbezug, indirekter Beleuchtung in der erhöhten Holzumrandung und eingearbeiteten Getränkehaltern.

Die Religionen handelt von einer Welt, die infolge eines dreißig Jahre langen Angriffes geheimnisvoller, ins Riesenhafte vergrößerter Insekten in Schutt und Asche gelegt wird. Den verbliebenen Menschen bleibt wenig anderes übrig, als sich in kleinen Gemeinschaften auf dem Land zusammenzuschließen, die so rätselhafte Namen tragen wie *Megafire*, *Krakenbrück*, *Hellport*, *Guns n' Roses* oder *Killen City*, während von Anfang der 1950er- bis in die 1980er-Jahre hinein gigantische Gottesanbeterinnen, Feuerwanzen, Grabwespen, Hornissenköniginnen, Ameisenlöwen, Hirschkäfer, Seidenspinnerraupen, Holzbienen oder Nachtpfauenaugen durch die Trümmer der Zivilisation streifen. Nachdem die größten und gefährlichsten dieser Geschöpfe in einem apokalyptischen Feldzug durch die hochgerüsteten, von den Überresten der Vereinten Nationen unterstützten paramilitärischen Verbände der

Legion Freiwilliger Exterminatoren mit allen erdenklichen Mitteln in die Luft gesprengt oder ins Meer getrieben worden sind, beginnt zaghaft der Wiederaufbau. Doch das Antlitz der Welt hat sich unwiederbringlich gewandelt – und mit ihm auch die Menschen: Religiöse Organisationen entstehen allüberall und treffen auf so enormen Zuspruch, dass sie bald schon wie eigene Staaten funktionieren, ganze Weltregionen kontrollieren und bewaffnete Konflikte untereinander ausfechten. Und an dieser Stelle treten wir ein in von Manteuffels Spiel, als Apostel, Kongregation oder Oberbefehlshaber einer dieser hochgerüsteten Militärkirchen: etwa des technologisch überlegenen *Konzils von Liebe und Technik*, das aus den Überresten der aufgelösten *Legion Freiwilliger Exterminatoren* hervorgegangen ist, seine Gebete an die paar übrig gebliebenen Exemplare der Rieseninsekten richtet und sie gleichzeitig als dressierte Kampfmaschinen ins Feld führt; oder der *Kirche der Kinder der Wüste der Wahrheit*, einer kannibalistischen Reiterhorde, die sich einst von ihrer Mutterkirche, einem gewaltigen Franchise-Unternehmen namens *Kirche der Kinder des Großen Gewitters*, abspaltete und nun deren schlimmsten Albtraum darstellt; oder der *Automaten der Traurigkeit*, einem sich rasant ausbreitenden Selbstmordkult, der ehemals florierende Gegenden in riesige Friedhöfe mit stummen, umherwandelnden Hungernden verwandelt; oder des *Tempels des Infarkts*, dessen Anhänger sich, eingefasst in bewegliche und mit allerlei Foltervorrichtungen versehene Metallkäfige, einzig dem andauernden Genuss unerträglicher Schmerzen hingeben; oder des *Leeren Ordens*, der angeblich keinerlei Glaubensbekenntnisse oder religiöse Betätigung kennt, ein nichtssagendes, unheimliches Konstrukt, in dem sich Sekretärinnen, Lehrer, Fabrikarbeiterinnen, Partypeople, Studentinnen, Tagediebe oder junge Familienväter sammeln, die irgendetwas im Schilde zu führen scheinen. *Die Religionen* ist ein klassisches Strategiespiel mit äußerst hohem Konfliktpotenzial: Jede Kirche hält ein bestimmtes Gebiet auf dem Spielplan, wo sie ihre Wirtschaft zum Laufen bringt, und schickt schließlich Expeditionsarmeen los, um weitere Gebiete von neutralen Fraktionen oder der geistlichen Konkurrenz zu erobern. Wer im Namen des *Konzils von Liebe und Technik* die meisten Städte und Siedlungen hält, besitzt die größte Anhängerschaft und gewinnt; wer im Namen der *Wüsten-* die *Gewitterkinder* überrollt, gewinnt (und andersherum); wer im Namen der *Automaten der Traurigkeit* seine eigene Religion auslöscht, gewinnt; wer im Namen des *Tempels des Infarkts* seine Anhänger auf eine neue Bewusstseinsebene führt, indem er sie alle an einem bestimmten Punkt auf dem Spielbrett zusammenkommen und dort zum gewaltigsten Schmerzgefühl aller Zeiten miteinander verschmelzen lässt, gewinnt; wer im Namen des *Leeren Ordens* sein geheimes, selbst ausgedachtes Ziel erfüllt, gewinnt. Fragile Bündnisse und ständiger Verrat zwischen den Mitspielerinnen und Mitspielern sind in diesem Spiel – wie im Leben ja sonst auch – immer an der Tagesordnung.

Per Los bestimmten wir, wer welche Glaubensgemeinschaft übernehmen sollte: Johanna bekam das *Konzil von Liebe und Technik* zugeteilt, King die *Kirche der Kinder des Großen Gewitters*, Ronny den *Leeren Orden*, ich die *Automaten der Traurigkeit* (worüber ich nicht sehr verwundert war), und weil Campbell sich ein wenig später auch noch zu uns gesellte, durfte er eine Fraktion auswählen und entschied sich für die *Kirche der Kinder der Wüste der Wahrheit*. Das Spielbrett bildete eine etwas verzerrte Karte von West- und Mitteleuropa: So war beispielsweise Dänemark viel zu überdimensioniert, während Italien als Insel dargestellt wurde, verbunden über einen Staudamm mit der norditalienischen Tiefebene. Johannas *Konzil* startete auf der irischen Insel, Ronnys *Orden* im südlichen Norwegen, Kings *Gewitterkinder* auf dem Balkan, meine *Automaten* im zentralen Frankreich und Campbells *Wüstenkinder* im Baltikum. Hier und da stellten wir ein paar Rieseninsekten auf das Spielbrett, eine Kleidermotte, einen Sandohrwurm, eine Fauchschabe, einen Wasserläufer und einen Maikäfer, die der drohenden Vernichtung durch die *Legion Freiwilliger Exterminatoren* entronnen waren und durch unsere Truppen gefangen genommen oder zu Nahrung, Baumaterial und Luxusgegenständen verarbeitet werden konnten. Der Spielbeginn zog sich gemächlich dahin: Jeder von uns beschäftigte sich zunächst mit seinem Startgebiet, besetzte Dörfer, beutete Rohstoffquellen aus oder sandte Aufklärungseinheiten in die benachbarten Sektoren. Meine *Automaten der Traurigkeit* besaßen den Vorteil, dass sie sich gänzlich ohne den Einsatz von Kriegsgerät, Nahrungsressourcen oder Wagentrecks in den umliegenden Territorien ausbreiten konnten; das Erscheinen von *Automaten* in einer provisorischen Siedlung, einer Militäranlage, einem Küstenstädtchen oder einer Metropole führte immer dazu, dass die wehrlosen Bewohner Schritt für Schritt alle menschlichen Aktivitäten einzustellen begannen, angefangen bei der körperlichen und geistigen Arbeit über die soziale Interaktion und Körperpflege bis hin zu Schlaf und Ernährung; die dort ohnehin meist bloß rudimentär vorhandene Infrastruktur brach bald darauf komplett in sich zusammen, und alles, was blieb, waren leere Straßen, in denen nur noch das tiefe Schweigen verhungernder *Automaten* herrschte. Allerdings bildeten die Pyrenäen im Süden, das Zentralmassiv im Zentrum meines Startgebietes und die Alpen im Osten eine feste Begrenzung für meine Expansionsbestrebungen, konnten sich meine Einheiten doch aufgrund ihrer Unwilligkeit, technisches Gerät zu benutzen, nur zu Fuß fortbewegen, was bedeutete, dass ich meinen Vorstoß auf das nordwestliche Frankreich und die weiteren Anrainerstaaten der Nordsee richten musste, was mich unweigerlich mit Johannas *Konzil von Liebe und Technik* in Konflikt zu bringen drohte, das bereits in Runde zwei nach Großbritannien übergesetzt war, wo es ein Auge auf den riesigen Sandohrwurm geworfen hatte, der in den grünen Hügeln der schottischen Highlands sein Unwesen trieb. Gelangte das *Konzil* nämlich in den Besitz eines lebendigen Insekts, stattete es dies sofort mit undurchdringlichen Panzerplatten aus und installierte auf dem wuchtigen Körper allerhand Geschützbatterien, Maschinenkanonen, Granatwaffen und Nuklearraketenwerfer, die ganze Feindarmeen im Nu zerreiben konnten. Angesichts dieser Bedrohung kam eine Verteidigungsallianz mit einer anderen Kirche für mich jedoch nicht infrage, denn *Automaten der Traurigkeit* hatten potenziellen Bündnispartnern aufgrund ihres totalen Desinteresses an zwischenmenschlichen Beziehungen nichts anzubieten außer verheerten Landstrichen, Sprachlosigkeit und allumfassender Verzweiflung. Also konnte ich nur darauf hoffen, dass Ronnys *Leerer Orden* sich von Norwegen aus nach Süden bewegte, wo er wahrscheinlich nach ein paar Runden in Norddeutschland auf die Truppen des *Konzils* treffen würde, aber Ronnys geheime Agenda war völlig undurchschaubar, und möglicherweise konnte er das Spiel allein dadurch gewinnen, dass er sich in keine einzige Kampfhandlung verwickeln und damit seine Anhänger ein langes friedliches Leben in fröhlicher Beschäftigung mit sich selbst führen ließ. Mein Ziel musste es also sein, die unbewachten Hinterlande der verschiedenen, sich am Horizont abzeichnenden Fronten zu besetzen, um genügend meiner *Automaten* ins Spiel bringen zu können, was irgendwann dazu führen würde, dass sich aufgrund eines beträchtlichen Massensterbens meine Religion von selbst aufhob und der *Letzte Abgrund* sich öffnete, in den die bekannte Welt schlussendlich stürzte. Dabei war es mir zunächst noch herzlich egal, was die beiden ultimativen Erzfeinde, Kings *Kirche der Kinder des Großen Gewitters* und Campbells *Kirche der Kinder der Wüste der Wahrheit*, im weiten Osten miteinander zu schaffen hatten: Seit dem *Kindlichen Schisma* von 1989, bei dem sich die *Wüstenkinder* von den *Gewitterkindern* getrennt hatten, setzten sie alles daran, sich gegenseitig zu vernichten, und wer aus diesem Kampf als Sieger hervorging, gewann am Ende auch die gesamte Partie. Während ich auf meinen nächsten Zug wartete, beobachtete ich entspannt, wie King damit begann, das horrende Startkapital des *Gewitters* in die Privatwirtschaft des Balkans zu investieren, sich in Kommunikationsunternehmen, Medienhäuser, Fernsehanstalten und Zeitungsverlage einzukaufen und die Region zwischen Ungarn und Griechenland mit den Franchise-Filialen seiner kircheneigenen Schnellrestaurantkette für naturverbundenes Fast Food zu überziehen; Campbell hingegen war derweil noch damit beschäftigt, seine über das gesamte Baltikum verstreute, heruntergekommene *Wüstenhorde* in jämmerlichen

Zeltstädten zu versammeln, die örtliche Bevölkerung zu Nahrungsmitteln zu verarbeiten und dafür zu sorgen, dass sich seine verrückt gewordenen Krieger nicht gegenseitig umbrachten. Um diese beiden Clowns brauchte ich mich also erst einmal nicht zu kümmern, doch später musste vielleicht dringend verhindert werden, dass eine Kirche die andere dominierte, was eigentlich nur gelingen konnte, wenn eine dritte Partei in den Konflikt zwischen *Wüste* und *Gewitter* eintrat.

»London Calling!«, rief Johanna, als sie das nächste Mal am Zug war, weil ihre mit Flammenwerfern ausgerüsteten Pioniere unter der britischen Hauptstadt, die mittlerweile nicht mehr als ein gewaltiger Krater war, eine Termitenkönigin in ihrem Nest aufgescheucht hatten. Sie zeigte uns allen das Pappplättchen mit der Termitensilhouette und forderte mich auf, ihr die passende Insektenminiatur aus der Schachtel zu reichen. Dann brummte sie damit ein paar Runden in der Luft umher und ließ sie schließlich am Ufer der Themse landen.

»So«, sagte sie dann, »und jetzt kommt gleich der Wurm vorbei, und schon geht hier der Punk ab!«

Und tatsächlich: Mit ihren übrigen Aktionspunkten lotste ihr bewaffneter Konvoi den Sandohrwurm nach Südengland und schickte ihn in die Schlacht gegen die Termite.

»Nimm das, Elizabeth III., du Mistvieh!«, schrie sie mit ihrem bezaubernden niederländischen Akzent, und nach ein paar übernatürlich glücklichen Würfelwürfen war diese neuartige Erscheinungsform einer Königin von England Geschichte, zerknackt zwischen den Beißzangen eines schottischen Sandohrwurms von der Größe einer 747.

Zur Belohnung gab es einen herrlichen Kadaver, der Johanna am Spielende ordentlich Punkte einbringen würde. Wir anderen saßen wie eingefroren auf unseren Stühlen und schauten betrübt drein. Aber lange dauerte das nicht an, denn im Osten braute sich bereits einiges Unheil zusammen: Campbell und King begannen damit, sich erste Scharmützel zwischen der *Wüste* und dem *Gewitter* zu liefern, die Campbell zunächst alle für sich entschied, weil er in den Ruinen von Sarajevo eine erstaunliche Menge an mobilen blitzableitenden Haubitzen produziert hatte, die dem verkommenen Fußvolk der *Wüstenhorde* auf den Schlachtfeldern Galiziens gehörig das Fell verbrannten. Gelassen sammelte Campbell Kings Einheiten vom Brett und stellte sie in einem spiralförmigen Muster vor sich auf.

»Tja«, flüsterte Ronny, »so ist das Leben.«

Er selbst trieb da oben in Skandinavien derweil sonst was: Mal schickte er ein paar seiner Figürchen in den Urlaub nach Island, mal errichtete er im zentralen Lappland einen Kindergarten, mal zog er unweit der Pracht Sankt Petersburgs, die von einer Kleidermotte mit den Ausmaßen eines Fußballstadions und ihrer frisch geschlüpften Brut verseucht war, einen blühenden Handel mit Videokassetten, Stockfisch, Schwarzgebranntem und alten Autobatterien auf. Niemand von uns wusste, was er vorhatte, und sehr wahrscheinlich bestand sein ganzes Spiel einfach darin, irgendwelchen Unfug und uns alle damit in den Wahnsinn zu treiben. Bei Gott, wie sehr hoffte ich in diesem Moment darauf, dass Johanna ihren Sandohrwurm mal ein paar Runden in seinen nordeuropäischen Hippie-Kommunen tanzen ließ. Aber nichts da: Johanna schnippte irgendwann vor meiner Nase herum, blickte mir fest in die Augen und versicherte unmissverständlich, dass sie es als das allerhöchste Ziel ihres *Konzils von Liebe und Technik* ansah, jeden einzelnen »verschissenen *Automaten der Traurigkeit* vom Angesicht dieser wunderschönen Erde zu tilgen, und wenn es das Letzte ist, was ich tue.«

Völlig klar: Elke von Manteuffels *Die Religionen* ist ein Spiel, das zum moralischen Extremismus geradezu verleitet – irgendwann glaubt eben jeder, der es spielt, daran, einzig und allein der Heilsbringer in dieser zertrümmerten Welt zu sein, ganz egal, wie bescheuert, katastrophal und armselig die Glaubensinhalte der eigenen Konfession auch immer sein mögen. Darunter hatten meine *Automaten* natürlich besonders zu leiden: Es war nicht schwer für mich gewesen, den schweigsamen Tod bis in die Region Île-de-France zu tragen und alle Siedlungen dort in ansehnliche Geisterstädte zu verwandeln, aber Johannas Ohrwurm und sein bis an die Zähne bewaffnetes Gefolge stoppten meinen zaghaften Vorstoß nach Norden sofort, nachdem sie über den Kanal gekommen waren. Also blieb mir nichts anderes übrig, als unter hohen Verlusten in Richtung Italien zu ziehen, das noch völlig unbefleckt von all unseren missionarischen Umtrieben war, und dort den *Ewigen Stillstand* unter den braven, furchtsamen Menschen zu verkünden. Allerdings hatte ich nicht damit gerechnet, dass hier eine neutrale Fraktion das Sagen hatte, die *Roten Wölfe Umbriens*, eine linksterroristische, den Gerüchten nach von Werwölfen angeführte Partisanentruppe, die jegliche religiöse Betätigung in ihrem Einflussbereich rigoros unterband und verfolgte. Was für ein Ärger! Aber durch himmlisches Glück beim Kartenziehen gelang es mir, dass einer ihrer Befehlshaber, der ehemalige Kommodore der paramilitärischen *Legion Freiwilliger Exterminatoren* Kazimierz von Caracas, der in Südamerika durch die Vernichtung einer Hornissenkönigin, groß wie ein Blauwal, Berühmtheit erlangt hatte, sich zu meinem Glauben bekannte, was mir die Möglichkeit eröffnete, schließlich auch alle übrigen *Roten Wölfe Umbriens* in *Automaten der Traurigkeit* umzuwandeln, und mich in der Zwischenwertung auf Platz zwei hinter Johanna katapultierte.

»Das wirst du mir büßen«, zischte Johanna, und King sagte: »Nicht schlecht«, und Ronny sagte: »Ja, ja, ja, was auch immer«, und Campbell sagte nichts.

Und dann sagte Campbell doch etwas, und zwar: »Ich gehe jetzt ins Bett. Ich habe sowieso gewonnen.«

Das stimmte natürlich überhaupt nicht, denn zu diesem Zeitpunkt war er rein rechnerisch der Letzte, aber was sollten wir schon groß dagegen tun? Campbell hatte sich selbst zum Sieger erklärt, war aufgestanden und ohne ein weiteres Wort in der Dunkelheit des Gartens verschwunden.

»Komm zurück, du kleiner Freak«, rief Ronny, »wir sind noch lange nicht durch!«

»Ach, Campbell«, seufzte Johanna.

»Lasst ihn doch«, sagte ich. »Ist doch scheißegal.«

»Und jetzt?«, fragte King.

»Wir spielen weiter«, sagte Ronny.

»Okay«, sagte Johanna, »aber bitte nicht mehr so lange.«

Da King nun im Osten freie Hand hatte, weil sein größter Konkurrent aus dem Spiel ausgeschieden war, musste Johanna ihren Schlachtplan ändern, ließ mich im Mittelmeerraum in Ruhe und überzog Zentraleuropa mit ihren Divisionen. Ich vermutete, dass sie die letzten Reste von Campbells *Wüstenhorde* aufreiben und gleichzeitig King davon abhalten wollte, sich in Richtung Ostsee auszubreiten, ein risikoreiches Unterfangen, denn Kings Armeen waren stark, und im Norden lauerte Ronny, der weiß Gott was ausheckte. Nun gut, sollten sie sich alle ruhig miteinander beschäftigen, während ich im Süden munter den dichten Nebel der Verelendung über bewohnten Müllhalden, Trailerparks, Dörfern, Höhlensiedlungen und Ferienorten aufziehen ließ, völlig ungestört von den fernen Streitigkeiten meiner Konkurrenz. Während die anderen ihre Truppenkontingente hierhin und dorthin verlegten, würfelten, Karten zogen, Karten ausspielten, Frontverläufe verschoben und sich gegenseitig halb gare Versprechungen machten, dachte ich über die unheilvolle Wirksamkeit meiner Kirche nach, diese schwindelerregende Verheißung, die jeden einzelnen *Automaten* dazu trieb, sich der absoluten Selbstaufgabe auszuliefern, und welch überwältigenden Reiz dies auf die Überlebenden in einer Welt ausüben musste, die Stück für Stück von Rieseninsekten aufgefressen worden war. Keine Trauer mehr, keine Freude, keine Bedürfnisse, kein Schmerz, keine Hoffnung. Nur die Finsternis in dir selbst und rundherum, die dich einfach irgendwann mit Haut und Haaren verschluckt, weil du dich im Vollbesitz all deiner geistigen Kräfte entschieden hast, nichts weiter dagegen zu unternehmen.

»Was würdest du eigentlich tun, wenn Rover dich von einer auf die andere Sekunde verlassen würde?«, fragte ich Johanna da, und noch während ich die Frage stellte, wusste ich schon nicht mehr zu sagen, warum eigentlich.

Johanna, die gerade dabei gewesen war, sich auf eine Kessel-schlacht mit Kings Truppen in der niederbayerischen Provinz vorzubereiten, linste zu mir herüber. Dann ließ sie die Miniatur des Sandohrwurms irgendwo auf das Spielbrett fallen, die sie wahrscheinlich gerade im Umland der von Kings Blitze schleu-dernden Artillerie besetzten Stadt Passau platzieren wollte.

»Bist du völlig bescheuert?«, fragte sie leise. »Was soll das denn jetzt?«

»Ich denke nur gerade über den Tod nach«, sagte ich.

»Worum gehts?«, fragte King.

»Johanna wird von einem Geist verfolgt«, sagte Ronny.

»Ach so«, sagte King.

»Hört auf!«, rief Johanna. »Du hast sie doch nicht mehr alle, Se-pulveda. Warum kümmert dich denn so was jetzt?«

Ich schwieg.

»›Die Verschwundene‹ gegen ›Die Besessene‹!«, rief Ronny. »Jetzt gehts rund!«

Johanna erhob sich augenblicklich von ihrem Stuhl.

»Okay, mir reichts jetzt«, sagte sie. »Spielt euren Scheiß allein weiter.«

Und schon hatte sie sich vom Tisch entfernt und war in den Gar-ten hinausgelaufen.

»O Mann«, stöhnte Ronny.

»Ist das dein geheimes Ziel?«, fragte ich ihn. »Uns alle vom Tisch zu vertreiben?«

»Ich mach doch überhaupt nichts«, antwortete er. »Was kann ich denn dafür, dass ihr alle nicht mehr ganz dicht seid?«

In diesem Moment entschied ich, Johanna hinterherzugehen und mich bei ihr zu entschuldigen. Irgendwie würde sie schon verste-hen, dass ich mich von manchen Spielen so mitreißen ließ, dass ich nicht mehr zu sagen wusste, wo oben oder unten war. Scha-de nur um meine zierlichen, bitterbösen, nichts ahnenden *Auto-maten der Traurigkeit*. Sie waren mir mittlerweile echt ans Herz gewachsen.

»Na gut«, sagte ich und stand auf, »ich schau mal, wo sie ist.«

»Och nö, Sepulveda«, rief Ronny, »nicht du auch noch!«

»Ist doch eh alles gegessen jetzt. Verrat uns mal, wann du gewonnen hättest!«

Ronny ließ die Schultern hängen.

»Ich war so kurz davor«, sagte er traurig. »Oder auch nicht. Was weiß ich. Der *Leere Orden* hätte gesiegt, wenn ihr alle Frieden miteinander geschlossen hättet, ohne dass jemand von euch vorher vernichtet worden wäre. Bin ich nicht ein richtig guter Mensch?«

»Nein«, sagte ich, »du bist ein Trottel. Wer schließt denn in *Die Religionen* mit jemand anderem Frieden? Darauf ist das Spiel doch gar nicht ausgelegt. Und außerdem würde das überhaupt nichts bringen. Außer dass alle anderen am Tisch zu lachen anfangen.«

Ich half King noch kurz dabei, die Spielmaterialien zu sortieren und in die Schachtel zurückzupacken, dann verabschiedete ich mich von den beiden und ging hinaus in den Garten. Entweder versteckte sich Johanna hier irgendwo, oder sie war bereits auf ihr Zimmer gegangen – so oder so, ich würde sie schon finden.

Keine meiner besten Ideen, spätnachts noch im Garten herumstromern zu wollen, aber wenn Johanna hier draußen war, würde sie mich beschützen, davon war ich fest überzeugt. Gut, dass es heute nicht so finster war; der Mond schien, und ich fand mich einigermaßen zurecht. Außerdem konnte ich das Gelaber von Ronny und King hören, die noch unter der Pergola saßen und sich jetzt allen Ernstes die Frage stellten, warum es so selten Spaß machte, gemeinsam mit Frauen zu spielen.

Und da war sie auch schon: Johanna saß beim Teich auf einer Bank, zu Füßen einer von Leons Statuen, die einem in Fell gekleideten Wikingerkrieger mit schmerzverzerrtem Gesicht ähnelte, der in der einen Hand ein blutverschmiertes Kriegsbeil und in der anderen eine Bong trug und auf dem Kopf eine etwa zwei Meter lange spitzkegelige, von Tauben, Elstern oder Amseln vollgeschissene Haube aus Stein.

»Bist du sauer?«, fragte ich Johanna.

Sie machte ein komisches Geräusch mit dem Mund und schloss die Augen.

»Ach komm, Sepulveda«, sagte sie dann. »Reiß dich endlich mal zusammen.«

Ich setzte mich neben sie und betrachtete lange den Wikinger über uns.

»Wenn ich so darüber nachdenke«, begann ich irgendwann, »was das alles zu bedeuten hat, dann fällt mir auf, wie durchsichtig und sprunghaft ich in den letzten Jahren geworden bin. Ich meine, mein ganzer Körper fühlt sich manchmal wie eine Hülle an, die zu Hause in Leipzig auf der Couch unter ihrem Hochbett sitzt, reglos und mit offenen Augen, während sich ihr Verstand (oder das, was sie dafür hält) an mehreren Orten zugleich aufzuhalten scheint; Orte, die ich einmal besucht habe, und Orte, an denen ich noch nie war, Orte wie Cheyenne, wo ich aufgewachsen bin, oder Berlin oder ein Dorf an der portugiesischen Algarve oder der Dschungel in Mittelamerika, für eine oder zwei oder auch ein paar mehr Sekunden hält sich mein Verstand dort auf, betrachtet etwas, hört die Stimmen von Kindern, Schreie und Gelächter, riecht einen Gestank, fühlt eine taube Zunge in einem Mund, und dann ist er auch schon wieder fort, weitergesprungen in eine mittägliche Landschaft, die irgendwo in Moldau liegen könnte, oder auf ein Felsplateau über dem Abgrund der Hölle oder in einen Raum mit schwarzen Wänden, aus dem es kein Entrinnen gibt, Aberundabermillionen Kilometer von der Erde entfernt – und dabei sitze ich doch die ganze Zeit unter meinem Hochbett, was mir aber erst bewusst wird, wenn zum Beispiel mein Handy plötzlich brummt oder der Postbote unten klingelt oder jemand aus der Wohnung obendrüber kräftig auftritt oder ich Lust auf einen Orgasmus bekomme oder hungrig werde oder so.«

»Meinst du, dass du dich jetzt gerade in Leipzig befindest?«, fragte Johanna behutsam, als würde sie mit einer Verrückten reden.

»Kann schon sein. Ich weiß es nicht genau.«

Johanna schien fest nachzudenken. »Schwachsinn, Sepulveda«, sagte sie dann. »Keine Angst, du bist hier.«

»Ja klar. Das weiß ich, denn ich bin ja nicht blöd. Aber warum habe ich dann das Gefühl, dass es auch ganz anders sein könnte?«
Johanna schnippte einen Grashüpfer von ihrem Oberschenkel.
»Weil dir vielleicht etwas Schreckliches widerfahren ist?«, fragte sie, und es klang so, als habe sie diese Frage eher an sich selbst gerichtet als an mich.
»Oder ich habe eine Superkraft, die ich aber überhaupt nicht verstehen kann«, überlegte ich.
»Oder du bist einfach nicht ganz sauber.«
Ich sah mich nach dem Lichtschein der Pergola zwischen den Sträuchern um. King und Ronny waren dort immer noch dabei zu debattieren.
»Sie sind der Meinung, dass es keinen Spaß macht, mit Frauen zu spielen«, sagte ich.
»Wer?«, fragte Johanna.
»Neugebauer und der Sherpa.«
Wir kicherten.
»Hast du eigentlich Spaß am Spielen?«, fragte ich. »Also, ich meine, so richtig. So sehr, dass du am liebsten nichts anderes tun möchtest.«
»Wenn du jetzt wieder mit Rover anfängst«, sagte Johanna, »dann knall ich dir eine.«
»Nein, nein, alles gut. Ich frage mich nur, ob mein Interesse groß genug ist für das, was ich mache, und ob sich außer mir noch jemand diese Frage stellt. Spyderling hat mal gesagt: ›Sie wollen ein Brettspiel entwickeln? Verzieren Sie lieber Ihren eigenen Grabstein.‹ Hab ich in irgend'ner Zeitschrift gelesen.«
»Weißt du, was?«, sagte Johanna. »Ich glaube, Spyderling ist überhaupt nicht der Rede wert. Ich kenne diese paar Interviews von ihr, die in der Szene als die Worte einer neuartigen, in Wahrheit aber bereits ziemlich verschimmelten Prophetin gelten. Da steht doch nur übellauniger Müll drin. Die Alte denkt, sie sei die größte Künstlerin aller Zeiten – und was macht sie? Sie bastelt Figuren und Karten und macht daraus ein Brettspiel, das niemandem Spaß macht.«

»Na ja, Spaß haben zu wollen ist ja auch ein ziemlicher Müll.«

»Ich erwarte aber genau das von den Menschen«, sagte Johanna. »Irgendetwas müssen sie mir ja schuldig sein.«

»Na dann sag Spyderling das doch mal ruhig«, flüsterte ich, griff nach Johannas Hand und deutete mit ihr in die Krone eines Baums, der uns gegenüber am Rand des Teiches stand. Dort blinkte alle paar Sekunden eine kleine Kamera zwischen den Zweigen auf, die ihre Linse, wie mir schien, direkt auf uns gerichtet hatte.

»Was ist da?«, fragte Johanna.

»Hast du es noch nicht bemerkt?«

»Nein, was denn?«

»Wir werden beobachtet.«

»Von wem?«

»Du weißt schon.«

»Von fucking Spyderling?«

»Das nehme ich zumindest an.«

»Du bist so irre, Sepulveda«, kreischte Johanna vor Vergnügen, riss ihre Hand aus meiner und sprang von der Bank. Mit wedelnden Armen lief sie am Ufer des Teiches entlang und johlte dabei: »Hey, hey, komm doch raus, wenn du dich traust, du verkorkste Irre!«

Ich musste lachen und stellte mich zu ihr, fand zu meinen Füßen einen faustgroßen Kiesel und zielte damit auf den Baum, dann holte ich aus und schmetterte den Stein in die Zweige. Irgendwo in der Dunkelheit dahinter flog zeternd ein Vogel auf.

»Noch mal!«, brüllte Johanna, suchte sich jetzt selbst einen Stein und schleuderte ihn in Richtung Kamera.

»Noch mal!«, brüllte ich jetzt, fand einen weiteren Stein, ruderte völlig übertrieben mit meinem Arm (während Johanna mich mit einem kräftigen »Huh-huh-huh« unterstützte) und ließ los. Danach stolzierten wir, uns gegenseitig mit den Ellbogen traktierend, zurück zum Herrenhaus.

Auf der Terrasse standen King und Ronny, die Ellbogen auf der Balustrade abgestützt, teilten sich einen Joint und spielten das Kartenspiel *Star Toilet*. Wir stellten uns dazu und blickten durch die Scheiben in den Rauchsalon. Dort wiegten sich, eng aneinandergedrückt, Elke von Manteuffel im Abendkleid und Campbell Campbell im Takt einer Musik, die wir nicht hören konnten. Sie überragte den Jungen, der seine Stirn an ihre Schulter gelehnt hatte, um zwei Köpfe. Beide hielten die Augen geschlossen. Auf der Terrasse sagte niemand von uns ein Wort. Nach einigen Minuten beschloss Johanna, Bier zu holen, ging hinein, äffte mit ein paar albernen Hüftbewegungen die beiden in sich versunkenen Tänzer nach und verschwand in Richtung Küche. Als sie mit vier Flaschen zurückkam, fragte ich sie, zu welcher Musik von Manteuffel und Campbell tanzten.

»Ich glaube, Depeche Mode«, antwortete Johanna.

Wir tranken, unterhielten uns ab und zu über irgendetwas und stierten in den Salon oder in den nächtlichen Garten hinaus. Als meine Bierflasche leer war und ich die Müdigkeit zu spüren begann, überlegte ich, den Haupteingang zu benutzen, um nicht durch den Salon zu müssen, entschied dann aber, dass es mir egal war, ob ich irgendjemanden mit meiner Anwesenheit störte, wünschte den anderen eine gute Nacht und ging durch die Terrassentür hinein. Auf dem Sofa saß von Manteuffel im Schein einer Stehleuchte, ein geöffnetes Buch auf dem Schoß, über das sie eine Art Streuer kreisen ließ, aus dem winzige silbrige Partikel auf die Seiten herabrieselten.

»Guten Abend«, sagte ich.

Schnurstracks lief ich durch den Raum und bemerkte, wie ihr Blick mir dabei folgte. Was war nur mit all diesen Leuten los?

Froh, endlich wieder in meinem Zimmer zu sein, stürzte ich ins Bett, ohne mich auszuziehen. Doch nach einigen Minuten, in denen ich mich ordentlich umhergewälzt hatte, versuchte ich, mich mit weit aufgerissenen Augen der Finsternis um mich herum zu stellen, und fragte still in ihr schwarzes Herz hinein, ob das denn nun wirklich angebracht sei, dass ich die Dinge dauernd nur hinnähme, als würden sie auch ohne mein weiteres Zutun ihr zerstörerisches Treiben vollziehen, als wäre ich niemals direkt betroffen von ihnen.

»Das kann doch jetzt echt nicht sein, verdammt«, rief ich in mein dunkles Zimmer hinein, »dass ich mich immer einfach so davonstehle, ohne mal irgendwelche Fragen zu stellen!«

Das Zimmer antwortete nicht, die Finsternis sowieso nicht, also stand ich wütend auf, fummelte an meinen Haaren herum und ging wieder hinaus auf den Flur. Im Treppenhaus begegnete ich Johanna und Ronny, die gemeinsam auf einer Stufe standen, Johanna die Arme um Ronnys Bauch geschlungen, Ronnys Kopf auf Johannas Kopf.

»Na?«, flüsterte ich.

»Na?«, flüsterte Johanna.

Ich drückte mich an den beiden vorbei, saugte tief die Gerüche ein, die von ihren warmen Körpern ausgingen, und betrat den Rauchsalon. Dort saß Elke von Manteuffel noch immer auf dem Sofa, das aufgeschlagene Buch in den Händen.

Ich blieb in der Tür stehen und sagte: »Hallo.«

Von Manteuffel blickte nicht von ihrem Buch auf. »Daytona«, sagte sie nur.

Ich trat in den Raum, einen Fuß vor den anderen setzend, und blieb beim großen Arbeitstisch stehen.

»Wir haben vorhin dein Spiel gespielt«, sagte ich.

»*Unterwegs in den Al-Pacino-Bergen?*«, fragte sie.

»Nein, das andere.«

»*Wie es sich anfühlt, in Neuschwanstein zu sterben?*«

»Nein, nein.«

»*Engel in Stavanger?*«

»Nein, verflucht.«

»*Das Attentat auf Erich Honecker?*«

»Das Spiel ist doch gar nicht von dir. Das hat Jackie Lawrence gemacht.«

»Und wer, glaubst du, ist Jackie Lawrence?«

Ich überlegte. Irgendwer halt.

»Jesus Christus«, rief ich, »ich meine *Die Religionen!*«

»Ach das«, sagte von Manteuffel, noch immer die Augen auf ihr Buch gerichtet. »Wer hat gewonnen?«

»Ich glaube, niemand. Wir haben abgebrochen, weil jeder zu sehr mit sich selbst beschäftigt ist.«

»Das kann passieren«, sagte von Manteuffel und sah mich an.

»Und du hast ...«

»... die *Automaten der Traurigkeit* gespielt«, sagte ich.

»Das habe ich mir gedacht. Ich hoffe, du warst nicht allzu entmutigt.«

»Überhaupt nicht!«, rief ich. »Die *Automaten der Traurigkeit* stellen ja auch nur eine Möglichkeit dar, wie wir leben können. Das habe ich beim Spielen schon irgendwie begriffen.«

Von Manteuffel nickte. »Aber du darfst das Spiel nicht mit dem Leben verwechseln, Daytona«, sagte sie dann. »Niemals. Weißt du das auch?«

Der Zorn begann wieder in mir zu wüten, irgendwo ganz tief unten zwar, aber deutlich spürbar. »Ich bin nicht dämlich, Elke.«

»Nein, dämlich bist du nicht. Aber es fällt mir schwer, dich deutlich zu sehen, weil du nicht hier bei uns bist. Du bist irgendwo anders. Dabei wäre es so gut für dich, hier zu sein. Für uns alle. Und du darfst gerne ›Frau von Manteuffel‹ zu mir sagen, wenn du willst.«

»Was liest du denn da überhaupt?«

»Wie bitte?«, fragte sie.

»Na, das Buch da, Elke«, sagte ich und kämpfte dagegen an, dem Ärger in mir alle Schleusentore zu öffnen.

Von Manteuffel lachte auf. »Das ist doch kein Buch«, sagte sie und klappte das Buch in ihren Händen kräftig zu, was ein völlig bescheuertes Geräusch machte.

Ich überlegte kurz, ob sich dieses Gespräch überhaupt noch lohnte. Dann aber dachte ich über ihre Worte nach. Was ist, wenn das nun echt kein Buch ...? Ach was, Bullshit.

»Kein Buch«, wiederholte von Manteuffel mit träumerischer Stimme. »Vielleicht aber ... ein Spiel? Ein Gedanke? Eine Wolke aus Feuer? Ein grasendes Tier? Spyderling? Suchs dir aus. Alles fließt seinem Versiegen zu. Nicht der Rede wert. Komm her, Daytona. Und bleib bei uns. So lange, wie du kannst.«

Wo gehen wir hin, wenn es dunkel wird? Ich sehe Abby und Jennifer vor mir, im Dschungel des Nationalparks El Imposible, an einem Wasserlauf, Hand in Hand, Abby lächelt, Jennifer nicht. Ich sehe ein Foto von ihnen auf meinem Laptop, und ich sehe sie in meiner Erinnerung. So viel ist in den letzten Jahren geschehen, und so viel ist von mir vergessen worden, und so viel habe ich mir im Laufe der Zeit ausgedacht, bis ich glaubte, dass es mir wirklich passiert sei. Auch das Erzählen ist ja immer ein Ritt auf einen Abgrund zu, der gar kein Abgrund ist, sondern eine sanft abfallende, unbegrenzte, mit Steinen in allen Farben und Größen übersäte Ebene, die nur noch die Ahnung eines Abgrundes in sich birgt, und man sitzt dabei auch nicht auf einem Pferd, einem Yak, einer Kragenechse oder einer riesenhaften Gottesanbeterin, sondern auf dem Traum eines längst verstorbenen Menschen oder auf seinem eigenen Traum, der von einem verstorbenen Menschen handelt. War ich dir wirklich so nah, Abby Montevertigo? Ich war es. Und gleichzeitig war ich es natürlich nicht. Wie sollte das auch anders gehen? Kein Mensch kann mit einem anderen Menschen deckungsgleich sein – so etwas gibt es nur in guten, nämlich so richtig blutigen Horrorfilmen. Kein Mensch kann sich von einem anderen so weit entfernen, dass er ihn nicht mehr spüren kann – so etwas gibt es nur in schlechten, von Ignoranten ausgetüftelten Rachegeschichten. Und du da, Jennifer Vulcanesti: War ich wirklich immer so weit entfernt von dir? Ich war es. Und gleichzeitig war ich es natürlich nicht. Immer wenn ich auf dieses Mädchen namens Jennifer traf, dann musste ich an eine Grube voller Licht und Gold und Wärme denken und an ihren von einem frostklirrenden Wind gepeitschten Rand, wo riesige Holzkonstruktionen aufgestellt waren, in denen menschenähnliche Vögel saßen und unentwegt schrien, aber in Wahrheit dachte ich überhaupt nichts, sondern tat nur so, als würde ich etwas denken, um in Jennifers Nähe nicht den Verstand zu verlieren. Meine Jennifer und meine Abby sind seit Langem verschwunden, und sie werden auch nie wieder zurückkehren. Ihre Geschichte ist unsere Geschichte, mehrere Jahrzehnte (oder gar Jahrhunderte) in die Zukunft versetzt.

Aber, hey, hey, ihr beiden!, unsere gemeinsame Vergangenheit ist doch so groß, und unsere gemeinsame Zukunft ist eine unbegrenzte, ewig blühende Wiese am Ende der Welt, auf der wir uns irgendwann wiedersehen, wenn die Lichter erlöschen. Ich bin aufgewacht. Aber ich träume noch.

DESTRUCTORES DE LOS MUNDOS

Schon am Beginn der Anleitung zu ihrem Brettspiel *Die Religionen* stellt Elke von Manteuffel klar, dass alle nachfolgenden Details zum Spielinhalt und dessen Regeln auf zwei geschichtswissenschaftlichen Werken beruhen: einerseits der religionshistorischen Monografie *Bekennende Krokodile. Über die neuen Orden, Kulte und Religionsgemeinschaften im ausgehenden 20. Jahrhundert* von Oleani Ríos Montt sowie andererseits der militärgeschichtlichen Abhandlung *BUGS! BUGS! BUGS!* von Heimerich Jeremius. Beide Bücher beschäftigen sich unter anderem auch mit den detailliert überlieferten Bruchstücken der Biografie eines Mannes, der als Kommodore und Generalvikar Kazimierz von Caracas zu Ruhm und Elend gelangte und »dessen persönliches Schicksal«, so Ríos Montt, »mit dem Schicksal des gesamten 20. Jahrhunderts aufs Engste verbunden war, ein grausam-entrückt wirkender Parallelismus von individueller Lebenserfahrung und gesamtgesellschaftlicher Entwicklung, wie es ihn wohl nur ganz selten in der jüngsten Geschichte der Menschheit gegeben hat«: 1915 als einziger Sohn der großbäuerlichen Familie Patronov in der ostgalizischen Stadt Stryj geboren, schlug Kazimierz mit sechzehn Jahren eine Karriere als niederer polnischer Beamter in der Finanzverwaltung seines Heimatortes ein, heiratete Edynia Kirilova, Tochter eines Gummifabrikanten, und führte ein unauffälliges Leben, ehe die sowjetische Besetzung Ostpolens im Herbst 1939 die Region erschütterte. Kazimierz bot daraufhin seine Dienste den neuen Machthabern an, trat in die KPdSU ein und fand eine Stelle in der örtlichen Kommandantur der Roten Armee, in der er die Versorgung der Truppen zu beaufsichtigen hatte. Das Ehepaar bezog ein großzügiges Haus in der Nähe des Bahnhofs, wo es an den Wochenenden einen kleinen literarischen Salon veranstaltete, der eine Handvoll Schmalspurpoeten aus dem Umland anzog, verwilderte, bleichgesichtige Burschen, die an den Rändern der Rübenfelder schliefen und ihre selbst verfassten Gedichte für eine halbe Kartoffel an vorbeiziehende Reisende verscherbelten. Nach kurzer Zeit schon machten Gerüchte in der Stadt die Runde, dass Kazimierz' und Edynias abendliche Zusammenkünfte, »Cœur de Réalisme fantastique« genannt, in Wahrheit ein Hort ausschweifender Orgien und schwarzer Rituale wären, die wenig mit ernst zu nehmenden künstlerischen Debatten, wohl aber viel mit einer Sexualmagie und Marxismus-Leninismus vereinenden kommunistischen Esoterik zu tun hätten. Auch ein lokaler Oberst der Roten Armee nahm an den Treffen des Salons teil, Wjatscheslaw Eduardowitsch Stranski, der sich in seiner Freizeit mit der Mythologie Galiziens beschäftigte, ein gern gesehener Gast im Hause Patronov wurde und schließlich dafür sorgte, dass sein neuer Bekannter Kazimierz und dessen Familie vor dem Einmarsch der Nationalsozialisten in Stryj im Frühsommer 1941 unter der Obhut sowjetischer Truppen aus der Stadt eskortiert wurden. Während Wehrmacht, Einsatzgruppen und Waffen-SS ganz Galizien in eine Landschaft des Todes verwandelten, reiste die Familie in Stranskis Gefolge weit gen Osten; auf diesem Rückzug entwickelte sich Kazimierz mehr und mehr zu einem mit allerlei vermeintlichem Geheimwissen ausgestatteten Einflüsterer, der den irrlichternden Oberst in mitternächtlichen Gesprächen von der Macht gewisser okkultistischer Praktiken zu überzeugen versuchte, die auf der Verknüpfung von slawischer Hexenkunst, vorchristlichem Naturglauben und archaischer Brauchkunde mit den weltrevolutionären Ideen des Historischen Materialismus, der Politischen Ökonomie und der Diktatur des Proletariats beruhten und die allein den Sieg der Sowjetarmee über die deutschen Eindringlinge in Aussicht zu stellen vermochten. Anfang 1942 bezogen die Eheleute im westsibirischen Kurgan eine Holzhütte, wo Edynia die Zwillingstöchter Ekaterina und Apollinaria gebar. Hier verbrachte Kazimierz seine Tage damit, sich vollständig in seinen Überlegungen zur militärischen als auch zivilen Nutzung einer sowjetischen Elementarmagie zu verlieren, während Edynia die Kinder versorgte und auf dem Markt Wurzeln, Beeren und Feuerholz verkaufte, die sie im nahen Wald gesammelt hatte. Nach der Schlacht von Stalingrad und dem Scheitern der letzten deutschen Großoffensive bei Kursk, infolgedessen die Sowjetunion im Sommer 1943 zum endgültigen Gegenangriff überging, verließ Kazimierz seine Familie und schloss sich erneut Oberst Wjatscheslaw Eduardowitsch Stranski an, der im Kaukasus ein Interventionsbataillon befehligte. Stranski, nervös der Rückeroberung entgegenfiebernd, war äußerst erleichtert über das Wiedersehen, unterstellte den Freund seinem Kommando, ernannte ihn zum Politkommissar und beauftragte ihn, auf Grundlage jener mythologischen Studien, die Kazimierz betrieb, die eigenen Reihen von potenziellen Deserteuren und Saboteuren sowie jedweden weiteren Personen zu säubern, deren Handeln nicht im Einklang mit den strengen Richtlinien der KPdSU stand. So war Kazimierz bald unter seinem Spitznamen »Roter Hexenmeister« innerhalb der Truppe gefürchtet, weil er als eine Art wandelndes Standgericht willkürlich und auf der Grundlage seiner immer wirrer werdenden Theorien Todesurteile gegen zahlreiche Sowjetsoldaten vollstreckte, die sich etwa des Lebensmitteldiebstahls, der Trunkenheit, der öffentlichen Unzucht oder des Erzählens politischer Witze schuldig gemacht hatten, einer Reihe von niederschweren Vergehen in der Truppe, die der Politkommissar auf das von ihm so genannte »dunkle, unzerstörbare Pandämonikon des Imperialismus« zurückführte, das innerhalb eines jeden Sowjetmenschen mit dem »strahlenden Heilsenergetikum der Klassenlosigkeit« um die Vorherrschaft über Körper, Seele, politische Bildung und Arbeitskraft kämpfen würde. Im Mai 1944 fiel schließlich auch der brave Stranski seinem Politkommissar zum Opfer, nachdem der Oberst ein Scharmützel infolge der Schlacht um die Krim gegen die fliehende Wehrmacht nur mit hohen eigenen Verlusten für sich hatte entscheiden können: Kazimierz bezichtigte seinen Freund öffentlich, vom rachsüchtigen Geist des im Jahr 1942 auf dem Flug von Poltawa nach Lemberg an einem Schlaganfall verstorbenen Generalfeldmarschalls der Wehrmacht Walter von Reichenau besessen zu sein, diesem »lästerlichen, dem Blutabgrund entstiegenen Erzteufel mit dreifachem Antlitz«, und ließ Stranski am Ufer des Schwarzen Meeres per Genickschuss hinrichten. Nach der Kapitulation des »Dritten Reiches« jedoch verfügte Diktator Josef Stalin in enger Absprache mit dem Chef des Staatssicherheitsdienstes im sowjetischen Innenministerium NKWD Lawrenti Beria, dass die Ausübung sämtlicher okkultistisch grundierter Praktiken innerhalb der Roten Armee, der Nachrichtendienste und des Zivilsektors laut des berüchtigten Geheimbefehls Nr. 00801 unerbittlich bestraft würde, woraufhin Kazimierz sich gezwungen sah, Hals über Kopf aus dem sowjetischen Einflussgebiet in Osteuropa nach Westen zu fliehen, wo er in einem südfranzösischen Dorf unweit der Mittelmeerküste landete und für einige Jahre unter dem Decknamen Camille Toussaint in einer Schafskäserei angestellt war. In einem Brief, den er, versteckt in einem Laib Roquefort, an die Adresse seiner Familie in Kurgan schickte, versicherte er seiner Frau Edynia, sie ewig zu lieben, ersuchte sie aber gleichzeitig darum, ihn für tot erklären und ihre Ehe annullieren zu lassen, weil er aufgrund seiner Überzeugungen und Taten niemals in die Sowjetunion würde zurückkehren können. Sie selbst lernte bald darauf einen jungen Flamen namens Bastiaan de Jong kennen, Adjutant im diplomatischen Korps des belgischen Generalkonsuls in Leningrad, der im Auftrag Brüssels nach Kurgan gereist war, um die Lebensumstände der Menschen in Sibirien zu studieren. Edynia, die aufgrund von Kazimierz' Stellung während des Krieges immer noch gute Kontakte zu Mitgliedern der höheren Parteiebene der Stadt pflegte, war bei der Geburtstagsfeier eines Beamten und Sekretärs der KPdSU auf de Jong getroffen und heiratete ihn nach kurzer Zeit, erlag jedoch Mitte der 1950er-Jahre einem Gebärmutterhalskrebsleiden, woraufhin der trauernde Adjutant aus Flandern mit seinen beiden halbwüchsigen Adoptivtöchtern Ekaterina und Apollinaria nach Brüssel zurückkehrte. Genau zur gleichen Zeit brachen überall auf dem Planeten die Insektenkriege aus, die manche Region in den folgenden Jahrzehnten mehr oder weniger stark in Mitleidenschaft zogen – Brüssel beispielsweise wurde von der Invasion der widernatürlich vergrößerten Tiere gänzlich verschont, während etwa vom gesamten Südosten Frankreichs nur eine Schneise der Verwüstung übrig blieb. Bastiaan de Jong nutzte Anfang der 1960er-Jahre seine Verbindungen zu hochrangigen UN-Funktionären und rief mit deren Hilfe die berüchtigte *Legion Freiwilliger Exterminatoren* ins Leben, eine internationale Söldnergruppierung, die, befreit von der Kriegswaffenkontrollgesetzgebung und mit horrenden finanziellen Mitteln ausgestattet, auch in den unwegsamsten Gebieten der Welt das Militär vor Ort im Kampf gegen die Insekten unterstützte oder selbstständig Offensiven in die Wege leitete. Er war es auch, der sich schließlich auf die Suche nach Kazimierz Patronov begab, wusste er doch durch Edynia vom Schicksal und den außergewöhnlichen Qualitäten dieses Mannes, dessen Töchter de Jong in seine liebevolle Obhut genommen hatte. Über Kazimierz' Aufenthaltsort während der Anfangszeit der Insektenkriege gibt es keinerlei Überlieferungen; soweit bekannt, verließ er Südfrankreich Mitte der 1950er-Jahre und tauchte neun Jahre später in Italien wieder auf, wo die *Legion Freiwilliger Exterminatoren* unter ihrem Oberbefehlshaber Großadmiral Bastiaan de Jong ab 1965 Kontakte zu einer regionalen linksextremistischen Terrororganisation namens *Rote Wölfe Umbriens* geknüpft hatte, um dem von der Mafia kontrollierten illegalen Handel mit Kampfflöhen, Gefechtswespen und Kriegslibellen Einhalt zu gebieten. Es stellte sich heraus, dass Kazimierz unter der Bezeichnung »Lumpenfürst« als rechte Hand der Kommandeurin der *Roten Wölfe Umbriens*, eine in der Öffentlichkeit nur als »Lupa Rossa« bekannte, europaweit gesuchte Terroristin, tätig war und die verdeckten Operationen der Gruppe befehligte, die vom Straßenkampf gegen die zerfallende Regierung Italiens über Anschläge auf Symbole des Kapitalismus wie Einkaufszentren, Automobilfabriken und Bankhäuser bis zu Störaktionen gegen die Aktivitäten des organisierten Verbrechens auf dem Land reichten. De Jong erkannte Kazimierz auf einer grobstichigen Fotografie, die heimlich während der Verhandlungen zwischen der *Legion* und den Roten Wölfen in einem Dorf bei Perugia geschossen worden war, und ließ den »Lumpenfürsten« daraufhin in einer halsbrecherischen Aktion durch eine Handvoll speziell ausgebildeter Exterminatoren entführen, die als sogenanntes Schattenkommando auf das Auskundschaften, den Zugriff und den Abtransport von bedeutenden, sich in Sicherheitsbereichen befindlichen Zielen trainiert war. Umgehend brachte man Kazimierz zur Operationsbasis der *Legion*, dem atomgetriebenen Flugzeugträger *Edynia de Jong*, der im Atlantik kreuzte und von dem aus sämtliche Waffengänge der Exterminatoren auf der Nordhalbkugel kontrolliert wurden. Hier offenbarte sich der Oberbefehlshaber der *Legion Freiwilliger Exterminatoren,* Großadmiral Bastiaan de Jong, seinem Gast Kazimierz Patronov, dem »Roten Hexenmeister« und »Lumpenfürsten«, der nicht wusste, dass Edynia wieder geheiratet hatte, geschweige denn, dass sie bereits vor zehn Jahren gestorben war. Auch traf er nun zum ersten Mal seine Zwillingstöchter wieder, die er verlassen hatte, als sie noch im Kindesalter gewesen waren: Ekaterina und Apollinaria, bereits 23 Jahre alt, die sich zu diesem Zeitpunkt schon seit einigen Jahren in ihrer Ausbildung zu Kämpferinnen der *Legion* befanden. Ihnen war die Existenz ihres Vaters bekannt, und Edynia hatte zeit ihres Lebens dessen Taten vor ihren Töchtern gerühmt, doch nun, da sie ihm von Angesicht zu Angesicht gegenüberstanden, auf dem dröhnenden Flugzeugträger einer hochgerüsteten Söldnerorganisation, allzeit umgeben von der Gefahr, am nächsten Tag von einem gigantischen Silberfischchen verspeist zu werden, da fielen sie ihrem verloren geglaubten Vater wie kleine Kinder um den Hals, eine Liebesbekundung, die der seit Jahrzehnten beständig zwischen Wahnsinn, Hochmut, Verzweiflung, Euphorie und Todesnähe pendelnde Kazimierz nur mit erschütterter Zurückhaltung beantworten konnte. Von de Jong forderte er, das Kampftraining seiner Töchter zu intensivieren und sie der eisernen Offiziersausbildung zu unterziehen, um aus ihnen die härtesten, versiertesten und unerbittlichsten Zenturionen der gesamten *Legion* zu machen. Darüber hinaus war das Verhältnis zwischen Kazimierz und Bastiaan nur von einseitiger Sympathie geprägt: Der Großadmiral der *Legion* empfand Hochachtung für die Rücksichtslosigkeit, Vorstellungsgabe und Gerissenheit des ehemaligen Politkommissars und Linksterroristen, während Kazimierz dem um einige Jahre jüngeren de Jong anfänglich nur wenig Beachtung schenkte, später seine Entscheidungen auf dem Schlachtfeld kritisierte und schließlich gegen ihn zu intrigieren begann. Binnen kurzer Zeit stieg Kazimierz aufgrund seiner Beziehung zum Großadmiral in die Führungsriege der *Legion* auf, was ihm den Dienstrang eines Kommodores und die Befehlsgewalt über sein eigenes U-Boot einbrachte, die mit Nuklearantrieb und Marschflugkörpern ausgestattete *Graf von Metternich*, von der aus der frischgebackene Exterminator die Operationen eines Legionsgeschwaders im Karibischen Meer, im zentralamerikanischen Hinterland und an der nördlichen Küste Südamerikas zu befehligen hatte. Zudem knüpfte er Kontakte zu progressiven Legionären auf der Kommandoebene, mit denen er bald einen linken Flügel innerhalb der Söldnertruppe bildete, um der gesamten, politisch rechts stehenden Organisation zukünftig eine marxistisch-leninistische Ausrichtung zu geben. Dieses Vorhaben brachte Kazimierz und seine neuen Verbündeten, zu denen etwa Oberleutnant Nancy Frederiksen und der Kapitän zur See Ferris im Mondschein zählten, zwangsläufig in Konflikt mit Großadmiral de Jong und seinem Führungsstab, die spätestens ab Ende der 1960er-Jahre damit begonnen hatten, rechte Oppositionsparteien in jenen Staaten militärisch zu unterstützen, denen insbesondere durch die Angriffe der Insekten und der daraus resultierenden wirtschaftlichen Rezession die politische Instabilität drohte. Kazimierz' Zeit in der *Legion* fand ihren Höhepunkt mit der Operation Frühlings Erwachen, die seinen Legendenstatus unter den Exterminatoren begründen sollte: Im November 1968 entdeckten Arbeiter bei Planungsgrabungen für den Bau der zukünftigen Metro in den Kanalisationsschächten unter dem Zentrum der venezolanischen Hauptstadt Caracas eine Hornissenkönigin, groß wie ein ausgewachsener Blauwal, die drauf und dran war, sich ein Nest einzurichten, und bereits die ersten Eier gelegt hatte. Die Arbeiter flohen in Panik und verständigten die Polizei, die sich ein Bild von der Lage machte und ihrerseits das Militär zu Hilfe rief. Mittels Rauchbomben versuchten die Soldaten, das Tier zu ersticken, trieben es jedoch nur tiefer in den Untergrund, wo es schließlich spurlos verschwand; die Regierung Venezuelas verschwieg der Öffentlichkeit den Vorfall und hoffte, die Sache würde sich damit erledigt haben. Ein halbes Jahr später hatte sich unter Caracas das größte Hornissennest aller Zeiten mit Tausenden von Arbeiterinnen und Drohnen ausgebreitet, die im April 1969 an die Erdoberfläche krochen und auf ihrer Nahrungssuche Teile des Stadtzentrums in Schutt und Asche legten. Der Regierung war es zu diesem Zeitpunkt nicht gelungen, die Einwohner schnellstmöglich zu evakuieren, sodass die Opferzahl in den darauffolgenden Tagen vor allem durch den Einsatz des wild um sich schießenden Militärs, die Raubzüge der Straßengangs und den Einsturz zahlreicher maroder Gebäude auf rund zwölftausend Menschen schnellte, von denen die wenigsten durch gezielte Angriffe der Hornissen selbst getötet worden waren. Schließlich bat die Regierung in ihrer Verzweiflung die *Legion Freiwilliger Exterminatoren* um Unterstützung, deren Kommodore Kazimierz Patronov auf seinem Atom-U-Boot *Graf von Metternich* zu diesem Zeitpunkt in der Karibik patrouillierte und sich in Begleitung seines Flottenverbandes unverzüglich in den Seehafen von La Guaira begab, zwanzig Kilometer vom Krisenherd entfernt. Die Schwarz-Weiß-Fotografie mit dem Titel *Destructores de los mundos* von der morgendlichen Ankunft der *Legion* an der Küste Venezuelas, aufgenommen von Emiliana Oxenberger, einer jungen Journalistin der Tageszeitung El Nacional, ging damals um die Welt und erhielt im darauffolgenden Jahr den World Press Photo Award: Darauf ist zu sehen, wie eine Kompanie schwer bewaffneter Legionäre in ihren dunklen Rüstungen zwischen applaudierenden, halb nackten Badegästen den Strand hinaufmarschiert, die Rücken dem Betrachter zugewandt, angeführt von ihrem Kommodore mit schwarz-rotem wehendem Umhang (dem einzigen Farbtupfer im gesamten Bild), auf dem das Emblem der *Legion* prangt: Schwert und Maschinengewehr und Lorbeerkranz vor einem Facettenauge – dies alles unter einem bleigrauen Himmel, aus dessen dichter Wolkenfront just in diesem Moment ein Schwarm schwarzer Hornissen bricht. Der Kampf um La Guaira begann unmittelbar nachdem Emiliana Oxenberger den Auslöser ihrer Kamera betätigt hatte: Die ausgeschwärmten kleinwagengroßen Arbeiterinnen der Hornissen stürzten sich auf die Abfälle vor den Fischereifabriken, wo sie schon von einer Schar Flammpanzer der Legio XVIII Aegyptus erwartet wurden, die per Transportschiff an Land gebracht worden waren. In einer Zangenbewegung ließ Kazimierz seine Truppen Aufstellung zwischen den Hafengebäuden nehmen – so kreiste die *Legion* die Hornissen ein und machte ihnen mit Feuerstößen und Maschinengewehrsalven schnell den Garaus. Nach anderthalb Stunden war La Guaira von den schmorenden Körpern Hunderter Tiere bedeckt, zwischen denen der Kommodore stand und dem Staatsfernsehen ein Interview gab, seine goldene, mit einem Bajonett versehene Pumpgun lässig gegen die Schulter gelehnt. Man werde, so Kazimierz, noch am selben Tag in die Hauptstadt vorrücken, mit allen Kriegsinstrumenten, die man zur Verfügung habe, und schon am nächsten Morgen, versprach er, würden die Hornissen von Caracas und ihre widerwärtige Königin nichts weiter als eine böse Erinnerung an schlechtere Tage sein. Am frühen Nachmittag erreichte die *Legion* die Stadtgrenze und drang, Seite an Seite mit den abgekämpften Truppen des venezolanischen Militärs, sofort in das großflächig zerstörte Zentrum vor. Noch immer waren zwischen den schwelenden Trümmern Gruppen von Plünderern unterwegs, die johlend Reißaus vor den Exterminatoren nahmen. Einzelne Exemplare älterer Hornissenarbeiterinnen, groß wie Lastkraftwagen, flogen brummend um die Kirchtürme, Universitätsgebäude, Apartmentblocks und Bürohäuser auf der Suche nach Essbarem herum. Die Gewehrschützen der Legio II Thermae Diocletiani sicherten die Gassen und Boulevards der Altstadt weiträumig vor den kleineren Tieren und Diebesbanden, flankiert vom Spezialkommando der Legio IX Senatus Populusque Romanus, das mit seinen Boden-Luft-Raketensystemen die ausgewachsenen Arbeiterinnen von Balustraden, Giebeln, Balkonen, Autodächern, Ziersäulen, Denkmälern, Kirchtürmen, Palmwipfeln und Telegrafenmasten bombte. Währenddessen verschafften sich die Infanteristen der Legio XXI Germania inferior mit ihren Flammenwerfern Zugang zum Untergrund, wo sie damit begannen, das aus Holz, Steinen, zerbrochenem Glas und Plastikmüll errichtete Röhrenlabyrinth des Hornissennestes niederzubrennen. Kurz vor Einbruch der Dunkelheit waren sie bis in das Herz des Baus vorgedrungen, wo in ihrer Kammer die riesenhafte Königin ruhte, von den Einheimischen aus tiefstem Grauen und höchstem Respekt »La Belleza Negra de la Muerte entre Montañas y Mar« genannt, die »Schwarze Schönheit des Todes zwischen Gebirge und Meer«. Aufgeschreckt durch die Flammenstöße der Legionäre, versuchte das Tier, nach draußen zu fliehen, tötete vierzehn Exterminatoren mit seinen gewaltigen Beißzangen und entwischte schließlich durch einen Felsspalt an die Erdoberfläche. Dort beobachteten die in Furcht erstarrten Einwohner von Caracas und die mit grimmigem Blick über Kimme und Korn ihrer Gewehre zielenden Exterminatoren, wie es die geweißten Mauern der Santa-Ana-Kathedrale erklomm und mit vibrierenden Flügeln auf der Spitze des Glockenturms sitzen blieb. Kommodore Kazimierz Patronov nahm die Funknachricht von der Flucht der Königin in seinem Stützpunkt entgegen, den die *Legion* im Geburtshaus des Freiheitskämpfers und venezolanischen Nationalhelden Simón Bolívar eingerichtet hatte. Hier waren auch Angehörige der Regierung zugegen, übermüdete Gestalten in schlecht sitzenden Anzügen, die Kazimierz beknieten, auf keinen Fall die Kathedrale von seinen Soldaten angreifen zu lassen; zu viel Leid habe man in den letzten Tagen schon erdulden müssen, und der martialische Auftritt der *Legion* habe das Elend der Menschen nicht gerade verringert, auch wenn man natürlich dankbar sei für die Hilfe, doch alles Blutvergießen solle nun auch mal ein Ende haben, das Leben müsse doch weitergehen und so weiter. Kazimierz, so erzählte man sich später in der *Legion* mit aufgerissenen Augen und zitternden Lippen, habe die aufgedrehten Politiker daraufhin mit Ohrfeigen traktiert und sei schweigend auf die Straße getreten, das verrußte Gesicht gen Norden gerichtet, wo sein Blick zwischen den brennenden Ruinen von Caracas auf den weißen Turm der Kathedrale gefallen sei, auf dem die Hornissenkönigin hockte und ihre Vorderbeine wie zum Gebet erhoben habe. »Erlöst sie im Namen eurer lebendigen Herzen!«, soll er dann in sein Funkgerät gesprochen haben, mit zutiefst ruhiger Stimme, und erwiesenermaßen waren nur Minuten später auf seinen Befehl hin Scharfschützen der Legio XI Septem montes Romae auf zahlreichen Dächern bis zur nördlichen Stadtgrenze postiert, von denen zuerst jene auf die Königin feuerten, die der Kathedrale am nächsten waren. Die Projektile durchschlugen den Chitinpanzer nicht, scheuchten das Tier jedoch auf, sodass es sich im Licht der Flakscheinwerfer in nordwestlicher Richtung davonmachte, umschwirrt von den Kugeln der anderen Schützen, über die Stadt zum Meer hin, wo in diesem Augenblick die *Graf von Metternich* aus den Fluten tauchte. Kazimierz trieb die Königin mithilfe seiner Soldaten in Sichtweite des U-Bootes, und am frühen Morgen rauschten zwei Raketen aus dessen Geschützrohren, stiegen kreischend in den Himmel auf, trafen die Hornissenkönigin an Kopf und Hinterleib und ließen das majestätische Tier in einem wundervollen Feuerwerk über dem finsteren Meer explodieren. Als die Nachricht vom Tod des Insekts die Menschen erreichte, tanzten sie in den Straßen, um nach Sonnenaufgang beim Anblick ihrer zerstörten Stadt in ein großes Wehklagen zu verfallen (nebenbei bemerkt: Noch im selben Jahr verarbeitete die kolumbianische Band Sextriebwerk die Tragödie von Caracas in ihrer Punk-Oper *Burn The Queen! Kill The Poor! Count The Money!*). Die *Legion Freiwilliger Exterminatoren* ihrerseits schulterte die Gewehre, ließ sich von der venezolanischen Regierung einen hoch dotierten Scheck ausstellen, kehrte auf ihre Schiffe zurück und fuhr auf die Karibische See hinaus. Und der siegreiche Kommodore Kazimierz Patronov bekam von Großadmiral Bastiaan de Jong einen Orden als »Zorn der Legion« und von seinen ehrfürchtigen Soldaten den Beinamen »von Caracas« verliehen, den er nicht wieder ablegen sollte. Auch wenn die *Legion* in den folgenden Jahren weitere Siege gegen die Insekten erringen konnte, verschärfte sich der Flügelkampf zwischen links und rechts innerhalb der Söldnerorganisation. So bedauerte de Jong zeit seines Lebens, die Schlacht um Caracas nicht selbst angeführt zu haben, denn im Gegensatz zu Kazimierz, der nur das Geld der Regierung Venezuelas eingestrichen und sich dann aus dem Staub gemacht hatte, wäre er selbst noch ein paar Monate persönlich im Land geblieben, um die infolge der Hornissenangriffe geschwächte Staatsführung zum Vorteil der *Legion* zu manipulieren. So polterte der Großadmiral in Gegenwart seines Oberkommandos einmal, dass sich für die *Legion Freiwilliger Exterminatoren* damals in Venezuela die Möglichkeit ergeben hätte, die Macht dort an sich zu reißen, alle linken Politiker ins Meer zu treiben und ein Regime nach den eigenen Vorstellungen zu formen, das als feste Heimatbasis der Truppe und Quelle für die Ressourcen des südamerikanischen Kontinents hätte dienen können – doch allein die unerträgliche Kurzsichtigkeit und sündhafte Ruhmsucht des Kommodores hätten diese einmalige Chance zunichtegemacht. Geheimpläne für die Errichtung eines eigenen staatsähnlichen Gebildes kursierten innerhalb des Führungsstabes der *Legion* über die gesamte Zeit ihres Bestehens: So träumten Großadmiral Bastiaan de Jong und sein Leibarzt Dr. Whigham Du Bois, Chefideologe der Organisation, von einer mythischen, totalitären und reinrassigen Legionärsnation namens »Los Voluntarios«, einer Art Gelobtem Land für alle Exterminatoren nach dem Vorbild des von 1230 bis 1561 im Baltikum bestehenden Deutschordensstaates, die dort, zurückgekehrt aus ihren schweren Kämpfen gegen die menschlichen und tierischen Feinde überall auf der Welt, einen festen, wehrhaften Platz unter ihresgleichen finden, eigenes Land besitzen und Familien gründen sollten, aus denen sich wiederum neue Rekruten für die Reihen der *Legion* heranziehen ließen – doch dieses ausgesprochen verstörende Vorhaben wurde dem Himmel sei Dank niemals in die Tat umgesetzt. Nichtsdestotrotz gelang es den Söldnern während der 1970er-Jahre, in mehreren Regionen auf unterschiedlichen Kontinenten politischen Einfluss zu erlangen: Die Machtübernahme ausschließlich ultrarechter, teilweise sogar neofaschistischer Parteien oder Einzelpersonen in Staaten wie Island, Dänemark, Madagaskar, Angola, Malaysia und Neuseeland, die sich nach der dortigen Vernichtung der Insekten mithilfe der Exterminatoren in die Regierung geputscht hatten, legt Zeugnis darüber ab, dass der marxistisch-leninistische Flügel der *Legion* unter Kazimierz von Caracas dem rechtsradikalen Flügel unter Großadmiral Bastiaan de Jong, seinem großen internen Widersacher, letzten Endes stets unterlegen war, ideologisch als auch personell. In seinem Buch *BUGS! BUGS! BUGS!*, dem Standardwerk über Beginn, Verlauf und Ende der Insektenkriege, resümiert der Militärhistoriker und Veterinärmediziner Heimerich Jeremius, dass jedoch genau dieser Umstand Kazimierz davor bewahrt habe, »als einer der schlimmsten Kriegsverbrecher im letzten Drittel des 20. Jahrhunderts vor der Weltöffentlichkeit unter Anklage gestellt zu werden« – ganz im Gegensatz zu Bastiaan de Jong, der bekanntermaßen 1984 in Den Haag vom »Internationalen Strafgerichtshof für die Verbrechen der *Legion Freiwilliger Exterminatoren* während der Insektenkriege« zu einer lebenslangen Haftstrafe ohne Aussicht auf vorzeitige Entlassung verurteilt wurde. Zu diesem Zeitpunkt war es längst zum Bruch zwischen dem Großadmiral und seinem Kommodore gekommen, dessen Grundlage freilich auch das tiefe ideologische Zerwürfnis zwischen den beiden Männern bildete, vielmehr jedoch in ihren komplizierten privaten Verwicklungen untereinander zu finden ist. Die Autoren Oleani Ríos Montt und Heimerich Jeremius haben sich in ihren Werken ausgiebig mit dem Ausbruch offener Feindschaft zwischen Bastiaan de Jong und Kazimierz von Caracas beschäftigt, und auch wenn ihre Erkenntnisse zu großen Teilen spekulativer Natur sind, so erzählen sie uns doch viel über die Geisteshaltung zweier Männer, die ihre

Leben dem Krieg verschrieben hatten und in einem einzigen entscheidenden Augenblick schließlich vor einem Konflikt kapitulierten, der den innersten Zusammenhalt ihrer beider Familien betraf. Ríos Montt datiert Kazimierz' ernsthafte Wiederbeschäftigung mit religiösen Fragen bereits auf die Endphase der Insektenkriege um 1976, einer Zeit, in der sich die ersten großen »Neuen Kirchen« wie die *Kirche der Heiligen des Hermetischen Herzens*, der *Tempel des Infarkts*, das *Konzil von Liebe und Technik* oder die *Automaten der Traurigkeit* mit dem machtpolitischen Ziel gegründet hatten, an die Stelle der infolge der Angriffe zugrunde gegangenen zivilisatorischen Errungenschaften der Menschheit eine Reihe zeitgemäßer Heilsversprechen zu setzen. Jeremius hingegen negiert jeglichen religiösen Einfluss auf Kazimierz' Tätigkeit in der *Legion Freiwilliger Exterminatoren* und macht einzig Bastiaan de Jongs Entscheidung, die Zwillingstöchter seines Kommodores, Ekaterina und Apollinaria, an der katastrophal verlaufenen Operation Forrester Song teilhaben zu lassen, für den Anfang vom Ende der gesamten Organisation verantwortlich. Dies schließe jedoch keinesfalls aus, so Ríos Montt in einem polemischen Seitenhieb auf ihren Kollegen, dass Kazimierz sein ausschließlich militaristisch fundamentiertes, lebenslanges Interesse an Religionszugehörigkeit und deren praktischer Ausübung jemals aufgegeben hätte, denn schließlich würden sich seine Forschungen dazu bereits rund vierzig Jahre früher nachweisen lassen. Diesen feinen Unterschieden in der biografischen Deutung zum Trotz stellt für Oleani Ríos Montt wie auch Heimerich Jeremius der gewaltsame Tod von Kazimierz von Caracas' Töchtern im März 1978 jenes Schicksalsmoment dar, das Kazimierz' erneute Hinwendung zu religiösen Fragen und seine Abkehr von der *Legion Freiwilliger Exterminatoren* auslöste – mit anderen Worten ausgedrückt: Als Ekaterina und Apollinaria de Jong infolge des Befehls ihres Adoptivvaters, des Großadmirals Bastiaan de Jong, nicht mehr aus der Hölle des Nigerdeltas zurückkehrten, verlor ihr leiblicher Vater Kazimierz von Caracas endgültig seinen Verstand. Vordergründig handelte es sich bei der Operation

Forrester Song um die Vernichtung einer Superkolonie gigantischer Wanderameisen an der Südostküste Nigerias, deren einzelne Staaten Mitte des Jahres 1977 zum ersten Mal zwischen den
Sandsteintafelbergen im Südwesten Burkina Fasos, im Sumpf-
wald von Lokoli in Benin, am südlichen Ufer des Tschadsees und
im Vulkanfeld von Oku im Nordwesten Kameruns gesichtet wurden und sich im Laufe der darauffolgenden Monate einmal quer
durch das westliche Afrika aufeinander zubewegten, wobei die
Tiere eine Spur der Verwüstung nach sich zogen, die selbst in der
verhängnisvollen Geschichte der Insektenkriege ohne Beispiel
ist. Zwar gelang es den Landstreitkräften von Burkina Faso, Benin, Nigeria und Kamerun, das Voranschreiten der Ameisen hier
und da auszubremsen, doch im Frühherbst waren so gut wie
sämtliche militärische Ressourcen aufgebraucht, weshalb man
nicht umhinkam, einen verzweifelten Hilferuf an die *Legion Freiwilliger Exterminatoren* zu senden, der zunächst unbeantwortet
blieb. Erst zu Beginn des Jahres 1978 reagierte das Oberkommando der *Legion* und ließ seinen Flugzeugträger *Edynia de Jong*
unter Großadmiral Bastiaan de Jong, das U-Boot *Graf von Metternich* unter Kommodore Kazimierz von Caracas, das Schlachtschiff
Yul Brynner unter Kapitän zur See Erdmann von der Tanne (dem
späteren »General im Nebel« der *Kirche der Kinder des Großen
Gewitters*) und den Zerstörer *Commodus* unter Korvettenkapitänin Sylvia Vandenberghe in Begleitung ihrer Versorgungs- und
Transportkonvois in den Golf von Guinea einfahren. Die verspäte-
te Reaktion der *Legion* sorgte in der Öffentlichkeit für Empörung
und brachte ihr den Vorwurf ein, nur auf die Destabilisierung der
Regierung Nigerias gewartet zu haben, um sich die Erdölvorräte
des Landes unter den Nagel reißen zu können, ein durchaus berechtigter Vorwurf, der durch Geheimprotokolle des Führungsstabes, von Heimerich Jeremius im beschlagnahmten Militär-
archiv der *Legion* entdeckt und für sein Geschichtswerk *BUGS!
BUGS! BUGS!* ausgewertet, in den letzten Jahren untermauert
wurde. Operation Forrester Song begann im Februar 1978 mit der
Landung der Legionstruppen in Port Harcourt, einer nahe den

verästelten Läufen des Nigers gelegenen Ölmetropole, deren Stadt-
ränder bereits durch die Angriffe der Ameisen verheert waren. Das Kommando über die Offensive hatten die Zenturionen Ekaterina und Apollinaria de Jong inne, die bereits mehrere kleine-
re Gefechte gegen mittelgroße Feinde wie »David«, den Sandohrwurm von Stansted, die drei Kap-Hoorn-Nashornkäfer oder die
Kopflaus »Mamotschka Udatschny« angeführt hatten, aber von
einigen der Legionsveteranen immer noch als unerfahren betrachtet wurden. Für ihren Adoptivvater Bastiaan de Jong galt
ihr Kampfeinsatz in Nigeria daher als Bewährungsprobe, die sie
nach siegreichem Abschluss für komplexere Führungsaufgaben
im Oberkommando der Truppe qualifizieren sollte. Kazimierz von
Caracas hatte nichts gegen diesen Befehl des Großadmirals einzuwenden, bat jedoch darum, seinen Töchtern ein erfahrenes
Mitglied aus dem Führungsstab samt eines auf die Bekämpfung
von Staaten bildenden Insekten spezialisierten Elitetrupps der
Legio XLVI Rubico zur Seite zu stellen, die mit ihnen die Operationsbasis in Port Harcourt beziehen sollten, was de Jong jedoch
auf Grundlage seiner völlig realitätsfernen Einschätzung des An-
griffsziels ablehnte – seine überlieferte Reaktion auf den Vorschlag
des Kommodores, »Ameisen, Ameisen – das sind doch nur beschissene Ameisen!«, wurde nach dem Scheitern der Operation zum
geflügelten Wort und er selbst von der Weltpresse einstimmig zum
»Oliver Hardy des Nigerdeltas« erklärt. So kam es, dass sich das
nur etwa 150 Exterminatoren umfassende Expeditionskontin-
gent der *Legion*, das am frühen Morgen des 6. Februar 1978 in der
Stadt Stellung bezogen hatte, noch im Laufe des Tages einer fata-
len Übermacht der Ameisen zu stellen hatte, die Welle um Welle
innerhalb weniger Stunden aus Bohrlöchern, hinter porösen Wänden und aus den unterirdischen Tunneln der Erdölindustrie her-
vorbrach. Der Anblick dieses als »Flammenschlacht von Zange
und Antenne« bekannt gewordenen Gemetzels musste wahrhaft
alttestamentarisch gewesen sein: Die ölverschmierten Tiere, groß
wie Schoßhunde, Braunbären, junge Kühe oder ausgewachsene
Elefanten, wie sie sich im Gewimmel der niedrigen Wohnhäuser,

Marktstände, Fördertürme und Fabriken Port Harcourts den mit Sturmgewehren, Flammenwerfern und Handgranaten ausgerüsteten Kommandos der *Legion* entgegenwerfen, die Luft flirrend von den Bränden der Ölpfützen, den Feuerstößen, den Explosionen. Niemand entfloh diesem Inferno. Mit den Gesichtern von Geistern, die ihr eigenes Ableben nicht begreifen konnten, hätten Kommodore Kazimierz von Caracas auf seinem U-Boot *Graf von Metternich* und Großadmiral Bastiaan de Jong auf seinem Flugzeugträger *Edynia de Jong* die panischen, von Gefechtslärm begleiteten Funksprüche entgegengenommen. Ihnen blieb keine andere Möglichkeit, als ihre Reservetruppen zur Rettung in die Stadt nachzusenden, wo die Exterminatoren auf die verstümmelten Körper ihrer Kameraden, marodierende, in Flammen stehende Ameisen mit fehlenden Gliedmaßen und die skelettartigen Reste von Bürogebäuden stießen. Ein kleines Schockkommando der Legio XXI Germania inferior, das sich im Angesicht des hoffnungslos überlegenen Feindes in den Dschungel davongemacht und nach Stunden des Umherirrens die Küste erreicht hatte, meldete, dass die beiden Zenturionen Ekaterina und Apollinaria de Jong in ihrem Stützpunkt im Zentrum Port Harcourts von mehreren Hundertschaften der Ameisen überrannt worden seien, und auf Grundlage dieses Augenzeugenberichtes beschloss der Führungsstab der *Legion* schließlich, die beiden Schwestern für tot zu erklären. Ihre Leichen wurden nie gefunden. Nach dem Abzug der *Legion Freiwilliger Exterminatoren* erklärte man die gesamte Stadt zum Sperrgebiet, das in den folgenden Tagen Ziel einiger halbherziger Bombardierungen des ausgebluteten nigerianischen Militärs wurde, doch spätestens Ende Februar 1978 betrachtete man Port Harcourt endgültig als verloren und überließ die restlichen Ameisen sowie mögliche Überlebende den Flammen des brennenden Öls. Nach der Niederlage und dem Verlust seiner Töchter sammelte Kazimierz von Caracas die loyalsten seiner Gefolgsleute wie Oberleutnant Nancy Frederiksen und den Kapitän zur See Ferris im Mondschein um sich, entzog sich mit der *Graf von Metternich* der Befehlsgewalt des Oberkommandos der *Legion* und hielt sich in den folgenden Monaten unter einer Eisdecke irgendwo im Nordpolarmeer versteckt, wo er an einem Racheplan gegen Bastiaan de Jong arbeitete. Ob der gefallene Kommodore im Sinn hatte, die Armeeführung selbst an sich zu reißen, oder lediglich auf einen möglichst grausamen und unehrenhaften Tod des Großadmirals aus war, konnte von der Forschung bislang nicht umfassend geklärt werden. Zwar gelang es der *Graf von Metternich*, im Frühherbst 1978 den Zerstörer *Commodus* unter dem Kommando von Korvettenkapitänin Sylvia Vandenberghe zu versenken, der, unvorsichtigerweise ohne Geleitschutz, vor den isländischen Westmännerinseln kreuzte, doch zu weiteren Anschlägen auf die zahlenmäßig weit überlegene *Legion Freiwilliger Exterminatoren* kam es nicht, sodass das U-Boot Anfang des Jahres 1979 vom Führungsstab für verschollen erklärt wurde und dessen abtrünnige Besatzung bald in Vergessenheit geriet. Oleani Ríos Montt deutet in ihrem Werk *Bekennende Krokodile* an, dass Kazimierz nach seinem Ausscheiden aus der *Legion* die Tarnidentität des »Professor W. Kappa« angenommen habe, jenes berühmten, bislang unerkannt gebliebenen Informanten, der Anfang der 1980er-Jahre Zeitungsredaktionen, Menschenrechtsorganisationen und auch die Untersuchungskommission des UN-Sicherheitsrats mit belastendem Material über die verbrecherischen Umtriebe der *Legion* in aller Welt versorgen sollte, was schließlich zur Verurteilung des Großadmirals Bastiaan de Jong und seiner militärischen Entourage in Den Haag führte – eine Theorie, der Heimerich Jeremius in seinem Buch *BUGS! BUGS! BUGS!* mit wildem Furor widerspricht, da Kazimierz niemals Zugang zu den Aufzeichnungen heikler militärischer Operationen, geschweige denn zu den umfangreichen, aber kodierten Verschwörungsplänen des Oberkommandos gehabt habe; außerdem, so der zornentbrannte Militärhistoriker und Veterinärmediziner weiter, treibe ihm Ríos Montts »schamlose Beflissenheit«, hochkomplexe historische Entwicklungen und deren Wechselwirkungen allein auf die Machenschaften dieses »verabscheuungswürdigen, militärisch völlig überschätzten Schlächters und Kriegstreibers Kazimierz Patronov« zurückzuführen, »die Galle nach oben«. Trotz aller berechtigter Kritik an Oleani Ríos Montts Obsession für die nur schwer zu greifende Figur des Kazimierz von Caracas und deren Einfluss auf die Weltgeschichte, kommt eine Darstellung des 20. Jahrhunderts als Schicksalspanorama, aufgespannt zwischen zwei Weltkriegen, den Angriffen riesenhafter Insekten und dem Erstarken der »Neuen Kirchen«, keinesfalls ohne die Biografie dieses Mannes aus, der an den entscheidenden Ereignissen dieser Zeit auf eine mal mehr, mal weniger signifikante Weise beteiligt war. Wie ein »vom Wahnsinn geschütteltes Kleinkind mit göttlichen Kräften«, so Ríos Montt in ihrer durchaus diskutablen Art, habe sich Kazimierz Patronov seiner von Gewalt, Zynismus, Todesverachtung und Machthunger geprägten Umwelt bedient, um gegen Ende des Jahrhunderts schließlich das große Grauen zu entfachen, das ohne den brutalen Geist dieser Zeit nicht denkbar gewesen wäre: die *Kirche der Kinder der Wüste der Wahrheit*. Dabei war Kazimierz nachweislich weder an der Gründung der Mutterkirche, den *Kindern des Großen Gewitters*, im Juli 1985 im jugoslawischen Novi Pazar beteiligt noch am sogenannten *Kindlichen Schisma*, bei dem sich die *Wüste* im Laufe des Jahres 1989 vom *Gewitter* abspaltete. Sein Einstand im Rang eines Generalvikars der *Wüste*, der seine erneute Rückkehr an die Öffentlichkeit nach weiteren vierzehn Jahren im Untergrund bedeutete, fällt unmittelbar zusammen mit einer von ihm angeführten Offensive, dem »Großen Gegenüberstehen am Ufer des Sewansees«, bei dem sich die nunmehr miteinander verfeindeten Kirchen vom 12. bis 14. August 1992 im armenischen Teil des Kaukasus ihre erste kriegerische Auseinandersetzung nach dem *Schisma* lieferten. Und ob Zufall oder nicht: Während dieses Feldzuges wurde auch die durch und durch lebensfeindliche Radikalisierung von Kazimierz von Caracas' neuer Glaubensheimat offenbar, deren *Wüstenhorde* am Sewansee ihre furchterregende Zerstörungskraft erstmals eindrücklich zur Schau stellte.

WARIO LAND

Johanna van Tavantar. Ronny Neugebauer. Elke von Manteuffel. King Trakto Sherpa. Arno Picardo. Clark Nygård. Campbell Campbell. Daytona Sepulveda. Spyderling. Spyderling, die Verheißung. Spyderling, die Bestie. Spyderling ist das Ende, ist der Anfang, ist der Regen, dem ein Sturm folgt, dem ein Tag voller Sonnenschein, Musik und bewaffneter Gefechte folgt, ist die Traurigkeit, ist der Schmerz, ist die neue Erfahrung und das alte Elend, ist die Natur und ihr kräftiges Tier, das frisst und kriecht und wartet und sammelt. Spyderling ist der Gedanke, der nicht mehr vergessen werden kann. Spyderling ist die Richtung, in die sich von nun an alles bewegt.

Am Tag, als das Brettspiel *MAUNSTEIN* von einer Botin der moldauischen Post auf Spyderlings Weingut abgegeben wurde und Ioana es auf den Tisch im Rauchsalon legte, wo erst einmal niemand Notiz davon nahm, fuhren wir mit Leons weißem Kleinbus nach Chişinău. Ich weiß nicht mehr, wer die Idee dazu gehabt hatte, möglicherweise King oder Ronny; jedenfalls bekam ich beim Frühstück mit, dass ein Ausflug geplant sei und alle daran teilnehmen könnten, je mehr, desto lustiger, um elf sei Abfahrt, abends würden wir wieder zurück sein. Kurz zuvor hatte ich mich mit der Gewissheit aus dem Bett gestürzt, an diesem Tag sicher nichts Vernünftiges mehr zustande bringen zu können, also hörte ich aufmerksam Johanna zu, die, eine Brötchenhälfte in der einen Hand, eine Bierflasche in der anderen, von dem geplanten Trip in die Hauptstadt erzählte, und sagte sofort zu. Bis zur Abfahrt lungerte ich auf einer Sonnenliege am Pool rum und aß Walnüsse, von Ioana in Honig eingelegt und in Dessertschalen gefüllt, die sie jedem in die Hände drückte, den sie in den Fluren des

Herrenhauses beim Umhertigern erwischte. Irgendwann trat die Botin von der moldauischen Post mit einem Paket unter dem Arm auf die Terrasse, sah mich an, redete auf mich ein, hob das Paket vor ihre Brust und schüttelte es kurz und heftig, sagte noch etwas, den Blick zum Himmel gerichtet, und machte dann auf dem Absatz kehrt, um ins Haus zurückzugehen. Da erschien Ioana in der Terrassentür, begrüßte die Botin von der moldauischen Post, schwatzte eine Weile mit ihr und nahm schließlich das Paket entgegen. Die Botin von der moldauischen Post zeigte auf mich, und Ioana winkte ab.

»Daytona«, sagte sie laut, »du bist jemand, der immer gerne liegen bleibt, nicht wahr?«, und ich starrte sie an, ohne etwas erwidern zu können, denn im Grunde genommen hatte sie natürlich total recht.

Dann gingen die beiden gemeinsam in den Rauchsalon, und ich hörte sie noch für ein paar Minuten miteinander sprechen. Reglos lag ich auf der Liege und presste mir meine miteinander verschränkten Hände gegen den Bauch, verwirrt, vielleicht sogar ein wenig eingeschüchtert, denn mir war ja klar, dass ich mich mit meiner ausbleibenden Reaktion zur Deppin gemacht hatte, während gleichzeitig ein übles Gefühl in mir wütete, hier alles sofort kurz und klein schlagen zu wollen, ein Gefühl, von dem ich wusste, dass es meinen trägen Körper niemals dazu bringen würde, irgendetwas kurz und klein zu schlagen, auch wenn es noch so wild in meinen Gedärmen wirbelte. Wenige Minuten später streckte Johanna ihren Kopf durch das geöffnete Fenster des Speisezimmers und forderte mich auf, vor das Gebäude zu kommen, denn Leon sei jetzt abfahrbereit, und die anderen würden schon warten.

»Eine Sekunde noch«, rief ich und sprang von meiner Liege, hastete über die Terrasse in den Salon hinein und auf mein Zimmer, wo ich mir ein Bündel Geldscheine und eine Flasche Wasser schnappte, und stieß dann zu den anderen unten vor dem Haus. Johanna, Ronny, King, Campbell und Nygård waren dabei, und wie durch ein Wunder passten wir alle in den Kleinbus. Wie ich da so saß, auf der Rückbank hinter Leon, freute ich mich, ihn wiederzusehen; seit meiner Ankunft auf dem Weingut vor drei Tagen war ich ihm nicht mehr begegnet, und ich fragte mich, was er wohl die ganze Zeit über getrieben haben mochte. Ich beobachtete die Härchen auf seinen Ohren, die, so kam es mir vor, zu zucken begannen, als er den Motor startete und der Bus sich mit einem leichten Ruck in Bewegung setzte.

Auf der Fahrt schlug Ronny vor, *Punkt Punkt Punkt – Das Brettspiel* zu spielen. Ich hörte Johanna aus dem hintersten Winkel des Wagens murren, dass sie bei diesem Quatsch schon so oft habe mitmachen müssen, vor allem auf den Spielemessen, wenn irgendein Schwachkopf mit einem Pappbecher voll Sekt in der Hand meinte, jetzt unbedingt für Stimmung sorgen zu müssen, und alle Leute in seiner Nähe, die sich zwischen den Ständen die Beine in den Bauch standen oder auf Plastikhockern ihrem Feierabend entgegenvegetierten, dazu animierte, doch gemeinsam *Punkt Punkt Punkt – Das Brettspiel* zu spielen.

»Alright«, rief Ronny, »ich fang an! Also Leute, aufgepasst: *Punkt Punkt Punkt – Das Brettspiel*. Daytona, du bist dran!«

Ich drehte mich nach ihm um. »Du wolltest doch anfangen«, sagte ich empört.

»Nee«, widersprach Ronny, »ich hab bloß bestimmt, wer anfangen soll.«

Ich rollte mit den Augen. Ronny war so ein Idiot. Wie hielt er das nur die ganze Zeit aus?

»Okay«, überlegte ich und machte einige schnalzende Geräusche, sah aus dem Fenster, wo die Walnussbäume an uns vorbeizogen, und sprach den ersten Gedanken aus, der mir in den Sinn kam: »*ZZ Top – Das Brettspiel.*«

Ein paar der anderen lachten. Leon begann, mit seinen Fingern auf dem Lenkrad herumzutrommeln.

»Gar nicht schlecht«, sagte Ronny. »Jetzt musst du jemanden aussuchen.«

»Dann sag mal an, Neugebauer.«

»Ich hab schon was«, rief er. »Haltet euch fest: *Gorillas im Nebel – Das Brettspiel!*«

Wieder Gelächter, aber etwas verhaltener als zuvor.

»Du weißt schon«, sagte Johanna, »dass Sigourney Weaver am Ende des Films ermordet wird, oder?«

»Und dann die ganzen toten Affen«, pflichtete King ihr bei. »Ich glaube, das würde ich nicht gerne spielen.«

»Immer mit der Ruhe«, sagte Ronny, »wir befinden uns ja noch ganz am Anfang. Da kommen Irrtümer zwangsläufig vor. Na los, Fantafanta, jetzt bist du dran!«

»Ich mag den Scheiß nicht«, sagte Johanna. »So was geht immer übel aus.«

»Okay«, sagte Ronny, »dann ist eben Campbell an der Reihe.«

Campbell, der vorne neben Leon saß, klappte die Sichtblende herunter. In dem darin eingefassten Spiegel sah ich seinen Blick hin und her flitzen.

»Taifun Duluth Torpedoreiter«, sagte er.

Stille.

»Die Preußische Kriegsakademie«, fügte er hinzu.

Wieder sagte niemand ein Wort.

»MKULTRA«, versuchte er es ein drittes Mal.

»Ich habe keinen Schimmer, was das sein soll«, sagte Ronny, »aber wir können das jetzt mal einfach so stehen lassen. Danke, Campbell. Wen suchst du als Nächstes aus?«

Campbell schwieg.

»Alles klar«, sagte Ronny, »dann wähle ich Clark Nygård aus Dänemark.«

Ich machte mich schon darauf gefasst, gleich irgendeinen totalen Schwachsinn zu hören.

Doch Nygård machte bloß »Hmmm«, ein paarmal hintereinander, und sagte schließlich: »Ach, mir fällt nichts ein.«

Ronny jedoch begann ihn anzutreiben und meinte, wir würden jetzt alle so lange warten, bis Nygård etwas zum Spiel beitrug, und selbst wenn wir dann schon in Chişinău angekommen wären, dürfte niemand den Bus verlassen, ehe wir nicht seine Idee gehört hätten. Fast tat Nygård mir leid. Ich sah, dass er zu schwitzen angefangen hatte. Eine Minute verging, die Wangenknochen

unter seiner Haut pulsierten, sein linkes Auge war zusammengekniffen.

Ronny rief: »Na los, sag endlich was!«

Nygård holte tief Luft, doch anstatt etwas zu antworten, atmete
er einfach nur richtig lang aus. Ich konnte seinen Atem riechen.

»Lass ihn doch, Neugebauer«, sagte ich irgendwann entnervt,
»ihm fällt nichts ein.«

»Du brauchst mich hier nicht zu verteidigen, Daytona«, sagte Nygård, und ich hob bloß die Hände und verzog das Gesicht.

Na gut, dachte ich da, dann lass dich doch quälen, du Blödmann.

Nygård machte jetzt »Hrrmm-hrrmm-hrrmm« und schlug dabei
mit seiner Faust den Takt.

»Strip Club Manager«, platzte es endlich aus ihm heraus, und aus
der hintersten Reihe war Jubel zu hören.

»Hast du jetzt genug?«, fragte Johanna.

»Nee, nee«, antwortete Ronny, »King war noch nicht dran. Und
Leon auch nicht.«

»Ich verstehe nichts von dem, was ihr da treibt«, sagte Leon. »Lasst
mich in Ruhe.«

Da rief King fröhlich: »*Charlie Sheen – Das Brettspiel*«, und wirklich alle im Auto applaudierten.

»Wunderbar«, sagte Ronny, »vielen Dank, Freunde, das war doch
richtig lustig.«

Dann holte er das Kartenspiel *Sex Boss* raus und spielte mit King
ein paar Runden, und schon waren wir in der schönen, großen
Stadt Chişinău angekommen.

Ich habe von Menschen gehört, die bei ihrem Versuch, ein eigenes Brettspiel zu erschaffen, den Verstand verloren haben. Als
ich zum ersten Mal davon erfuhr – Namen wurden nicht genannt,
es handelte sich offenbar immer um Leute, die niemals ein Spiel
veröffentlicht hatten –, stellte sich mir die Frage, wie es nur zu
solch einer persönlichen Katastrophe kommen konnte. Aber dann
dachte ich sofort: Kein Wunder! Wer sich einmal an die Aufgabe
wagt, ein eigenes Spiel entwickeln zu wollen, und dabei den Feh-

ler begeht, sich in den etablierten Mechanismen zu verfangen, der muss zwangsläufig zugrunde gehen. Für das müde Auge erscheinen die Möglichkeiten des Brettspiels auf den ersten Blick begrenzt: Würfel, Karten, Figuren, Spielbrett, Punkte. Das materielle Gerüst jedes Spiels ist so festgelegt wie die Buchstaben für einen Text, die Leinwand für ein Gemälde, der Kamerablick für einen Film oder die Töne für eine Musik. Einmal schrieb ich mir ein paar Mails mit einem User namens WholeLottaLove76, den ich in einem Brettspielforum im Internet kennengelernt hatte, und ließ mir von ihm erklären, wie es dazu gekommen war, dass er die Entwicklung seiner Idee zu einem vollwertigen Spiel aussetzen und sich in Behandlung begeben musste: Sein Plan habe darin bestanden, ein strategisches Wirtschaftsspiel zu erschaffen, das sich mit dem Konkurrenzhandel in der mythischen Antike befasste, also einem weitläufigen Routensystem zwischen den griechischen Stadtstaaten an den Ufern des Mittelmeers und einem legendären Inselreich namens Kukilis, dessen Erwähnung or in einem Folianten über die Sagenwelt des Altertums auf dem Dachboden seines Großvaters entdeckt hatte. Alles – so der unaufgeregte und freundliche WholeLottaLove76, von dem ich weiter nichts wusste und auch nichts wissen wollte – sei da gewesen: die strategischen Verzweigungen, die taktische Tiefe, der Spaß am Spiel. »Aber?«, hatte ich ihn gefragt, in einer kurzen Mail, die ich während eines abendlichen Gewitters schrieb. Auf die Antwort musste ich mehrere Tage warten, und als sie dann kam, war sie genauso kurz wie meine Frage: »Kannibalismus aus politischen Gründen.« Ich trug meine Überlegungen dazu noch eine ganze Weile mit mir herum: Na klar, schön und gut – WholeLottaLove76 hatte sich das Legen der Handelsrouten durch die Weiten des Mittelmeers sauber ausgedacht und die spielerischen Möglichkeiten des Kreuzens und Zerstörens dieser Verkehrswege optimiert, aber schlussendlich führte eine Erschütterung seiner ethischen Standfestigkeit dazu, dass er die Arbeit an seinem Projekt beendete. Denn wie – um Himmels willen! – sollte der halbwegs unverfängliche Tausch von Gold, Papyrus, Waffen, Salz, Stoffen und Pferden mit der märchenhaften Tatsache in Einklang gebracht werden, dass die Einwohner von Kukilis alle naselang gewaltige Feuer an den grauen Stränden ihres Inselreichs entzündeten, in denen sie politische Gegner oder Feinde vom Festland rösteten, die sie bei Sonnenaufgang mit Haut und Haaren verschlangen? So ein Spiel würde doch niemand spielen wollen. Er schickte mir dann noch ein paar Mails, in denen zu lesen war, dass er seine Idee einfach nicht loslassen könne und es ihm deshalb sehr schlecht gehe, so schlecht, dass ihm seine Therapeutin etwas verschreiben musste, aber ich habe ihm nie wieder geantwortet. Schon damals dachte ich, dass er eine Flachpfeife sei, weil er auf jene Ignoranz reinfiel, die ein grundsätzlicher Bestandteil des Brettspiels an sich zu sein scheint: böse, verwerfliche und hoch problematische Aspekte wie der Kannibalismus dürfen, so heißt es, niemals darin vorkommen, weil sie die konventionellen Spielmechanismen und damit die grenzenlose Unterhaltung sofort überschatten würden. Bei der Entwicklung eines Spiels geht es für die meisten Leute in erster Linie um die Etablierung bereits funktionierender Spielsysteme wie Tauschhandel oder Routenplanung, die allerdings so fragil sind, dass jede moralische Konfliktsituation sie zum Einsturz bringen kann. Klar, wir Autorinnen und Autoren von Brettspielen gehen bei unserer Arbeit so vor, wie wir es für richtig halten – manch eine schlägt sich mit den gleichen Gedanken rum, die ich mir mache; ein anderer hält das sicher für Zeitverschwendung. Gut, von mir aus. Macht doch, was ihr wollt. Aber niemandem – ich wiederhole: niemandem – sollte es gestattet sein, sich auszuruhen und die Grausamkeiten dieser Welt auszublenden. Wer das tut, ist verloren.

Leon parkte seinen Bus in einer breiten Straße, deren Apartmentblocks sich beiderseitig viele Hundert Meter weit zu erstrecken schienen. Die Betonwände waren grau und wie nach einem gewaltigen Regenguss mit dunklen Flecken übersät, dazu Abertausende winzige blinde Fenster und hier und da ein schmaler, von verrosteten Platten eingefasster Balkon. Leon stieg wortlos aus, und wir beobachteten ihn dabei, wie er hinter dem Bus verschwand und nach ein paar Sekunden auf dem Gehsteig wieder auftauchte. Dort streckte er die Arme zu beiden Seiten aus, führte sie langsam zum Körper zurück und vergrub das Gesicht in seinen großen Händen, was aussah, als hätte er einen Weinkrampf bekommen oder müsste sich einmal kräftig schnäuzen. Erst da waren wir uns auf eine seltsame Art sicher, dass auch wir aussteigen sollten. Also öffneten wir die Schiebetür (dazu brauchte es drei Leute – Ronny, Nygård und mich –, weil niemand von uns allein mit dem Mechanismus zurechtkam) und kullerten allesamt wie eine Handvoll Kartoffeln aus einem umgestürzten Sack auf die Straße. In der Nähe hing eine Gruppe Jugendlicher Bier trinkend und rauchend vor einem Kiosk ab, der Lärm von Motorrollern war zu hören, vier Welpen schnüffelten im Rinnstein nach etwas Essbarem, ein dicker Mann in Unterhemd und Sandalen blieb auf dem Gehweg stehen und starrte uns an. Leon ging voraus, auf einen Durchgang zu; wir folgten ihm artig. Der Hof hinter den Apartmentblocks war mit großen Steinplatten gepflastert, Bänke und Mülltonnen standen herum, aus einem wild wuchernden Gesträuch ragte ein Klettergerüst empor, auf dem ein kleiner Junge saß, der eine riesige Sonnenbrille trug. Am Geländer einer Kellertreppe lehnte ein Schild, auf dem eine Gruppe Großmütter im Sonnenuntergang freudestrahlend und mit hochgerissenen Armen auf Segways über einen Rübenacker rauschte. Ich fragte Leon nach der Bedeutung des Schildes und der rumänischen Aufschrift darauf, und aus seinen wenigen genuschelten Worten, die sich in eine waschechte Beschimpfung steigerten, reimte ich mir zusammen, dass sich in diesem Keller eine Vermietung für Segways namens »Segways für alle, die du kennst, also z. B. deine Freunde, deine Tanten oder deine Feinde, ganz wie du willst« befand und dass wir, wenn wir wollten, hier eine Tour durch die Stadt buchen könnten, das Geld dafür habe er bei sich, von Spyderling persönlich für uns bereitgestellt; falls jedoch niemand von uns Lust darauf habe, würde er uns postwendend zurück aufs Weingut fahren, er habe heute noch so einiges dort zu tun und verstehe nicht, weshalb man ihm die Verantwortung für unseren Zeitvertreib übertragen habe, wir seien doch alle erwachsene Menschen, wieso könnten wir uns nicht allein oder miteinander beschäftigen. Daraufhin wagte ich den Versuch, ihm zu erklären, dass viele von uns zum ersten Mal in seinem Land seien und sich schon freuten, etwas mehr davon zu sehen, aber Leon schüttelte nur den Kopf und schleppte sich ohne ein weiteres Wort die Kellertreppe hinab, wo er im dunklen Eingang der Tür darauf wartete, dass ich die anderen fragte, ob sie eine Segwaytour durch die Stadt machen wollten. Überraschenderweise (für ihn und für mich) wollten das alle. Leon rollte mit den Augen, verschwand im Keller und kehrte wenig später mit einer älteren Frau zurück, die einen weiten Pelzmantel und ein Barett der Spezialeinsatzkräfte der Roten Armee trug. Er drückte ihr einige Geldscheine in die Hand, und kurze Zeit später hatten wir es irgendwie gemeinsam geschafft, für jeden von uns eines dieser sonderbaren Höllendinger mit den riesigen nachtschwarzen Rädern und der wuchtigen Lenkstange aus dem Keller ans Tageslicht zu tragen. Nygård bestand darauf, einen Helm aufsetzen zu wollen, aber als er erst die Verleiherin und dann Leon danach fragte, taten die beiden so, als kommuniziere er in einer außerirdischen Sprache mit ihnen. Zur Übung drehten wir unter den wachsamen Augen des kleinen Jungen auf dem Klettergerüst ein paar Runden auf dem Hof, und das war alles in allem überhaupt kein großes Ding, denn wenn man erst mal nicht mehr darüber nachdachte, im nächsten Moment das Gleichgewicht zu verlieren und mit zerknacktem Schädel auf dem Asphalt zu verbluten, fuhr sich so ein Segway wie von ganz allein. Leon meinte, er würde den Teufel tun, auch nur einen Fuß auf eines dieser Geräte zu setzen, und befahl uns, in Sichtweite zu bleiben, während er mit dem Bus langsam von Sehenswürdigkeit zu Sehenswürdigkeit fahren würde.

So rumpelte ich jetzt also über die gesprungenen Gehwegplatten Chişinăus und fragte mich, ob das alles echt notwendig war: Wir Touristen mit verschüchterten Gesichtern in braver Reihe auf unseren Rollern, die, ohne zu treten gefahren, werden konnten, Kindern, Großmüttern und Katzen ausweichend; Leon in seinem am Straßenrand dahingleitenden Bus, der das Gehupe und die Beschimpfungen des ihn überholenden Stadtverkehrs stoisch ertrug; die endlosen Schatten der endlosen sowjetischen Apartmentblocks, die den Nachmittag verdunkelten; das stetige Rauschen aus den Karossen und Lungen und Schnauzen und Baumaschinen; hier und da Lindenbäume, von denen das Gift der Läuse tropfte; die Campingtische der Devotionalienhändler: T-Shirts mit Aufdrucken sowjetischer Propaganda, Plastikblumensträuße, Gemälde von heulenden Wölfen im Schnee unter einem blauen Vollmond, militärische Orden, Kragenechsen in ihren Terrarien, Porträtzeichnungen von Filmkomikern des Golden Age of Hollywood, die Flaggen längst untergegangener Staaten, leere Blumentöpfe, Bonbons und Lollis und Kuchen und Zuckerwatte, ein ausgewachsener Braunbär aus Holz im Maßstab 1:1; die jungen Typen in ihren Jogginghosen auf dem großen Platz vor der buttergelben Kathedrale der Geburt des Herrn; Johannas Frisur im Wind; meine Ängste; der Himmel, in dem hellgrau sich die Wolken türmten. Als wir abends auf dem Parcul Afgan lachend und müde und verärgert und gelangweilt unsere Runden um das spinnenartige Kriegsdenkmal drehten, flog von einer nahen Wiese ein Schwarm Kanarienvögel auf.

Und ich weiß noch, wie ich eine ganze Zeit lang immer nur nach Einbruch der Dunkelheit durch die Straßen von Leipzig ging, den Petersssteinweg hinab, an der Polizei in ihrer Burg und der Mensa vorbei rüber zum Gebäude der Volkszeitung, das sich wie der schlechte Traum eines altägyptischen Architekten im Schein der Flutlichter erhob. Dort fuhr einmal ein Mann auf einem Fahrrad an mir vorüber und griff nach mir, spuckte aus und radelte schimpfend davon. Und einmal glaubte ich, dort eine Straßenbahn gesehen zu haben, die gerade auf dem Weg in die Südvorstadt war und vor meinen Augen an der Ampelkreuzung verschwand – ja, sie verschwand, und nur ich hatte es bemerkt, niemand sonst, und auch niemanden sonst schien dies zu beschäftigen, mich aber sehr, bis heute, irgendwie. Und einmal suchte ich nach einer Kneipe zwischen dem alten Gasometer und dem Rundfunkgelände, die ich mir als Hafenkneipe vorstellte, doch ich fand weder die Kneipe, noch wusste ich zu sagen, warum ich mir ausgerechnet eine Hafenkneipe herbeisehnte, 300 Kilometer von Hamburg und 300 Kilometer von Rostock und 300 Kilometer von Bremen entfernt. Damals dachte ich mir Leipzig als Mittelpunkt eines europäischen Gebietes, ein nichtssagendes Zentrum im Nirgendwo, dessen Ränder und all die dahinter liegenden Lande (Wyoming, El Salvador, die Republik Moldau) unerreichbar waren. Und damals hätte ich eigentlich zu Hause sitzen sollen, um die letzten Feinheiten an meinem zweiten Spiel zu korrigieren, der Nordirlandkonflikt-Simulation *The Troubles* für zwei Spieler, das kurz vor der Veröffentlichung stand; fast täglich telefonierte ich mit Nastassja de La Rochefoucauld, meiner für mich zuständigen Redakteurin im Flughafen Spieleverlag, die mir ihre Änderungsvorschläge durchgab und die Entscheidungen der Verlagsleitung hinsichtlich der finalen Gestaltung mitteilte, während ich zwischendurch mit schweißnasser Stirn die Kampfstärken der beiden miteinander verfeindeten Konfliktparteien *Provisional Irish Republican Army* und *Ulster Volunteer Force* anhand von Zahlentabellen und Würfelergebnissen ausbalancierte. Und ich weiß noch, dass ich in diesen Monaten immer auf der Hut war, weil ich nur darauf wartete, dass der Flughafen Spieleverlag mein gesamtes Spielkonzept über den Haufen werfen würde, einfach weil ich mir nicht mehr so recht vorstellen konnte, dass der Verlag ein Spiel, das die gewaltvolle Phase des Nordirlandkonfliktes in den 1970er-Jahren simuliert, doch noch veröffentlichen würde. Jeder entgegengenommene Anruf von Nastassja war damals wie ein Schlag in meinen Unterbauch, und jedes erleichterte Auflegen des Hörers ließ mich wie in Dämmwolle eingewickelt in meiner engen, finsteren Wohnung zurück. Die Liste der Korrekturen wurde zwar länger und länger, aber gegen meine grundlegenden Ideen hinsichtlich des Themas und der Spielmechanik hatte der Verlag nie etwas einzuwenden. Dennoch fühlte ich mich über Monate hinweg angreifbar und wiegte mich zugleich in Sicherheit, eine fatale Kombination, die dazu führte, dass ich zu verhärten begann und meine Abende damit zubrachte, gedankenlos durch den sich schlafen legenden Süden der Stadt zu streifen. Das Spiel erschien schließlich pünktlich zur Herbstmesse, aber irgendeine Verletzung war mir geblieben, ein tiefes Gefühl der Unruhe und der Apathie gleichermaßen, das mich bis heute gefangen hält und – so fürchte ich – auch nicht mehr loslassen wird. Arme Wichte, die ihr so seid und fühlen müsst wie ich, dachte ich in dieser Zeit oft, wem von euch geht es genauso, wie lauten eure Namen, wo haust ihr gerade? Ich würde euch alle gern mal kennenlernen.

Nachdem wir unsere Segways zurückgegeben hatten, aßen wir zu Abend in einem Lokal namens Pierre Mongol, nicht weit vom Parcul Afgan entfernt. Leon hatte sich längst von uns verabschiedet und war mit dem Taxi zurück aufs Weingut gefahren; den Schlüssel für seinen Bus hatte er zwar mir überlassen, bestand allerdings darauf, dass sich später einer der Männer ans Steuer setzen würde, um uns alle nach Hause zu bringen (»Aber bloß nicht der Inder«, hatte Leon gesagt und auf King gezeigt. »Am besten lässt du den Deutschen fahren, die sind vor lauter Angst immer so schön vorsichtig unterwegs.«).
Die Abendluft war mild und voller würzig-rauchiger Gerüche, als wäre die einheimische Großbrauerei am Nachmittag in die Luft geflogen; wir saßen auf der Terrasse des Lokals, vor uns Karaffen mit Bier und Rotwein, Teller voller Plăcinte, frittiertem Fleisch und rosaroter Kuchenstücke. Ronny und King lachten über die Geschichten, die sie einander erzählten; Johanna hatte auf einem petrolfarbenen Game Boy Color zu spielen begonnen, *Super Mario Land 3: Wario Land*, wie sie nach mehreren meiner Nachfragen zugab. Campbell lehnte sich zu ihr hinüber und sah ihr mit hochgezogenen Augenbrauen dabei zu. Und ich hielt mein Weinglas fest in der Hand und nickte hin und wieder, während Nygård davon faselte, dass ich mit dem Flughafen Spieleverlag ja einen sehr, sehr, sehr respektablen Verlag abbekommen hätte, nur we-

nigen in meinem Alter sei eine solche Chance vergönnt, er kenne zumindest keinen einzigen jungen Autor persönlich, dem es ähnlich gut gehen würde wie mir, die meisten Leute aus seiner Generation hätten ihre Spiele zeitlebens ja nur bei winzigen Provinzverlagen veröffentlichen können, selbst gebastelte Auflagen von nicht mehr als fünfzig oder hundert Stück, die nicht mal im Fachhandel gelandet wären, sondern sich nur auf diesen Scheißmessen verkaufen ließen, ohne Marketing und ohne Aufmerksamkeit, er habe da ja bereits Erfahrung sammeln können, die Ignoranz der Spielerschaft und der Medien sei gewaltig, und wer im Laufe des Jahres nicht so einiges an Preisen gewinne, der sei eh unten durch, so empfinde er diesen ganzen Brettspielkulturbetrieb, der, ja klar, von allen Kulturbetrieben eh schon einer der kleinsten sei, und überhaupt arbeite er ja nebenbei etwas Richtiges, als Sachverständiger für irgendwas, denn vom Spielen allein könne heute niemand mehr leben, also bis auf die großen Tiere mit ihren Veröffentlichungen in den USA oder eben die US-Amerikaner mit ihren Veröffentlichungen in Europa, aber das sei nur eine Handvoll, und überhaupt diese Amerikaner; er, Nygård, frage sich schon, welche Meinung ich, Daytona!, zu meinem Land und den Leuten darin hätte, ob das mit dem amerikanischen Traum nicht langsam mal vorbei sei nach all der Zeit des Schmerzes und der Traurigkeit, aber vielleicht könnte ich, Daytona! Daytona!, auch gar nichts darüber sagen, weil ich als Amerikanerin zu nah dran sei oder weil ich ja in Deutschland leben würde, schon wieder viel zu weit weg; er, Nygård, sei jedenfalls der Meinung, dass alles, was schieflaufe, erst einmal so richtig gegen die Wand krachen müsse, bevor sich irgendwas bessern könne, aber man dürfe das gerne auch ganz, ganz anders sehen, jedenfalls komme ihm das komisch vor, urkomisch eigentlich, dass alles gerade den Bach runtergehe und die ganze Welt trotzdem nicht aufhören könne zu spielen, in einem fort und zu jeder Zeit.

»Die Welt spielt, spielt, spielt«, rief Nygård, »und dann will auch noch niemand dafür zahlen, das ist doch alles einfach nicht zu fassen!«

»Nee«, sagte ich, »stimmt.«

»Ich meine«, fuhr Nygård fort, »was ist das denn überhaupt? Da verkauft jemand hunderttausend Spiele und hat am Ende doch gar keinen Überblick, was sein Spiel den Leuten bedeutet. Und ich bekomme am Sonntagmorgen einen Anruf, fahre mit dem Überlandbus von Holstebro nach Esbjerg und bringe mein Exemplar von *Strip Club Manager* persönlich bei einem Kerl vorbei, der in einem Bunker wohnt. Handsigniert! Wie der sich freut da unter der Erde und mich zu einem Glas Kaffeelikör einlädt, in Unterhosen und mit einem Gewehr in der Hand! Da stellt sich mir schon manchmal die Frage: Was bedeutet das alles eigentlich?«

»Ja«, sagte ich, »das kann ich dir jetzt leider auch nicht so genau sagen.«

»Wieso muss Wario eigentlich Knoblauch essen, um zu wachsen?«, fragte Campbell.

»Weil er nichts weiter ist als ein kleiner, dicker, zynischer Mistkerl«, antwortete Johanna.

Die Kellnerin kam und fragte, ob wir noch etwas wünschten. Ronny bestellte eine Runde Schnaps.

»Aber bitte aus dem besten Obst, das die Republik zu bieten hat«, fügte er hinzu.

»Wer fährt denn nun?«, fragte ich.

»Ich fahre«, sagte Johanna.

»Okay«, sagte ich.

Aus dem Lautsprecher an der Wand dröhnte der Song *Wrecking Ball* von Miley Cyrus, auf Rumänisch oder Bulgarisch gesungen. Wir prosteten uns zu. Ronny hatte sogar ein Glas für Campbell mitbestellt, der nippte jedoch nur einmal kurz und kniff die Augen zusammen. Eine Gang auf schicken Motorrädern fuhr vorbei. Na ja, es waren wohl eher Motorroller, aber immerhin acht oder neun. Ach, was solls: Ehrlich gesagt waren es nicht mal Motorroller, sondern allerhöchstens Fahrräder, uralte verrostete Metallgerüste sozialistischer Bauart mit einem winzigen kastenförmigen Motor zwischen Unter- und Sitzrohr, alles in allem ein total lächerlicher Aufzug – wie sie da auf dem von Apartmentblocks gesäumten Boulevard über die Bodenwellen hüpften, einander johlend überholten, die Arme in die Luft reckten, mit Fliegerbrillen in den Händen wedelten, sich abklatschten bei voller Fahrt über den aufgerissenen Asphalt hinweg. Da musste ich an den *Devil's Dice Motorcycle Club* denken, den ich mir ausgedacht hatte, um ein Brettspiel drum herum zu stricken – ja, zu stricken, gottverflucht! –, und zum ersten Mal blühte in mir die große Furcht auf, dass ich das alles vielleicht nicht schaffen würde. Also wirklich alles: das Spiel, das restliche Leben, das Gespräch mit mir und den anderen Menschen, die Rückkehr nach Hause. Wollte ich eigentlich sterben? Oder eher: wieder spurlos verschwinden, so wie es ja sonst meine Art gewesen ist bisher? Nein, das glaube ich nicht. Aber ich wollte auch nicht weiter in diesen höllischen Zwischenräumen schmoren.

Das alles musste mir die Farbe aus dem Gesicht getrieben haben, denn irgendwann spürte ich, wie jemand an meiner Schulter rüttelte; keine Ahnung, wie lange ich schon so gedankenverloren in mein Weinglas geglotzt hatte.

»Alles gut, Daytona?«, fragte Nygård.

Ich blickte ihn erschrocken an und sah in seinen skandinavischen Augen die Nacht heraufziehen. Auch Johanna schaute jetzt zu mir rüber, ruckelte sich auf ihrem Stuhl zurecht und drückte Campbell den Game Boy in die Hand. King und Ronny unterhielten sich derweil mit der Kellnerin, die zum Kassieren gekommen war.

»Hey, hört mal«, rief Ronny zu uns herüber, »die ... äh ... Wie heißt du noch mal?«

»Nina«, antwortete die Kellnerin.

»Nina sagt, wir sollen mal rübergehen zum Club ... öh ...«

»Transistor.«

»Ja, genau, zum Club Transistor. Da ist heute noch Party. Mit Musik und so.«

»Kennt ihr Transnistrian Meth Rock?«, fragte Nina, die Kellnerin, in die Runde. »Taxi Terreur & The Hitlerbabies? Ist toll. Richtig, richtig toll.«

Wir schüttelten die Köpfe.

»Hm, Hitler ...«, murmelte Johanna. »Ist das was mit Nazis? Ich habe echt keinen Bock auf eine Horde osteuropäischer Nazis.«

»Nein, nein«, sagte Nina mit ernster Stimme, »keine Nazis, nein. Taxi macht Punk. Und Kunst. Transnistrian Meth Rock ist Kunst. Aber in gut. Der Türsteher ist mein Freund. Oleg. Der lässt euch alle rein.«

»Auch den Jungen?«, fragte Nygård und zeigte auf Campbell.

»Na klar!«, rief Nina. »Taxi und die Hitlerbabies machen Musik nur für Kinder. Eine Musik für uns alle. Weil doch jeder von uns ein Kind ist, nicht wahr? Ein Kind der schönen Natur, ein Kind der Industrie, ein Kind der Langeweile ...«

»Okay, schon klar«, unterbrach Ronny sie und ließ sich von ihr den Weg zum Club Transistor erklären.

Auf dem Weg dorthin – Nygård, King und Ronny gingen voraus, Johanna und ich hatten uns bei Campbell untergehakt, der zwischen uns lief – fiel mir ein, dass wenn man in der Bildersuche im Internet »Spiderling« eintippte (mit »i« wohlgemerkt, nicht mit »y«), in der zweiten oder dritten Reihe eine Aufnahme von etwa vierzig oder fünfzig Spinnenlarven erschien, die sich zu einem Klumpen zusammengetan hatten, bleiche, fast transparente Kügelchen mit winzigen farblosen Beinen dran, wie helle Johannisbeeren oder Fruchtgummidrops, blind, zappelnd. Ich hatte schon einige schreckliche Dinge in meinem Leben gesehen, aber dieses Foto ... Sofort, als ich wieder daran dachte, begann sich eine dünne Eisschicht, ausgehend vom Bauchnabel, über meinen gesamten Körper auszubreiten.

»Campbell«, hörte ich Johanna reden, »hast du mitbekommen, wo wir jetzt hingehen?«

Campbell schwieg.

»Wir machen einen drauf«, sagte sie. »So nennt ihr jungen Leute das doch heutzutage, oder?«

»Ich glaube nicht, dass junge Leute so etwas sagen«, meinte ich.

»Ach, na klar«, sagte Johanna. »Party, Party, Campbell, oder?«

Campbell schwieg weiter. Er hielt den Kopf gesenkt, und ich spürte, wie sich sein Arm anspannte. Deshalb überlegte ich anzuhalten, um mir die Schnürsenkel fester zu ziehen, nur damit er aus unserer Umklammerung entkam. Doch Johanna zog ihn fast hinter sich her, und wenn ich jetzt stehen geblieben wäre, hätte es mich umgehauen, wahrscheinlich auch wegen des Rotweins aus dem Restaurant, den ich ohne Unterlass in mich hineingeschüttet hatte.

»Wenn du lieber nach Hause willst, dann gib ruhig Bescheid, okay?«, versuchte ich es stattdessen. Ob sich sein Arm dabei entspannte oder noch ein wenig mehr verkrampfte, wusste ich jedoch nicht zu sagen.

»Es gibt da diese Momente«, sagte Campbell plötzlich, »in denen mir alles ganz klar vor Augen steht. Wenn es mit einem Mal eine Ordnung im Chaos zu geben scheint und Ansammlungen sich zu Mustern fügen, die gedeutet werden können. Versteht ihr? Ich glaube, so etwas geschieht gerade, obwohl es vor ein paar Tagen, nein, nein, vor ein paar Stunden sogar, noch überhaupt nicht danach aussah. Farben, Zahlen, Geräusche. Ich meine, versteht ihr das?«

»Also ich verstehs«, rief Johanna und fing an zu lachen. »Und Sepulveda versteht das auch. Wir sind ja nicht weniger bekloppt als du.«

»Das hat nichts mit Wahnsinn zu tun, Johanna«, sagte Campbell und klang dabei irgendwie ruhig, freundlich, obwohl er keinen Grund dazu gehabt hätte, was mir einen Stich versetzte. Dieser Junge kam mir wie einer dieser Superreichen vor, der sich kurz vor oder kurz nach seinem Tod hatte einfrieren lassen, um jetzt, 800.000 Jahre später, wieder aufgetaut zu werden und seine ersten Worte an die Menschen der Zukunft zu richten, die mittlerweile so verblödet waren, dass einem die Spucke wegblieb.

»Na ja, es gibt dies und das«, sagte ich, denn das war das Einzige, was mir dazu einfiel. »Und alles ist scheiße«, fügte ich vorsichtshalber noch hinzu.

»Keine Fragen mehr«, sagte Campbell, »nur Antworten. Die Wasseranstalt. Der Rostwind. Die Schamkapsel. Das Palmherz. Und, nicht zu vergessen, die Wachsamkeitsvereinigung. Nur weil ihr diese Dinge nicht versteht, bedeutet es nicht, dass es sie nicht gab, gibt oder geben wird. Augenblicke der Klarheit, nichts weiter. Die Ausdifferenzierung ins Unendliche geschieht einfach, und das schon immer. Panzerschokolade. Lymphe. Kriegskommunismus. Irgendwann ist immer ein Laut zu hören da in der Stille, scheint sich etwas zu bewegen in der Dunkelheit, aber das ist nur solide Theorie. Die Sonne geht unter, der Mond geht auf – westwärts nimmt der Gang des Imperiums seinen Lauf.«

»Er spricht wie ein kaputter Killerroboter«, sagte Johanna. »Bloß gut, dass wir schon da sind. Guckt doch mal: die Leute da. Alle fröhlich.«

»Campbell, wie meinst du das?«, fragte ich. »Die ... Wasseranstalt?«

Aber Campbell schwieg.

»Campbell?«

Verdammt noch mal, Sepulveda, er schwieg!

Im kurzen Zeitraum ihres Bestehens versuchte die Kampfbrücke – jene sagenumwobene Gruppierung von heute noch sehr bekannten Brettspielautorinnen und -autoren –, die spielerischen Grundbestandteile derart zu revolutionieren, das vom eigentlichen Brettspiel – so, wie es damals bekannt war und wir es auch heute noch kennen – nicht mehr viel übrig geblieben wäre. Die Wissenschaft ist unsicher, wer genau und für wie lange zur Kampfbrücke gehörte: Klar ist, Elke von Manteuffel war dabei, ebenso Arno Picardo und Spyderling; Lady Darjeeling und Jim Britzki stießen später dazu; über die Beteiligung von Detlef Virius und Spike Skelling herrscht Uneinigkeit; Heinz Li wird immer wieder im Umfeld der Vereinigung erwähnt, aber es lassen sich keine Hinweise darauf finden, dass er ein Vollmitglied war; zudem werden zehn oder ein paar mehr Personen benannt, die unregelmäßig bei Treffen der Kampfbrücke anwesend waren oder immerhin davon träumten, einmal dazu eingeladen zu werden. Strittig ist außerdem, ob die Kampfbrücke überhaupt als feste Gruppierung anzusehen ist und nicht nur als lockerer Zusammenschluss miteinander befreundeter Individuen, die nicht ein einziges Mal persönlich zu irgendwelchen Gesprächen zusammenkamen, sondern sich nur ab und zu kryptische Briefe schickten. Die guatemaltekische Kulturhistorikerin Oleani Ríos Montt hat diese Briefe, die eigentlich nicht mehr als gegenseitig zugesandte Notizen sind, in ihrem Buch *Raumspielzeiten. Ursprung, Praxis und Ende der »Kampfbrücke« 1996–1998* ausgewertet, und vielleicht war sie es sogar, die den Begriff »Kampfbrücke« etablierte, ohne irgendeinen Beweis dafür, dass die Mitglieder den Ausdruck tatsächlich für sich selbst im Sinne einer Gruppenbezeichnung benutzten; dass jedoch Unerhörtes zwischen ihnen allen vorging, ist nicht von der Hand zu weisen. So schrieb etwa Arno Picardo in einem auf den 6. September 1996 datierten Brief, den er gleichzeitig an Elke von Manteuffel und Spyderling schickte, Folgendes: »Kampfbrücke, Kampfbrücke: 1-3-49-0.0.2. Nichts ist, wie es scheint. Ich sitze im Garten und schaue dem Hund dabei zu, wie er Schmetterlinge jagt.« Einen Tag später antwortete von Manteuffel darauf: »Ich schlafe. Zu viel Abessinischer Tee in zu kurzer Zeit. Kampfbrücke, Ende.« Und Spyderling schob hinterher: »Was soll dieser Kampfbrücken-Unsinn? Versuche gerade zu spielen. Das Brett löst sich vor meinen Augen in seine Bestandteile auf, die Figuren machen, was sie wollen.« Die schriftliche Kommunikation ebbte daraufhin für etwa ein halbes Jahr ab, und als Spyderling sie wieder aufnahm, wurde die folgende Notiz nicht nur an von Manteuffel in Frankfurt und Picardo in Lüneburg, sondern auch an Lady Darjeeling in Mandalay und Jim Britzki in Garden City, New York, geschickt: »Kampfbrücke 1966-0.9.4.-72-72. Ein Spiel: Ermittlung – alle Spieler vertuschen eine Mordsache, für die sie gemeinschaftlich verantwortlich sind. Ein Spiel: Der Vulkan und sein Inneres. Ein Spiel: Kein Brett, nur Luft, allerhöchstens ein einzelner Gegenstand, mit dem man auf etwas zeigen kann. Ein Spiel: Kein Spiel, bloß kein Spiel! Ein Spiel: Urknall als Spiel, Urknall des Spiels, Urknall, Urknall, bäm-bäm-bäm. Ein Spiel wie ein Strich in Lichtgeschwindigkeit über die Saiten eines Violoncellos. Ein Spiel, das so kurz ist, dass es gar nicht stattfindet, jedenfalls nicht aus menschlicher Perspektive. Ein Spiel als Spiel in einem Spiel als Spiel in einem Spiel als Spiel in einem Spiel usw., potenziert in nie gekannte Höhen. Ein Spiel, das den Zeitpunkt des Todes all seiner Spieler voraussagt, also von denen, die es vor Jahren gespielt haben, jetzt gerade spielen und es in weiter Zukunft spielen werden. Ein Spiel: Jagd nach Reichskanzler von Bismarck, dem mächtigen Superzombie. Ein Spiel, das aus sich selbst entsteht, ohne menschliches Zutun. Kampfbrücke 0004-0003-0002-0001-0000!« Daraufhin setzte sich eine Flut an Gedanken, Ideen und Manifesten in Bewegung, die zwischen den Beteiligten der Kampfbrücke ausgetauscht wurden, ein nur wenige Monate währender Sturm der Kreativität, vermischt mit tranceartigen Gefühlsausbrüchen und depressiven Episoden. Von Manteuffel, 12. Februar 1997:»Es tut sich was. Das Spiel beginnt sich zu bewegen. Es spielt nur noch mit sich selbst, allerdings erst mal bloß ein bisschen und wie ein betrunkenes Äffchen.« Britzki, 21. Februar 1997:»Indem ich einen Fuß vor den anderen setze / hetze ich dich. / Und ich wetze / meine Machete zum Spaß. / Und ich schätze, / dass alles, was mir einst lieb und teuer war, / irgendwo dort liegt im Gras, / verwiesen vom himmlischen Metzger / auf die hintersten Plätze.« Picardo, 2. März 1997:»Nur die Theorie kann das Fundament des Spiels sein. Die Praxis ist nicht mehr als ein netter Nebeneffekt. Niemand hat ein Anrecht darauf, dass die Rezeption irgendwelche nützlichen Ergebnisse zeitigt, weder wir noch die anderen. Daher: Theorie, Theorie und nichts als Theorie.« Von Manteuffel, 9. April 1997:»Was unterscheidet das Gedicht vom Spiel? Offene versus geschlossene Form, vielleicht. Wie kann das Gedicht ins Spiel kommen, und was hat es dort überhaupt zu suchen? Was ist die weiße Leinwand, und wie verhält sie sich zum Spielbrett? Was sehen wir wirklich, wenn wir spielen? Ich frage das alles ganz ehrlich, während meine Kinder hinter mir eine Piratenfestung aus leeren Joghurtbechern bauen.« Absender unbekannt, 12. April 1997 (laut Oleani Ríos Montt möglicherweise Lydia Grybauskaitė, eine junge Brettspielautorin aus Litauen, die um den 12. April 1997 herum in die Wälder unweit von Kaunas ging und nicht mehr zurückkam):»Der Wald schläft. Darüber tobt es in den Lüften. Habt ihr je im Wald gestanden und darüber nachgedacht, warum ihr nichts mit den Blättern und Zweigen, der Rinde und den Nadeln zu tun habt, warum es auf der einen Seite eure Körper gibt und auf der anderen all die grundverschiedenen Strukturen, warum ihr niemals so sein könnt wie die Bäume? Ich bin mir jetzt sicher: Die Farbe Grün ist eine gänzlich unpassierbare Grenze für uns. Meine Idee ist, Schlaf zu finden im Wald, wenigstens das – es scheint mir das Einzige zu sein, was uns in diesem Zusammenhang noch möglich ist.« Spyderling, 16. April 1997:»Das Spielbrett als sich unendlich in alle Richtungen erstreckende Ebene, durchzogen von unzähligen parallel verlaufenden Geraden, die sich niemals berühren werden: eine Geometrie der Angst und der Haltlosigkeit. (PS: Das bedeutet, dass vor allem die konkrete Form Entsetzen auslöst, nicht dieser ganze mehrdeutige Scheiß, der einem völlig egal sein kann, weil es ihn sowieso nicht gibt.) Darjeeling, 19. April 1997:»Bin jetzt in Blutenau angekommen. Ort jenseits aller Orte. Schienen durchschneiden das Tal. Es liegt Schnee. Man hat mich schon gefragt, was ich hier eigentlich wolle. Keine Antwort meinerseits. Ich bin hier für meinen Urlaub. Und im Urlaub wird nicht gesprochen.« Picardo, 3. Mai 1997:»Die alten Römer haben so lange im Schnee gespielt, bis ihre Finger vor Kälte brachen, sie konnten einfach nicht aufhören damit.« Darjeeling, 9. Mai 1997:»Bin aus Blutenau zurück. Der dortige Herzog stellte sich als sächsischer Heiratsschwindler heraus. Wenn ich dazu komme, melde ich seine Machenschaften an Interpol. Es klingt so blöd, wie es ist: Zu Hause ist es doch am schönsten.« Spyderling, 25. Mai 1997:»Zum Beispiel Schlafsand und andere ekelerregende Dinge.« Von Manteuffel, 27. Mai 1997:»Es tritt mich, es beißt mich, es greift nach mir, es kneift mich, es kratzt mich, es schlägt mich, es reißt mir jedes Haar einzeln aus.« Britzki, 21. Oktober 1997:»Kampfbrücke-Mutter, Kampfbrücke-Vater – hört ihr unser Flehen, etwas wollen zu können? Wir schwimmen in euren trüben Augen um unser Leben, aber bisher ist alles vergeblich. Wir sind hier – bemerkt ihr uns nicht? Wir sind doch eure Kinder! Bitte, bitte geht nicht ohne uns in den Spielzeugladen. Wir folgen euch artig in eurem toten Winkel. Macht euch auf etwas gefasst.« Britzki, 25. Oktober 1997: »Ein paar von uns sind sich also einig darin geworden, dass ein Spiel durchaus ein Eigenleben führen kann. Wir glauben also nicht mehr an die Leblosigkeit der Gegenstände, richtig? Frage jetzt an alle in der Runde: Kennt das Spiel auch den Tod? Ich meine: Kann es versterben?« Britzki, 2. November 1997: »Jeder von uns zieht sich schon wieder zurück, ich spüre das doch. Immer nur für einen Moment kommen wir einander ganz nah, dann geht wieder jeder seiner beschissenen Wege.« Picardo, 5. November 1997: »Kampfbrücke-Antwort 126-005-3.2 auf Frage 089-4-3.2.-999; Subjekt: Britzki, Jim; Datum: 25. Oktober 1997: Nein, aber mit diversen Einschränkungen.« Von Manteuffel, 15. November 1997: »Wenn ich etwas mit euch zu tun haben wollen würde, dann würde ich euch mit einem Stück Kuchen und einem Würfelbecher besuchen kommen. Ich will aber nichts mit euch zu tun haben, deshalb bleibe ich im Schatten meiner Geheimidentität.« Darjeeling, 2. Dezember 1997: »Ihr fehlt mir. Hier ist es so still ohne euch. Wie gut es mir jetzt tun würde, in eure zerkratzten Gesichter zu schauen.« Spyderling, Weihnachten 1997: »Wart ihr nüchtern genug, um etwas davon mitbekommen zu haben? Daniel Day-Lewis, Schauspieler aus dem Königreich von Dingsda und Nord-Sowieso, hat seine Karriere beendet und ist in den Süden gegangen, um als Schuster zu arbeiten. Möglichkeiten solcher Art bieten sich ganz bestimmt nur ein einziges Mal: Jemand sollte aus diesem Sachverhalt sofort ein Spiel machen, bevor sich die dafür nötige Energie wieder in nichts auflöst.«

Nach dem Jahreswechsel 1997/98 war die Eruption vorbei. Es schien, als hätten sich alle Beteiligten infolge eines geheimnisvollen Disputs so sehr in die Haare bekommen, dass sie nicht mehr miteinander sprechen wollten. Warum und wie – auch Oleani Ríos Montts Auswertung der kurzen Briefe führte zu keiner befriedigenden Erkenntnis. Sicher war nur: Man hatte einfach das gemeinsame Gespräch eingestellt, und damit sollte auch die

Kampfbrücke ein für alle Mal Geschichte sein. »Einzig bedeutsam war vielleicht«, so Ríos Montt in ihrer nüchternen Abschlussbetrachtung, »dass überhaupt mal irgendwer sich Gedanken gemacht und mit jemand anderem – und sei es auch nur für einen Moment – ernsthaft über dieses oder jenes Thema gesprochen hat.« Aber gibt es auch etwas, was wir Jüngeren daraus lernen können, falls wir Lust darauf haben? Nun ja, anscheinend hat jede Zeit ihre Leerstellen, ihre Visionen, ihre Wunden. Oder wie Spyderling am 21. Januar 1998 an die Freunde schrieb: »Es geht los – also bewaffnet euch gefälligst mit allem, was ihr in die Finger kriegen könnt!«

Eine Plakatwand neben dem Club Transistor in Chişinău, Hauptstadt der Republik Moldau, kündete vom musikalischen Aufgebot, das sich in dieser Nacht hier ein Stelldichein gab: Als Headliner GÜHR und Taxi Terreur & The Hitlerbabies, gefolgt von San Diego und Hyperpetra; die Auftritte von Train World, El Arsch und der Chóśebuz Superlecker Broiler Gang waren bereits gestrichen worden; möglicherweise hatten sich diese Bands schon wieder aufgelöst oder waren anderweitig in Ungnade gefallen; alles in allem jedoch schien das hier so etwas wie ein kleines Festival zu sein, wo Leute, die mir nichts sagten, eben Transnistrian Meth Rock spielten, der mir ebenso nichts sagte. Im Übrigen keinem von uns, nicht einmal Campbell.
Wir reihten uns also in die Schlange vor dem Club ein, der sich im Keller unter einer monströsen Villa befand, in der zu finsteren Zeiten mit an Sicherheit grenzender Wahrscheinlichkeit der KGB residiert haben musste. Während wir warteten, war von drinnen schon das Brummen, Schlagen und Brüllen elektronischer Instrumente zu hören, was ein Vorgeschmack darauf war, in welche lärmende Vorhölle wir gleich hinabsteigen würden. Die meisten Menschen um uns herum waren jung, einige von ihnen noch Teenager; die Boys trugen kurze Haare, Sonnenbrillen und Jogginghosen, die Girls Strickjacken mit Pelzkrägen und glitzernde Sterne auf den Wangen. Anhand der Kleidung der wenigen Älteren unter ih-

nen versuchte ich zu ergründen, ob wir uns in eine bestimmte Szene eingereiht hatten oder ob es sich hier um das übliche Partyvolk handelte, das freiwillig in jedes dunkle Loch marschierte, in das sich gerüchteweise ein DJ verkrochen haben könnte – aber selbst die Leute in unserem Alter sahen so normal und unauffällig aus wie normale und unauffällige Leute in einer tief im Wald gelegenen ehemaligen Sowjetrepublik eben aussehen: Muskelshirts, Lackhosen, florale Tattoos, Wanderstiefel, Lederröcke, Handytasche am Hosenbund.

»Und? Hast du schon irgendwelche Nazis gesehen?«, fragte ich Johanna.

Sie sagte nichts, verzog den Mund zu einem Strich und ließ ihre Augen langsam von links nach rechts gleiten und wieder zurück. Es dauerte noch eine ganze Weile, bis wir an der Eingangstür waren. Immer wieder kamen verschwitzte Personen aus dem Club die Kellertreppe hinauf, Flaschen klirrten, ab und zu rempelte mich eine Schulter an, es wurde viel gelacht in diesen pfeilschnellen Sprachen voller krachender Konsonanten und aneinandergereihter Zischlaute, wobei mir nur der Fakt bekannt war, dass in Moldau mal Rumänisch und mal Russisch und ganz selten auch Ukrainisch gesprochen wurde, weshalb ich davon ausging, dass dies nun auch vor dem Eingang zum Club Transistor der Fall sein musste. Ich hätte mich gern kurz mit jemandem unterhalten, der nicht zu uns gehörte, und ein paar Fragen zu dem gestellt, was dort drinnen vor sich ging, aber weil wir nicht dazugehörten – und zwar zu rein gar nichts, was sich in dieser Stadt abspielte –, ignorierte man uns einfach und vermied auch jeglichen Blickkontakt. Wir waren fremd, und ich hatte das Gefühl, dass man uns das spüren ließ, indem man uns einfach nichts spüren ließ, kein Interesse, keine Verwunderung, keinen Hass. Es war aber auch nicht so, dass man strikt unter sich bleiben wollte, denn immerhin durften wir hier stehen und warten, ohne angepöbelt oder verjagt zu werden.

Die gelassene Lähmung des Ostens, fiel mir in diesem Moment ein, als hätte ich davon schon einmal gelesen oder mir Gedanken darüber gemacht, vielleicht damals, als ich nach Leipzig gezogen war, in diesen ersten furchterregenden Monaten unter Deutschen, die nichts lieber taten, als sich gegenseitig anzuschweigen. Oder hatte ich mit Franz, dem Künstler, darüber gesprochen? Er war Ossi und hatte mir irgendwann einmal den Tipp gegeben, im Osten das Maul nur so weit aufzureißen, dass keine ganze Faust hineinpasste, was immer das auch heißen mochte. War Ronny Neugebauer nicht auch ein Ossi? Der war aber jetzt schon fast bis an den langhaarigen Türsteher herangerückt und wischte sich nervös über beide Arme, also wollte ich ihn nicht mit meinem plötzlichen Drang belästigen, ein paar Dinge noch einmal für mich klären zu müssen.

»Hey«, hörte ich Ronny auf Englisch zum Türsteher sagen, »bist du ... Moment, wie hieß der Typ noch mal? Egal. Wir kommen von ... ähm ... deiner Freundin. Sie sagt, du lässt uns rein?«

»Oleg«, sagte King, »Oleg heißt er. Und ihr Name war Nina.«

»Genau«, sagte Ronny, »Oleg und Nina. Nina, Nina – alles klar? Mister ... Oleg?«

Der Türsteher sah Ronny streng an.

»Wie viele seid ihr?«, fragte er.

Ronny blickte sich nach uns um, zählte in Gedanken und sagte: »Fünf, oder? Nee, sechs. Sechs sind wir. Wir drei hier und die drei da hinter uns.«

»Wie alt ist der Junge?«, fragte Oleg.

»Zweiundzwanzig«, antwortete Campbell.

»Okay, dann los.«

Wir huschten hinein, um Oleg mit den langen Haaren nicht doch noch die Möglichkeit zu geben, Ronny ein paar Manieren beizubringen, und bahnten uns einen Weg die lange Treppe hinunter, auf deren Absätzen überall Leute hockten, die miteinander tranken und sich unterhielten, obwohl der Krach hier es eigentlich nicht zuließ, ein anständiges Gespräch zu führen. Je tiefer wir unter die Erde stiegen, umso heißer und lauter wurde es. In der Ferne erkannte ich den Schein von mal blauem, mal weißem, mal rotem Licht, das am Fuß der Treppe über den Boden zuckte. Es roch süßlich nach Kunstnebel, und die schwarzen, nassen Wände schienen vom dumpfen Druck des Basses leicht bewegt zu werden, was kein gutes Zeichen war für die Lärmkulisse unten im Innenraum des Clubs.

Nygård hatte etwas zu sagen, aber niemand von uns verstand ihn.

Campbell presste seine Handfläche gegen die Wand und führte sie den ganzen Weg bis hinunter daran entlang, möglicherweise weil er es auf eine ziemlich verquere Art genoss, die Schweiß- und Atemtropfen an den Fingerspitzen aufspritzen zu fühlen.

King bewegte schon fröhlich den Kopf im Takt der Bässe.

Johanna drängelte sich an den uns entgegenkommenden Menschen vorbei, und für einen Moment verlor ich sie aus den Augen, ehe ich sie in ein paar Metern Entfernung wiederfand.

Ronny stibitzte einem auf der Treppe knutschenden Pärchen eine Flasche Bier, prostete uns allen zu und leerte das Gesöff in einem Zug.

Als wir, unten angekommen, die schwere Eisentür öffneten, hatte ich das Gefühl, als zerfetzte mir das Kreischen der bis zum allerletzten Anschlag übersteuerten E-Gitarren beide Trommelfelle, und schon waren wir von einem arglistigen Unterdruck hineingesaugt worden in den Innenraum, der bis auf den letzten Zentimeter mit Körpern gefüllt war, die im Gewitter des Stroboskops wie eine Horde Leichen aussahen, die jemand mit Hochspannung wieder zum Leben erweckt hatte. Vorn auf der Bühne schüttelten sich fünf haarige Gestalten, und alle trugen Gitarren, deren Hälse sie über ihren Köpfen in die Luft reckten; das musste die Band San Diego sein, zumindest stand der Name auf der großen Trommel des Schlagzeugs, hinter das sich anscheinend ein paar Leute aus dem Publikum gezwängt hatten, die mit bloßen Fäusten auf die Becken eindroschen. Jetzt war es wichtig, nicht zimperlich zu sein: Menschen, die sich mir näherten, mussten sofort mit einiger Kraft zur Seite gestoßen werden, damit sie mich nicht zerdrückten oder ihre Getränke über mich entleerten; Platz musste geschaffen werden, ein winziger Raum nur, in dem wir wenigstens halbwegs stabil beieinanderstehen konnten, ohne fortgerissen und auf der anderen Seite der Bühne wieder ausgespuckt zu werden; Campbell musste in unsere Mitte genommen werden, bevor ihm jemand sein zartes Rückgrat zerknickte, also drückte ich mich an ihn und lotste ihn mit einer beherzten Drehung meines Oberkörpers zu Ronny, King und Nygård hinüber, die ihn sofort an den Schultern packten und dazu zwangen, mit ihnen auf und ab zu hüpfen.

»Entspann dich mal, Sepulveda«, schrie mir Johanna ins Ohr, »ich suche uns was zu trinken!«

Die Typen von San Diego fuhren derweil mit ihrer Choreografie fort, die nun darin bestand, mit stampfenden Schritten umeinander herumzugehen und kurze Kämpfe mit ihren Gitarren auszufechten. Ihre Mähnen hatten sie so merkwürdig toupiert, dass nicht ein einziges Gesicht zu erkennen war: Haare, Haare, überall nur gottverdammte Haare! Irgendwann schienen sie die Leute dazu aufzufordern, sie mit Flaschen zu bewerfen, die sie mit den Hälsen ihrer Gitarren in der Luft zerschmettern oder immerhin abwehren wollten, was sogar zweimal klappte, aber auch zweimal kolossal in die Hose ging, als zwei Gitarristen von zwei Flaschen an ihren dämlichen Köpfen getroffen wurden und zu Boden gingen. Das Publikum stellte seine Würfe daraufhin sofort ein, die übrig gebliebenen Musiker fingen wieder an zu spielen, während sich die beiden Verletzten schwankend von der Bühne trollten. Wenige Minuten später endete jedoch die Musik abrupt, und es wurde stockdunkel. Die Leute begannen zu johlen und zu pfeifen. Stromausfall, Showeinlage – wer wusste das schon? Ich schluckte. Jetzt galt es, Ruhe zu bewahren und auf alles zu achten, was in meiner Nähe so vor sich ging. Ich hörte Gemurmel dicht an meinem Ohr, vielleicht die Stimmen von Ronny oder King, und war drauf und dran, um mich zu schlagen, sobald ich eine fremde Hand an meinem Körper spürte, doch dazu kam es nicht, denn als ich bemerkte, dass sich auf meinem Rücken eine Flüssigkeit auszubreiten begann, kamen mir schon die Tränen, ich konnte überhaupt nichts dagegen tun, und vielleicht war das alles genau so wie in jenem Moment damals im Dschungel des Nationalparks El Imposible irgendwo in El Salvador, als mir und meinen Freundinnen Abby und Jennifer klar geworden war, dass – als alle Lichtquellen ihren Geist aufgegeben hatten und es in den Büschen rundherum zu knistern begann – die Nacht in einem Wald etwas so Furchtbares und Überwältigendes sein konnte, dass es dafür bisher keinen Platz in der eigenen lächerlichen Vorstellungskraft gegeben hatte. Das Blitzlicht von Abbys Kamera war das Letzte gewesen, womit wir unsere Umgebung erhellen konnten – für eine einzige Sekunde nur alle paar Minuten sahen wir, wo wir uns befanden: das Dickicht im weißen Licht und die Schwärze zwischen den Blättern; der matschige Pfad, dessen Pfützen den Schein reflektierten; Steine überall, manche klein, andere riesengroß; ein Gewirr aus Schlingpflanzen zwischen den Baumstämmen; der Abhang. Als der Kamera-Akku schließlich leer war, tasteten wir uns voran, Zentimeter für Zentimeter, wir kamen nicht weit, drehten uns wahrscheinlich im Kreis, flüsterten nur noch miteinander, erschraken, wenn sich versehentlich unsere Hände, unsere Unterarme, unsere Schultern, unsere Hüften berührten, und sofort versuchten wir, einander wiederzufinden, was nicht ein einziges Mal gelang, nur das Flüstern und die Geräusche unserer Füße im Dreck ließen uns wissen, dass wir noch zusammen waren, eben so lange, bis Abby nicht mehr da war und wir nur ihren Schrei hörten und es keine Möglichkeit gab, ihr irgendwie zu helfen. Nichts an diesem Alleinsein ist vergleichbar mit irgendwelchen anderen Umständen, in denen man allein ist; nichts an dieser Finsternis ist vergleichbar mit irgendwelchen anderen Umständen, in denen es finster ist. Doch jetzt, hier, im Club Transistor, irgendwo in der Hauptstadt der Republik Moldau, irgendwo in Europa, ging das Licht wieder an, und ich schlug zum Schutz vor der gleißenden Helligkeit die Hände vors Gesicht, blendete alle Geräusche um mich herum aus, atmete und fühlte die Hitze im Raum, fühlte auch die Kälte des feuchten Stoffs auf meinem Rücken.

»O Mann, verdammt, das wollte ich nicht.«

Johanna. Ich drehte langsam den Kopf zu ihr um. Sie trug ein Tablett mit einem vollen Bierbecher darauf, die anderen fünf lagen leer über den Boden verstreut.

»Ist schon gut«, sagte ich und wischte mir das Gesicht mit den Handgelenken trocken.

Allmählich kehrte auch der Rest von mir in den Club und in einen Körper zurück, der mir wie ein mit alten elektronischen Geräten vermülltes Abrisshaus vorkam. Genau so stand ich jetzt wieder da: lädiert, verwandelt und ziemlich beschämt, vor all diesen Menschen geheult zu haben.

»Hier«, sagte Johanna und reichte mir den Becher Bier, der unseren Zusammenstoß überlebt hatte.

»Danke«, sagte ich.

»Gezondheid, Sepulveda!«

»Cheers!«

San Diego hatte sich mittlerweile verzogen, und die Techniker machten sich daran, auf der Bühne die Instrumente für den nächsten Auftritt abzuräumen. Ronny, King und Nygård waren zur Bar gegangen, um Schnaps zu trinken. Campbell stand etwa zwei Meter entfernt und starrte Johanna und mich mit einem Blick an, der irgendwo in den Tiefen des Weltalls hängen geblieben zu sein schien. Vorne trat ein Muskelberg von einem Ansager ans Mikrofon und kündigte GÜHR an, zwei winzige Zwillingsmädchen, die sich ihre DJ-Pults an breiten Lederbändern um die Schultern gehängt hatten; außerdem trugen sie sackähnliche Wollmützen, die mit so irre viel Zeug vollgestopft sein mussten, dass die beiden aussahen, als litten sie unter gigantischen Wasserköpfen. Nachdem sie sich zugenickt hatten, begann sofort eine flirrende Kaskade aus Sirenentönen, Videospielmelodien, Sexgeräuschen und Maschinengeklapper auf uns alle herabzurieseln. Das Publikum ließ sich davon zu einer Art kollektivem Tanz animieren, der darin bestand, dass die Leute vor und zurück schwankten, samt mehrerer Unterbrechungen, in denen sie für zwei, drei Sekunden Dauer wie eingefroren erschienen. Ich überlegte, ob diese gemeinsamen Bewegungen etwas mit dem Kommunismus zu tun hatten, und wie ich so darüber nachdachte, fürchtete ich, dass wir uns tatsächlich in einem ehemaligen Folterkeller des KGB befinden könnten, in dem dieser mögliche Umstand jedoch keine Rolle mehr spielte, für niemanden dieser Feiernden hier, die bedenkenlos von der Tobsucht zum Marschtritt wechseln konnten, während draußen die Sowjethochhäuser ihrer Stadt vom Regen zerfressen wurden, der alles mit sich riss und in die Schlaglöcher der Boulevards spülte. Was blieb mir und Johanna da anderes übrig, als mitzutanzen? Etwa zwanzig Minuten ging das so, und irgendwann war ich mir sicher, das sich stetig wiederholende und wenig aussichtsreiche Geklimper von GÜHR ließ mich für einen Augenblick vom Boden abheben, woran aber vielleicht auch der Alkohol und die bleischwere Luft im Club schuld sein konnten.

»Ich kann nicht mehr!«, schrie ich Johanna ins Ohr.

»Ich auch nicht!«, schrie sie zurück.

Wir gaben Campbell Bescheid, dass wir zu den anderen gehen würden. Er schloss sich uns zuerst an, blieb dann aber doch bei einem Pfeiler stehen, wo etwas seine Aufmerksamkeit erregt haben musste, ein abgeplatztes Stück Putz vielleicht, ein in die Wandfarbe geritztes geheimnisvolles Zeichen oder die Antwort auf alles, verborgen in einem angesengten Tapetenrest.

An der Bar schossen sich Ronny, King und Nygård mit moldauischem Weinbrand ab, den sie aus halbierten Kokosnussschalen mit Schirmchen, Strohhalmen und Limettenscheiben soffen.

»Nicht moldauisch, Sepulveda«, lallte Ronny, »trans… trans…nistrisch.«

»Hä?«

»Ein belebendes Getränk aus einem Land, das es nicht gibt«, erklärte er. »Schmeckt gut. Koste mal.«

»Transnistrisch, ja?«, sagte ich und griff nach Ronnys Kokosnuss. »Davon habe ich schon mal gehört.«

»Die verbotene Zone«, raunte King.

»Das letzte bisschen Sowjetunion auf unserem schönen Planeten«, fügte Nygård hinzu.

Dann lachten alle drei, aber ich verstand ihren Witz nicht.

Der Weinbrand war echt ganz gut, also bestellte ich für Johanna und mich auch zwei Kokosnüsse. Transnistrien also. Hm. Ich wusste, dass es Anfang der 1990er-Jahre, während des Zerfalls der Sowjetunion, einen kurzen, aber heftigen Bürgerkrieg in Moldau gegeben hatte, bei dem sich ein Teil des gerade neu entstehenden Staates abtrennte, um selbst unabhängig zu sein oder als Sowjetrepublik fortzubestehen oder irgendwie so was. Ein weitgehend unbemerkt ausgefochtener Konflikt, der zum ewig währenden Waffenstillstand erstarrt war, ohne Aussicht auf eine Lösung, alles im Schatten des großen Flächenbrandes auf dem Balkan zur selben Zeit und letztlich nur eine weitere Variante des trostlosen Wechselspiels von Aufstieg und Niedergang im Osten Europas. War Transnistrien jetzt ein eigenes Land oder ein Protektorat Russlands oder nichts von beidem? Soweit ich mich erinnern konnte, war wohl Letzteres der Fall.

» … und tja, was soll ich mir schon groß dabei gedacht haben …« Ronnys blöde Quietschstimme riss mich aus meinen Gedanken über die politischen Entwicklungen am Steißbein des Abendlandes zur Zeit des ausgehenden Jahrtausends. »Der Käse ist doch die Antwort auf alles, oder etwa nicht? Ich meine: Als Spieler musst du erst mal da durch, den Käse überhaupt herzustellen – die pure Ödnis. Aber dann! Wenn du ihn hast, ist er deine einzige Waffe im Kampf gegen die Zerstörung des Planeten. Das ist das echte Leben, liebe Freunde, denn am Ende läufts immer darauf hinaus: wir gegen die und alle zusammen gegen den Rest. Ist doch so, oder?«

Ich brauchte eine Weile, um zu kapieren, worüber die Jungs sprachen: Ronnys Käse-Spiel mit dem doppelten Brett, für das er bisher keine Lösung gefunden hatte. Es fiel mir schwer, es zuzugeben: Ein paar seiner Grundgedanken waren zwar völlig daneben, aber gar nicht so dämlich.

»Du bräuchtest«, mischte ich mich in das Gespräch ein, »vielleicht noch so etwas wie ein besseres Scharnier. Ein Regulativ, verstehst du? Käse, okay, schön und gut – aber ist der Sprung zum alles vernichtenden Waffensystem nicht ein bisschen zu gewagt?«

»Oho«, wandte Ronny sich mir zu, »es spricht die einzige und wahre Künstlerin der internationalen Brettspielszene zu mir. Erleuchte mich nur weiter, weise Sepulveda, ich bitte darum!«

»Ich bin ja eher so 'ne Art Historikerin, aber was solls. Tja, Kunst ... warum denn nicht? Da habe ich schon so meine Ansprüche.«

»Ohooo«, ließ Ronny nicht locker, »Ansprüche! Ich werd verrückt. Was glaubst du, für wen wir diesen ganzen Quatsch machen? Das kann ich dir sagen: Kon-su-men-ten! Die Leute fressen doch alles munter in sich rein, was wir ihnen vorwerfen, denn selber kochen können sie ja nicht.«

»Da ist was Wahres dran«, pflichtete ihm Nygård bei, der alte dänische Opportunist.

»Na ja, wenn es nur darum geht ...«, sagte ich. »Unsere Leute mögen zwar so blöd wie alle Leute überhaupt sein, aber das heißt ja nicht, dass wir sie in ihrer Blödheit auch noch bestätigen müssen. Dass wir ihnen nicht nur das sagen, was sie hören wollen, sondern ihnen zeigen, was noch so möglich ist und wovon sie bisher überhaupt keinen Schimmer hatten. Nicht mal wir, die wir nur Brettspiele erfinden, sollten uns darauf festlegen lassen, bloß Produkte für gelangweilte Kinder, einfallslose Großeltern und bindungsgestörte Mathematiker zu entwickeln.«

»Und nicht zu vergessen«, warf Johanna von der Seite ein, »sexbesessene Studenten!«

»Genau«, sagte ich. »Prost!«

Wir stießen alle miteinander an.

»Wo war ich stehen geblieben?«, überlegte ich laut. »Ach ja, die Kunst. Hat überhaupt irgendwer von euch Pendejos mal was von Spyderling gespielt?«

»Och nö«, sagte Johanna.

»Spyderling ist gut, keine Frage«, meinte King. »Das sind alles sehr interessante Spiele. Aber wenn es nur darum geht, die Leute zu quälen, dann ist das doch auch keine Lösung.«

»Aber es geht doch gar nicht um die Qual«, sagte ich. »Na ja, zumindest nicht ausschließlich. Es geht um die Voraussetzung der Qual, die Erfahrung der Qual und all die Möglichkeiten, die aus der Qual erwachsen. Es geht also letztlich um die Qualität der Qual, glaube ich.«

»Du bist so komplett irre, Sepulveda«, sagte Johanna. »Was findest du nur an diesem Scheiß?«

»Ach, was weiß ich«, seufzte ich. »Spyderling ist die Alternative zu uns allen, die überhaupt nicht wissen, wo oben und unten, links und rechts ist, weil wir nur die eine einzige Richtung kennen: die gut ausgebaute Straße, auf der sich alles bewegt, Richtung Meer zum Beispiel, wo jeder Vollidiot gerne Urlaub macht.«

»Straße, Urlaub, Meer?«, fragte Nygård hilflos.

»Aber wenn jemand auf deiner tollen Straße plötzlich die Abzweigung zu einer Raststätte nimmt«, sagte Johanna, »und zwar zu einer ... totalitaristischen Raststätte – dann findest du das plötzlich vollkommen in Ordnung, oder wie?«

»Nee«, antwortete ich, »natürlich nicht. Meine Güte, wir müssen uns doch jetzt hier nicht über Spyderling streiten! Diese Spiele sind natürlich hoch problematisch, das sehe ich doch auch, ich bin ja nicht völlig plemplem. Aber versteht ihr denn nicht, dass alles auch ganz anders laufen kann, als wir denken? Dass alles ganz anders sein kann, als wie wir es uns bisher immer vorgestellt haben? So ganz, ganz anders, als es uns beigebracht wurde? Das müsst ihr doch spüren, dass da noch so viel mehr möglich ist, oder etwa nicht? Was ist denn bloß mit euch los? Wie alt seid ihr? Fünfundachtzig? Warum seid ihr so müde? Wo ist euer Interesse an den Träumen und ihren Zusammenhängen?«

»Träume und Zusammenhänge, na klar«, sagte Nygård. »Mit so einem Schwachsinn verkaufe ich kein einziges Spiel.«

»Na und?«, rief ich. »Was schert es dich, wie viel Geld du verdienst, wenn du die Möglichkeit hast, die Wahrheit zu sagen? Sollte auch nur ein einziger Hirnverbrannter am Spieltisch wenigstens für den Hauch einer Sekunde kapieren, dass es für ihn selbst irgendeinen Sinn ergibt, was er da gerade tut, dann würde ich sogar noch was drauflegen, um das miterleben zu dürfen. Aber wenn ich euch so anschaue und wie bescheuert ihr eigentlich seid, kann ich mein Geld auch gleich zum Fenster rauswerfen.«

Ich feuerte meine Kokosnuss hinter die Bar, drehte mich um und steuerte ziellos auf die Tanzfläche zu. »Hey, hey«, hörte ich noch die Rufe der anderen hinter mir, und: »Ist okay, lasst sie erst mal in Ruhe.« Da wurde ich an der Schulter berührt. Campbell, der mir mit verkniffenem Gesicht zunickte.

»Wut und Licht, Daytona«, sagte er leise. »Wut. Und Licht.«

»Verdammte Scheiße noch mal, Campbell«, schrie ich ihn an, »jetzt nicht!«

Und es traten auf: Taxi Terreur & The Hitlerbabies.

Und es gibt da diesen Film namens *Holzen*, von dem ich bis heute nicht zu sagen weiß, wo, wann und von wem er gedreht worden ist, und den ich mir einmal mit meinen Eltern angesehen hatte, eines Abends, auf einem der ganz weit hinten liegenden Kanäle unseres Satellitenfernsehens, Nummer 784 oder so, der Sommer ging gerade zu Ende, und ich war erst seit ein paar Wochen aus El Salvador zurück, und wir saßen also nach dem Abendessen im Wohnzimmer, meine Mutter und ich auf der Couch, mein Vater in seinem Sessel, und jeder von uns zappte durch das Programm, so lange, bis man keine Lust mehr hatte und die Fernbedienung an jemand anderen weiterreichte; ich erinnere mich nicht mehr daran, was wir vor dem Film gesehen hatten, ganz sicher eine der späteren *Sopranos*-Folgen, vielleicht aber auch ein Stück aus einem Actionstreifen mit Nicolas Cage, na ja, jedenfalls blieb ich auf diesem einen Kanal ganz hinten hängen, und da lief dann dieser Film, der nichts anderes zeigte als ein paar Leute, die irgendwo auf dem Land am Rande eines kleinen Waldstücks mit Holz arbeiteten, also Bäume fällten, Stämme zusägten, Scheite herumtrugen und sie auf einem Haufen stapelten, nebenbei kleine Feuer entzündeten und Pause machten, so was halt; Frauen und Männer waren dabei, ein paar Teenager auch, niemand sprach, jeder schien in seine jeweilige Aufgabe vertieft, und die Kamera wanderte mal hier und mal dort hin, betrachtete einen der Arbeiter in Nahaufnahme oder zog sich ein paar Meter zurück, um die ganze Szenerie abzubilden, Holz, Holz, überall Holz und dazwischen diese emsigen Leute, und ich weiß noch, dass meine Eltern und ich das ganze Treiben mit einer großen Ruhe betrachteten, schweigend und interessiert, anderthalb Stunden ging das bestimmt so, und es lag ja auch eine besondere Art von Gemächlichkeit in diesen Bildern, die für mich aber unverständlich waren, denn warum, stellte sich mir die Frage, sollte es etwas Besonderes sein, diese Leute dabei zu filmen, wie sie sich mit Holz beschäftigten, ohne dass es einen Hinweis darauf gab, warum es ihnen so wichtig war, sich mit Holz zu beschäftigen, aber alles in allem bestand der Film halt genau darin, und das akzeptierte ich schließlich auch, während ich gleichzeitig nicht zu sagen wusste, was meine Eltern darüber dachten, die sich außer ihrem irgendwie zufriedenen Schweigen nichts anmerken ließen, zumindest bis zu diesem einen bemerkenswerten Moment gegen Ende des Films, als die Kamera ganz dicht an einen der Arbeiter heranrückte, er hieß Jimmy, das weiß ich noch genau, Jimmy, der sich gerade über einen Stamm gebeugt hatte mit seiner eingeschalteten Motorsäge, so einem kleinen handlichen Ding mit ganz kurzem Blatt, und dieser Jimmy sägte nun und sägte, und dann sah er auf und direkt in die Kamera hinein, und dann riss er völlig unvermittelt seine Säge hoch und rammte sie sich mitten hinein ins Gesicht, das sofort auseinanderplatzte, und die Kamera wackelte hin und her, und jemand schrie: »Jimmy!«, und dann wurde alles schwarz, und der Film war vorbei.

Meine Eltern und ich saßen einfach nur da, nichts außer unseren atmenden Oberkörpern bewegte sich an uns. Für eine halbe oder eine ganze Minute bestimmt. Erst als der nächste Film begann – ein Streifen mit dem Komiker Chevy Chase und seiner dysfunktionalen Familie, die Urlaub in Las Vegas machten –, sprang mein Vater, ohne ein Wort zu sagen, von seinem Sessel auf, verließ das Wohnzimmer und ging hinaus auf die Straße. Ich wollte die Hand meiner Mutter nehmen und ihr sagen, dass ja eigentlich gar nichts passiert sei und alles gut ausgehen würde, wie immer, aber sie saß so starr neben mir, dass ich mich nicht dazu durchringen konnte, weil ich befürchtete, sie so zu erschrecken, dass sie einen

Herzanfall erleiden würde, und ich dachte daran, dass meine Eltern die Tragik meines Verschwindens wohl nie so recht begriffen hatten, aber jetzt, in diesem Augenblick, nach diesem sonderbaren Film und seinem furchterregenden Ende, da hatten sie vielleicht endlich verstanden, wie es mir und ihnen selbst wirklich ging und ab jetzt für alle Zeiten gehen würde.

Als der Riese mit dem Vollbart und dem schwarzen Mantel auf die Bühne trat, jubelten die Leute und warfen ihre Bierbecher zu ihm nach vorn; er ging mit schweren Schritten umher, zerknackte das Plastik unter seinen Stiefeln und begann, mit tiefer Stimme etwas zu singen, dessen Melodie und erste Zeilen nach einem Volkslied klangen, begleitet von einer unsichtbaren wehklagenden Geige; ich stellte mir zunächst ein rumänisches Volkslied vor über die schwarzen Wälder, das entbehrungsreiche Leben der Menschen in den Bergen und den Kampf gegen den Feind hinter den eigenen Grenzen, vielleicht so etwas in der Art, doch es konnte auch durchaus sein, dass er über etwas völlig anderes sang; später glaubte ich, in seiner inbrünstig vorgetragenen Arie die Worte »Disko«, »Lenin«, »Ektoplasma« und »Mafia« zu verstehen, aber nach zwei Stunden in diesem Club war auf mein Gehör nicht mehr viel Verlass; das Publikum begleitete als Chor seinen Gesang, geriet dabei jedoch immer wieder ins Stocken, weil der Hüne vom Text abwich oder die Leute mittlerweile einfach zu betrunken waren, um noch fehlerfrei mitsingen zu können; die Geige hatte ihr Tempo derweil merklich erhöht und klang immer mehr wie eine Katze, der man den Schwanz angezündet hatte, was den Sänger schließlich dazu bewog, in einer dramatischen Armbewegung seinen Mantel aufzureißen, unter dem eine junge Frau in einer dunkelblauen, blutverschmierten Offiziersuniform und mit einer winzigen Geige auf ihrer Schulter heraussprang. Jetzt war das Publikum nicht mehr zu halten, applaudierte oder streckte die Hände gen Bühne aus, auf der sich auch die weiteren Bandmitglieder einfanden: ein spindeldürrer Kerl mit dreckigem Arztkittel, Nickelbrille und einer Flöte, die bestimmt einen ganzen

Meter maß, die Schlagzeugerin im Abendkleid und auf dem Kopf die Turmfrisur von Frankensteins Braut sowie ein dicker, in Lichterketten und Stacheldraht gewickelter Kerl, der sich eine Art Gitarre umgehängt hatte, deren drei Hälse aus Keyboardtasten statt aus Saiten bestanden. Der Riese im Mantel griff zum Bass, das Schlagzeug setzte ein, vom Band wimmerte eine E-Gitarre auf, und die Geigenspielerin schnappte sich das Mikrofon.

»Ich bin Taxi Terreur«, schrie sie auf Englisch ins Publikum, »das hier sind die Hitlerbabies, und ihr müsst nur eines wissen: Kommunismus ist gleich Sowjetmacht plus sexual-kapitalistischer Ekstase!«

Die Leute um mich herum fingen an, umherzuhüpfen und sich gegenseitig anzurempeln, und weil ich mich selber schützen wollte und das alles dann doch irgendwie auch ein bisschen gut fand, machte ich mit. Das Konzert von Taxi und den Hitlerbabies besaß keine erkennbare Struktur: Sie spielten ohne Pause, variierten Schnelligkeit und Lautstärke völlig willkürlich, unterbrachen schwermütige, leise Stücke mit brachialen Schlagzeugsoli oder ließen rasend schnelle Orgelgewitter in anhaltendes Flötengepiepe abstürzen, zwischendurch skandierte Taxi Parolen wie »Mehr Arbeit, weniger Sex!«, »Nie wieder Traurigkeit!« oder »Schlachtet uns, bevor wir euch schlachten!«, Instrumente gingen zu Bruch, wurden trotzdem weitergespielt, der Riese mit dem Bass nahm jemanden aus dem Publikum, der gegen einen Verstärker getreten hatte, in den Schwitzkasten, dampfende Eimer voller Würfelchen aus gefrorenem Wodka kreisten und wurden über unseren Köpfen geleert, dies alles von den Scheinwerfern in ein herausforderndes Rot getaucht. Um mich herum verprügelten die Menschen einander oder gingen sich an die Wäsche, manche standen auch einfach nur stumm da und schienen darauf zu warten, dass der ganze Spuk ein Ende nahm. Der Höhepunkt der Vorstellung bestand schließlich darin, dass Taxi Terreur in verschiedenen Sprachen und Stimmlagen ihrem Publikum weitere Phrasen entgegenschleuderte, einem zu heiß gelaufenen Maschinengewehr nicht ganz unähnlich, das im nächsten Moment entweder in der Hand zu schmelzen oder zu explodieren drohte: »Weltschmerz! Frankreich! Willensbildung!«, kreischte sie, und »Nacktheit! Rednecks! Fenstersturz!«, quietschte sie, und »Irrtum! Tanja! Plötzlichkeit!«, grölte sie, und »Disney! Kohldampf! Waffenruhe!«, quäkte sie, doch irgendwann versumpfte all ihr Kriegsgeheul in einem verwirrten, weinerlichen Gemurmel, flankiert von den leise jammernden Instrumenten der schweißnassen Hitlerbabies.

Zweifellos: Da hatten sich ein paar üble Monster aus den Schatten aufgemacht, um in die vergifteten Randbereiche der politischen Performance vorzudringen, sich aber auch immer wieder plötzlich daraus zurückzuziehen und einfach fernab aller Politik ordentlich weiter Krawall zu schlagen. War das etwa schon der Kern des groß angepriesenen Transnistrian Meth Rock, der hier zelebriert wurde? Oder handelte es sich nicht vielmehr bei dem ganzen Abend und seinen verschiedenen musikalischen Ausformungen um ein Gesamtkonzept, das irgendetwas mit der Gewalt, ihren Ursprüngen und Gegenteilen zu tun haben konnte? Ach, wer wusste das hier schon, und wen interessierte das hier überhaupt? Na ja, und so rasant die Eskalation sich ausgebreitet hatte, war sie auch schon wieder vorbei.

Ich hatte mich nach draußen geschleppt, um eine Zigarette zu rauchen. Von drinnen hörte ich den entmutigenden Kehlkopfgesang der über zwanzig Leute umfassenden Gruppe Hyperpetra, der mich so schnell wie möglich hatte flüchten lassen. Meine Arme und Beine fühlten sich an, als würden sie von einer immensen Schwerkraft unerbittlich nach unten gezogen werden, und in meinem Kopf hatte ein Hornissenschwarm sein Nest bezogen.

Wann ist zu viel zu viel?, dachte ich, während ich den Türsteher Oleg dabei beobachtete, wie er ein Pärchen davonscheuchte, das drauf und dran war, sich simultan vor dem Eingang zu übergeben, und ich dachte, dass es darauf keinesfalls eine einfache Antwort geben könne, denn: Dieser verfluchte Campbell hatte doch völlig recht – alles geht immer weiter und weiter, zerfasert sich in die Unendlichkeit und bildet irgendwann eine so feine flächendeckende Struktur, die nur noch die Traurigsten und Verletzlichsten unter uns wahrnehmen können. Also überhaupt kein Wunder, dass hier die Musik so war, wie sie eben war: Stille – Kreischen – Stille. Vom Standpunkt des Menschen im Universum aus gesehen leuchtete mir das alles unheimlich gut ein.

»Hast du auch eine Zigarette für mich?«, fragte King und lehnte sich neben mich an die Hauswand.

Ich hielt ihm meine Schachtel hin und sagte: »Vielleicht will ich so langsam mal nach Hause.«

King zündete sich die Kippe an und nickte. »Lange, harte Tage enden in langen, harten Nächten«, sagte er.

»Ist das ein Sprichwort aus dem Himalaja?«

»Nein. Das habe ich mal in einer Spielanleitung gelesen.«

»Pfffh«, machte ich. »Echt? Was für ein Bullshit. Welches Spiel?«

»Ich glaube ...«

»Moment! Ich rate. Bestimmt *Die bessarabischen Eroberungen* von Inðridi Sanchez, oder?«

»Nein, ich glaube nicht.«

»Jim Britzkis *Das tote Spiel?*«

»Äh ... nein?«

»*Rückkehr nach Taubhafen? Primogenitur des Wahnsinns?*«

»Warte mal ...«

»*Auf Sauftour mit Louis de Funès? Der elektrische Urmensch?*«

»Was war das noch mal, was du davor gesagt hast?«

»*Gütersloh?*«

»Nein.«

»*Zu viel Freizeit?*«

»Von all diesen Dingen habe ich noch nie etwas gehört.«

»Okay, dann kann es nur *Futuristische Päpste* von Dr. Ganymed, *Werde eins mit dem Karton* von Ilona Klavterhalven oder *Sturmtief über Steffistadt* von Walter Kotzepitty sein. Und vielleicht noch Xiao X. Xiaos *Der Tag des Aschenbechers.* Die vier schreiben immer so merkwürdige Sachen in ihre Anleitungen.«

»Ja«, sagte King, »eins von denen war es ganz bestimmt. Denkst du eigentlich manchmal von dir selbst, auf irgendeine Art böse zu sein?«

Ich kniff die Augen zusammen und blickte ihn an.

»Böse?«, hakte ich nach.

»Oder immerhin ... genervt. Von allem um dich herum. Den Dingen, den Menschen. So was meine ich.«

»Genervt?«, fragte ich und zuckte mit den Schultern. »Nö, überhaupt nicht.«

»Schon gut, Daytona.«

»Sprichst du von dir oder von mir?«

»Ist okay. Hätte mich nur mal interessiert ...«

»Böse und genervt«, wiederholte ich, »böse und genervt. Wie würdest du denn reagieren, wenn du ständig das Gefühl hättest, unter Belagerung zu stehen?«

»Ja, genau, siehst du, das meine ich«, sagte King. »Manche Menschen tun immer so, als ob sie alles etwas angehen würde, während sie darüber klagen, wie mühevoll es doch für sie sei, sich in alles hineinzuversetzen. Und dann stehen sie da und schauen sich in aller Ruhe um, fällen ein vernichtendes Urteil und drehen sich weg. Das kommt mir irgendwie scheiße vor.«

»Was?«, rief ich. »Wer denn jetzt? Ich oder du?«

»Na, du, Daytona, verdammt!«

»Was?«, rief ich noch einmal.

»Entschuldige bitte«, sagte King, »ich wollte dich nicht beleidigen.«

»Hast du aber.«

»Ja, ich weiß. Ich wollte dir ja auch nur sagen, dass du dich gar nicht wegdrehen musst. Schlag so viel und so hart um dich, wie du magst. Aber sieh den anderen dabei in die Augen. Wir sehen dich doch auch. Und wir hören dir zu. Okay?«

»Pfffh«, machte ich wieder und strich mir die Haare aus der Stirn. »Und du glaubst, das ist die Lösung aller Probleme? Dass es so einfach läuft? Auweia, King, ich weiß echt nicht ...«

»Macht nichts. Ich weiß es ja auch nicht. Habe nur laut nachgedacht. Und du sollst eh machen, was du willst.«

»Das mache ich auch«, sagte ich, ließ meine Kippe fallen und trat sie aus. »Und zwar jetzt sofort. Mit viel Schnaps und einigem an Zerstörungskraft. Kennst du eigentlich das Brettspiel zu der Fernsehserie *Matlock* über diesen alten weißen Anwalt, der immer Hotdogs frisst?«

King schüttelte den Kopf.

»Also, pass auf: Der Typ, der das Spiel gemacht hat, hieß Godefroy oder Yngelen oder Miniman oder Giselbrecht oder irgendwie so. Der starb aber kurz vor der Veröffentlichung, die arme Sau. Woran, weiß ich nicht, aber es heißt, das *Matlock*-Spiel hätte ihm den Rest gegeben.«

»Aha«, sagte King.

»Und was macht der Verlag? Schreibt rotzfrech seine angeblich letzten Worte in die Spielanleitung rein: ›Vielleicht hätte ich doch ab und zu mal 'ne Banane essen sollen.‹ So viel vielleicht zum Thema Weisheit und ihr praktischer Nutzen im Alltag.«

»Ist ja kaum zu glauben«, sagte King.

»Kommst du auch wieder mit rein?«, fragte ich.

»Ja, klar«, antwortete er.

Nach Gesprächen wie diesen fühlte ich mich immer einigermaßen verloren. All diese Sichtweisen, mit denen ich mich herumschlug (die Sicht der anderen auf mich, meine Sicht auf mich selbst, die Sicht des mal himmlischen, mal dämonischen Auges auf mich), konnten nur dazu führen, dass ich mich immer und immer mehr in einer totalen Konfusion verstrickte. Aber auch damit musste umgegangen werden, fand ich – denn was ist die Konfusion schon anderes als die tausend Pfade durchs Dickicht, von denen jeder ganz selbstverständlich irgendwohin führen muss? Rätselhafte Pfade an den Rand eines Asteroidenkraters, zu einer Bank mit Blick auf den Sonnenaufgang oder in einen verrotteten Vergnügungspark. Gefährliche Pfade. Humorvolle, aber auch ziemlich humorlose Pfade. Erbärmliche Pfade. Pfade durch einen Urwald, nur um den Weg zurück zu finden. Tödliche Pfade. Tröstliche Pfade. Faule Pfade, die immer selbst geschlagen werden müssen.

Als King und ich zurück zur Tanzfläche kamen, sah es dort aus wie nach einem verlorenen Scharmützel: Überall auf dem Boden lagen zertretene Bierbecher und fallen gelassene Kleidungsstücke herum, Pfützen welcher Flüssigkeiten auch immer hatten sich ausgebreitet, zwei kollabierte Mädchen lehnten an einem Verstärker, umringt von ihren Freunden, die ihnen Wasser gaben und Luft zufächelten, ein paar heillos besoffene Roadies stolperten umher und sammelten entzweigeschlagene Instrumente ein, hier und da tanzten noch einige Leute, obwohl gar keine Musik mehr spielte, drei Techniker versuchten, die eingeknickte Traverse über der Bühne zu stabilisieren, indem sie sich mit aller Kraft gegen das Gerüst stemmten, was die Scheinwerfer oben gefährlich zum Schwanken brachte.

King sagte, er müsse mal auf die Toilette, und verschwand irgendwo in einem der vielen finsteren Bereiche des Innenraums. An der Bar sah ich Nygård, Campbell und Ronny in irgendein Gespräch vertieft, die Gesichter weiß wie der Mond. Hinter dem Tresen spülte eine junge Frau gerade ein paar Gläser und warf den dreien einen Blick zu, der so voller Abscheu war, dass ich grinsen musste. Ich bestellte eine Runde Schnaps und eine Schale Erdnussflips bei ihr, setzte mich auf einen Hocker und wartete einfach nur darauf, was als Nächstes geschehen würde. Keine zwei Minuten dauerte es, bis Ronny und Nygård mich und meine Beute bemerkt hatten, und schon waren sie dicht an mich herangerückt und griffen jeder nach einem Glas, während Campbell sich am anderen Ende des Tresens wie ein an der Raststätte des Totalitarismus vergessenes Kind herumdrückte.

»Habt ihr Johanna gesehen?«, fragte ich, nachdem wir miteinander angestoßen hatten.

»Nö«, antwortete Ronny.

Ich bestellte eine weitere Runde. Diesmal ließen wir das Anstoßen sein, und jeder trank für sich.

»Schmeckt irgendwie komisch«, sagte Ronny.

»Johanna ist nicht gegangen, oder?«, wollte ich wissen.

»Nein«, sagte er. »Vielleicht. Ach, was weiß ich. Sagt mal: Kann es sein, dass das hier gar kein Schnaps ist? Das riecht auch irgendwie so anders.«

Eine Runde bestellte ich noch, machte der Barkeeperin aber mit einer Handbewegung klar, dass danach Schluss sei, und drückte ihr ein paar Scheine in die Hand, die ich noch in meiner Hosentasche gefunden hatte.

»Vielleicht muss ich sie suchen gehen«, sagte ich.

»Wen denn?«, fragte Ronny.

»Na Johanna, du Blödmann«, sagte ich, stürzte mein letztes Glas hinunter und bewegte meine Hände auf eine irgendwie seltsame Art. »Entschuldige bitte, aber ich habe eine Ermittlung zu führen. Ich bin jetzt nämlich ein untoter Detektiv, und mein Name ist Bertrand Clairvaux. Ich stamme aus dem Dörfchen Eguisheim im Elsass, zähle in meiner Freizeit Vögel und lebe allein. Einmal habe ich mich aus Versehen zu Tode getrunken, aber jetzt bin ich zurück!«

»Alles klar«, sagte Ronny und prostete mir zu. »Geben Sie uns Bescheid, wenn wir Ihnen helfen können, Monsieur. Und wenn Sie nebenbei herausfinden, was sie uns hier eigentlich zu trinken geben, dann … Ach, mach doch, was du willst, Sepulveda.«

Er kramte aus seiner Bauchtausche ein Kartenspiel hervor und lud Nygård und Campbell zu einer schnellen Partie *Libido Luftwaffe* ein.

Ich rutschte von meinem Hocker, verlor das Gleichgewicht, stützte mich an der Kante des Tresens ab, richtete mich auf und blickte umher: Der Scheinwerfer über der Bühne war mittlerweile heruntergekracht, die Techniker standen mit Zigaretten zwischen den Lippen ratlos drum herum, drei oder vier Grüppchen von Teenagern waren über irgendetwas miteinander in Streit geraten und stießen sich gegenseitig die Zeigefinger gegen die Hühnerbrüste, ein alter Mann mit einer riesigen Pelzmütze auf dem Kopf und zwei eingeschalteten Taschenlampen in den Händen schwebte traumwandlerisch durch die Mitte des Raumes. Wo sollte ich nur damit beginnen, schon wieder nach Johanna zu suchen? Am besten erst mal auf dem Klo. Ich musste eh gerade.

Und vielleicht erinnert sich ja noch wer an diese schlimme Zeit vor einigen Jahren, die seither aus den dünnen Geschichtsbüchern jener hundserbärmlichen Gestalten, die sich tagein, tagaus mit dem Spielen und Erfinden von Brettspielen beschäftigen, nicht mehr wegzudenken ist. Alles begann damals mit der Veröffentlichung des Zweipersonenspiels *El Pueblo de la Reina* der japanischen Autorin Tiffany Nakamura in dem südafrikanischen Verlag Cro-Magnon Games. Das Ding war nicht den Karton wert, auf den es gedruckt worden war, machte überhaupt keinen Spaß und verlor sich in so vielen Regeldetails, dass man sich selbst dabei zusehen konnte, wie man beim Spielen den Verstand verlor – allerdings: Es machte die mörderischen Auseinandersetzungen zwischen den Gangs Bloods und Crips in den Straßen von South Central, Los Angeles, um 1990 herum zu seinem Spielinhalt, und das brachte ein paar Menschen dann doch noch viel mehr auf die Palme als die unterirdische Qualität von Nakamuras Produkt. Die Fachpresse stürzte sich zuerst darauf, allen voran die Brettspielmagazine Les Jeux de Futur aus Kanada und Robotniki aus Russland, wenig später setzte sich die Debatte in den Internetforen und sozialen Netzwerken fort, aus denen sie wiederum von ein paar englischen, deutschen, ägyptischen, spanischen, argentinischen und australischen Tageszeitungen, einem Fernsehsender aus dem Kosovo und sogar einer südkoreanischen Modezeitschrift herausgerissen und in die große weite Welt getragen wurde. Dass die Japanerin Nakamura ein grottenschlechtes Brettspiel voller Klischees und Anmaßungen über die Gewalt unter schwarzen Straßengangstern in einer US-amerikanischen Megacity erschaffen hatte, war dabei nur ein Nebenkriegsschauplatz unter den zahlreichen Großschlachten, Feldmanövern und Scheingefechten, die im Krieg der Meinungen und Überzeugungen um das Brettspiel *El Pueblo de la Reina* geführt wurden: Mal hieß es, Nakamuras Spiel würde die schillernde Pracht des kriminellen Lebens in Los Angeles und ganz Südkalifornien mit all seinen Taschendieben, Kinderhändlern, Finanzbetrügern, Brandstiftern, Kunsträubern, Serienvergewaltigern, Auftragsmördern, Bombenbastlern und Produktpiraten auf ein paar schießwütige Drogendealer mit bunten Kopftüchern und einem Hang zu schicken Autos und fetten Wummen reduzieren;

dort wurde angemerkt, dass sich Nakamura doch, bitte schön!, erst einmal mit den verbrecherischen Umtrieben der Yakuza-Clans in ihrer japanischen Heimat hätte beschäftigen sollen; hier stellte man fest, dass ja wohl nur ein mit allen Wassern gewaschenes Vollmitglied der Bloods oder der Crips das Recht habe, die Alltagsrealität der Straßengangs von L.A. in Form eines Brettspiels authentisch wiederzugeben; an anderer Stelle wurde dargelegt, Nakamuras Spiel würde die politische Dimension des Kampfes der Bloods und Crips um gesellschaftliche Teilhabe und persönliche Autonomie ignorieren; irgendwo glaubte jemand zu wissen, dass es in der Vergangenheit bereits soundso viele Beispiele gegeben habe, die ihre Inhalte auf die gleiche grobschlächtige Art vermittelten wie Nakamuras Spiel seine Inhalte, und dass sich auch in der Zukunft rein gar nichts daran ändern würde und so weiter und so fort.

In den folgenden Monaten rückte *El Pueblo de la Reina* mehr und mehr aus dem Fokus der aufgebrachten Öffentlichkeit, was aber nur daran lag, dass einige weitere Spiele erschienen, auf die in der Diskussion um Tiffany Nakamuras Werk und seine Darstellungsweise gefeuert wurde, so etwa *Das große Effi-Briest-Brettspiel* von Albin Lüderitz, *Robespierre* von Leila Firchau und, natürlich!, *Sugar Daddy* von Clark Nygård. Im Zuge dessen gerieten auch ein paar ältere Spiele ins Visier, von denen hier nur Detlef Virius' *Harter Schanker* von 1982 und Spyderlings *Der Fleischplanet* von 1997 genannt zu werden brauchen, während es eine überschaubare Gruppe sadistisch veranlagter Brettspielautorinnen und -autoren im Internet und in Leserbriefen darauf anzulegen schien, mit mehrdeutigen Hinweisen auf ihre in Arbeit befindlichen Projekte den von Rezensenten, Spielerinnen, Kulturredakteuren und Politaktivistinnen entfachten Flächenbrand noch ein wenig weiter anzuheizen. Ich weiß noch, dass ich damals beim Durchblättern der Fachmagazine Les Jeux de Futur, Robotniki, Machtspiele oder Glück & Verstand dachte, dass es natürlich total legitim und ganz bestimmt auch notwendig sei, diese Debatten auszufechten, gleichzeitig aber fürchtete, dass der darin herrschende, immer auf dieselbe unerträgliche Frequenz eingestellte Ton dazu führen könnte, dass sich alle Beteiligten über kurz oder lang angewidert voneinander abwenden würden, weil so ein wichtiges und kompliziertes Gespräch in solch einem Lärm einfach nicht zu führen war. Aber irgendwie wusste ich auch, dass etwas davon hängen bleiben würde, im Guten wie im Schlechten: dass die allgemein bekannten Fronten sich verhärten würden bis in alle Zeit – eh klar; und dass irgendwer von uns diesem Gemetzel entkommen können würde, um mithilfe seiner sanften Augen, seines guten Gehörs und seiner wachen Gedanken etwas ganz anderes, etwas noch Besseres aus sich und seinen Ideen zu machen.

Auf der Toilette hatte ich Johanna nicht gefunden. Also beschloss ich, nach Spuren zu suchen und ihnen hinterherzugehen. Allerdings hatte ich mir nicht mal gemerkt, was Johanna anhatte an diesem Abend, und deshalb hätte ich auch nicht erkennen können, ob das zusammengeknüllte Halstuch dahinten in der Ecke oder der verlorene Turnschuh dort drüben zwischen den leeren Bierflaschen zu ihr gehörten. Am einfachsten wäre es gewesen, wenn ich so ein tragbares P.K.E.-Gerät bei mir gehabt hätte, das der sonderbare Dr. Egon Spengler einst für seine Freunde von den Geisterjägern entwickelt hat – damit wäre es mir gelungen, immerhin Johannas unsichtbaren Begleiter Rover aufzuspüren, gar keine Frage. Jetzt aber half wohl nur noch, mich auf die klassische Art durchzufragen. Gute, ehrliche Polizeiarbeit.
Nicht weit von mir entfernt lehnte ein junger Typ mit Stirnband an der Wand, der sich gerade eine winzige viereckige Plastikverpackung ganz dicht vor die Augen hielt, in der vermutlich eines dieser Feuchtputztücher steckte, mit dem er seine Sonnenbrille säubern wollte. Ich fragte ihn auf Englisch, ob er eine junge Frau gesehen habe, raspelkurzes blondes Haar (ich deutete auf meinen Kopf), etwa so groß (ich zeigte auf sein Kinn). Er sah mich an und schien nachzudenken. Keine Ahnung, ob er mich verstanden hatte.
»Hast du Fingernägel?«, fragte er mich.

Ich musste überlegen, ob auch genau das bei mir angekommen war, was er von mir wissen wollte, dann nickte ich vorsichtig. Daraufhin drückte er mir seine Verpackung in die Hand. Jetzt kapierte ich es. Dauerte keine fünf Sekunden, das Plastik aufzureißen. Es war zwar ziemlich finster hier in dieser Ecke, aber irgendwie freute ich mich für ihn, dass er jetzt endlich seine Sonnenbrille putzen konnte, warum auch immer.

»Willst du?«, fragte er.

Aus der Verpackung hatte er zwei pinke rautenförmige Tabletten auf seine Handfläche geklopft. Jetzt kapierte ich es wirklich.

»Danke«, sagte ich und steckte mir eine der Pillen in den Mund.

Er hielt mir seine Bierflasche hin, aber ich lehnte ab.

»Wie heißt du?«, fragte er.

»Daytona.«

»Wie?«

»Daytona.«

»Sorry …«

»Schon gut. Und du?«

»Cazimir«, sagte er.

Ich fing an zu kichern.

»Was?«

»Nichts«, log ich.

»Wo kommst du her?«, fragte Cazimir und rückte sich die Sonnenbrille auf der Stirn zurecht.

»USA. Nein, halt, Mexiko. Quatsch, Deutschland. Ja, Deutschland. Und du?«

Sein Blick sprang über meinen Kopf hinweg und ein paarmal im Raum umher.

»Chişinău, Moldova«, sagte Cazimir.

»Das ist gut.«

»Was willst du hier?«

»Shhh«, machte ich. »Was willst du denn hier?«

Cazimir lächelte.

»Komm, sag schon«, bettelte er. »Machst du hier Urlaub? Warum? Arbeitest du hier? Warum?«

Ich holte tief Luft und erklärte ihm ein bisschen was, über die Brettspiele, über Spyderling, über die anderen an der Bar, für die ich jetzt plötzlich, da ich über sie sprach, ganz leichte freundschaftliche Gefühle empfand, lauter Häufchen von zarten schneeweißen Mäuseskeletten, die im hintersten Winkel einer steinzeitlichen Höhle liegen, während draußen vor dem Eingang der nukleare Winter tobt (ich behelligte ihn nicht mit diesem Vergleich; es tat mir nur irgendwie gut, ihn im Kopf zu behalten).

Cazimir hörte sich alles freundlich an, was ich ihm erzählte. Zwischendurch vermutete ich, dass er möglicherweise nur die Hälfte mitbekam, aber das war schon okay so. Die Zeit verging, und ich bemerkte, dass die Dinge um mich herum nur noch verzögert passierten, als befände ich mich in einer sich allmählich auflösenden Blase, in der mein Sprechen und meine Bewegungen noch halbwegs normal stattfanden, aber schon bald ebenso in Zeitlupe ablaufen würden.

»Und wen suchst du?«, fragte Cazimirs Stimme mich aus einer ziemlich weiten Entfernung.

Aber ich antwortete ihm nicht, sondern spürte dem warmen Kribbeln nach, das sich in meinen Fingern und Zehen auszubreiten begann.

»Hey!«, hörte ich Cazimir nach mir rufen.

Seine Hand hatte er sanft auf meine Schulter gelegt; von dort spannte sich sein Arm meterlang zwischen der Wand, an der er stand, und dem Punkt im Raum, den ich besetzt hielt; sein Kopf war so zusammengeschrumpft, dass ich sein Gesicht nur noch als eine verrührte Teigmasse erkennen konnte.

»Na, Johanna«, rief ich, »das weißt du doch!«

Dann kam mir die Idee, Cazimir an seinem langen Arm mit mir herumzuführen, wie eine Ankerkette, an deren einem Ende er mich mit der sich hinter mir auflösenden Wirklichkeit des Clubs verband, während ich am anderen Ende in diese rätselhafte kriminelle Zwischendimension vordrang, in der Johanna verschwunden war und die nur von mir allein gefunden werden konnte. Jetzt war ich nicht mehr länger der von den Toten auferstandene Ermittler Bertrand Clairvaux, sondern eine okkulte Detektivin, die überhaupt keine 80er-Jahre-Filmrequisite aus Plastik zum Aufspüren eines Geistes, sondern lediglich ihren mit Brokatstoff umhüllten Verstand dafür benötigte, eine nebelverhangene Detektivin namens Andie MacDowell, gespielt von Andie MacDowell, die sich auf einer Rettungsmission in die Welt der Gespenster befand.

»Wo gehen wir hin?«, hörte ich Cazimir hinter mir fragen.

»Wenn wir Rover finden, finden wir sie«, sagte ich, griff nach seinem Handgelenk und setzte mich in Bewegung, »aber du kannst dabei nur zuschauen.«

Von der Tanzfläche gingen mehrere Flure ab. Immer wenn ich in einen dieser Gänge blickte, kam es mir vor, als habe die Dunkelheit darin eine Gestalt bekommen, ein großes, schwarzes, atmendes Tier, das den Raum zwischen Boden, Decke und beiden Wänden vollständig ausfüllte. Aber in einem von ihnen erkannte ich noch etwas, ein Dunst mit dem Willen, sich zu einer Form zu fügen, die ein hellrotes Licht von innen heraus schwach erleuchtete, da ganz weit hinten am Ende des Korridors. Das war kein Teil des Clubs, in dem ich bereits gewesen war, vielleicht der Zugang zum Vorratslager, dem Backstage-Bereich oder dem Männerklo. Als ich mit Cazimir im Schlepptau darauf zusteuerte, gab der Boden unter mir mit jedem meiner Schritte nach, als würde ich über ein sehr straff gespanntes Trampolin gehen.

»Hey, Sepulveda«, rief Ronny von der Bar zu uns hinüber, »was ist denn mit dir los?«

»Mein Name ist MacDowell«, antwortete ich ihm, »und ich bewege mich von einem Randbereich zum nächsten, immer das Feuer der interstellaren Leuchttürme über mir im Blick.«

»Ist das dein Freund?«, fragte mich Cazimir.

»Nein«, sagte ich. »Sei mal still bitte.«

Es kam mir vor, als öffnete sich der Gang ein zweites Mal und nur für mich, obwohl das augenscheinlich Unsinn war, trennte ihn doch nichts vom Innenraum und der Tanzfläche ab – trotzdem: Er gab etwas für mich frei, das vorher noch nicht da gewesen war, einen weiteren Durchgang zu einem weiteren Durchgang zu einem weiteren Durchgang, alle von identischem Aussehen, hier eine braune Ledercouch, dort ein Schild mit der Aufschrift »Bărbaţi«, da ein Türrahmen mit einem kegelförmigen, menschengroßen Schemen darin, in dessen Innerem jenes hellrote Licht schwach pulsierte, das ich bereits vorhin aus einiger Entfernung wahrgenommen hatte.

Rover.

Ich sprach seinen Namen nur in meinen Gedanken aus.

Cazimir sagte etwas, aber ich ignorierte ihn, und irgendwie war ich mir in diesem Moment sicher, dass ich ihn erst einmal nicht mehr benötigen würde, also ließ ich seine Hand los, entkoppelte mich damit endgültig von der lebendigen Welt und folgte Rover durch die Tür hinüber auf seine Seite, wo ich Johanna finden würde, ganz bestimmt.

Das Erste, was ich wieder spürte, war die Kälte. Sie kroch aus dem gefliesten Boden und aus den vielen Öffnungen, die sich links und rechts von mir in eine endlose Finsternis zu erstrecken schienen, wickelte sich um meine Beine und bedeckte meine Arme, sodass sich die Härchen darauf in die Höhe reckten und mit jedem Eishauch sanft bewegten. Es stank nach Pisse, und der schwache Lichtschein in meinem Rücken erhellte ein wenig das, was sich in meiner unmittelbaren Nähe befand: Ich erkannte rostige Gitterstäbe, Riegel und Klappen – das waren Zellen, Tausende, eine neben der anderen, ein Kerkerreich, in das mich Rover gelockt hatte, dieses verfluchte Schlitzohr. Langsam tastete ich mich vorwärts, einen Fuß vor den anderen setzend, blickte mal in diese, mal in jene Kammer hinein: Jede von ihnen war menschenleer, nur eine Pritsche und ein verdrecktes Urinal, darüber ein winziges Fenster aus einem einzelnen bläulich schimmernden Glasbaustein.

Vielleicht fünfzig Meter von mir entfernt sah ich ihn und sein rotes Licht in der Dunkelheit. Und jetzt war er auch nicht mehr nur eine undeutlich erkennbare Form, sondern glich mittlerweile jenem mysteriösen Unbekannten, der während der 1930er- und

1940er-Jahre als »Gasmann von Mattoon« oder »Der verrückte Anästhesist« die Menschen in Virginia und Illinois in Angst und Schrecken versetzte: eine hochgewachsene, hagere Gestalt in dunkler Kleidung und mit einer Art schwarzer Badekappe auf dem Kopf, ein Sprühgerät in den Händen haltend, das über einen langen Schlauch mit einem rötlich schimmernden Behälter auf seinem Rücken verbunden war.

Vorsichtig bewegte ich mich auf ihn zu, vorbei an den Zellen, in die ich keinen weiteren Blick hineinwarf. Doch je näher ich Rover zu kommen schien, desto mehr zog er sich vor mir zurück. Irgendwann wusste ich nicht mehr, was ich damit überhaupt erreichen wollte, ihn einzuholen, schien das doch sowieso unmöglich zu sein, weil er sich schneller von mir fortbewegte, als ich zu ihm aufschließen konnte. Also blieb ich stehen, konzentrierte mich auf meinen festen Stand, atmete tief ein, schloss die Augen und wartete. Und als ich sie wieder öffnete, befand ich mich in einer gewaltigen Halle, möglicherweise im Zentrum des Verlieses, einem runden Bau mit weiteren Zellen ringsherum, die in die Wände eingelassen waren, unzählige Zellen, die sich Hunderte Meter in die Höhe erstreckten. Dort oben breitete sich Rover jetzt in einer neuen Form aus, riesig, schwer und glühend, sich aufblähend, auseinanderreißend und sich wieder zusammenfügend, strömend, wirbelnd, verwehend, ein Dunst, eine Glocke, ein Himmel, in dem zahlreiche Fernseher umherschwebten, sich drehten und gegeneinanderschlugen, dröhnende Apparate, die auf ihren Bildschirmen all meine noch im Verborgen liegenden und bereits aufgedeckten Geheimnisse in ihrer ureigenen Gestalt zeigten: die Überreste des Landes Lampionia, von schwarzem Sand bedeckt; blinde Engel, vom Blitz getroffen, in Scharen aus den dunklen Wolken über dem Stricknadelwald fallend; das Holz, die Hyänen; verlorene Kinder, die ihre Stirnen gegen eine Zapfsäule pressen (»Mutter, Mutter, woher bekommen wir deine Milch? Aus diesem Hahn da? Okay!«); die unzüchtigen Legionäre und ihr Ruf »Erschlagt die Imperialisten!« in den Gassen der Frontstadt; Slash, Gitarrist von Guns n' Roses, der sich auf dem Hügel

Golgotha kräftig die Nase schnäuzt; die Fruchtsaftkönigin in ihrem Sarg aus Blei; das Wohnzimmer der Familie Crawford in Cloverdale, Virginia, darin Rover im Mondschein, seelenruhig Gas versprühend; die Eismassen im Nordatlantik, darunter ein U-Boot, das sich vor der Welt versteckt; der alte, ausgemergelte, nackte Körper Carl von Cosels in den Armen seiner an Tuberkulose verstorbenen und einbalsamierten großen Liebe Elena; Transitstrecken, betoniertes Gewirr, Brücken und Ausfallstraßen, Mautstationen, Grenzübergänge; auf den kahlen Hügeln die Bauruinen, von deren Rippen der Frost hängt; der Brunnen auf einer Ranch in der trostlosen Einöde von Nuevo León, Mexiko, darin die 17 ermordeten Mitglieder der Band Kombo Kolombia; Aktienkurse, abstürzend auf der Anzeigetafel, immer mehr und mehr und einer schneller als der andere; die Einsamkeit als zweiter Mond, der über den Gruben im brennenden Dorf an der Steilküste aufgeht; blutig geschossene Konföderationssoldaten, die aus dem finsteren Eingang der Kirche des Ku-Klux-Klans strömen, mehr, mehr und immer mehr; eine lebendige Telefonzelle an der Ecke Südplatz und Kochstraße in Leipzig, die ihre Glastür öffnet und sagt: »Alles halb so wild, Baby«; in Flammen stehende Motorräder, explodierende Straßenbahnen; der Einzug der Verwaltungsbeamten in die beiden aufsässigen Volksrepubliken; die mexikanische Nacht, von der gegenüberliegenden Seite der Grenze aus betrachtet; Autos, Autos, nichts als Autos, die ganze Welt ein gewaltiger Stau; Elke von Manteuffel, in einem Nachthemd über dem finsteren Sumpf schwebend; das Innere der Venuskammer; ein Fluss aus Urin, schwankende Dschunken darauf; die Militärische Universität, schlafend in der Mittagshitze; der Brunnen, das Auge, der ganze Brunnen ein einziges Auge; jemand namens Manole, der mir ins Ohr flüstert, sein Name sei gar nicht Manole; ein skandinavischer Weiher, Seerosen, ein dunkelgrüner Wald ringsherum und etwas, das sich ganz langsam unter der Wasseroberfläche bewegt; meine Mutter auf der Couch in unserem Wohnzimmer, mein Vater auf der Straße vor unserem Haus; das Strömen des Alkohols durch die Venen mitten ins Herz hinein; ein Schloss im Tal der Loire, bewohnt von einer Dynastie spinnenköpfiger Edelleute; Gemälde auf einer Hauswand in Londonderry, Nordirland: das Grinsen der Mörder unter den Skimasken; Campbell Campbell auf dem Teppich im Kaminzimmer, an seiner ganz persönlichen Weltuntergangsmaschine bastelnd; die in Tuch gehüllte Metropole; eine Schallschutztür, bespannt mit braunem Leder, daneben ein Schild mit der Aufschrift »Nicht kratzen – waschen!«; Arno Picardos geschecktes Kopf im Schein einer Hängelampe, gebeugt über die politische Karte der Ukraine; Finger, die sich miteinander verschränken, unter dem Laken auf einem Bett in einem Liegewagen der Deutschen Bahn auf der Strecke von München nach Leipzig, um 21 Uhr herum; Würfel aus Feuer, Würfel aus Lehm, Würfel aus Schokoladeneis, Würfel aus Knochen; die Leiber der Totonaken, erschlagen von den aztekischen Heerscharen und begraben unter Abertausenden Vanilleschoten; eine Gruppe von Metaspionen, die in einer Stripteasebar in Spokane, Washington, eine Verschwörung aushockt; der Froschmann, vom Moos überwuchert, in seinem Bunker in den Wäldern unweit von Kaunas; Fujimoris Brille auf einer Anrichte im Sonnentempel von Cusco; ein Amateurpornovideo mit dem Titel »Russian hipster fucked somebody in Chernobyl«; der geisteskranke Nazi-Zuckerbäcker, der die ganze Südstadt von Köln in Atem hält; das Gemälde *Fledermäuse attackieren das Geburtshaus von Max Ernst* im Keller des verlassenen Revolutionstheaters; Schlafmohnfelder, so weit das Auge reicht; Tuschezeichnung: Joseph Goebbels am Fenster seines gepanzerten Sonderzugs, den heiligen Berg Kailash im Abendlicht passierend; die *Automaten der Traurigkeit*, überall warten sie, wohin du auch blickst, an jeder Ecke, auf jedem Treppenabsatz, an jedem Fenster, mit längst gestorbenen Augen schauen sie in die blühende Welt hinaus; Licht, Licht, immer wieder Licht und Licht; das im Sterben liegende Spiel; Gesichter von miteinander befreundeten Menschen, sprechende Köpfe, in Formaldehyd eingelegt; Vogelzüge über den Panzerkolonnen in weiter Landschaft; ein Raumschiff in den Tiefen des Alls, bewohnt von einer Träumerin, die nicht einschlafen kann;

Heuschreckenschwärme, aus der aufgetauten Erde der Tundra hervorbrechend; und noch so, so, so viel mehr.

»Sieh dich doch nur mal an«, rollte Rovers Donnergrollen aus allen Richtungen auf mich zu, merkwürdigerweise die Stimme eines heiseren Kindes, dem die Eltern befohlen hatten, im Bett zu bleiben, versteckt unter zahlreichen Lagen dicker Decken. »Ich kann dir auch nicht sagen, warum du noch lebst«, fuhr er fort. »Und weshalb du so versessen darauf bist, dich immer noch unter den Menschen bewegen zu wollen. Aber hier gehörst du auch nicht hin, verstanden? Alles an dir ist mir ein Rätsel, denn du irrst dich nicht nur ständig, nein, du selbst scheinst ein einziger Irrtum zu sein. Das ist sehr schade, aber du wirst nichts dagegen unternehmen können.«

Dann schwieg er. Das Licht über mir wurde schwächer und schwächer, bis nur noch ein feiner Nebel zu sehen war, aber auch der begann sich langsam aufzulösen, wie ausgeatmeter Zigarettenqualm.

Ab diesem Moment war mir klar, dass von solch fiesen, unbegreiflichen Entitäten wie Rover nicht zu erwarten war, dass sie mir zartem, zerbrechlichem Menschlein auch nur den Hauch einer Chance gaben, einzig und allein aus dem einfachen Grund, weil wir zwei gänzlich verschiedene Daseinsformen aus zwei gänzlich verschiedenen Dimensionen waren. Was hatten wir schon miteinander zu tun? Und überhaupt: Rovers einzige Verbindung zu den Menschen war ja auch nicht ich, sondern Johanna. Sollte sie sich doch gefälligst weiter mit ihm herumschlagen. Mir reichte es jetzt fürs Erste.

Ich fühlte, wie eine Kraft sich in mir zu regen begann, irgendwo tief in meinem Bauch, wo etwas kitzelnd heranwuchs oder sich ausdehnte, sekundenschnell, hinter meinen Lungenflügeln emporstieg und sich seinen Weg nach draußen bahnte, eine Energie mit ordentlich Druck dahinter, die mir den Mund sperrangelweit aufriss, als gleißender Strahl daraus hervorgeschossen kam und zwischen die umherwirbelnden Fernseher fuhr, die sich daraufhin schneller und schneller um sich selbst zu drehen begannen.

Irgendwann gelang es mir, meinen Mund wieder zu schließen, das Licht erlosch, mein Hals kratzte, und mir traten die Tränen in die Augen, aber ich spürte auf eine sonderbare Art, dass ich etwas geschafft hatte. Ich erinnerte mich daran, wie Johanna und ich die Überwachungskameras in Spyderlings Garten gemeinsam angegriffen hatten, und fing damit an, ein paar der Dinge einzusammeln, die um mich herum auf dem Boden lagen, Steine, Plastikreste, elektronische Bauteile, zersprungene Fliesen, Ziegelstücke und so, die ich dann in Richtung der Fernseher schleuderte, zielgenau, Stück für Stück. Da krachte auch schon das erste Gerät herunter, Sekunden später das zweite, das dritte, das vierte. Einige Male musste ich zur Seite springen, um nicht getroffen zu werden, was mich jedoch nicht davon abhielt, weiter mit meiner improvisierten Munition in die Luft zu ballern.

Währenddessen war mir bewusst, dass das alles natürlich überhaupt keinen Sinn ergab – aber was hätte ich sonst tun sollen? Nichts von dem hier ergab Sinn, ich war in eine Sackgasse geraten und wusste nicht zu sagen, wie ich mich daraus befreien sollte, also schmiss ich weiter und weiter und weiter, die Fernseher schlugen neben mir ein, die Zellen rundherum schimmerten in aller Ruhe vor sich hin und von Rover keinerlei Spur mehr.

Irgendwann jedoch passte ich nicht auf, etwas traf mich am Kopf, für einen Augenblick wurde alles schwarz, und dann fand ich mich vor einer weiteren Tür wieder, die Hand an der Klinke, und ich brauchte einen Moment, um zu kapieren, dass ich zurückgekehrt war, und ich brauchte einen weiteren Moment, um zu begreifen, dass es mir sogar gelungen war, doch etwas aus Rovers Gefängnisdimension mit nach Hause zu holen. Dieser alte, tote, beschissene Fuchs. Er allein hatte mich in die Irre führen wollen. Unter Menschen, unter Menschen, hatte er gesagt – na klar! Johanna war noch hier in unserer Welt; sie war nie fort gewesen, hing bestimmt bloß irgendwo mit irgendwem ab, nicht im Bereich der Tanzfläche und sicher auch nicht auf einem der Klos. Sie konnte einfach nirgendwo anders sein als im Backstage-Bereich. Nur der Teufel wusste, was sie dort zu suchen hatte.

Ich öffnete die Tür und trat in den Korridor hinaus.

»Cazimir«, sagte ich laut, »ich bin jetzt wieder da. Alles in Ordnung so weit.«

»Ich dachte mir schon, du musst vielleicht nur mal ...«, sagte Cazimir, »na ja, du weißt schon ... dringend.«

Er machte den Mund weit auf und ließ ein paarmal seinen Zeigefinger hinein- und wieder hinausfahren.

»Okay ...«, sagte ich. »Ich hoffe, ich war nicht allzu lange weg.«

»Du bist vor fünf Minuten oder so auf die Männertoilette gegangen.«

»Männertoilette?«, fragte ich und drehte mich um. »Fünf Minuten? Hm, echt?«

»Was hast du denn da?«, fragte er und zeigte auf meine tropfenden Fäuste.

Ich senkte den Kopf und blickte auf meine geöffneten Hände, die von den pinken Bröseln zerdrückter WC-Steine völlig verschmiert waren. Der Ekel setzte mich mit einem Schlag so unter Strom, dass ich zu zappeln anfing.

»Was hast du denn bloß da drin getrieben?«, fragte Cazimir, fing an zu lachen und ließ etwas Bier aus seiner Flasche über meine Hände laufen, was die ganze Sache ehrlich gesagt noch viel widerlicher machte. Ich wischte mir schnell die Hände an meiner Hose trocken und ging dazu über, mich ein wenig abzulenken, indem ich nach Cazimirs Hand griff und ihm erlaubte, meinen Nacken zu kraulen. Dann zog ich ihn zu mir und schmeckte seine salzige Zunge. Wir fielen auf die Couch, er nestelte an meiner Hose herum – und wirklich: Alles war in Ordnung so weit. Später bat ich ihn, mir etwas Wasser von der Bar zu holen. Nachdem er aufgestanden und gegangen war, freute ich mich richtig darauf, gleich an Johannas Seite zu sein, endlich wieder. Wenn ich eines von Spyderling und seinen Spielen gelernt hatte, dann das: »Du musst dir die ganze Welt untertan machen, die Welt der Menschen ebenso wie die Welt der Geister und Feen. Du willst Gott besiegen, du armselige Wurst? Dann verbünde dich gefälligst mit dem Teufel und seinem höllischen Aufgebot.«

DIE TYRANNEN UND IHRE OFFIZIERE

Die US-Amerikaner spielen so, wie sie ihre Kriege führen: Sie ignorieren, dass sie schon längst am Verlieren sind, und machen einfach immer weiter, als sei nie etwas geschehen. Die Deutschen spielen auf eine langsame, traurige Art und Weise. Die Mexikaner spielen, als würden sie sich in einer postapokalyptischen Atomwüste befinden. In El Salvador wird nur nach Sonnenuntergang gespielt. Für die Moldauer ist das Spielen gleichbedeutend mit einem mühseligen Liebesakt. Die Finnen singen, während sie spielen. Die Ukrainer weinen, während sie spielen. Die Vietnamesen beten, während sie spielen. In Malawi ist das Spiel ein Punkt, an dem sich unzählige Linien kreuzen. Den Jordaniern sind Mittel und Wege bekannt, wie ein Spiel auch auf andere Weise als durch Sieg oder Niederlage beendet werden kann. Die Haitianer zünden während des Spielens kleine Schalen voll Kaffeepulver an. In Gambia wird das Spiel als etwas sehr Stabiles angesehen, unzerstörbar nahezu. Wenn die Italiener ein Spiel verlieren, machen sie eine göttliche Macht dafür verantwortlich. In Neuseeland vergleicht man spielende Menschen mit schlummernden Vulkanen. Die Russen tun so, als wäre jedes Spiel ein Kampf um Leben und Tod. Die Tunesier schauen während des Spielens zu den Sternen hinauf. Die Ungarn planen jeden ihrer Spielzüge weit im Voraus und werfen dann doch wieder alles um, wenn sie an der Reihe sind, was meistens alles nur noch schlimmer macht. In Peru heißt es, im Spiel werden die Menschen zu habgierigen Halbgöttern. Die Schweizer verlassen regelmäßig den Spieltisch, um vor der Haustür nach dem Rechten zu sehen. Die Australier bestreichen die Spielsteine vor dem Spielen mit dem Gift der Riesenkröte. In Burkina Faso ist das Beichten etwas Ähnliches wie das Spielen. Die Dänen spielen, um zu vergessen. Die Bolivianer versorgen immer erst die Tiere, bevor sie sich an den Spieltisch setzen. Auf den Philippinen ist es ein beliebter Zeitvertreib, das Umherstreunen der Straßenhunde als Spiel zu beobachten. Die Serben verfallen beim Spielen in wildes Geschrei, vor allem dann, wenn sie am Gewinnen sind. In China wird so lange gespielt, bis der erste Mitspieler vor Schmerzen wimmert. Auf den Salomonen erhält der Gewinner eines Spiels einen frischen Seestern, der Verlierer eine leere Patronenhülse. In Uganda sollte ein Spielbrett immer im Schatten ausgebreitet werden, ansonsten fängt es nämlich an, ein Eigenleben zu führen. Die Griechen wissen genau, dass ein Spiel nichts mit der Wirklichkeit zu tun hat. Auf Nauru wird das Spielen eines Spiels mit den Kontraktionen des Herzmuskels verglichen. Im Tschad ist es verpönt, wenn Kinder beim Spielen gegen ihre Eltern gewinnen. In Panama wird ein dicker Brotfladen als Spielbrett genutzt. Die Japaner spielen voll bitterem Ernst. Im Königreich Tonga wird in der Hochzeitsnacht für gewöhnlich gespielt. Die Iren weigern sich, Spielregeln einzuhalten, die sie für nutzlos erachten. In Tansania beginnt blutiger Regen zu fallen, wenn man während des Spielens einen Mitspieler tötet. Auf Barbados werden Spiele im Kühlschrank gelagert. Die Jemeniten beklagen ihr Leid, während sie spielen. In Mali wird ein Spiel gespielt, das weder einen Namen noch eine Form hat. Die Luxemburger verehren die perfekte Kartenhand. In Kap Verde werden Kinder, die aus Wut den Spieltisch abräumen, »Soldatenmäuse« genannt. Die Schweden kennen die Eiseskälte, die von einem Spiel ausgehen kann. Im Niger verheißt ein Spiel gegen einen Einäugigen nichts Gutes. In Österreich wird nur bei gedimmtem Licht gespielt. Die Kanadier spielen barfuß. In São Tomé und Príncipe gilt das Spiel als Wegbereiter der Dichtkunst. Die Libyer trugen eine Zeit lang Rasierklingen in den Händen, wenn sie sich zum Spielen trafen. In Spanien ist es gang und gäbe zu schummeln, und jeder am Spieltisch ist sich dessen bewusst. Die Niederländer halten sich für die größten Meister im Würfeln. In Südafrika wird ein leeres Spielbrett auch als »wüstes Land« bezeichnet. Die Tschechen spielen gern in Wäldern. In Gabun ist man bereits in einem

Spiel, wenn man auch nur daran denkt, ein Spiel spielen zu wollen. Auf Dominica verändert sich alles um einen herum, sobald man mit dem Spielen beginnt. In Kuwait kann man nachts in der Wüste spielenden Menschen in ihren Zelten begegnen. Die Letten spielen in so irrer Geschwindigkeit wie niemand sonst auf der Welt. Die Afghanen verlassen während des Spielens die materielle Welt und finden sich an einem Ort zwischen den Wolken wieder. In Papua-Neuguinea gibt es ein winziges Spiel, das mit dem bloßen Auge nicht zu erkennen ist. Die Kambodschaner spielen schweigend. In Norwegen bringt es Unglück, auf einem kahlen Hügel zu spielen. Die Inder schummeln nicht, niemals. Die Brasilianer fechten Gleichstände auf dem Spielbrett mit Faustkämpfen oder automatischen Waffen aus. In Brunei gilt der weibliche Tiger als Mitspieler, der niemals besiegt werden kann. Die Menschen in Bangladesch streuen vor jeder Partie eine Handvoll Kurkumapulver über das Spielbrett. Die Ägypter behaupten, das Spielen erfunden und es den Menschen in der Wildnis nahegebracht zu haben. Für die Polen ist jedes Spiel der Blick zurück in die eigene Vergangenheit. Die Menschen in Bhutan halten nichts davon, ihre Zeit mit Spielen zu vergeuden, tun es aber trotzdem. In Mauretanien gilt jedes Spiel als »Spur, der zu folgen ist«. Die Rumänen fürchten in jedem Spiel die Macht Luzifers. Die Ecuadorianer kennen ein Spiel, das mit vertrockneten Pilzen gespielt wird. In der Demokratischen Republik Kongo heißt es, verstorbene Menschen tauchten als Figuren in einem Spiel wieder auf. Lädt man Indonesier zum Spielen ein, werden sie misstrauisch. In Kamerun wird sich von einem Spiel erzählt, das die »Verheißung« verspricht, aber niemand hat es jemals gespielt. Auf den Bahamas wird korrupten Menschen nachgesagt, jedes Spiel nur »mit vollen Hosen« spielen zu können. Die Argentinier halten sich an den Händen, während sie spielen. In San Marino gibt es ein Spiel, das mit lebendigen Asseln gespielt wird. Die Nordkoreaner spielen heimlich, aber sie spielen. Die Sudanesen spielen mit Wasser, um es bei Laune zu halten. Auf Kuba ist jedes Spiel im übertragenen Sinn ein Brunnen, wahlweise auch ein Schleier, eine Tür oder ein Pamphlet. In Singapur gilt die »Auflösung ins Nichts« als Ausgang eines perfekten Spiels. Die Mikronesier zeichnen ihre Spiele in den Sand. Die Portugiesen spielen nur, wenn es nichts anderes zu tun gibt. In Ghana existierte eine Zeit lang ein religiöser Kult, dessen Mitglieder Spiele auf den Bäuchen hypnotisierter Krokodile spielten. Wer im Libanon ein Spiel verliert, muss sich vor dem Gewinner rechtfertigen. In Paraguay heißt es, wer spielt, stehe unter dem Schutz des Mondes. Die Belgier bevorzugen es, mit Figuren aus gebackenem Salzteig statt aus Plastik oder Holz zu spielen. Die Äthiopier greifen zu Aufputschmitteln, während sie spielen. Die Georgier gelten als glückselige Verlierer. In Chile ist jedes Spiel ein Umherwandern am Rande des Abgrunds. In den Vereinigten Arabischen Emiraten scheint alles überwältigender und gespenstischer zu sein, als es ein einfaches Spiel je vermitteln könnte. In Burundi ist das Spiel ein »Mund, der unablässig redet«. In Tuvalu gilt das Spiel als ein Fenster ohne Scheibe, das sich niemals schließen lässt. In Kiribati ist der frühe Nachmittag die beste Tageszeit für ein Spiel. Auf Madagaskar blüht der Handel mit Raubkopien erfolgreicher Spiele. Wer sich in Belize beim Spielen übergeben muss, bekommt einen Preis. In Uruguay wird mit den Knöchelchen von Fruchtfledermäusen gewürfelt. Die Franzosen sind davon überzeugt, mit jedem Sieg in einem Spiel der eigenen Göttlichkeit ein Stück näher zu sein. In Laos wird ein Mensch, der zu viel Zeit mit Spielen verbringt, als »geschmolzene Seele« bezeichnet. Auf den Malediven ist es keine Schande, die Aufforderung zu einem Spiel auszuschlagen; wer dies tut, wird einfach so lange zum Spielen gedrängt, bis er schließlich doch einwilligt. In Surinam darf ein Spiel, das einmal in den Matsch gefallen ist, nicht mehr gespielt werden. Im Irak wird in den Schatten liegen gebliebener Militärfahrzeuge gespielt. Wer sich in Palau auf das Spiel mit Meerjungfrauen einlässt und dabei gewinnt, kehrt mit einem Schatz nach Hause zurück; Verlierer werden im Ozean ertränkt. In Benin spielen die Leute in den Tiefen der Sümpfe auf eine andere Weise als die Leute an den Ufern der Lagunen. Die Jamaikaner erachten jedes Spiel als ein Flüstern in der Finsternis. In Sierra Leone wird ein Patt im Spiel mit der Mittagshitze assoziiert: »heiß, grau und lähmend«. Auf Antigua und Barbuda beginnt ein Spiel zu leuchten, wenn man es mit grünen Perlen spielt. Wer in Tadschikistan beim Spielen rülpsen muss, der hat das Glück auf seiner Seite. Die Mosambikaner fürchten eine Sagengestalt, die in einem Teich lebt und einen großen Würfel auf den Schultern anstelle eines Kopfes trägt. Die Nordmazedonier überkommt während des Spielens eine Vielzahl sich widersprechender Gefühle. Auf den Seychellen stellen die Spielfiguren eines bestimmten Spiels sehr, sehr dicke Menschen dar. In Costa Rica wird während des Haareschneidens gespielt. In Botswana gilt es als »zarter Sieg«, wenn sich zwei Mitspieler ineinander verlieben. In Estland wird ein Spiel mit Käsewürfeln gespielt, das nach dem Spielen aufgegessen werden kann. In Vanuatu gilt der erhobene Ringfinger als Aufforderung zum Spielen. In Myanmar wird das Spiel mit einem »dunklen Auge« gleichgesetzt, in dem die Welt versinkt, sobald es sich öffnet. Im Kosovo kommt der erste Spielzug dem ersten Atemzug gleich. In Oman wird Dromedaren die Fähigkeit zugesprochen, ein Spiel gegen einen Menschen gewinnen zu können. In Sambia breitet sich durch das Spielen eines Spiels vor allen Mitspielern das Unbekannte aus. In Usbekistan ist »spielen« nur ein anderes Wort für »fliegen«. In Simbabwe gibt es das größte Spiel der Welt, das mit ausgewachsenen Elefanten gespielt wird. Die Israelis lassen den Fernseher laufen, während sie spielen. Die Slowaken knacken Walnüsse, während sie spielen. Die Kolumbianer lachen unentwegt, während sie spielen. Im Südsudan spielen die Menschen ein Spiel, in dem es um die Rettung vor dem Weltuntergang geht. Die Türken zählen während des Spielens die Wimpernschläge ihres Gegenübers. Die Montenegriner ziehen sich zum Spielen in die Berge zurück. In Guinea-Bissau vermeiden es die Menschen, bei Neumond zu spielen. In St. Kitts und Nevis gibt es ein Spiel, das im leeren Panzer einer Schildkröte gespielt wird. Die Nigerianer musizieren, während sie spielen. Die Belarusen treffen sich noch vor Sonnenaufgang in großen Runden, um miteinander zu spielen. In der Zentralafrikanischen Republik wird eine äußerst erschreckende Spielfigur als »gekochter Zahn« bezeichnet, mit der niemand spielen will. Was in Vatikanstadt gespielt wird – wer weiß das schon so genau? In Trinidad und Tobago wird nur bei geöffneten Türen gespielt. Die Kinder in der Elfenbeinküste pflanzen den Samen eines Cashewbaums in losem Kalk, auf dass daraus ein Spiel erwachse. In Bosnien und Herzegowina geht dem gemeinsamen Spielen ein Festmahl mit Rauchwürsten voraus. Die Syrer wissen, dass ein Spiel nicht gut, aber auch nicht böse ausgeht. Auf Mauritius ist das Spiel gleichbedeutend mit einem »unsichtbaren Tanz«. In Sri Lanka verehrt man fünf Geschwister, die in jungen Jahren eine Spielpartie begannen, knapp hundert Jahre lang miteinander spielten und dann die Erleuchtung erlangten. Für die Liberianer zeigt sich im Spiel die Unvollkommenheit von allem. In Bahrain ist das »auf Hochglanz polierte Spiel« ein geheimnisvolles Werkzeug islamischer Mystiker. In Lesotho kann ein Spiel die letzte Verteidigungslinie gegen alle Übel in der Welt sein. Die Menschen in der Dominikanischen Republik spielen, um ihre Mütter zu ehren. In Malaysia wird jedes Spiel nach Benutzung gründlich gewaschen. Die Armenier werfen alte Spiele nicht weg, sondern vergraben sie unter einem Granatapfelbaum. In Pakistan werden Spielanleitungen nicht nur auf Papier, sondern auch auf Teller, Latten, Wahlplakate, Fliesen, Heizkörper und zerschnittene Autoreifen gedruckt. Die Namibier fangen an zu bluten, während sie spielen. Die Südkoreaner sehen im Spiel die Verdinglichung eines himmlischen Prinzips. Die Albaner versuchen stets, ihre Mitspieler mit Körpergeräuschen aus dem Konzept zu bringen. In Nicaragua wird das gespielt, was auf den Tisch kommt. Die Isländer lesen im Spiel ihre Zukunft. In Äquatorialguinea verkaufen Bauern selbst gebastelte Spiele, um Missernten auszugleichen. Die Kirgisen spielen auf den Rücken ihrer Pferde. In Monaco wird der Spielsieger von den Verlierern einhellig verflucht. Die Senegalesen glauben, eine Kraft jenseits der Sterne habe das erste Spiel im Inneren einer Tonkugel auf die Erde gebracht. In der Mongolei heißt es, das Spiel habe von einem Besitz ergriffen, wenn man eine Partie verliert. In Andorra gilt das Pfeifen während eines Spiels als Zeichen nahenden Unglücks. Auf den Komoren spielt man gegen den Ozean. In Guinea besitzt ein Spiel die Kraft, die Zeit anzuhalten. Die Litauer spielen mit Kranken, um deren Heilung zu beschleunigen. Die Algerier besitzen Säcke aus Ziegenleder in allen Formen und Größen, in denen sie Spielmaterialien mit sich herumtragen. Die Guatemalteken haben in früherer Zeit mit den abgehackten Händen ihrer Feinde gespielt. In Ruanda ist das Spiel ein Zeichen, aber niemand weiß, wofür. Die Kroaten demütigen einander während des Spielens aufs Übelste und versichern sich nach Ende des Spiels gegenseitig ihre ewige Freundschaft. In Fidschi wird jemand, der sich Spiele ausdenkt, mit dem Begriff »Minutenkönig« bezeichnet. In der Republik Kongo haben die Menschen ein gutes Gespür dafür, dass es auch gefährlich werden kann, wenn man miteinander spielt. Auf Malta spielen alle Kinder ein und dasselbe Spiel, seit Jahrhunderten, immer und immer wieder. Die Angolaner kennen eine Reihe verbotener Spiele, die nach dem Spielen verbrannt werden müssen. In Guyana gibt es ein Spiel, das nur Geschiedene miteinander spielen. Auf den Marshallinseln gilt es als äußerst unhöflich, auf ein Spielbrett zu niesen. In Dschibuti ist der »spielende Stern« ein Himmelszeichen, unter dem Kinder geboren werden. Die Liechtensteiner spielen kurz, trocken und messerscharf. Die Aserbaidschaner spielen, wie man so sagt, »gegen den Wind«. Die Slowenen spielen lieber, bevor sie etwas Dummes anstellen. Die Iraner spielen mit allem, was auch nur im Entferntesten an ein Spiel erinnert. In Togo ist der »Kleine Pip« ein Spielstein, der niemals berührt oder geschlagen werden darf. Die Marokkaner verwandeln sich in jedem Spiel in andere Personen. Für die Kasachen hat jedes Spiel Folgen, im Guten wie im Schlechten. In Venezuela gab es eine Zeit, da war ein Spiel wertvoller als Gold, das nichts wert war. Auf Zypern erzählt man sich von einem Fabelwesen, das Menschen in seine Strandhöhle zum Spielen lockt, um aus ihrem Hirnwasser Likör herzustellen. In Eritrea hat das Spielen eines Spiels den gleichen sozialen Stellenwert wie schlafen, reiten, umarmen, Wäsche waschen, einen Behördengang machen,

Radio hören und eine Ermittlung führen. Für die Turkmenen ist jedes Spiel eine »Leere, die gefüllt werden will«. Die Bulgaren spielen unterirdisch, im eigentlichen Sinn des Wortes. In Grenada wurde durch ein verlorenes Spiel eine kurzlebige Revolution ausgelöst. Die Saudis halten Menschen, die mit zu großem Ernst spielen, für Volltrottel. In Taiwan beginnt man ein Spiel, indem man die Hände seines Gegenübers lobt. Auf St. Lucia gibt es ein Spiel, das ein Spiegelbild der Insel ist als ein von Stürmen gepeitschter, von Überflutungen bedrohter und von den Explosionen in den Zuckerfabriken hell erleuchteter Ort des Niedergangs. In Katar ist es nicht ungewöhnlich, dass Mitspieler am Spieltisch einschlafen; es wird einfach ohne sie weitergespielt. Die Somalier spielen so lange, wie es das Schicksal ihnen erlaubt. In Osttimor analysiert ein kleiner Geheimdienst anhand eines Spiels die Lage im Land. Auf St. Vincent und den Grenadinen stellt das Spiel ein beiderseitiges Verlangen dar: Es verlangt, gespielt zu werden – die Mitspieler verlangen, es zu spielen. Im Königreich Eswatini nimmt das Ende eines Spiels das Ende von allem vorweg. Wer in der Antarktis ein Spiel verliert, muss sehr lange danach suchen. In Honduras heißt es, die Tyrannen und ihre Offiziere hätten dem Spiel auf ewig seine Unschuld genommen. Die Thai kennen alle Geheimnisse, die in den Spielen verborgen sind. In Palästina ist das Spiel ein stinkender Schlund, in dem Menschen verschwinden. Die Samoaner lösten sich schon früh vom althergebrachten Konzept des Spielbretts, indem sie die Strände, das Gras, die Steine, die Plantagen, die Vulkane, die Häfen, die Dörfer, die Flugplätze, die Hotelanlagen, das Meer, die Korallenriffe und den Himmel zu einer einzigen großen Spielfläche zusammenfassten. Die Briten spielen nicht, wenn es hagelt. Die Kenianer spielen in Anwesenheit ihrer Toten. Die Nepalesen träumen, während sie spielen.

LOS NIÑOS DIABÓLICOS

Ein Spiel – was ist das überhaupt? Ach, na ja …

Weil der Schlafsand mir die Lider verkleisterte und der Suff sie so schwer gemacht hatte, dauerte es eine ganze Weile, bis ich meine Augen öffnen konnte. Das Erste, was ich sah, war ein greller Lichtschein, aus dem sich mehr und mehr die Sohle eines nackten Fußes herauszuschälen begann, von dem ein scharfer Geruch ausging, die zarten Unterseiten von fünf Zehen, darunter glatte, helle Haut mit ein paar lang gezogenen Furchen hier und da, winzige Leberflecke, aufgeplatzte Bläschen und einzelne verhornte, gelbliche Erhebungen. Ich hob den Kopf ein wenig, spürte ein Knäuel aus Stahlwolle in meinem Rachen und hustete einmal, ehe ich damit beginnen konnte, mir ins Gedächtnis zu rufen, wo ich mich befand und wie es mich hierher verschlagen hatte. Ich erkannte mein Zimmer auf Spyderlings Weingut wieder und war zunächst erleichtert, nicht in einer verschimmelten und mit Fanartikeln der Konföderierten Staaten von Amerika dekorierten Studentenverbindungsbude, in einer Gefängniszelle oder in einer eingefrorenen Bauruine irgendwo auf dem Land wach geworden zu sein (alles Orte, an denen ich bereits einmal aufgewacht bin und in Zukunft nie wieder aufwachen will). Dann warf ich einen schnellen Blick auf den schlafenden Körper neben mir, schnellte hoch, beugte mich vorsichtig über ihn und suchte auf dem Teppich vor dem Bett nach zerknüllten Taschentüchern oder benutzten Kondomen, doch es war nichts zu sehen, also sackte ich wieder zurück und versuchte, ruhig zu bleiben.
Neben mir schnarchte Cazimir leise, den rechten Arm auf die Stirn gelegt. Sein Bauchnabel hob und senkte sich sacht, und unter den Boxershorts zeichnete sich sein Ständer ab. Ich konnte nicht sa-

gen, ob wir miteinander geschlafen hatten. Die Pille jedenfalls nahm ich nicht, weil ich keine Lust darauf hatte, also musste ich mir zwangsläufig einreden, gestern zwar ordentlich drauf gewesen zu sein, aber nicht völlig meinen Verstand verloren zu haben. Ich kniete mich hin und fing damit an, zuerst die Innenseiten meiner Schenkel und dann meinen Oberkörper zu untersuchen, und siehe da: Ein getrockneter Film zog sich unterhalb meiner Brüste entlang und verklebte die Hautfalten dort miteinander.

Ich pustete mir eine Haarsträhne aus dem Gesicht und entschied, hinunterzugehen und kurz in den Pool zu steigen, einerseits weil ich Bewegung brauchte und andererseits weil es einfach geil war, die Möglichkeit zu haben, nach einer durchzechten Nacht in einen von der Vormittagssonne erwärmten Pool steigen zu können.

Ich kletterte vorsichtig über Cazimir hinweg aus dem Bett, kickte den Haufen mit unseren Schuhen, Socken und Hemden ein Stück zur Seite, griff nach einem T-Shirt und einer kurzen Hose, zog mich an und verließ so leise wie möglich das Zimmer. Im Flur war alles still, und obwohl ein paar Türen sperrangelweit geöffnet standen, war aus ihnen nichts zu hören. Auf der Treppe stellte sich mir die Frage, wie zum Teufel wir bloß heimgekommen waren, aber das würde sich zweifellos irgendwann aufklären. Hatte ich Johanna eigentlich noch gefunden? Ach, bestimmt hatte ich das, meinen detektivischen Fähigkeiten sei Dank. So tröpfelten die Erinnerungen zurück in meinen Verstand, aber vieles lag noch im Unklaren, kein Wunder.

Unten im Speisezimmer begegnete ich Arno, Elke, King und Ronny, die alle an verschiedenen Tischen saßen. Sie schienen gerade mit dem Mittagessen beschäftigt zu sein, und als ich hereinkam, blickte jeder von ihnen auf und nickte mir mit versteinertem Gesicht zu, nur um im nächsten Augenblick weiter schweigend ein Süppchen zu löffeln oder an einem Stück gebratenem Fleisch herumzuschneiden. Ich wedelte mit meiner Hand in der Luft herum, versuchte ein Lächeln und ging schnell durch den Raum, doch nachdem ich den Rauchsalon betreten hatte und sah, wer oder was sich dahinter eingefunden hatte, rollte die Welle aus Erinnerungen gnadenlos über mich hinweg, und auf einen Schlag fiel mir wieder alles ein: wie mir die Tür zum Backstage-Bereich des Clubs Transistor geöffnet wurde, und zwar von Oleg, dem passiv-aggressiven, aber insgesamt doch recht zugänglichen Türsteher; wie mich die Mitglieder der Transnistrian-Meth-Rock-Band Taxi Terreur & The Hitlerbabies aus ihren schwarzen, von Alkohol und Drogen verschleierten Äuglein anblickten; wie Johanna, die zwischen ihnen auf einer riesigen, mit silbrigen Schriftzeichen vollgekritzelten Sofalandschaft klemmte, die Arme hochriss, als sie mich sah, und mit lauter Stimme das von ihr selbst und sehr wahrscheinlich genau in diesem Moment zusammenkomponierte Liedchen anstimmte: »Se-pul-ve-da, du bist der Star / Du bist der Star, oh, Sepulveda!«; wie die Hitlerbabies grunzten, während sich ihre Leadsängerin Taxi eine Line von der Couchtischkante in die Nase zog; wie ich mich ihnen allen höflich vorstellte, indem ich meinen vollständigen Namen sagte, der mir selbst nur noch schwer über die Lippen ging, verbunden mit einer schnellen, halbherzigen Verbeugung, weil ich der Meinung war, dass man in einem Land wie Moldau auf diese Weise fremden Menschen zum ersten Mal gegenübertrat; wie Johanna sich nach vorn bog und ihre Arme nach mir ausstreckte, um mich zu sich in die endlose Weite ihrer Sofalandschaft zu ziehen, wo ihre Hände über meinen gesamten Oberkörper wanderten und sie mir schließlich einen langen Kuss auf die Lippen drückte, der so gut schmeckte, dass mir beinahe das Herz zerbröselte; wie ich von einem der Hitlerbabies (ich glaube, es war der Typ mit dem Keyboard, der in Stacheldraht und Lichterketten gewickelt auf die Bühne getreten war und sein Kostüm noch immer nicht abgelegt hatte) eine dunkelbraune Flasche in die Hand gedrückt bekam; wie ich von allen dazu aufgefordert wurde, zu trinken, zu trinken, einfach so lange zu trinken, bis mir das Universum seine letzten Geheimnisse offenbarte; wie ich einmal einen Blick zum Türspalt warf, in dem ich Cazimir sehen konnte, der sich angeregt mit dem Türsteher Oleg unterhielt, während Johanna an meinem Hosenbund herumspielte und ich ihre kühlen Fingerspitzen auf meiner Haut spüren konnte, als wäre das alles plötzlich eine ausgemachte Sache zwischen uns, obwohl mir ja auch irgendwie klar war, dass es das eben überhaupt nicht war, aber was wusste ich schon, heilige Jungfrau, was wusste ich denn schon in diesem Moment?; wie ich von Taxi erfuhr, dass der riesige Arien schmetternde Kerl mit dem Vollbart unter dem Namen »Abdominis Sovieticus« bekannt war, und es war das erste Mal gewesen, dass sie mit mir gesprochen hatte, mit ihrer rauchigen Stimme, ganz dicht an meinem Ohr, und ich war erzittert bei jeder Silbe des Namens »Abdominis Sovieticus«, und ich erzittere noch heute bei jeder Silbe des Namens »Abdominis Sovieticus«; wie ich Taxi nach den Namen der anderen Hitlerbabies fragte und sie mir antwortete, dass sich der Flötenspieler »Herr Basedow«, die Schlagzeugerin »G. Mürzzuschlag« und der Keyboarder »Valla Dolid« nannten, alles natürlich Pseudonyme, eh klar, nicht einmal der größte Schwachkopf auf Erden wolle die eigene Privatperson mit einer Band namens Hitlerbabies in Verbindung bringen, schon allein weil Gewaltandrohungen per Post oder im Internet vor und nach jedem ihrer Konzerte an der Tagesordnung seien, und nur sie selbst heiße wirklich »Taxi« mit Vornamen, der im Übrigen wie »Tadschi«, »Taschi«, »Tassi« oder eben wie »Taksi« ausgesprochen werden könne, ihr sei das letztlich völlig egal; wie die Hitlerbabies gemeinsam ein russisches Lied anstimmten, dessen Strophen und Melodie möglicherweise sehr tiefgründig und bestimmt auch supertraurig gewesen sein müssen, von ihnen aber mit schiefem Gesang, Kung-Fu-Bewegungen und unkontrolliertem Geschrei so sehr ins Lächerliche gezogen wurden, dass wir alle schallend zu lachen anfingen; wie ich einmal all diesen irrsinnigen Trubel um mich herum zu vergessen versuchte, indem ich an meine Mutter dachte, was keine gute Idee gewesen war und mich nur dazu verführt hatte, noch mal einen großen, einen richtig großen, den allerallergrößten Schluck aus der Flasche zu nehmen, an Johannas Ringfinger zu lutschen, eine von Taxis Lines zu ziehen; wie ich Johanna aufrichtig davon erzählte, dass ich nur dank der grenzenlosen Doofheit ihres gespensterhaften Begleiters Rover zu ihr

gefunden hätte, obwohl ich fast in seiner fürchterlichen Gefängnisdimension verloren gegangen sei, in die er mich gelockt habe, und ich berichtete ihr davon, wie er mir erst als Nebelfetzen,
dann als durchgeknallter Gasmann und schließlich als riesige
glühende Wolke erschienen sei, in der Hunderte von Fernsehern
umherschwebten, die ich mit all meinen Körperkräften, ach was,
sogar mit all meinen Körpersäften bekämpft hätte, und je länger ich ihr davon erzählte und je intensiver mir bewusst wurde,
wie sie mir dabei unablässig und schweigend und ohne ein einziges Mal zu zwinkern in die Augen schaute, desto bekloppter
empfand ich meine Wahrnehmung und meine Ideen und schlussendlich auch mein ganzes Selbst, aber so war das alles ja nun
mal gewesen, und anders hätte ich ihr das alles auch gar nicht
sagen können; und wie Johanna mich in den Arm nahm und mich
heulen ließ an ihrer blöden Schulter, nach der ich nie verlangt
hatte, die jetzt aber trotzdem da war und nur mir gehörte, für
einen Moment, was schön war, ultraschön, ultraultraschön; und
wie sie mir ins Ohr flüsterte: »Ach, halt doch endlich mal die Klappe, Sepulveda. Alles wird gut«; und wie die Hitlerbabies, aus welchen Gründen auch immer, urplötzlich in ein polterndes Gelächter ausbrachen; und wie Johanna und ich die Köpfe hoben und in
das Gelächter einfielen; und wie Johanna und ich gleichzeitig auf
die ziemlich seltsame Idee kamen, Taxi und ihren Hitlerbabies
anzubieten, mit uns auf Spyderlings Weingut zu kommen, nur einen, yeah!, Steinwurf entfernt von, yeah!, Chişinău, yeah, yeah!;
und wie wir alle uns gegenseitig abklatschten, als hätten wir gemeinsam den geilsten Plan der ganzen Welt ausgetüftelt; und
wie ich diese komischen Leute um mich herum dabei beobachtete, wie sie ihre Sachen zusammenräumten (Instrumente, Trink-
flaschen, Drogen, Schlafsäcke und so); und wie wir zusammen
den Backstage-Bereich verließen, begleitet von Oleg und Cazimir,
dessen Hand ich mir sofort geschnappt hatte, nachdem sie wieder in meiner Reichweite gewesen war; und wie wir in den Innenraum des Clubs vordrangen, wo Clark, Ronny, Campbell und
King immer noch an der Bar herumlungerten wie Fledermäuse –

und zwar wie arbeitslose Fledermäuse!; und wie wir alle die Stufen hinauf ans Tageslicht stiegen, dieser wild gewordene Haufen von Menschen, die überhaupt nichts miteinander gemein hatten, aber es schon noch gehörig miteinander zu tun bekommen würden; und wie wir uns in irgendwelche Autos quetschten, die wie aus dem Nichts aufgetaucht waren (Cazimir und ich zum Beispiel auf dem Beifahrersitz von Leons Kleinbus, dessen Steuer Johanna übernommen hatte); und wie wir durch das frühmorgendliche Chişinău brausten, ohne irgendwelche blöden Ängste im Herzen, weder vor den Konsequenzen unserer Sprunghaftigkeit noch vor der postsowjetischen Polizei; und wie wir das Weingut erreichten (auf welcher Route auch immer: vielleicht über eine befestigte Straße tief unter der Erde, vielleicht durch ein geheimnisvolles Portal einer technologisch weit fortgeschrittenen, aber längst untergegangenen slawischen Urzivilisation, vielleicht nur durch den Fingerzeig eines Engels mit Schlafstörung); und wie es sich Taxi und ihre Hitlerbabies im Rauchsalon auf den Sesseln bequem machten, eine ganze Batterie an Porzellantässchen mit Weinbrand füllten und ihr infernalisches Gelage einfach fortsetzten, als würden sie sich niemals in einem anderen Daseinszustand befinden; und wie der Rest von uns sich im Haus verstreute mit flauen Mägen und bleischweren Gliedern und dunkelblauen Augen und allerlei Fragen in den kleinen Köpfen; und wie ich mit Cazimir die Tür meines Zimmers aufstieß und wir uns gegenseitig durch den Raum auf das Bett schubsten und ich so irre Lust darauf hatte, seinen Schwanz in den Mund zu nehmen, und er so irre Lust darauf hatte, mich zu lecken; und wie ich ihm nach meinem Orgasmus ins Ohr flüsterte, dass ich die Pille nicht nehmen würde aus irgendwelchen unverrückbaren Prinzipien, und er mir anbot, auf meine Brüste zu spritzen, und ich ihm sagte, dass ich das zwar nicht so richtig verstehen könne, aber in Ordnung finde, jedoch erst mal nur dieses eine Mal; und wie wir irgendwann aneinandergepresst einschliefen; und wie alles, wirklich alles!, einfach nur gut war für einen verschwindend kurzen Moment in Zeit und Raum.

Ein Spiel, bloß ein Spiel. Oder wie Spyderling es ausdrücken würde: »Kein Spiel, bloß kein Spiel!«

Der Riese namens Abdominis Sovieticus saß mit überschlagenen Beinen im Sessel gegenüber der Tür zum Speisezimmer, ein Porzellantässchen in den Pranken haltend. Um den Tisch in der Raummitte standen Taxi, ihre Trommlerin G. Mürzzuschlag mit der hohen Frisur und der dürre Flötenspieler Herr Basedow im Arztkittel und sprachen leise miteinander. Sie alle waren noch in ihre Bühnenoutfits gekleidet, einzig der dicke Kerl namens Valla Dolid mit den Lichterketten und dem Stacheldraht hatte sich seines unbequemen Kostüms entledigt, das neben ihm auf dem Boden lag, während er vor einem geöffneten Schränkchen kniete und darin kramte. Auf dem Tisch selbst befand sich nur der schwarze Karton des Spiels *MAUNSTEIN,* den Ioana tags zuvor der Botin von der moldauischen Post abgenommen und möglicherweise in der Absicht hier liegen lassen hatte, jemand von uns würde sich schon darum kümmern, doch auch Taxi und ihre Bandkollegen würdigten ihn keines Blickes, warum denn auch. In der Tür stehend überlegte ich einen Augenblick lang, wieder zurückzutreten und sie alle ihrem Schicksal zu überlassen, doch ich war viel zu faul, den Haupteingang zu benutzen und um das ganze Gebäude herum zum Pool zu gehen, also schlich ich in den Salon hinein, was barfuß überhaupt kein Problem war, ich machte echt keinerlei Geräusche – Taxi und die Hitlerbabies bemerkten mich natürlich trotzdem, als würden sie es immer bemerken, wenn sich ein fremder Körper in ihren Herrschaftsbereich wagte, und jeder von ihnen hob oder drehte den Kopf und blickte mich stumm an, und ich entschied, das alles auszuhalten und unbeirrt meinen Weg fortzusetzen, und als ich in eine Pfütze aus Whisky, Speichel oder was auch immer trat, machte ich vielleicht einen ganz kleinen Sprung, aber ansonsten gelang mir die Durchquerung des Rauchsalons ohne weitere Probleme, und kurz darauf fand ich mich endlich auf der Terrasse wieder, den Pool unter mir fest im Blick, auf dessen Wasseroberfläche der Wind ein paar Blätter geblasen hatte. Ohne mich auszuziehen, stieg ich hinein, spazierte ein paar Runden von Wand zu Wand, tauchte unter und machte ein paar Schwimmzüge, und als ich wieder herausstieg, sah ich Taxi und die Hitlerbabies an den Fenstern und in der Terrassentür des Rauchsalons stehen, wie sie vielleicht mich beobachteten, vielleicht aber auch nur die betörende Schönheit von Spyderlings Garten. Okay, diesmal ging ich um das Herrenhaus herum und zum vorderen Eingang, eine Spur aus Wassertropfen hinterlassend, und als ich gerade das Gebäude betreten hatte, kam Ioana aus der Küche. Sie starrte meine klitschnassen Klamotten an, ging murmelnd in die Küche zurück, brachte ein Geschirrhandtuch mit und drückte es mir in die Hand.

»Ach, Daytona«, sagte sie und ließ mich so lange nicht aus den Augen, bis ich meine Arme und Beine, meinen Nacken und meine Stirn trocken gerubbelt hatte.

Währenddessen linste ich zur geöffneten Tür, die zum Speisezimmer führte, und sah Ronny und King immer noch am Mittagstisch sitzen, mit gekrümmten Rücken in ihre Nahrungsaufnahme vertieft.

»Wer sind diese Leute?«, fragte Ioana. »Freunde von euch?«

Ich schüttelte den Kopf.

»Aber auch keine Freunde von Spyderling?«

Ich schüttelte wieder den Kopf, dann aber nickte ich, nur um gleich darauf erneut den Kopf zu schütteln.

»Aha«, sagte Ioana. »Na ja, sie sind sehr nett. Aber sie machen viel Dreck.«

»Wirst du Spyderling Bescheid sagen, dass wir Besuch haben?«, fragte ich.

Ioana lachte auf.

»Nein«, sagte sie. »Brauche ich nicht. Spyderling weiß alles. Ist ja auch Spyderlings Haus.«

»Aha«, sagte ich.

»Hmhm«, machte Ioana.

»Eine Frage noch …«, sagte ich.

»Keine Frage mehr«, sagte Ioana. »Ich muss aufräumen. Hast du schon gegessen? Iss endlich mal was. Siehst aus, als hättest du die Nacht unter einem toten Pferd verbracht.«

Jetzt musste ich auch lachen, gab Ioana ihr Handtuch zurück und stieg die Treppe in den ersten Stock hinauf. Zurück in meinem Zimmer zog ich mich aus und krabbelte zu Cazimir, der mittlerweile aufgewacht war, aber die Augen noch geschlossen hielt.

»Du bist kalt«, flüsterte er.

»Ich weiß«, sagte ich.

Wo waren die Spiele so plötzlich hin? War mir da etwas kolossal entglitten? Hatte ich mich von der großen Ablenkung überrumpeln lassen? »Die Spiele, die Spiele!«, summte es in meinem Kopf, »Daytona, Daytona, bitte, bitte lass sie nicht los!« Erst mal leichter gesagt als getan. Aber vielleicht würde ich ja mein Bestes geben.

»Whoa!«

Cazimirs Gebrüll schreckte mich aus dem Schlaf. Ich schlug mit der Faust in die Richtung, in der ich ihn vermutete, dann machte ich die Augen auf. Campbell stand in meinem Zimmer, nur etwa einen halben Meter vom Bett entfernt, und betrachtete neugierig unsere nackten Körper.

»Verdammt noch mal«, schrie ich, zog mir sofort die Decke über den Kopf, wand mich in der Dunkelheit einmal um mich selbst und schaute am Fußende wieder darunter hervor.

»Daytona, komm«, sagte Campbell freundlich und beugte sich über mich. »Ich habe Geburtstag. Wir wollen feiern.«

Cazimir hatte derweil nach meinen schwarzen Würfeln gegriffen, die auf dem Nachttisch verteilt lagen, und sie mit voller Wucht auf Campbell geschmettert. Der brauchte sich nur kurz zu ducken, und weil er eh so dünn war und Cazimir auch ziemlich schlecht gezielt hatte, wurde er nicht getroffen. Daraufhin stieß Cazimir so etwas wie einen Fluch in seiner Sprache aus, wagte es aber nicht, sich auf den Jungen zu stürzen.

»Kommst du?«, fragte Campbell mich.

Ich brüllte in meine zusammengeknautschte Decke hinein. Es half nichts, sich dagegen zu wehren. Diesem Kind gehörte von einer Heerschar alleinstehender protestantischer Gouvernanten der Hintern versohlt, bis ans Ende aller Tage und zur Sicherheit auch noch eine Weile darüber hinaus.

»Ja«, stöhnte ich, »gleich, okay? Gehst du jetzt bitte?«

»Wohin?«, fragte Campbell.

»Raus!«, brüllte ich ihn an.

»Ist gut, Daytona«, sagte er, nickte uns zu und verließ mein Zimmer.

Ich hörte Cazimir am anderen Ende des Bettes atmen und sich durch die Haare wuscheln.

»Was soll das?«, fragte er mit brüchiger Stimme, als steckte ihm der Schreck noch immer in jeder Faser.

»Alles okay«, antwortete ich ihm. »Anscheinend hat Campbell heute Geburtstag. Wir müssen mit ihm feiern. Wenn nicht, könnte etwas Fürchterliches passieren.«

»Fürchterlich, hm? Was zum Teufel macht ihr hier eigentlich alle?«

»Duschen?«

»Okay«, sagte Cazimir und wartete ab, bis ich aufgestanden war, dann folgte er mir ins Bad.

Nachdem wir uns angezogen hatten, gingen wir hinunter, um an Campbells Geburtstagsfeier teilzunehmen. Im Speisezimmer war niemand mehr, das Geschirr für das Mittagessen abgeräumt, die Fenster zum Durchlüften weit geöffnet. Draußen lungerten Taxi und die Hitlerbabies auf der Terrasse herum, auf Stühlen sitzend, an der Balustrade lehnend oder auf der Treppe zum Garten hockend.

Als wir den Rauchsalon betraten, sah ich zuerst niemanden, doch dann entdeckte ich Campbell in einer Ecke, hinter der Stehlampe, die ihn zwar nicht vollständig, aber auf wundersame Weise zu großen Teilen hinter sich verbarg.

»Alles Gute!«, rief ich.

Er schaute hinter seiner Leuchte hervor.

»Ja, alles Gute«, sagte Cazimir. »Und entschuldige bitte wegen der Würfel ... Ich habe mich so erschrocken vor dir.«

Campbell schnellte wieder hinter seine Lampe zurück.

»Er ist ein bisschen krank, oder?«, flüsterte Cazimir mir ins Ohr.

Ich ließ meinen Blick durch den Raum schweifen, um Campbell mit irgendetwas aufzuheitern. Ich hatte ja nicht mal ein Geschenk für ihn, und sehr wahrscheinlich hätte ich nicht mal eines besorgt, wenn ich gewusst hätte, dass er heute Geburtstag hatte.

»Campbell, schau doch mal«, sagte ich, ging zum Tisch hinüber, nahm die Schachtel des Spiels *MAUNSTEIN* und blieb kurz vor der Leuchte stehen.

»Was mag das wohl sein?«, hörte ich seine Stimme dahinter.

»Na, was wohl, Shithead«, sagte ich, »ein Geschenk natürlich. Für dich.«

Campbell kam aus seiner Ecke hervor, riss mir die Schachtel aus der Hand, ging damit in eine andere Ecke und begutachtete sein Geschenk.

»Ein Spiel«, sagte er.

»Ich glaube, ja«, sagte ich.

»Spielen wir es?«

»Warum nicht? Später, okay?«

»Hast du die Anleitung gelesen?«

»Nein. Ich weiß nicht, was das ist. Aber jetzt gehört es dir. Ist doch toll, oder?«

Campbell schüttelte die Schachtel und hielt sie sich ans Ohr, schüttelte sie erneut und drückte wieder sein Ohr dagegen. Während er das ein paarmal wiederholte, warf ich einen Blick zu Cazimir, der noch ganz verloren in der Tür zum Salon stand.

»Es kann sein«, sagte Campbell, »dass es heimtückisch ist. Zumindest klingt es heimtückisch. Wir sollten uns konzentrieren, wenn wir es öffnen. Manchen Dingen ist nur mit einer gewissen Vorsicht zu begegnen, ansonsten übernehmen sie nämlich ganz schnell die Kontrolle.«

»Wie alt bist du denn geworden, kleiner Junge?«, fragte Cazimir.

Campbell hörte auf damit, sein neues Spiel zu schütteln, und sah ihn lange an.

»Elf?«, fragte Cazimir weiter. »Oder schon zwölf?«

Campbell sah ihn immer noch an, ohne etwas zu sagen.

»Zwölf«, rief ich, »Bullshit! Fünfzehn bist du jetzt, oder?«

»Ich bin nichts weiter als eine glockenhelle Illusion, hat meine werte Frau Großmutter immer zu mir gesagt«, antwortete Campbell und begann sich wieder mit dem Spiel zu beschäftigen.

Aus dem Flur war Gesang zu hören. Ioana kam herein, eine dicke Eisbombe in den Händen, in denen ein paar Funken schlagende Wunderkerzen steckten. Sie sang *Happy Birthday*, wahrscheinlich auf Rumänisch, tänzelte ein wenig vor Campbell hin und her, ging zum Tisch, stellte die Bombe darauf ab, kehrte zu Campbell zurück und schlang ihre Arme um ihn, sodass sein Oberkörper nicht mehr zu sehen war.

»Fünfzehn Jahre, fünfzehn Jahre«, rief sie lachend und drückte ihm ein paar Küsse auf die Wangen, »und er ist immer noch so zuckersüß! Kein einziger Pickel im Gesicht!«

Nachdem es Campbell gelungen war, sich mit einiger Mühe aus ihrer Umarmung zu winden, verschwand er, sein Spiel unter den Arm geklemmt, durch die Terrassentür nach draußen.

Ioana sah ihm kurz hinterher, dann drehte sie sich freudestrahlend zu uns um.

»Wollt ihr Eis?«, fragte sie. »Na los, na los, nehmt schon!«

Während ich zwei Tassen aus einem Glasschrank holte und für Cazimir und mich etwas Eis von der Bombe schabte, war Ioana auf den Flur gegangen, um die anderen aus ihren Verstecken zu rufen. Etwa fünf Minuten später waren sie eingetrudelt. Ronny, Clark und King machten verschlafene oder mies gelaunte Gesichter, Elke von Manteuffel und Arno Picardo steuerten, eine robotische Kälte ausstrahlend, auf die Eisbombe zu, Johanna tauchte als Letzte in der Tür auf und grinste mich an. Wir führten alle kurze Gespräche miteinander, warfen immer mal wieder Blicke nach draußen, wo Taxi und die Hitlerbabies rauchend in der Sonne saßen und wiederum zu uns hereinschauten, und ließen uns von

Ioana etwas über die moldauische Eisbombenproduktion erzählen, die während des Sozialismus und in der Umbruchszeit den gesamten Ostblock dominiert habe, aber im Zuge eines vor wenigen Jahren von Russland verhängten Importverbots aufgrund zu hoher Schadstoffbelastung nahezu zum Erliegen gekommen sei, wohl auch, weil eine kleine Gruppe Krimineller irgendwann damit angefangen habe, Schmuggelware in Eisbomben über die Grenzen auszuführen, zunächst so harmlose Sachen wie Zigarettenschachteln, Bernstein aus dem Schwarzen Meer oder goldene Uhren, später dann betäubte Singvögel, in Erdnussöl eingelegte Krokodilgenitalien oder Fußkettchen aus den Zähnen von Nebelpardern, danach auch gefälschte Antibiotika, Selbstmordpräparate oder harte Drogen und ganz am Ende sogar Sprengstoffe, automatische Pistolen oder waffenfähiges Plutonium, alles in diesen prachtvoll dekorierten, eiskalt dampfenden, zuckrigen Leckereien versteckt, was schließlich die internationalen Polizeibehörden auf den Plan gerufen habe, und wenn erst einmal die internationalen Polizeibehörden hinter dir her seien, so Ioana, dann gute Nacht allerseits.

»Ich mag überhaupt kein Eis«, sagte Ronny da, massierte seine Augenringe mit Daumen und Zeigefinger und linste finster zu Johanna, Cazimir und mir herüber. »Und ich verstehe auch nicht, warum jetzt hier lauter Leute rumhängen, die ich überhaupt nicht kenne.«

»Freunde sind Freunde, überall auf der Welt«, sagte Ioana fröhlich und begann damit, all jenen ihre leeren Tassen oder Teller ` abzunehmen, die bereits aufgegessen hatten.

Ronny verzog das Gesicht, als würde ihm ein einzelnes beißendes Tröpfchen Magensäure die Speiseröhre hochwandern. »Wie auch immer«, sagte er, »aber es wäre schon schön, wenn wir auch mal unsere Ruhe hätten.«

»Ruhe wovor?«, fragte ich ihn. »Du weißt doch selbst nicht, was du hier sollst. So wie wir alle. Oder etwa doch?«

»Ich weiß, dass ich nichts weiß, außer irgendwas über Eis, Mais, Schweiß, Reis und so Scheiß.« Clarks Stimme war von irgendwo aus einem der hinteren Bereiche des Salons zu hören. Sie klang, als habe er eine Käsereibe verschluckt. »Sind wir nicht hier, um mit Spyderling zu spielen oder so? Wo ist er denn die ganze Zeit?«

»Spyderling, Spyderling, Spyderling«, plapperte Ioana vor sich hin. »Niemand weiß etwas über Spyderling, niemand hat Spyderling gesehen, niemand hat mit Spyderling gesprochen, immer das Gleiche, Hilfe, Hilfe, wo ist nur Spyderling? Alle wollen immer Spyderling, Spyderling, Spyderling und nichts anderes. Das ist total verrückt.«

»Aber ihr zwei wisst doch bestimmt, wo sie ist, oder?«, unterbrach Johanna Ioanas Klage, den Zeigefinger auf Elke von Manteuffel und Arno Picardo gerichtet.

»Wir wissen gar nichts«, sagte von Manteuffel.

»Wir machen hier nur Urlaub«, sagte Picardo.

»Spyderling kommt und geht, wann er will«, sagte von Manteuffel, »so ist er schon immer gewesen.«

»Uns interessiert nicht, was sie aus welchen Gründen treibt«, sagte Picardo, »wir sind schließlich nicht ihre Bewährungshelfer.«

»Mann, das ist doch alles voll der Schwachsinn!«, rief Ronny. »Ich habe das Gefühl, dass man uns nur wahnsinnig machen will, um … um …«

»Um, um?«, fragte von Manteuffel.

»Was weiß ich denn?!«, schrie er sie an. »Was soll ich denn hier in diesem kleinen Scheißland?«

Von Manteuffel zuckte zurück. Erst da fiel mir auf, dass sich von ihren beiden Mundwinkeln aus jeweils eine winzige Narbe steil in Richtung der Wangenpartie zog, was dazu führte, dass sie aussah, als würde sie ganz fein lächeln, auch jetzt, einfach zu jeder Zeit.

»Immer mit der Ruhe«, sagte Picardo.

Ich stand so nah bei ihm, dass ich den Flaum auf dem gewaltigen Muttermal betrachten konnte, das sich über seinen gesamten Schädel erstreckte, und es kam mir vor, als würden sich die winzigen farblosen Härchen leicht in dem Luftstrom zwischen uns bewegen.

Picardo hatte Ronny eine Hand auf die Schulter gelegt, doch der schüttelte sie ab und machte einen Schritt zur Seite, und wenn man in diesem Augenblick keine Lust mehr darauf hatte, von Manteuffels Mundwinkel oder Picardos Muttermal und den Bewuchs darauf zu inspizieren, konnte man Ronny in aller Seelenruhe dabei zuschauen, wie das Blut in seinen Kopf schoss.

»Alles in Ordnung?«

Leon. Er stand in der Terrassentür und zog sich seine Gummigartenhandschuhe aus.

»Ach«, seufzte Ioana, drauf und dran, das Geschirr in die Küche zu tragen, »nur Gezeter, bla bla bla. Undankbarkeit? Vielleicht. Auf jeden Fall: sehr, sehr schlechte Manieren.«

Ronny sah aus, als würde er ihr gleich den Hals umdrehen wollen. Ioana aber kicherte nur und wackelte aus dem Salon in den Flur hinaus.

»Alles in Ordnung?«, fragte Leon noch einmal, der jetzt ganz dicht an Ronny herangerückt war.

Ronny nickte nur, mit hängenden Schultern. Es tat mir weh, ihn so zu sehen, aber er war wirklich nicht ganz unschuldig daran. Wie oft hatte man mir gesagt, dass ich nicht mehr auf Spyderling warten solle? Es kam ganz bestimmt der Tag, an dem Spyderling vor dem Herrenhaus des Weingutes vorfuhr, in einer dieser tiefschwarzen, uralten Nobelkarossen, in denen im Laufe der Jahrzehnte schon US-amerikanische Senatoren, russische Oligarchen, chinesische Parteikader, saudi-arabische Ölscheichs, ketaminsüchtige Pornofilmstars, hochrangige Nationalsozialisten, italienische Verbrecherbosse und englische Prinzessinnen vorgefahren waren, und Spyderling würde aus dem Wagen steigen und das Haus betreten, und im Windfang würden Ioana, Leon und der ostukrainische Eremit Pawel Spyderling mit Handschlägen, leichten Rippenstößen und Wangenküssen begrüßen, und Spyderling würde eine Runde durch die unteren Zimmer drehen, im Speisezimmer aus dem Fenster schauen, einen Blick ins Büro werfen, im Rauchsalon nach dem Rechten sehen, und dann würde Spyderling durch die Tür auf die Terrasse treten und unsere blutverschmierten Leiber dort verstreut vorfinden, die rauchenden Hitlerbabies über uns gebeugt, mit prüfenden Blicken und Eislöffeln in unseren geöffneten Köpfen nach etwas suchend, das wir schon eine ganze Weile vermisst hatten. Noch aber war dieser schöne Tag nicht gekommen.

Cazimir packte sich draußen mit einem Becher Milchkaffee aus dem Vollautomaten auf eine Sonnenliege, umringt von ein paar der Hitlerbabies, die er, wie es schien, schon länger kannte. Ronny, King und Clark verkrümelten sich sonst wohin. Von Manteuffel und Picardo ließen sich von Ioana in der Küche zwei Drinks mixen und begaben sich dann auf einen Spaziergang durch den Garten.

Johanna hatte mich gefragt, ob ich mal kurz auf ihr Zimmer mitkommen könne, sie habe da etwas entdeckt, das sie mir unbedingt zeigen wolle, und weil ich eh gerade nichts Besseres zu tun hatte, hakte ich mich bei ihr unter und stieg mit ihr die Treppe nach oben. Als wir in ihr Zimmer kamen, fiel mir nichts Besonderes auf.

»Na?«, fragte sie prustend. »Siehst du's?«

Ich stülpte die Unterlippe vor und schüttelte den Kopf.

»Na da, Sepulveda«, schrie sie fast, »auf dem Bett!«

Jetzt sah ich es. Auf ihrer glatt gestrichenen Decke glänzte ein riesiger zahnweißer Umschnalldildo mit schwarzen Gurten im Sonnenlicht. Aha. Ich zog die Stirn kraus. Johanna konnte sich vor Lachen kaum mehr halten.

»Ist das deiner?«, fragte ich, und für einen winzigen Moment fragte ich mich insgeheim auch, ob sie mir damit irgendetwas vorschlagen wollte, zu dem ich in meinem Zustand sicher nicht Nein gesagt hätte, auch wenn die Skrupel überwogen, aber hey, so war das nun mal.

»Nee«, sagte sie, »Neugebauer hat ihn vorgestern in einem der Schränke im Kaminzimmer gefunden, als er ein paar von Spyderlings Sachen klauen wollte. Der hat sich aber so davor gefürchtet, dass ich ihm den plötzlich in sein kleines Arschloch stecke, dass er die ganze Nacht über keinen mehr hochbekommen hat. Brauchst du ihn vielleicht?«

»Ich habe so etwas noch nie benutzt. Macht das Spaß?«

»Ja klar, wenn jeder damit einverstanden ist. Aber schmier da bloß ordentlich Vaseline rauf, sonst gibts am Ende 'nen Toten.«

Der Dildo wirkte auf mich nicht sehr vertrauenserweckend; er sah nicht einmal aus wie ein erigierter menschlicher Penis, sondern wie der annähernd dreißig Zentimeter lange schartige Schwanz einer außerirdischen Sexmaschine mit Noppen, Zacken, glitzernden Sternen, prallen pinken Adern am Schaft und einer Eichel, die eher an ein Spielfigürchen aus *Mensch ärgere dich nicht* erinnerte.

»Sepulveda, ich schenk dir das Ding«, rief Johanna, »und dann besorgst du es deinem neuen Clubtypen mal so richtig heftig und ohne Gnade, okay?«

»Tja, du, also, ich weiß echt nicht ...«

Da klingelte mein Handy in der Hose (»Hey smilin' strange ...«), und ich war froh darüber, mich von Johanna und ihrem Spielzeug wegdrehen zu können.

»Hallo, liebe, liebe Daytona, sag mir doch bitte: Wie geht es dir?« Nastassja de La Rochefoucauld, meine für mich zuständige Redakteurin im Flughafen Spieleverlag. Kontrollierte sie mich etwa?

»Hallo, Nastassja«, sagte ich, sah zu Johanna und legte den Finger an die Lippen.

Johanna schlug sich die Hände vors Gesicht und krümmte ihren Oberkörper, weil ein Lachanfall sie brutal zu schütteln begann.

»Ich wollte nur mal hören, was du so treibst«, sagte Nastassja.

»Wusstest du, dass es Ärger zwischen den westlichen Diplomaten, irgendwelchen ukrainischen Politikern und Moskau gibt? Im Internet schimpft der russische Außenminister die ganze Zeit, und Putins Regierungssprecher ist total aufgebracht. Wer kann schon sagen, worum es da wieder geht? Nichts Gefährliches bestimmt, aber ihr seid da ja in der Nähe, oder?«

»Moskau? Nee, sind wir nicht.«

»Ach, mach dir mal keine Sorgen. Und sonst so? Hat Spyderling sich schon blicken lassen? Hör mal: Wenn du ihm begegnest, dann bestell ihm bitte schöne Grüße von unserem Verleger, dem Olf von Ruppin. Ich glaube, die beiden kennen sich von ganz, ganz früher oder irgendwie so.«

»Ja, kann ich gerne machen. Olf von Ruppin lässt schön grüßen, alles klar.«

Johanna war derweil auf ihr Bett gestiegen, hatte sich den Dildo umgeschnallt und hopste jetzt wie eine Bekloppte auf der Matratze herum, das Gesicht vor gespielter Lust verzerrt, während ihre Zunge wild aus dem Mund schlug. Ich musste den Blick senken und verschluckte mich dabei fast.

»Was ist denn das für ein Krach da bei dir?«, fragte Nastassja aufgeregt. »Keine Raketen, oder? O mein Gott, Daytona, wenn du irgendwie Hilfe brauchst, dann schreibe ich gleich eine E-Mail an die deutsche Botschaft. Oder lieber an die amerikanische? Hm, das müsste ich natürlich erst mal herausfinden. Hast du eigentlich zwei Staatsbürgerschaften?«

»Geht das denn überhaupt?«

»Ich weiß es nicht.«

»Also, ich habe nur die eine. Die amerikanische.«

Johanna lag mittlerweile auf dem Rücken, strampelte mit den Beinen und bewegte ihren Unterleib immer schneller und schneller auf und ab. Ich streckte ihr meinen Mittelfinger entgegen und versuchte, mich darauf zu konzentrieren, Nastassja möglichst höflich abzuwimmeln.

»Du, Nastassja, hör mal«, sagte ich, »wir sind hier gerade ganz schön beschäftigt. Also, es läuft gut und so, alle sind voll in Ordnung, keine russischen Raketen oder ukrainischen Soldaten oder NATO-Panzer zu sehen, und so langsam habe ich das Gefühl, dass ich ein bisschen runterkomme, und wenn alles weiter so gut läuft, dann kann ich hier bestimmt noch was arbeiten, aber ich will da auch nichts überstürzen, du weißt ja, wie das ist.«

»Das klingt toll, Daytona, ich freue mich sehr für dich«, sagte Nastassja, und ich wusste tief in mir drin, dass sie es ernst meinte.

Vielleicht würde ich mich in ein paar Tagen noch mal bei ihr melden, in aller Ruhe, um etwas ausführlicher mit ihr zu sprechen.

»Also«, sagte ich, »dann lass uns doch einfach später wieder telefonieren, oder? Dann habe ich sicher mehr Zeit.«

»Wunderbar«, flötete Nastassja, »so machen wir das. Ach, Daytona, wenn du wüsstest, was für ein Glück du hast. Na, das weißt du bestimmt, aber es ist schon echt eine Riesenehre, bei Spyderling sein zu dürfen.«

»Na ja«, sagte ich, »bisher ist hier noch nichts von Spyderling zu sehen. Wir sind schon ziemlich uns selbst überlassen.«

»Oha«, sagte Nastassja, »das ist aber merkwürdig. Ich habe gestern mit einigen Autorinnen und Autoren telefoniert, die auch schon mal in Moldau waren, also Ilona Klavterhalven, Ottilo Entembe, Walter Kotzepitty und Ivo Maribor, und die meinten alle, Spyderling sei der beste und aufmerksamste Gastgeber, den sie je erlebt hätten. Und außerdem jemand, der sich sehr für die Projekte seiner Kolleginnen und Kollegen interessieren würde.«

»Komisch«, sagte ich, »so gesellig ist mir Spyderling bisher nie vorgekommen. Eher eigenbrötlerisch und übellaunig. Um nicht zu sagen: ziemlich verkorkst.«

»Hahaha«, lachte Nastassja, »da hast du wohl recht. Mit Künstlern ist es ja nie einfach.«

»Dildo!«, brüllte Johanna da und kringelte sich grunzend auf ihrem Bett.

»Was ist los?«, quietschte Nastassja.

»Nichts, nichts«, log ich und spürte, wie mir der Schweiß auf die Stirn trat, »irgendwer total Bescheuertes schreit gerade nur rum. Wir trinken einfach alle zu viel, meistens geht es schon am Morgen damit los. Von außen betrachtet mögen die Leute hier ja alle ganz nett sein, aber ihr Inneres ist rettungslos dem Alkohol verfallen.«

»Auwei, das ist aber nicht gut. Übertreib es bitte nicht, Daytona, hörst du?«

Ich atmete lange aus, machte die Augen zu und sagte: »Schon zu spät. Kennst du eigentlich King Trakto Sherpa? Der hat mir mal gesagt, dass lange, harte Tage in langen, harten Nächten enden würden. Zuerst fand ich das blöd, aber dann dachte ich, dass da doch irgendwie was dran sein könnte.«

»Steht das nicht in der Spielanleitung von *Mein König, Ihr habt die Pest*? Das habe ich damals doch betreut, und ich glaube, der Autor wollte den Satz unbedingt drin haben, und alle, alle, alle im Verlag haben ihm gesagt, dass das der größte Quatsch aller Zeiten sei, weil das doch überhaupt nichts mit seinem Spiel zu tun habe, aber er wollte und wollte einfach nicht auf uns hören. Wer war das denn noch gleich?«

»Spike Skelling?«

»Nee, nee, nee, der war da schon lange tot. Also wenn man der Meinung ist, dass Spike Skelling wirklich tot ist. Aber dafür gibt es ja keinerlei Beweise.«

»Tonino Süßmilch?«

»Hm, ich glaube nicht.«

»Dann bestimmt Jonni Purzel, oder?«

Johanna kreischte auf, fiel polternd von der Matratze und rieb sich kichernd ihren schmerzenden Po.

»Ach, mittlerweile kann ich mich einfach an nichts mehr erinnern«, sagte Nastassja. »Wenn ich so überlege, wie viele Hunderte Spiele ich in all diesen Jahren …«

»Du, Nastassja, schön, dass du angerufen hast, aber ich muss jetzt …«

»Na klar, na klar, meine liebe Daytona. Viel Freude dir noch und pass gut auf dich auf, okay?«

»Ja, das mache ich. Du aber auch. Bis bald!«

»Tschüssi!«

Völlig entkräftet steckte ich mein Handy zurück in die Hosentasche, drehte mich ein paarmal um mich selbst und ließ mich dann wie ein seit Jahrmillionen durch die gefrorenen Tiefen des Alls trudelnder Asteroid auf Johannas Bett stürzen. »Oh my!«, stöhnte ich dort und vergrub das Gesicht in meinen Händen.

Johanna kroch heran, nahm meine Hände und legte sie mit breitem Grinsen um ihren blödsinnigen Dildo.

»Du, Johanna, ich weiß einfach nicht ...«, stammelte ich.

»Du weißt alles, Sepulveda, okay?«, sagte sie. »Nichts kann dir etwas anhaben.«

Dann drückte sie mich so fest an sich, wie sie nur konnte.

»Du weißt einfach alles«, hörte ich ihre gepresste Stimme irgendwo hinter meiner Schulter, »alles, alles. Spiel mit mir, Sepulveda, du ultrageile Sau!«

Also, jetzt aber mal wirklich gut aufgepasst, da gibt es ja noch diese Gruselgeschichte mit dem Typen, der wie aus dem Nichts aufgetaucht war, eines Nachts im Leipziger Westen, an der Hausecke mit dem kleinen Restaurant, in dem ich gerade mit Franz und Mandy, einer Studentin an der Kunsthochschule, zu Abend gegessen hatte (Hackbraten mit Ei, Rotkohl und Salzkartoffelstampf), ein toller Laden, in dem eine ältere, schwer zu durchschauende Sächsin ganz allein die gesamte Wirtschaft führte.

Mandy, Franz und ich hatten den Tag am See verbracht und uns dafür extra eines dieser kleinen Carsharing-Autos besorgt, und ich weiß noch, dass ich bereits hinter dem Lenkrad saß, weil ich eh nichts getrunken hatte, als dieser Typ plötzlich angelaufen kam und Franz und Mandy in ein Gespräch verwickelte, und ich dachte noch: Na, was ist denn da wohl los?, und nach ein paar Minuten stieg ich wieder aus, um zu schauen, was denn da wohl los sei.

Der Typ trug eine dicke Wollmütze auf dem Kopf und einen Plastikbeutel in der Hand und erzählte den beiden von irgendeiner Party im Waldstraßenviertel, das ein paar Kilometer entfernt lag, und er lud uns drei zu dieser Party ein, er würde die Gastgeber kennen und könnte uns reinschleusen, wir müssten ihn nur mitnehmen. Aber das Waldstraßenviertel liege gar nicht auf unserem Nachhauseweg, erklärten wir ihm, und außerdem sei es schon spät und niemand von uns habe mehr Lust, noch auf eine Party zu gehen, aber der Typ hörte nicht auf das, was wir ihm zu sagen versuchten, sondern malte mit immer blumigeren Worten und immer größer werdenden Gesten die zahlreichen Vorzüge dieser Party aus, und weil mir das irgendwann alles so auf die Nerven zu gehen begann, bot ich an, ihn dort einfach schnell hinzufahren, in der Hoffnung, Mandy und Franz würden mich begleiten, was sie jedoch überhaupt nicht in Erwägung zogen, sondern mir zu verstehen gaben, dass sie dann einfach zu Fuß nach Hause gehen würden, das sei total okay für sie, und ich dachte nur so: Hä?, und fühlte mich dabei wie der letzte aufrechte Samariter, der im sauren Regen stehen gelassen worden war, weil ich mir natürlich auch eingebildet hatte, vor Franz und Mandy toll dazustehen, die sich jedoch keinen Deut darum zu scheren schienen, ob ich vor ihnen gut dastand oder nicht.

Was sollte ich jetzt schon groß tun? Ich hatte mein Angebot gemacht und konnte es nicht wieder zurücknehmen, was sicher total einfach gewesen wäre für jemanden, dem die Leute am Arsch vorbeigehen. Also stieg ich mit finsterer Miene in das Auto, der Typ setzte sich neben mich, legte seinen Beutel im Fußraum ab und erzählte weiter ganz aufgeregt von dieser bekloppten Party, die mich keine einzige Sekunde lang interessierte, und während Mandy und Franz in der Dunkelheit des Leipziger Westens verschwanden und ich den Motor startete, schwor ich mir, mich auf rein gar nichts einzulassen, was mir dieser Typ in mein rechtes Ohr flöten würde. Während ich ausparkte, fummelte er schon am Regler für die Lautstärke des Autoradios rum, drehte ihn bis zum Anschlag, kurbelte sein Fenster herunter und brüllte irgendetwas in die Nacht hinaus. Ich stellte das Radio sofort leiser und sagte ihm, dass ich mich konzentrieren müsse, und er antwortete nur: »Okay, okay«, und quatschte dann weiter vor sich hin, möglicherweise stand er auch unter Drogen, aber das wurde mir nicht so richtig klar. Auf der Höhe des Palmengartens musste ich ihn dann darum bitten, sich nicht ständig zu mir rüberzubeugen, um ins Lenkrad oder an den Schaltknüppel zu fassen, und wieder sagte er nur: »Okay, okay, okay«, und als wir endlich in die Waldstraße einbogen, merkte ich, wie sehr meine Schultern schon vor Anspannung schmerzten. Die Fahrt war gar nicht so lang gewesen, aber hätte er den Weg laufen müssen, dann wäre er bestimmt ein Stündchen oder so unterwegs gewesen. Ein paar Meter weiter zeigte er mit dem Finger auf ein Haus vor uns und meinte, dort, dort, dort müsse er hin, und ich hielt am Straßenrand, stellte den Motor nicht ab und wünschte ihm viel Spaß. Der Typ zog sich seine Mütze vom Kopf, sah mich an und sagte mir, dass ich echt in Ordnung sei, und wenn ich wollte, dann solle ich doch mit ihm hochkommen, und zum ersten Mal fragte ich mich, ob es diese Party überhaupt gab, und ich sagte ihm, nein, ich hätte ihn nur herfahren wollen, und damit habe sich die Sache für mich auch erledigt, alles klar, okay, viel Spaß und bis dann. Er hob die Tüte auf seinen Schoß und meinte, dass wenn ich schon nicht mit ihm auf seine Party gehen wolle, dann könne ich ihm doch wenigstens meine Handynummer geben, damit wir irgendwann anders mal miteinander abhängen könnten, und mich beschlich das Gefühl, dass es ratsam sei, ihm zu gehorchen, damit er endlich seine Schnauze halten und aussteigen würde, also nickte ich und wartete, bis er sein Handy eingeschaltet hatte und bereit war, die Nummer einzutippen. Als er damit fertig war, meinte er, jetzt müsse er natürlich noch überprüfen, ob ich ihm auch die richtige Nummer gegeben hätte, und er wählte, und sein Handy tutete, und mein Handy klingelte in meiner Hosentasche, und ich wünschte mir nur, dass seine Hand endlich zum Türgriff langte, stattdessen verschwand sie aber in seiner Tüte und kam mit einem Messer wieder daraus hervor, so einem japanischen Ding mit breiter Klinge, ideal geeignet, um Fischfilet in hauchdünne mundgerechte Scheiben zu schneiden, und ich sagte zu ihm: »Schönes Messer«, und er sagte zu mir: »Ja, voll cool, oder?« Und dann öffnete er die Beifahrertür und zwängte sich aus dem Auto, und kaum war er hinaus, ließ ich den Wagen langsam losrollen, und bevor er die Tür zuschlug, rief er noch, dass er sich ganz bald bei mir melden würde, und ich fuhr davon, nach Hause.

Dort angekommen stellte ich fest, dass mein Schlüssel nicht mehr in das Schloss der Hauseingangstür passte; die Hausverwaltung hatte mich vor ein paar Wochen per Brief informiert, dass ein neues Schloss für das Hoftor eingebaut worden sei, sodass ich, ohne weiter darüber nachzudenken, meine alten Schlüssel weggeworfen hatte, nicht registrierend, dass ich diese alten Schlüssel ja noch gebraucht hätte, um in das Haus selbst zu kommen, weil die neuen Schlüssel nur zur Schließanlage des Hoftors gehörten, und so stand ich nun also mit heißem Kopf auf der nächtlichen Straße und traute mich nicht, meine Nachbarn wach zu klingeln, die alle lauter kleine Kinder hatten, aber auch so richtige Jobs, für die sie ziemlich früh aufstehen mussten, und weil ich mir zu diesem Zeitpunkt auch nicht die Abzocke eines sächsischen Schlüsseldienstes leisten konnte (es ging aufs Monatsende zu), setzte ich mich wieder in das Carsharing-Auto und beschloss, mir einfach bis zum Morgengrauen die Zeit zu vertreiben und zu hoffen, dass bis dahin jemand die Haustür aufgeschlossen haben würde.

Ich hörte deutsche Partyschlagermusik, Kulturprogramme und politische Interviews im Radio, doch nach einer Stunde war mir ganz schön kalt geworden, deshalb startete ich den Motor, drehte die Heizung auf die höchste Einstellung und fuhr wieder los.

Lange Zeit war meins das einzige Auto, das zu dieser Zeit noch unterwegs war: Ich rollte die lange verfallende Georg-Schwarz-Straße entlang bis zum alten Krankenhaus und von dort weiter in die stillen Vororte, die blass und nichtssagend und voller Baustellen waren, sodass ich ein paarmal durch irgendwelche winzigen Seitengassen rumpeln musste, um wieder auf die Hauptstraße zu gelangen, die mich schließlich aus dem Stadtgebiet hinaus und an lauter Abzweigungen vorbeiführte, von denen ich irgendwann einfach eine nahm, weil ich auch nicht mehr weiterwusste, und so gelangte ich an einem leuchtenden Elektrizitätswerk, abgeernteten Kornfeldern, raumschiffartigen Biogasanlagen, einer pleitegegangenen Tankstelle und dunklen Wäldchen vorbei bis nach Delitzsch, wo ich mir vornahm, bis ins Zentrum und einmal um den Marktplatz herum und dann sofort wieder aus diesem tief schlafenden Städtchen hinauszufahren, das mir nichts schenkte außer ein paar weitere verstrichene Minuten – wofür ich dankbar war, aber hey!, wir wollen auch nicht übertreiben, okay? Hinter Delitzsch kam mir die Idee, weiter nach Dessau zu fahren, das von hier aus gar nicht so weit entfernt war, und, weil ich ja sowieso schon einmal auf dem Weg war, auch gleich noch in Bitterfeld vorbeizuschauen, das jedoch haargenau so aussah wie Delitzsch, sodass ich mir heute unsicher bin, ob ich zuerst nach Delitzsch und dann nach Bitterfeld oder nicht doch erst nach Bitterfeld und dann nach Delitzsch gefahren bin, aber das ist jetzt alles nicht mehr so wichtig, denn eigentlich war ja Dessau mein Ziel mit dem tollen, ultrastrengen Bauhausgebäude, seiner irren Glasfassade und den vielen kleinen weißen Balkonen, auf denen nur zwei dünne oder wenigstens ein richtig dicker Mensch Platz finden konnten, auf gar keinen Fall zwei dicke Menschen, und das ich so liebte, aus irgendwelchen Gründen, die ich nur undeutlich an einem finsteren Horizont hinter der sachsen-anhaltischen Elb-auenlandschaft aufsteigen sah, vielleicht aus einem kulturhisto-rischen Zusammenhang, ja sicher, warum denn nicht, meine Gü-te, belassen wir es doch einfach dabei.

Und so kam ich gegen halb vier Uhr morgens in Dessau an, und es fuhren schon Schichtarbeiterinnen und Zeitungszusteller auf den breiten Straßen, und ich beschloss, meinem Gefühl zu folgen, um das Bauhausgebäude zu finden, weil ich es ja schon einmal besucht hatte, allerdings nur mit dem Zug, also kreuzte ich durch die Innenstadt in meinem kleinen, geilen Auto, aber nach etwa zwanzig Minuten musste ich mir wohl oder übel eingestehen, dass ich das Bauhausgebäude ohne Hilfe aus dem Internet einfach nicht finden würde, und so hielt ich auf einem kleinen Parkplatz an, der automatisch beleuchtet wurde, wenn ein Fahrzeug sich ihm nä-herte, tippte auf meinem Handy die Worte »Bauhaus Dessau« in die Suchleiste der Navigations-App, wartete, bis die Route berech-net worden war, und fuhr los, im Rückspiegel betrachtend, wie das Licht auf dem Parkplatz wieder erlosch, als hätte es ihn nie gegeben. Die App geleitete mich aus der Innenstadt hinaus, was mir schon ein wenig komisch vorkam, aber ich vertraute einfach den Superkräften der Satelliten weit, weit über mir, war ich doch längst selbst angekommen in einer Art von Flugmodus, der mich nur noch die allernötigsten Dinge tun ließ (Gänge durchschalten,

Gas geben, bremsen, in die Spiegel schauen, Blinker setzen, atmen, zwinkern, an der Nase kratzen), und schließlich endete meine Fahrt auf dem weiten, verlassenen Parkplatz eines Baumarktes am Rande der Stadt (»Sie haben Ihr Ziel erreicht, Sie erbärmlicher Schwachkopf.«), wo ich mit kribbelnder Kopfhaut ein paar Runden um die Unterstände für die Einkaufswagen kurvte, ehe ich, ohne weitere Mätzchen zu machen, direkt zur Autobahn raste und völlig erschöpft an einer Raststätte wegratzte (die Autotüren fest verschlossen), zwei Stunden nur, aber das reichte, um heil nach Leipzig zurückzukommen, wo die Morgensonne schon lachte und die Haustür längst von einem müden, arglosen Frühaufsteher aufgeschlossen worden war.

In meinem Bett liegend, blockierte ich die Nummer des Typen mit dem japanischen Messer und schrieb dann eine lange SMS an Franz, in der ich ihm von meinen Erlebnissen berichtete, aber letztlich nur an der Oberfläche dessen kratzte, was mir so alles passiert war in der Nacht (»Wow!«, lautete seine vollständige Antwort darauf), denn ich sagte ihm nicht, dass ich mich schämte, und ich sagte ihm auch nicht, dass das alles nicht meine Schuld gewesen war (aus dem verheerenden Grund, weil ich mich schuldig fühlte), und ich überlegte, ob ich ihm schreiben sollte, dass er doch wohl nicht mehr alle Tassen im Schrank gehabt hätte, einfach mit Mandy abzuhauen und mich mutterseelenallein ins Waldstraßenviertel fahren zu lassen, begleitet nur von diesem Scheißtypen mit seinem Scheißmesser, den ich nie wieder sah und von dem ich nie wieder etwas hörte, aber ich ließ es bleiben, wischte mir über das Gesicht und schlief ein, noch ehe ich mein Handy hatte ausschalten können.

»Yeah?«

»Daytona, entschuldige, ich bin ja so blöd: Eigentlich hatte ich dich ja angerufen, um dir etwas ganz anderes zu erzählen, aber als ich vorhin meinen Bulgursalat gegessen habe und nebenbei die Nachrichten über Russland auf meinem Handy sah, da habe ich sofort ...«

»Alles gut, Nastassja.«

»Also, pass auf: Wenn du Lust hast, kannst du im Herbst ein paar Tage ins Appenzellerland fahren, da gibt es so einen Verein namens EVAS, das steht für ›Eidgenössische Vereinigung der Appenzeller Spielefreunde‹, glaube ich, und die Leute da laden immer ganz gerne Autorinnen oder Autoren ein, die dann über ihre Arbeit sprechen sollen, vor kleinem Publikum und natürlich gegen Honorar. Das ist alles total nett da, und die sind auch alle so freundlich, das macht dir bestimmt eine Menge Spaß.«

»Ist das … wo, wo … in der Schweiz?«

»Ja. Aber ich weiß gerade nicht, ob Außer- oder Innerrhoden. Ich blicke da nicht durch bei denen mit ihren Kantonen. So ein kleines Land und so ein großes Durcheinander.«

»Hmhm, ja, okay, okay, ja.«

»Also, wenn du meinst, dass du im Herbst schon wieder zurück bist aus Moldau, dann sage ich denen zu.«

»Im Herbst, im Herbst … Ja, ja, da bin ich aber … bin ich bestimmt schon zurück, das denke ich doch, ja, ganz bestimmt.«

»Na, das ist doch toll. Ist dann nur noch die Frage, wie wir dich da zu diesem Dorf bekommen. Ich glaube, du musst in Basel Badischer Bahnhof oder vielleicht auch in Zürich in so einen kurzen Zug umsteigen. Ich war da zwar schon mal im Urlaub, kann dir aber nicht mehr sagen, wie ich dahin gekommen bin. Aber eines weiß ich noch: Die Schweizer Züge sind so pünktlich, auf die Sekunde genau, das ist vielleicht erst mal kaum zu glauben, aber irgendwie dann doch, denn so groß ist das Land ja nun auch wieder nicht, und ich habe mich schon ein paarmal gefragt, worauf die sich da unten eigentlich so alles was einbilden, aber na ja. Und dann vielleicht mit dem Taxi weiter? Die Rechnung hebst du einfach auf und schickst sie an mich. Aber warte mal kurz …«

»Hmhm-hmhm, Taxi, okay.«

»… warum machst du dann nicht gleich noch einen Zwischenstopp bei uns in Ingolstadt und besuchst mal wieder den Verlag? Die Kolleginnen und Kollegen freuen sich immer so, dich zu sehen. Und ich natürlich auch.«

»Das wäre schön. Du ... ich ... ich überleg mir das dann mal.«

»Sehr, sehr, sehr gut! Dann kannst du dir auch gleich deine kleine Pistole bei mir abholen, die liegt hier nämlich immer noch auf meinem Schreibtisch rum, du weißt schon, die aus dem merkwürdigen Paket. Die Polizei sagte, dass es nur so ein komisches Feuerzeug ist, von irgendwo aus dem Ausland verschickt. Ein Scherzartikel, Gott sei Dank. Aber du sollst dich unbedingt bei ihnen melden, wenn du noch mal so was bekommst. Man weiß ja nie heutzutage ...«

»A-a-a-alles klar.«

»Und, Daytona?«

»Hm ... ja ... Nastassja?«

»Vergiss bloß deinen Pass nicht! Du weißt ja: die Schweizer Behörden ...«

»Nee ... mach ich ... nicht.«

»Ja, und das war es auch eigentlich schon, was ich dir sagen wollte. Ich weiß, das ist alles noch etwas hin, und du hast bestimmt auch gerade andere Sachen im Kopf, aber ich wollte dir jetzt schon mal Bescheid geben. Für uns als Verlag ist es ja auch gut, wenn unsere Autoren mal unter die Leute gehen. Viele Menschen wissen ja gar nicht, wer so alles hinter den Spielen steckt, die wir veröffentlichen. Da sollten wir jede Gelegenheit nutzen, um dich und uns alle bekannter zu machen. Aber wie gesagt: Ist ja noch Zeit bis dahin.«

»Danke, Nastassja.«

»Liebe Daytona, einen ganz, ganz tollen Tag wünsche ich dir noch. Bis bald, bis bald!«

»Bye-bye ... Nastassja ... bye-bye-bye-bye-bye.«

Was ist das nur für ein Gefühl, wenn jemand während eines – mehr oder weniger wichtigen – Telefonats mit einer Unbeteiligten deine Brust in ihrem Mund hat und dich fingert? Ein supergutes Gefühl, Nastassja, und echt total seltsam auch, entschuldige bitte, aber alles in allem einfach zu gut, um aufzuhören, bitte verzeih, du Liebe. So, so gut.

Und ich legte meine Unterschenkel auf Johannas Schultern und meinen Hintern ein Stück hoch, und während sie in mich eindrang, beobachtete ich die Regungen in ihrem Gesicht ganz genau, die zarten Muskeln unter der glatten Haut, die knapp über der Nase zwei, drei Falten aufwarfen, die Augenlider zur Hälfte schlossen und wieder öffneten, den rechten Mundwinkel zu einem winzigen Lächeln verzogen, eben so lange, bis ein Dunst mir die Sicht auf alles um mich herum trübte und ich dem nachspürte, was sich da zwischen meinen Beinen auf meinen gesamten Körper auszubreiten begann, das Stechen von schockgefrosteten Nadeln ins bloß liegende Fleisch und die Hitze von Johannas Atem am Innenspann meines linken Fußes und das leichte Kratzen ihrer kurz geschnittenen Nägel über meinen Bauch und immer wieder die Stöße und die Reibung und das Ziehen, während wir so jede für sich unsere Geräusche machten, die als ein Zischen und Seufzen und Pusten aus unseren Mündern kamen, aber auch als Gluckern aus unseren Bäuchen und als Knacken aus unseren Gelenken, und irgendwann umfasste ich die Gurte um Johannas Hüfte fester, deren Oberschenkel sich anspannten, und ich setzte ihren Bewegungen meinen Widerstand entgegen, und hinter meinem Kopf schlug der Bettrahmen in einem immer kürzer werdenden Takt gegen die Wand, und ich kann nicht mehr sagen, ob wir zum selben Zeitpunkt kamen, aber der Abstand zwischen uns dürfte nur minimal gewesen sein, und ich schob Johanna ein wenig von mir weg, damit sie Spyderlings Dildo aus mir herausziehen konnte, und dann lag sie noch eine Weile auf mir drauf, das Gesicht von mir abgewandt, tief einatmend, lang ausatmend, während meine Fingerspitzen durch ihre blonde Igelfrisur fuhren.

Es musste bereits später Nachmittag sein, als ich aufstand. Mein Bauch tat schon weh vor Hunger. Johanna erwachte kurz von meinen Bewegungen, schaute mich stumm an, streckte sich lang auf ihrem Bett aus und schlief weiter.
Ich verließ ihr Zimmer mit zitternden Knien. Im Speisezimmer hatte Ioana schon das Abendbrot angerichtet: Kartoffelgratin und

Götterspeise mit Himbeergeschmack und Vanillesoße zum Nachtisch. Das Essen in den Speisewärmern war noch unberührt. Ich lud mir einen Teller voll, nahm ein Schälchen und klemmte mir eine Flasche Bier unter den Arm, dann tigerte ich sinnlos durch das Haus, hielt unter einem von Spyderlings grässlichen Gemälden an, um einen Happen in mich hineinzustopfen, setzte mich in der Ludothek kurz auf den Stuhl am Fenster, all diese Spiele um mich herum, die mir jedoch bald schon so eine große Angst einjagten, dass ich mich wieder verpisste, und trat schließlich auf den Balkon des Kaminzimmers, kletterte auf die steinerne Brüstung und ließ die Beine baumeln, unter mir Ronny in Badehose allein und mit nachdenklichem Gesicht am Rand des Pools, hinter ihm ein paar Gestalten zwischen den Büschen verteilt, möglicherweise Taxi, Cazimir oder die Hitlerbabies, vielleicht aber auch von Manteuffel und Picardo oder die Soldaten der Streitkräfte der Russischen Föderation oder doch bloß irgendwelche Mitarbeiter des Weingutes.

»Hey, Neugebauer«, rief ich hinunter, »was geht ab in Ronny City?«

Ronny sah zur mir nach oben, die Augen abgeschirmt mit seiner Hand. Neben ihm stand ein Kofferradio, aus dem das Lied *Quinn the Eskimo* dudelte, nicht der Superhit von Manfred Mann, sondern die Ursprungsversion, live gesungen von einem entrückten Bob Dylan auf seiner schiefen Klampfe. Ich versuchte, anhand von Ronnys Gesichtsausdruck und seiner Körperhaltung zu deuten, ob er immer noch sauer war. Keine Chance. Er blieb für mich genau so ein Rätsel wie all die anderen Feldmäuschen hier.

»Wenn du springst, Sepulveda, fange ich dich ganz sicher nicht auf«, sagte Ronny nur und blickte wieder auf das Wasser, in dem seine nackten Beine kleine Wellen schlugen.

»Du, hör mal«, sagte ich, »wollen wir nachher mit den anderen spielen? Ich habe Campbell da was geschenkt, und er würde sich bestimmt freuen, wenn wir uns das mit ihm mal ansehen würden. Keine Ahnung, ob das was taugt, aber was sollten wir sonst schon groß machen, außer uns gegenseitig auf die Nerven zu gehen?«

»Ja, klingt gut«, sagte Ronny, »mir ist eh langweilig.«

»Cool. Bis dahin kann ich dir ja mal erzählen, was ich mir in letzter Zeit für Gedanken über Pornografie gemacht habe.«

»Auf gar keinen Fall, Sepulveda.«

»Okay, pass gut auf: Du hast doch bestimmt schon mal diese Amateurclips gesehen, die überall im Internet zu finden sind, oder? Diese hunderttausend Videos von ganz normal aussehenden Erwachsenen jeden Alters, die überhaupt nicht bekannt sind und trotzdem unbedingt ihre Genitalien in ihre wackelnden Handykameras halten wollen. Hast du dich da nicht mal gefragt: warum eigentlich? Wieso machen die das? Also, ich habe mich das schon oft gefragt, weil daraus doch so ein irres Geheimnis gemacht wird. Man weiß ja nichts über diese Leute. Ist das so was wie deren Beruf? Oder nur ein schräges Hobby? Wenn ich wüsste, dass man damit reich werden kann, würde ich es vielleicht auch machen. Aber das weiß ich ja eben nicht. Und ich wüsste auch nicht, wie man das herausfinden kann. Wen fragt man denn da? ›Hey, du da, geheimnisvoller serbischer Indiepornoregisseur, ich möchte mich in meiner Freizeit von irgendjemandem für die Leute im Internet vögeln lassen, gerne auch gegen Geld, aber ich will auf gar keinen Fall eine Karriere als professionelle Pornodarstellerin einschlagen und in irgendwelchen industriell produzierten Hochglanzfilmchen mitmachen – kannst du nicht vielleicht trotzdem dreimal die Woche oder so bei mir vorbeikommen, vielleicht dienstags, donnerstags und sonntagmorgens, dann kann ich an den anderen Tagen für die Uni lernen oder an meinem Roman schreiben oder Brettspiele entwickeln oder Katzen fotografieren.‹ Funktioniert das so? Sag doch mal, Neugebauer, du weißt doch so was bestimmt!«

»Du hast so ein Rad ab, Sepulveda«, sagte Ronny mitleidig. »Woher soll ich das denn wissen?«

»Grrr«, machte ich, »du bist so ein Loser.«

»Ach, halt doch die Klappe da oben. Wenn dich das alles so wahnsinnig interessiert, dann schau halt im Internet nach. Irgendwer wird sich mit dem Thema schon mal beschäftigt haben, da kannst du Gift drauf nehmen.«

Hm. Gute Idee. Aber so genau wollte ich das ja alles gar nicht wissen. In Ronnys kleinem Radio lief jetzt die Titelmelodie der Videospielreihe *The Legend of Zelda* – dubb-dubb, dubb-dubb-dubbidubb …

»Hm. Gute Idee«, sagte ich. »Aber so genau will ich das ja alles gar nicht wissen.«

»Und was willst du dann?«

»Ich weiß auch nicht so recht. Vielleicht nur … irgendwie mal irgendwas verstehen? Eigentlich ganz egal, was. Aber auf eine leichte, zugängliche Art. Nicht so, dass man sich immer lang und breit damit beschäftigen muss, bis es einem die Laune völlig verhagelt hat. Wäre es nicht schön, wenn die Dinge sich etwas … offensichtlicher zeigen würden?«

»Das tun sie aber nicht«, sagte Ronny. »Haben sie noch nie getan und werden es wahrscheinlich auch nicht tun.«

»Und jetzt?«

»Wie – und jetzt?«

»Welcher Depp beantwortet mir jetzt auf die Schnelle meine Pornofragen?«

Ronny legte den Kopf in den Nacken und blinzelte in die Sonne über ihm.

»Hat das nicht alles was mit kapitalistischem Pragmatismus zu tun?«, überlegte er. »Sex haben diese Leute, denen du so gerne beim Ficken zuguckst, doch sowieso. Warum dann nicht gleich ein Geschäft daraus machen, in einem Abwasch sozusagen?«

»Ja, könnte sein«, sagte ich, klaubte eine ordentliche Portion Götterspeise mit Himbeergeschmack und Vanillesoße auf und ließ meine Hand über die Balustrade schnellen. Ein paar der roten und weißen Spritzer trafen Ronny direkt, die meisten landeten jedoch um ihn herum auf dem Terrassenboden.

»Kannst du mal bitte aufhören damit?«, seufzte Ronny, wischte sich den Nachtisch von der Brust und tauchte seine Hände ins Wasser.

»Ich glaube aber«, sagte ich und löffelte noch etwas Wackelpudding in mich hinein, »dass da noch etwas anderes vor sich geht.

Irgendwie habe ich schon das Gefühl, dass diese Leute es nicht nur wegen des Geldes miteinander treiben. Die wollen doch auch, dass wir sehen, wie gut es ihnen geht, oder etwa nicht? Also zumindest die, die nicht von ihren durchgeknallten Sexpartnern zu diesen Videoaufnahmen gezwungen werden. Die begreifen ihr öffentliches Nackigmachen vielleicht als Ausdrucksform, sich anderen auf ihre eigene verquere Art mitzuteilen. Anders verstehe ich, glaube ich, dieses ganze Internet nicht. Oder eben mehr noch: Anders kann ich mir die zwischenmenschliche Kommunikation im Allgemeinen nicht erklären.«

»Du hast bestimmt recht, Sepulveda«, sagte Ronny und gähnte ausgiebig, »auch wenn das nicht bedeuten soll, dass du von irgendetwas eine Ahnung hast.«

»Haha«, sagte ich und wollte ihn noch weiter mit Pudding bewerfen, aber ich hatte leider schon alles aufgefuttert.

»Ronny?«

»Was?«

»Darf ich dich noch etwas fragen?«

»Wieso denn?«

»Was meinst du, was passiert, wenn es zum ersten Kontakt mit einer außerirdischen Zivilisation kommt, so richtig offiziell, dass alle etwas davon mitbekommen, also nicht nur der amerikanische Präsident und ein paar verrückt gewordene Entführungsopfer?«

Ronny sagte nichts.

»Na los doch«, rief ich, »was meinst du?«

»Das willst du doch gar nicht wissen«, sagte er betrübt, »sondern nur wieder irgendeinen Mist erzählen.«

»Nein, nein, keine Sorge. Ich habe über dieses Thema rein gar nichts zu sagen, ehrlich.«

Ronny grummelte vor sich hin.

»Was weiß ich denn?«, rief er dann, fast ein wenig panisch. »Bricht dann etwa der große Weltfriede aus? Beginnt ein neues Zeitalter des moralisch-technologischen Fortschritts? Werden wir alle zu Brei geschossen? Echt jetzt mal, Sepulveda, geh doch bitte endlich woandershin.«

»Nee, nee«, rief ich und musste vor Lachen aufpassen, nicht von der Brüstung zu fallen. »Vor allem anderen werden die Menschen sich natürlich darum bemühen, den ersten wirklichen Alien-Mensch-Porno zu drehen, ist doch klar, ey, du Banane!«

»Ich wusste es, Sepulveda«, zischte Ronny. »Du bist so voller Scheiße tief in dir drinnen.«

Ein bisschen musste er aber auch grinsen, das konnte ich selbst von hier oben aus sehen.

»Also, was jetzt?«, fragte Ronny, nachdem wir uns eine Weile stumm in der Natur umgeguckt hatten, während im Radio der Song *Fading Like a Flower* von Roxette gespielt wurde, so herzzerreißend gesungen von Marie Fredriksson, dass ich für einen Moment fast den Halt verlor dort oben auf meiner Brüstung, weil ich mich an einen ihrer letzten Auftritte erinnerte, über den ich im Internet gestolpert war, wie sie da singend auf einem Stuhl gesessen hatte und sich trotzdem noch an ihrem Mikrofonständer festhalten musste (zumindest kam es mir so vor). Es war einfach nur zum Heulen gewesen.

»Hey, Sepulveda!«, rief Ronny.

»Mann, was willst du denn?«

»Na spielen wir nun, oder spielen wir nicht?«

»Wir spielen!«, rief ich und schüttelte mich kurz.

Keine Chance zum Innehalten. Es musste immer weiter- und weitergehen, trotz alledem.

»Dann mache ich mich mal auf die Suche nach Campbell«, sagte Ronny. »Und ich sag den anderen Bescheid, wenn sie mir über den Weg laufen.«

»Sehr gute Idee. Gunnery Sergeant Neugebauer, Sie zeigen wirklich Einsatz in diesem einfach nicht enden wollenden Krieg – das wird sich noch positiv auf Ihre Dienstkarriere auswirken. Und jetzt: Wegtreten, Soldat!«

Ronny rollte bloß mit den Augen, zog seine Beine aus dem Pool, stand auf, wedelte sich die Wassertropfen von den Armen und tapste dann die Treppe in den Garten hinunter.

Ich saß noch eine kleine Weile auf der Brüstung, die letzten Sonnenstrahlen im Nacken, und dachte noch einmal über die sterbenskranke Marie Fredriksson nach, aber weil das Leben nun mal so war, wie es eben war, versuchte ich mich mit der Frage danach abzulenken, warum ich überhaupt mit diesem blöden Pornothema angefangen hatte. Ronny war ganz sicher nicht mein nächstes Opfer, o nein, o nein, bitte, bitte nicht! Aber, aber, auwei, herrje – o Santa Muerte, war mein letztes Mal Sex lange her gewesen! Begannen nicht jetzt erst die Probleme? Ach was, Probleme, Probleme – Möglichkeiten! Eine sonderbarer als die nächste.

Ich ging in mein Zimmer zurück, um mir einen Pullover für die Abendstunden und eine Schachtel Zigaretten zu holen. Cazimir war nicht da, und auch seine Sachen lagen nicht mehr auf dem Boden verstreut. Irgendetwas kam mir komisch vor, aber ich wusste nicht zu sagen, was, also verließ ich mein Zimmer wieder. Ich schlich den Flur entlang und blieb vor Johannas Tür stehen, drückte mein Ohr gegen das Holz und lauschte, aber es war nichts zu hören. Mir gefiel der Gedanke nicht, allein in den Garten hinausgehen zu müssen, um die anderen unter der Pergola zu treffen, aber anscheinend war niemand mehr im Haus, den ich darum bitten konnte, mich zu begleiten.

Im Speisezimmer stand das Abendessen immer noch fast unberührt herum. Wie spät war es eigentlich? Ich sah auf mein Handy. Achtzehn Uhr irgendwas. Die Alten – also von Manteuffel und Picardo – aßen eigentlich um diese Zeit; wir anderen, wann wir wollten. Campbells Geburtstagsparty hatte wohl alles durcheinandergebracht. Nur aus der Küche waren Geräusche zu hören, das Klappern von gegeneinanderschlagenden Töpfen und das Zischen der Spülmaschine, so ein wuchtiges Höllending, das wie ein blank gescheuerter Metallwürfel aussah, der von oben über den Ablagekorb für das Geschirr gestülpt wurde, um es in Sekundenschnelle unter Hochdruck, mit Dampf und heißem Wasser zu reinigen, ein famoses, aber auch ziemlich furchterregendes Teil. Ich nahm mir noch eine Flasche Bier vom Büfett, lief durch den Rauchsalon, in dem ein Geruch nach verbranntem Haar, Patschuli, Erbrochenem und Kunstleder in der Luft hing, und fand mich Sekunden später am Fuß der Treppe zum Garten wieder, das unbeteiligte Grün der Büsche, Hecken, Bäume und Farne vor mir misstrauisch beäugend, wusste ich doch, dass sich die wilde, rohe Natur hier nur ein fesches Kleidchen übergezogen hatte, um jeden, der sich in ihre Nähe wagte, mit Haut und Haaren zu verschlingen und so lange durchzukauen, bis der nicht mehr anders konnte, als vor Vergnügen zu kreischen.

Mein Problem war nun, dass ich mir nicht gemerkt hatte, in welcher Richtung, geschweige denn in welchem Teil des riesigen Gartens die Pergola lag. Es war dunkel gewesen, als ich sie zum letzten Mal betreten hatte, und noch viel dunkler, als ich mich wieder von ihr entfernt hatte. Also blieb mir nichts anderes übrig, als meiner Intuition zu folgen, die den Ort der Pergola irgendwo rechts von mir vermutete, in der Nähe des Teiches. Ich konzentrierte mich auf meinen Atem, zündete mir eine Zigarette an, klammerte mich an meiner Bierflasche fest und machte mich auf den Weg.

Zum Teich zu gelangen war einfach – er lag echt nicht so weit vom Herrenhaus entfernt, umringt von dicht beieinanderstehenden Bäumen, in denen hier und da Spyderlings Kameras blinkten. Im Schilf quakte ein Frosch oder eine Kröte oder ein aufgegeiltes Vögelchen, das die Balzgeräusche von Fröschen oder Kröten imitieren konnte. Ich ging am matschigen Ufer des Teiches entlang und schlug einen Pfad ein, der zwischen den Bäumen einen leichten Hügel hinaufführte. Oben angekommen versetzte mir eine von Leons bescheuerten Statuen einen Schreck, die halb in der Erde vergraben war, ein weiblicher Oberkörper, der die Arme aus Verzweiflung gen Himmel gestreckt hielt, das steinerne Gesicht wie durch eine lepröse Krankheit mit dicken gelben Pusteln, tiefen Narben und blutigen Blasen verunstaltet.

»Verdammt noch mal!«, schimpfte ich und trat der Figur sacht gegen in die Seite.

Von hier aus war nicht viel zu sehen außer Baumspitzen und Laubwerk, dazu die Wachtürme in den Weinbergen weit außerhalb des Gartens, bestimmt zwei oder drei Kilometer von meiner Position entfernt. Ich erinnerte mich an etwas, das ich in irgendeinem Buch gelesen, aber niemals wiedergefunden hatte, dass nämlich dem berüchtigten SS-Arzt Josef Mengele lange Zeit unterstellt wurde, er habe nach seiner erfolgreichen Flucht aus dem US-amerikanisch besetzten Oberbayern 1948 im Dreieck zwischen Bolivien, Paraguay und Brasilien ein ähnliches Anwesen wie dieses bezogen, mitten im Dschungel, schwer gesichert durch Selbstschussanlagen, Elektrozäune und eine sadistische Söldnergarde, prächtig ausgestattet und finanziert vom familieneigenen Landwirtschaftsmaschinenimperium; ein Fort im Urwald und Keimzelle eines heruntergekommenen Vierten Reiches der arbeitslosen Neuroleptikakonsumenten und impotenten Heroinsüchtigen, in der seine ebenfalls nach Südamerika geflohenen Killerkumpels ein und aus gegangen sein sollen, etwa Adolf Eichmann, Bubi von Alvensleben, Erich Priebke oder Franz Stangl, auch die, die längst schon tot waren, deren Leichname jedoch nie oder erst Jahrzehnte nach Kriegsende bei Erdbauarbeiten in Berlin entdeckt worden waren, wie Heinrich Müller, Martin Bormann oder Ludwig Stumpfegger, und als ganz besonders dämonisch empfand ich die Behauptung, dass nicht allein diese Festung für Mengeles Sicherheit gesorgt habe, sondern auf unbeabsichtigte Weise auch ein zänkischer Indiostamm, der in den Wäldern rund um die Anlage hauste und keinerlei Kontakte zur Außenwelt pflegte, tätowierte Krieger und allmächtige Schamaninnen und gewaltbereite Kinder, die jeden in ihrem Gebiet herumstromernden Insektensammler, Boulevardjournalisten, Entwicklungshelfer oder Nazijäger zu Roastbeef, Knochenschmuck, rituellen Zaubermittelchen und Korbwaren verarbeiteten. Das war alles natürlich eine riesengroße Lüge, die sich weiß der Teufel wer aus weiß Gott welchen Gründen ausgedacht oder zusammengereimt hatte, denn bekanntermaßen verreckte dieses weinerliche Würstchen Mengele mittellos und dem Wahnsinn nahe im Februar 1979 in Brasilien beim Baden, und ich fragte mich, da oben auf dem Hügel stehend, ob auch Spyderlings Person und Spyderlings Anwesenheit in Moldau auf irgendeine Art in dieser Lüge ein sicheres, war-

mes Plätzchen gefunden hatten, als eine unerwartete Abzweigung oder ein mit irrealen Säften gefüllter Auswuchs im bösen
Herz der Wirklichkeit, in dem alle Dinge ständig und lautstark in
Verhandlung treten, auch wenn sie auf den ersten Blick nur wenig
oder eigentlich gar nichts miteinander gemein zu haben scheinen.
Na ja, aber was wusste ich schon über die Vergangenheit, was
über die gegenwärtigen Umstände, was über das Land, das mir zu
Füßen lag, was über dessen Besitzer oder Besatzer? Fast nichts –
und doch gerade so viel, um mich lautlos und ungeniert und ohne
schwerwiegendere Blessuren hindurchbewegen zu können.
Der Pfad führte hinab in ein dichtes Nadelholzwäldchen und endete schließlich auf der anderen Seite des Hügels am Rande einer
Ebene, die etwas von einer kenianischen Savanne an sich hatte:
blasse, trockene Gräser, einzeln stehende Bäume mit ausladenden
Kronen, Wasserlöcher und die Silhouetten großer Tiere im diesi-
gen Licht der untergehenden Sonne. Alles klar, in diesem Teil des
Gartens war ich ganz sicher noch nicht gewesen, zumindest nicht
in halbwegs nüchternem Zustand. Es lag auf der Hand (oder sonst
wo): Ich hatte wahrscheinlich den falschen Weg zur Pergola eingeschlagen. Geh doch zurück, Sepulveda, ist ja nicht weit bis zum
Teich, sagte etwas in mir drin, aber ich antwortete entschieden:
auf gar keinen Fall, du alter Schleimfurz! Immer nur davonzu-
laufen und sich voller Angst zu verkriechen – davon hatte ich jetzt
einfach mal genug. Irgendwie würde ich auch von hier aus zu den
anderen gelangen, obwohl das in Spyderlings Wundergärtlein
natürlich keine ausgemachte Sache war. Und überhaupt: Was waren denn das für geile Tiere da, die überall herumstanden? Anscheinend war Leons brennendes Interesse für animalisch-skulp-
turale Kunst hier endgültig mit ihm durchgegangen, denn er hatte
eine ganze Reihe von prähistorischen Säugern in die Landschaft
gepflanzt: ein aus der Erde hervorbrechender titanischer Maul-
wurf etwa, der sich mit gefletschten Zähnen auf ein in Abwehr-
haltung befindliches Riesenschuppentier zu stürzen drohte; das
Kälbchen eines Mastodons, das an den Zitzen seines Muttertieres
saugte; ein Hirsch aus grünen Glasbausteinen, in dessen gewal-

tigem Geweih ein Säbelzahntiger lauerte, der gerade zum Sprung ins Nichts ansetzte; zwei Riesenfaultiere bei der Kopulation und eine kleine Herde Wollnashörner, die in einem Wasserloch miteinander zu spielen oder sich anzugreifen schienen.

Zwischen den Skulpturen wanderte jemand umher, und als ich näher kam, erkannte ich den ostukrainischen Einsiedler Pawel, der meckernd seine bunten Stoffreste um die Rüssel, Hauer, Tatzen und Hörner band, die er in mehreren Lagen auf seiner Schulter mit sich trug. Obwohl ich nichts von dem verstand, was er vor sich hin erzählte, war mir einigermaßen klar, dass er Leons Kunst an diesem Ort zutiefst verabscheute. Zudem – aber das fiel mir erst auf, als ich ihn schon fast erreicht hatte – trug er eine Heckenschere in der Hand, einen alten Lederhut auf dem Kopf und einen schwarz-rot gestreiften Pullover, sodass er fast genauso aussah wie Freddy Krueger, der kinderfressende Albtraummörder aus der *A Nightmare on Elm Street*-Horrorfilmreihe, nur eben ohne die Brandverletzungen im ganzen Gesicht und das idiotische Grinsen, dafür aber mit zerzaustem Rauschebart, in dem sich ein paar Blätter und Zweige verfangen hatten, vielleicht auch einige Krümelchen getrockneten Vogelkots.

Ich wünschte Pawel einen schönen guten Abend. Er hörte auf zu mosern, blieb stehen und sah zu mir herüber. Dann fuhr er mit seiner Tirade fort, zeigte auf die Skulpturen und wedelte mit seiner Heckenschere in der Luft herum. Ich fragte ihn nach der Pergola, erst auf Deutsch, dann auf Englisch, glaubte aber nicht ernsthaft, dass er auch nur irgendein Wort davon kapierte.

»Bist du Freddy Krueger?«, fragte ich ihn ein wenig später, während er mit einiger Mühe versuchte, einem der beiden Riesenfaultiere einen zusammengeknüllten Stoffrest in die angedeutete Vertiefung an dessen Hinterteil zu stopfen.

»Bist du Spyderling?«, fragte ich ihn, nachdem er es knurrend aufgegeben hatte, das Faultier zu verunstalten, nur um sich in einer schnellen Drehung dem Mastodonkalb zuzuwenden, dessen kleinen Rüssel er mit mehreren beherzten Handkantenschlägen abbrechen wollte.

»Spyder...ling?«, sagte er und blickte mich an, nachdem das Rüsselchen endlich ins Gras gefallen war.

»Bist du's?«, fragte ich und spürte tief in mir drin eine winzige Verpuffung, möglicherweise nur ein geplatztes, bestimmt ziemlich unwichtiges Blutgefäß.

Pawel schüttelte jedoch den Kopf. Well, well, wenigstens versuchen musste ich es ja.

»Spyderling«, sagte Pawel dann noch einmal, deutete mit der Schere in der einen Hand auf mich und mit dem Daumen der anderen auf sich und führte schließlich seine Fingerspitzen einmal quer an seinem Hals entlang, was auch immer das bedeuten mochte.

»Ist Spyderling ... hier?«, fragte ich und zeigte auf die uns umgebende Welt.

Pawel antwortete nicht.

»Ist Spyderling ... tot?«, fragte ich und zeigte zu Boden, die Richtung, in der ich die Hölle vermutete.

Pawel antwortete nicht.

»Ist Spyderling ... ein prähistorisches Säugetier?«, fragte ich und zeigte auf den gläsernen Riesenhirsch.

Pawel antwortete nicht.

»Ist Spyderling ... hm, jetzt fällt mir auch nichts mehr ein«, sagte ich, nahm einen tiefen Schluck aus meiner Bierflasche, rülpste einmal kräftig und ließ die Arme sinken.

Pawel machte einen Schritt auf mich zu, und plötzlich war er ganz dicht bei mir, so eine Schnelligkeit hätte ich ihm gar nicht zugetraut, und er packte meine Hand und zog mich schnurstracks hinter sich her, aus dem Skulpturenpark hinaus, in ein anderes Wäldchen hinein, aus diesem Wäldchen wieder hinaus, eine Senke hinab und unter einem Wasserfall entlang, über eine Wildblumenwiese, an einem vor sich hin rostenden Autowrack vorbei, über eine knarzende Holzbrücke und in ein weiteres Wäldchen hinein, wo wir eine Lichtung erreichten, auf der eine weitere Gruppe von Leons Statuen zu bestaunen war, die – so deutete ich es zumindest – die Entdeckung der Neuen Welt zum Thema hatte: ein schielender Christoph Kolumbus in Strumpfhöschen, den

Seidenmantel um den feisten Leib gelegt, das Kreuz Christi in den vom Vogeldreck verschmutzten Fingern haltend, wie er zwischen den postsowjetischen Kastanien von Moldau zum ersten Mal auf die Ureinwohner des amerikanischen Kontinents trifft, die jedoch keine Wilden mit Lendenschurzen, Federschmuck und Bananenstauden auf den Schultern sind, sondern abgeklärt dreinblickende Frauen und Männer – irgendeine Art von Wahrheit ausdrückend, die ganz sicher auch nicht ohne ein paar Klischees auskam –, unter denen ich in Jeanshemden, Sneakers und Jogginghosen gekleidete Sioux zu erkennen glaubte, aber auch bolivianische Cholitas aus dem Hochland des Altiplano mit diesen tollen Bowlern auf ihren Köpfen, salutierende Kinder in glatt gebügelten Schuluniformen, alte Leute mit trüben Augen, den zapatistischen Freiheitskämpfer Subcomandante Marcos (einen abgeschnittenen Telefonhörer in der Hand haltend), schwergewichtige Paramilitärs, Salvador Allende (den Rücken gerade, mit seinem eigenen Geist im »Saal der Unabhängigkeit« des Präsidentenpalastes von Santiago de Chile sprechend), Mitglieder eines nordmexikanischen Drogenkartells mit kleinen, glitzernden Maschinenpistolen und blutverschmierten Sporttaschen in den Händen, Elvis Presley live auf Hawaii im Januar 1973, weinende Studenten, durchtrainierte Kokabauern, zornentbrannte Jugendliche, verhungernde Guerrilleros.

»Ach so«, sagte ich.

Pawel spuckte auf den Boden und fuhr sich mit den Händen raschelnd durch seinen Bart, drohte der Figurengruppe mit der Faust, klopfte mir einmal hart auf den Rücken und verschwand maulend im Unterholz. Von hier aus war die Pergola jetzt ganz nah, das spürte ich genau.

Wenn ich an einem Spiel arbeite, dann vergesse ich einfach, wie einsam ich eigentlich bin. Alles löst sich dann vor meinen Augen und unter meinen Händen in einzelne Muster auf, die unabhängig voneinander existieren können, ohne sich gegenseitig zu stören oder zu beeinflussen; jegliche Komplikationen zerfallen in lauter wundervolle Teile, und ich muss mir um sie keine Sorgen mehr machen für den Moment.

Ich zeichne etwas, schneide Papier zurecht und klebe es irgendwohin, ich rechne und mache mir Notizen, ich sortiere die Materialien, ich trage Routen ein auf einem Plan, ich unterteile alles in Abschnitte und Phasen, ich fälle Entscheidungen oder lasse es bleiben, ich weite aus, ich begrenze, ich würfele und halte die Ergebnisse in Tabellen fest, ich rechne die Wahrscheinlichkeiten aus (obwohl ich das abgrundtief hasse, aber es geht einfach nicht ohne), ich streiche durch, ich schmeiße weg, ich fange noch mal von vorne an, ich stelle Kartendecks zusammen, ich schiebe Steinchen umher, ich denke lange über irgendetwas nach, und dann denke ich irgendwann nicht mehr darüber nach, ich freue mich, ich fürchte mich, ich trinke einen Schluck Bier, ich schaue in eine alte Spielanleitung hinein, ich lese etwas zu einem bestimmten Thema im Internet nach oder schaue mir Clips an, in denen Haustiere Musik machen (ein ganzes Haustierorchester also, denke ich, aber na klar, warum denn auch nicht?), ich spitze meinen Bleistift an, wenn seine Spitze abgebrochen ist, ich schaue zum Fenster hinaus, ich male etwas aus, oder ich male etwas an, oder ich male einfach nur so herum, ich schaue mir in einem Katalog die Bilder des US-amerikanischen Künstlers und Autisten George Widener an, vor allem die, von denen ich glaube, dass ich in ihnen eine Verbindung zu den Brettspielen ablesen kann (detailreiche Zeichnungen von Kalendern, Maschinen, Stadtansichten, Labyrinthen und Karten, eine Spielfläche imposanter als die vorherige), ich mache mir eine Liste, ich unterstreiche einen wahrscheinlich irgendwie wichtigen Punkt auf meiner Liste zweimal, ich füge die neue Liste bereits bestehenden Listen hinzu, ich lege alle Listen irgendwo ab, wo ich sie schnell wiederfinden kann, zum Beispiel in einem Ordner auf meinem Laptop oder ausgedruckt auf dem vier oder fünf Jahre alten Stapel mit Behördenpost, Versandmitteilungen, Kontoauszügen, Glückwunschkarten, Zahlungsaufforderungen, Liebesbriefen, Verlagsverträgen, längst abgelaufenen Gutscheinen, Betriebskostenabrechnungen, Kinderzeichnungen und Versicherungsbeiträgen, die ich einmal in einer strahlenden Zukunft alle sauber abgeheftet haben werde (allerspätestens zur Wiederauferstehung der Toten), ich schicke meinem Vater eine SMS über die schwarzen Tiefen des Atlantischen Ozeans hinweg (»¿Hola Señor, cómo estás? Mir gehts gut, ich friere nur ein bisschen.«), ich schließe die Augen, und dann öffne ich sie wieder, ich lausche, aber es ist meistens eh nichts zu hören, ich nehme meine Schere in die Hand und schneide mir eine Haarsträhne ab, ich nehme die Strähne in die Hand und verteile die Haare einzeln auf dem Boden, wo sie so lange liegen bleiben werden, bis ich sie wegkehre oder meine Füße sie woandershin getragen haben, ich werde hungrig, ich mache mir einen Hotdog mit Weißkraut, Senf, Röstzwiebeln und Schmelzkäse, ich putze mir die Zähne, ich sehe: Die Spinnweben in den Ecken nehmen langsam überhand (auwei), ich kehre zu meiner Arbeit zurück, ich wende mich wieder von meiner Arbeit ab, ich höre mir das Lied *Die Tagesreise* in der Version der ostdeutschen Rockband Lift an (eine Aufnahme von 1978, gesungen von Henry Pacholski, der im Alter von 29 Jahren bei einem nächtlichen Autounfall auf einer Landstraße in der Volksrepublik Polen getötet wurde), ich überwinde mich, ich konzentriere mich, ich versuche es, so gut es geht, ich bekomme schlechte Laune, und dann fällt mir zufällig doch noch irgendetwas ein, woran ich meine Freude habe, und ich muss mich zusammenreißen, damit es mir nicht wieder entgleitet, und ich muss es richtig gut festhalten, und ich muss es in meinen Gedanken groß und schwer werden lassen, damit der Wind es nicht davonträgt, und dann schreibe ich es auf, damit es bei mir bleiben kann, auch wenn ich meistens noch gar nicht genau weiß, ob es zu allem anderen dazugehören wird, was ich bereits aufgeschrieben oder zusammengebastelt oder eingezeichnet habe, aber das juckt mich nicht, und dann geht alles wieder von vorne los für die nächsten paar Stunden, und abends lasse ich die Jalousie auf das Fensterbrett krachen, die an den Rändern nicht breit genug ist, um das Licht vom Hausflur gegenüber aus meiner Wohnung fernzuhalten, immer und immer wieder geht es an, drei Minuten und zweiundzwanzig Sekunden lang, sogar mitten in der Nacht, wenn jemand von den Nachbarn heimkommt oder sich auf den Weg irgendwohin macht, ist mir doch egal, während ich mir einen Horrorfilm auf meinem Laptop anschaue und immer dann die Augen schließe, wenn das Bild zu flackern beginnt, weil ich Angst davor habe, einen epileptischen Anfall zu bekommen, obwohl ich gar nicht weiß, ob ich wirklich Epilepsie habe, aber ich will mein Unglück nicht herausfordern, nur um zweieinhalb Monate später mit aufgeblähtem Bauch, verschluckter Zunge und Schaum vorm Mund von irgendeinem schlecht gelaunten sächsischen Hausmeister zwischen Couch und Beistelltischchen entdeckt zu werden, und wenn der Film endlich zu Ende ist, sehe ich noch eine ganze Weile dabei zu, wie das Flurlicht angeht, drei Minuten und zweiundzwanzig Sekunden lang in mein Zimmer hineinscheint und wieder erlischt, und so vergehen die Tage.

Der Weg zur Pergola war mit brennenden Fackeln erhellt. Um den großen Spieltisch herum saßen auf gepolsterten Stühlen Johanna van Tavantar, King Trakto Sherpa, Campbell Campbell, Ronny Neugebauer, Clark Nygård, Arno Picardo und Abdominis Sovieticus, der Riese von den Hitlerbabies. Der letzte freie Platz gehörte Elke von Manteuffel, die noch stand, die Arme auf die Tischkante gestützt, im Gesicht das gespenstische Schattenspiel einer Leuchte, die ihr von unten entgegenstrahlte. In den Ecken der Pergola hielt sich Cazimir mitsamt den übrigen Hitlerbabies auf – G. Mürzzuschlag, Herr Basedow und Valla Dolid –, geöffnete Bierflaschen und glimmende Zigaretten in den Händen haltend. Nur Taxi Terreur fehlte. Und ich natürlich, bis jetzt.
Als von Manteuffel mich auf dem Weg entdeckte, nahm sie die Hände vom Tisch und richtete sich kerzengerade auf. Die anderen, die zu ihr geblickt oder sich leise miteinander unterhalten hatten, drehten die Köpfe und schauten zu mir in die Dunkelheit des Gartens hinaus. Hatten sie schon mit Campbells Spiel begonnen? Falls ja, würde ich einfach mein Bier austrinken und ihnen dabei zusehen. Falls nicht, würde ich mich trotzdem lieber im Hin-

tergrund halten wollen. Wer wusste schon, mit was wir es zu tun kriegen würden?

»Daytona«, hörte ich von Manteuffel nach mir rufen, »na endlich, wie schön!«

Ich bewegte mich auf den Tisch zu, ganz langsam einen Fuß vor den anderen setzend. Irgendetwas ging hier vor sich.

»Komm nur, komm«, sagte von Manteuffel in süßlichem Tonfall, »wir wollen mit dir spielen.«

Natürlich wollt ihr Rüpel das, dachte ich da, wer will das nicht? Jetzt konnte ich deutlicher die Gesichter der anderen erkennen, in denen ich etwas zu lesen versuchte, was in diesem Moment vielleicht unlesbar war: Johanna etwa schaute wach drein, aber ziemlich ernst, so als fühlte sie sich aus irgendwelchen Gründen unsicher, nur ein bisschen zwar, aber es entging mir nicht; Nygård hatte die Augen zur Hälfte geschlossen, als schliefe er gleich ein oder bekäme unter dem Tisch einen geblasen; Picardo lächelte mich schief an; Campbell guckte mit zusammengekniffenen Brauen, krausgezogenem Näschen und aufeinandergepressten Lippen in die Welt hinaus; Ronny hielt seinen Blick stier auf die Tischplatte gerichtet; King sah aufmerksam zu mir, voller Spannung erwartend, was in den nächsten Sekunden geschehen würde; nur das Gesicht von Abdominis Sovieticus, dessen gewaltiger Körper von schweren Atemzügen zu einem gleichmäßigen Beben gebracht wurde, blieb mir zum Teil verborgen, weil ein zuckender Schatten sich über seine Stirn und Nase ausgebreitet hatte.

»Alright, ihr Idioten«, sagte ich, »was zum Geier ist hier los?«

»Erklärst du uns dein Spiel?«, fragte von Manteuffel und zeigte auf den Tisch.

Etwas Kleines, Fieses stach mir in den Unterbauch. Ich reckte das Kinn, schluckte und betrachtete die Tischplatte. Darauf war der Spielplan von Cheyenne, Wyoming, ausgebreitet, auf dem ein paar schwarze Würfel verteilt lagen, einige steckten schon auf ihren Motorraduntersetzern, andere nicht; drum herum hatten sie meine Bastelarbeiten verstreut, Aktionskarten, Spielgeld, Pappplättchen, Notizen, mit einer einzigen schmerzlosen Armbewegung direkt aus der Schachtel auf den Tisch gekippt, willkürlich, desinteressiert, ohne jeglichen Respekt.

»Was soll das?«, fragte ich und hielt sofort wieder meinen Mund, damit meine Stimme nicht zersprang.

»Erklärst du es uns?«, fragte von Manteuffel noch einmal, und ich sah aus den Augenwinkeln, dass sich ihr Oberkörper vorbeugte, um mir näher zu sein.

»Warum macht ihr das?«, fragte ich. »Ich bin doch noch gar nicht fertig.«

Die anderen schienen unruhig zu werden und bewegten sich leicht.

»Ich bin«, wiederholte ich, »doch noch gar nicht fertig.«

»Das wissen wir«, sagte Picardo.

»Und deshalb wollen wir dir helfen«, fügte von Manteuffel hinzu.

»O Mann, ey«, rief Johanna da und schlug auf den Tisch, »ich hab euch doch gesagt, das ist voll die Scheißidee! Sepulveda, bitte ...«

Ich blickte ihr fest in die Augen. Unter meinen Lidern zwickte es schon arg, aber ich hielt meine Tränen noch zurück für den Moment.

»Ihr geht also, ohne zu fragen, in mein Zimmer«, sagte ich zu Johanna, »und nehmt euch meine Sachen, und dann wollt ihr ... ja, was ... Was wollt ihr denn von mir?«

»Du hättest uns allen dein Spiel nicht freiwillig gezeigt, oder?«, sagte von Manteuffel. »Du hättest uns allen niemals von deiner Arbeit erzählt, nicht wahr? Du hättest hier die ganze Zeit herumgesessen und gesoffen, und irgendwann wärst du in ein Flugzeug gestiegen und wieder nach Hause geflogen. Du hättest hier nichts gemacht, rein gar nichts. Du hättest hier nichts für dich mitnehmen können. Und das ist einfach nur sehr, sehr traurig.«

Wut loderte in mir auf – ein Benzinkanister, ausgeleert über einem kläglichen Lagerfeuer, aber mit ordentlich Schwung!

»Und woher weißt du das alles so genau, Elke?«, fragte ich laut und sah ein paar Spritzern meiner Spucke hinterher, die quer über die Tischplatte sausten.

Von Manteuffel beugte sich langsam zurück.

»Nur eine Beobachtung«, sagte sie ruhig und lächelte, »auf die Schnelle, sozusagen.«

»Ach echt?«, schrie ich. »Verflucht noch mal, Elke …«

»Du willst doch Kunst machen, oder?«, fiel Picardo mir ins Wort.

»Dann musst du uns aber auch daran teilhaben lassen. Ohne uns keine Kunst, verstehst du? Und jetzt erkläre uns bitte, wie dein Spiel funktioniert.«

»Ich erkläre euch einen Scheiß!«, fauchte ich.

»Daytona …«, sagte von Manteuffel.

»Nein!«, brüllte ich.

»Erklär uns dein Spiel, Mädchen!«, rief Picardo mit hoher Stimme.

»Nein, du Sack!«, donnerte ich, tat einen Schritt zurück, hob mein linkes Bein und trat mit dem Fuß volle Wucht gegen den Tisch, sodass er einige Zentimeter über den Boden rutschte und ein paar Splitter von der lackierten Oberfläche abplatzten. Zwei oder drei von diesen Leuten da machten ächzende oder stöhnende Geräusche. Dann stapfte ich in den abendlichen Garten hinaus, trocknete mir mit meinem Ärmel die Augen und ließ nur eine einzige Frage in meinem Verstand wüten: Wie konnten sie nur?

Es sind die Kälte aus dem Boden und die Feuchte aus den Blättern, die nicht weichen wollen, die mich bedrängen, die über meine Haut kriechen, in meine Nase, in meine Ohren hinein, wo sie das betäuben wollen, was noch von mir übrig ist, um mich zu verwandeln; In was nur?, In was?, Na, in eine Pflanze, du Dummkopf!, flüstert der Schlamm, flüstern die Vögel, flüstert der Wald, Komm, werde eins mit uns, gib dich uns hin, mach, was wir dir sagen, und vergiss endlich, dass du einmal ein Mensch warst!, und vielleicht vergesse ich das wirklich, weil mir die Vorstellung gefällt, nicht länger ein Mensch sein zu müssen, weil dann alles so viel leichter erscheint und weniger bedrohlich, wenn man endlich eins wird mit einer Kraft, der man sowieso nichts entgegensetzen kann; Aber stimmt das auch?, Aber stimmt das denn auch?, Kann ich zurückkehren an jenen leeren, stillen Ort, an dem ich schon einmal war, lange vor meiner Geburt, oder ist das alles nur ein Trick, um mich zu töten und auszuradieren und einzufügen in den großen Kreislauf aus Scheiße und Tränen?, Aber wird meine verrottete Scheiße dann nicht wieder zu neuer, frischer Scheiße irgendwann?, Aber werden meine verdampften Tränen dann nicht wieder zu neuen, frischen Tränen irgendwann?, O weh, o weh, auweia, es ist hart, es ist so hart, es endet und endet nicht, es geht weiter, ohne weiterzugehen, denn wenn ich nur wollte, könnte ich ja jetzt und sofort eine Pflanze werden, das ist gewiss, aber ist mir das auch recht?, Ich bins doch, Daytona, ich bins, und ich will noch so viel, und ich kann ja etwas, und ich bin doch auch noch da für einen Moment!

»Was machst du da drin?«, fragte ich in die Grotte hinein.
Taxi Terreur hockte dort auf dem Boden, ihre Uniform und die schwarzen Stiefel voller Matsch, und malte mit einem Stöckchen in der Hand in der Luft herum.
»Ich male mit einem Stöckchen in der Hand in der Luft herum«, sagte sie nach einer Weile, ohne mit ihren Bewegungen aufzuhören.
Das Haarspray von gestern Abend hatte ihre wild toupierte dunkelgraue Mähne mittlerweile zu einem zerzausten Knäuel werden lassen, und die schwarze Farbe unter ihren Augen war längst zerlaufen und wieder eingetrocknet. Sie jetzt dort sitzen zu sehen machte mich noch trauriger, als ich ohnehin schon war. Ein wenig erinnerte mich Taxi an ein Cro-Magnon-Mädchen, das in der Steinzeit in ein Portal gestolpert und in den frühen 1990er-Jahren gelandet war, wo es sich anzupassen versuchte, indem es den Kleidungsstil von Anhängern einer ominösen Gegenkultur imitierte und vor lauter Heimweh jeden Abend in ein Einkaufszentrum einbrach, um in der saisonal wechselnden Naturdekoration zu übernachten.
»Siehst du was?«, fragte ich.
»O ja«, antwortete sie.
»Und was?«
»Ich sehe den Krieg. Er ist überall.«

Ich hockte mich zu ihr und folgte den Bewegungen des Stöckchens in der Luft. Mal zeichnete es ein Kreuz, mal eine Acht, mal einen perfekten Kreis, mal eine Spirale, mal irgendetwas Undefinierbares.

»Hast du …«, stammelte ich.

»… was genommen?«, beendete Taxi meinen Satz.

Sie nickte.

Ich nickte auch.

Ein leichter Windstoß fegte in den Grotteneingang hinein und kühlte den schwülen Atem des Gartens auf meinen nackten Armen und Beinen.

»Suchst du deine Freunde?«, fragte ich.

Taxi stoppte ihre Zeichnungen abrupt und sah mich an.

»Nein«, sagte sie dann, »eigentlich nicht. Und du?«

»Ich habe keine Freunde.«

»Such dir welche!«

»Hm, gar nicht so einfach. Ich bin sehr misstrauisch.«

»Such dir was anderes!«

Ich atmete aus und ließ dabei die Lippen flattern. Taxi war hochgradig drauf. Vielleicht war es besser, sie zum Haus zurückzubringen. Hier draußen würde sie irgendwann hilflos im Dreck versinken.

»Du bist ein komisches Mädchen«, sagte sie.

»Auf jeden Fall. Aber man hat mir auch gesagt, dass ich alles weiß.«

»Ja, sicher«, lachte sie auf, röhrend, in leisem Gekrächze endend.

»Hier: Guck mal. Weißt du, was das ist?«

Sie hielt mir ihr Stöckchen direkt vor die Nase.

»Ein Stock«, sagte ich.

»Falsch!«, rief sie. »Los, noch mal!«

»War nur Spaß. Ich weiß, was das ist. Es ist ein Schlüssel. Für die Zugangstür zum Höhlensystem unter Spyderlings Weingut. Du willst da rein. Weil dort Josef Stalins gigantische kommunistische Weinsammlung seit Jahrzehnten im Staub herumliegt und du sie austrinken willst, bis auf den allerallerallerletzten Schluck. Deshalb bist du hier im Garten, in dieser Grotte: weil du den Schlüssel gesucht hast. Und deine Freunde passen derweil darauf auf, dass niemand von uns nichtsnutzigen Ausländern dir dabei in die Quere kommen kann. Sie killen einfach jeden in Sekundenschnelle, der deinen Plan zu vereiteln versucht. Richtig?«

»Abgefahren«, sagte Taxi atemlos. »Was bist du? Ein Genie von jenseits der Sterne?«

»Nein«, sagte ich, »ich bin bloß eine Autorin für strategische Brettspiele mit mehr oder weniger zeithistorischen Themen.«

»Ich hasse Stalin«, sagte Taxi. »Er hat alles kaputt gemacht, und selbst jetzt, wo ihn die Ratten und Würmer des Kremls längst aufgefressen haben, hört er nicht auf damit. Lenin hasse ich übrigens auch. Und Chruschtschow, dieses Sackgesicht. Breschnew sowieso. Andropow – igitt. Und den totenbleichen Tschernenko – schrecklich. Ach ja, Gorbatschow hasse ich auch, na klar. Und nicht zu vergessen: Jelzin, diesen Wahnsinnigen. Medwedew – absolut furchtbar. Und Putin erst. Боже мой, wie sehr ich Putin hasse, es ist einfach nicht auszuhalten ...«

»Ich weiß das alles«, sagte ich. »Aber ich hasse eigentlich niemanden, höchstens vielleicht diese paar ätzenden Leute, die mir immer die Welt erklären wollen.«

»Aha. Na dann weißt du bestimmt auch, dass mein Keyboarder Valla Dolid vor fünfundzwanzig Jahren in einer mexikanischen Black-Metal-Band namens Los Niños Diabólicos de Führersperrgebiet Obersalzberg gespielt hat, oder? Damals war er ein waschechter Neonazi, einer der schlimmsten Neonazis Yucatáns – heute ist er das aber, glaube ich, nicht mehr. Zumindest nicht auf so eine krasse Art wie damals. Aber weißt du auch, wo ich herkomme, wo ich lebe?«

Ich wusste es. Aber ich tat so, als wüsste ich es nicht. Es war unklug, das ganze Ausmaß meiner Fähigkeiten zu demonstrieren, denn das könnte ein normaler menschlicher Verstand einfach nicht ertragen.

»Ich stamme aus Tiraspol, Transnistrien«, sagte Taxi. »Dort gibt es keine Zeit mehr. Und ich habe keine Idee, wie sich das verändern lässt.«

»Vielleicht durch die endgültige Vernichtung von Stalins Wein?«, überlegte ich.

»Ja. Das wäre zumindest ein Anfang, vielleicht sogar die Lösung. Aber ob das auch klappt? Keine Ahnung.«

Ich hatte noch einen Schluck Bier in meiner Flasche, den ich mit ihr teilte. Während sie trank, zog sich in meinem Bauch etwas zusammen. War es echt so ein guter Einfall von mir gewesen, eine offensichtlich Drogenabhängige auf irgendwelche schrägen Ideen zu bringen? Was war nur los mit mir? Ich konnte mir selbst nicht mehr helfen. Alles geschah wie automatisch und ohne dass ich in irgendeiner Weise etwas dagegen unternehmen konnte. Das Böse hatte endgültig von mir Besitz ergriffen.

»Was machst du noch mal für einen Scheiß?«, fragte Taxi laut.

»Was für Spiele?«

»Brettspiele«, sagte ich.

»Was ist das?«

»Öh …«, machte ich, weil ich nicht damit gerechnet hatte, dass es Menschen gab, die sich darunter nichts vorstellen konnten, »… na so Spiele mit Figuren, Karten und Münzen, die von ein paar Durchgeknallten mit zu viel Freizeit auf einem Brett gespielt werden. Gesellschaftsspiele. So was wie Schach. Nur in schlecht.«

»Cool«, sagte Taxi. »Aber: warum denn, ey?«

»Weil ich das Gefühl habe, dass die Menschen immer noch nicht kapiert haben, dass nur ein Brettspiel ihnen einen Blick auf die *andere Seite* zu gewähren imstande ist. Leider gibt es ein solches Spiel noch nicht, zumindest nicht in dieser reinen, unverstellten Form. Vielleicht bin ich die Erste, die es erschaffen kann. Ist aber eher unwahrscheinlich. Ich bin zu sehr in mich selbst verheddert. Und außerdem trinke ich zu viel.«

»Aha, auch cool. Aber was soll ich denn auf der *anderen Seite*?«

»Das kannst du nicht wissen, bevor du nicht dort warst. Niemand weiß das. Aber es sollte dir wenigstens jemand die Entscheidung ermöglichen, die *andere Seite* sehen und erfahren zu dürfen – oder eben nicht, falls du keinen Bock darauf hast.«

»Nee, ich hab da echt keinen Bock drauf. Aber irgendein anderes

Trottelchen auf dieser Welt ganz bestimmt. Hm ... zum Beispiel Igor, ein Nachbar von mir. Der hat sich vor vielen Jahren in die Mutter-Heimat-Statue in Wolgograd verknallt und die dann sogar geheiratet, in einer richtigen Zeremonie mit Familie, Kindern, Freunden, Hunden, Mittagsbüfett, orthodoxem Priester und allem Drum und Dran. Muss einfach nur schrecklich anzusehen gewesen sein, wie er da ganz winzig klein auf der grünen Wiese stand, bequeme Schuhe, Pomade im Haar, ein Blumensträußchen im Knopfloch, und neben sich diese fast hundert Meter hohe Kriegerin, die mit dem erhobenen Schwert in der Hand die Angehörigen der Arbeiterklasse zum Kampf gegen die imperialistischen Schlächter ruft, und alle Tanten und Onkels haben sich die Stofftaschentücher gegen die Nasen gedrückt. Am nächsten Morgen wurde Igor von der Miliz festgenommen und wanderte für anderthalb Jahre ins Arbeitslager, weil er sich seiner neuen Braut in der Hochzeitsnacht unsittlich genähert hatte. Tja. Aber so jemand wie er würde sich für deine *andere Seite* brennend interessieren, ganz sicher.«

»Ja, das kann ich mir gut vorstellen. Bei mir zu Hause in Amerika gab es einen Millionär, der mit Internetkram reich geworden war und sich bei einem Skiunfall den Schwanz abgerissen hatte ...«

»Bei einem Skiunfall?«, unterbrach Taxi mich. »Echt?«

»Ja, ja, bei einem Skiunfall. Jedenfalls hieß es danach in der ganzen Stadt, er habe das Beste aus seiner Situation herausgeholt, indem er sich so eine kleine ausklappbare Motorsäge zum Astschneiden als Prothese beschafft hat, um damit all die Ladys in Angst und Schrecken zu versetzen, die ihm nur wegen seines ganzen Geldes an die Wäsche gehen wollten. Ist alles aber schon ziemlich lange her. Ich glaube, mittlerweile ist er tot oder lebt tief in den Wäldern.«

»Darf ich dich mal eben anfassen?«, fragte Taxi.

»Nur zu«, sagte ich.

Sie patschte mir mit der ganzen Hand einmal ordentlich ins Gesicht. Ihre Haut roch gut, nach Lagerfeuerrauch und Lippenpflegestift.

»Puh«, machte sie, »fühlt sich für mich nicht so außerirdisch an.«

»Ich weiß. Mein Leben zwischen den Menschen hat mich längst zu einer der Ihren gemacht, nur in einer sehr, sehr viel traurigeren Form. Aber ich mache das Beste daraus, halte mich die meiste Zeit des Jahres über gut versteckt und komme nur raus, um etwas Schnaps zu trinken und rumzupöbeln.«

»Was sagen denn die Leute dazu, mit denen du hier bist? Akzeptieren die dich wenigstens so, wie du bist?«

»Nein, ich glaube nicht. Die projizieren ständig etwas in mich hinein, von dem sie glauben, dass es in mir steckt – dabei sehen sie die ganze Zeit nur ihre eigenen grinsenden, wie von einem schrecklichen Autounfall verunstalteten Fratzen. Ich bin der abgefuckteste Spiegel, den du dir vorstellen kannst.«

»Wow, ach du Scheiße, jetzt sehe ich es auch. Wie gucke ich denn? Wie das riesige Arschloch eines … Phantoms von der *anderen Seite*!«

Ich musste lachen, weil Taxi ihre Augen so komisch verdrehte, bis nur noch das Weiß in ihnen zu sehen war. Ehrlich gesagt war das ganz schön unheimlich, aber eben auch sehr lustig, wie so vieles, womit ich mich herumschlagen musste.

»Nee, mal im Ernst«, sagte ich, »die haben mir vorhin mein Spiel, an dem ich gerade arbeite, aus meinem Zimmer gestohlen, hier im Garten aufgebaut und verlangt, dass ich es mit ihnen spiele, damit sie mir danach sagen können, was ich noch verbessern müsste. Ist das nicht total bescheuert? Als wäre ich in irgendeiner Weise auf sie angewiesen. Wie kann man nur so größenwahnsinnig sein?«

»Aha, verstehe. Und jetzt?«

»Jetzt verstecke ich mich wieder. Was soll ich denn sonst tun?«

»Na angreifen, zum Beispiel. Zurückschlagen. Denen mal zeigen, wo der Hammer hängt. Ihre Köpfe zwischen deinen Schenkeln zerquetschen. Einfach nur … blutige Vergeltung üben.«

Das klang gar nicht so schlecht. Aber ich war mir unsicher, ob ich noch die Kraft dafür hatte.

»Bullshit, Tona«, rief Taxi und boxte mir gegen die Schulter, »na klar hast du die Kraft dafür, vor allem in den Oberarmen. Die sehen gut aus, und ich würde da am liebsten gleich mal reinbeißen. Also nur, wenn du es mir erlaubst.«

»Voll schräg«, sagte ich, »aber okay, von mir aus gerne.«

Taxi streckte sich. Ich hielt ihr meinen linken Arm hin und spannte ihn an, dann ließ ich ihr winziges Mündchen meinen Bizeps berühren. Nachdem sich ihre Zähne schon wieder von meinem Fleisch gelöst hatten, ruhte ihre warme Zunge noch zwei, drei Sekunden länger auf meiner Haut, und sofort jagte ein Schauder in Überlichtgeschwindigkeit meinen Rücken runter bis zum Arsch.

»Was ist das eigentlich für ein Tattoo da?«, fragte ich und zeigte auf ihren rechten Arm: zwei Leute mit wehenden Kleidern, die Arme gemeinsam ausgestreckt, auf einem massiven Sockel oder einem futuristischen Gebäude einen Ausfallschritt machend.

»Der eine ist der Arbeiter, das Früchtchen mit dem Hammer in der Hand, und die andere ist die Kolchosbäuerin, die Süße mit der Sichel. Die beiden erinnern mich daran, wie sehr ich diese beschissenen Kategorisierungen verabscheue, mit denen die Politik uns einfache Menschen stets und ständig plagt.«

»Das ist ... irgendwie ganz schön ... bizarr?«

Taxi verdrehte noch einmal die Augen, und ich zuckte vor ihr zurück.

»Bizarr ist die Form der Horngurke. Bizarr ist es, sich nur das Bäuchlein und nicht auch den Po zu waschen. Und nichts ist bizarrer als das Ende allen Lebens«, sagte sie mit Grabesstimme, drückte fest die Augen zu, schlug sie wieder auf und guckte mich ganz lieb an.

»Also jetzt: Vergeltung üben, oder wie?«, fragte ich sie.

»Vergeltung üben«, sagte Taxi. »Na los – hau endlich ab! Räche dich! Entfessele den Sturm. Säe das Feuer, das die Ungläubigen verbrennt.«

»Ich schau mal, aber ... ja! Warum eigentlich nicht?«

Meine Knie knacksten, als ich mich erhob. Ich wartete kurz, bis der Schwindel in meinem Kopf abgeklungen war, dann stolperte ich aus der Grotte hinaus. Taxi hatte sich derweil erneut ihrem

Stöckchen zugewandt. Ich bekam das Gefühl, dass ihr schon längst nicht mehr bewusst war, dass wir gerade eben noch miteinander gesprochen hatten. Was solls. Ich mochte zwar nur ein kleiner Bestandteil ihres Trips gewesen sein, vielleicht nur ein oder zwei Sekunden in einer Stunde um Stunde andauernden Abfolge von mehr oder weniger albtraumhaften Ereignissen, aber immerhin war ich wieder einigermaßen stabilisiert.

Moment mal: eine nicht enden wollende Abfolge von Albträumen? Wie reizend! Gilt das nicht eigentlich auch für die Spiele? Ich meine: Wann hört das eine Spiel auf – und wann fängt das nächste an? Oberflächlich besehen ist jedes Spiel in seinen eigenen Begrenzungen gefangen: Da gibt es die Spielregel, die nur für dieses eine Spiel konzipiert wurde; da gibt es das Spielmaterial, mit dem nur dieses eine Spiel gespielt werden kann; da gibt es die Spielschachtel, die nur dieses eine Spiel zusammenhält.

Aber ist das alles wirklich so? Regel, Material und Schachtel sind doch nichts weiter als sicht- und fühlbare Dinge, die den winzigsten Teil einer weitaus größeren Fläche unbekannten Ausmaßes determinieren. Und dass es diese Ausmaße zu geben scheint, erahnt man, wenn die Spielregel in solch schlechter Ausführung oder von mir aus auch geheimnisvoller Absicht geschrieben ist, dass sie für diese oder jene Spielsituation keine Erklärung oder Lösung parat hat; wenn man ganz genau die Ränder mancher Spielbretter untersucht, wo die Grafiken oftmals in unscharfe, nebelverhangene Farbflächen übergehen, als könnte der Spielplan durchaus über den Rand des Kartons, vielleicht sogar über den Spieltisch und die Welt hinwegreichen, in der das Spiel gespielt wird; wenn man sich ernsthaft die Frage stellt, warum es nicht möglich sein sollte, dass sich das eine Spiel des einen Autors im nächsten Spiel der anderen Autorin fortsetzt und dieses nächste Spiel wiederum im übernächsten und so weiter, bis in alle Ewigkeit (oder ebenjenes nächste Spiel das vorherige erst bestimmt, in einer Art durchgeknalltem Kreislauf). Was wäre denn dann, ja, was wäre denn dann? Vielleicht mal endlich taramtamtam!

Ich stieß nicht sofort zur Pergola vor, sondern trieb mich noch eine Weile in ihren halbdunklen Randbereichen herum, bezog kurz Position hinter einem Rhododendronbusch, von wo aus ich einen halbwegs guten Überblick über das umliegende Geschehen hatte, hockte mich in eine Mulde, die von Wildschweinen als Suhle benutzt wurde, um meine im Mondschein leuchtenden Wangen mit zwei Strichen Schlamm zu tarnen und zu pinkeln, oder harrte einfach starr unter einem Kirschbaum aus, die Arme in die Hüften gestützt, den rechten Fuß auf einem großen Stein abgestellt, um den Geräuschen der anderen in ihrem Unterstand zu lauschen. Soweit ich es überblicken konnte, hatte sich ein Teil meiner Feinde bereits irgendwo anders hin verzogen: Am Tisch saßen noch von Manteuffel, Campbell, Ronny und Abdominis Sovieticus; Johanna, Picardo, Nygård, Cazimir und die übrigen Hitlerbabies waren vielleicht in einen anderen Bereich des Gartens oder zurück zum Herrenhaus spaziert.

Während ich von einer Stellung zur anderen schlich, machte ich mir Gedanken über einen Angriffsplan: Das Wetter war gut, ein paar Wolken standen am Himmel, aber der Mond erhellte das potenzielle Kampfgebiet um die Pergola herum; ich würde mir im Unterholz noch einen Knüppel oder so etwas suchen müssen, um ein paar Kopfnüsse austeilen oder mich verteidigen zu können, wenn es hart auf hart käme; allerdings war die diplomatische Vorgehensweise natürlich auch eine Option, wobei mir zunächst unklar war, was ich mit meinem Überfall eigentlich erreichen wollte. Konnte ich den Gegner dazu zwingen, sich bei mir zu entschuldigen und glaubhaft zu beteuern, dass es niemals seine Absicht gewesen sei, mich auf die denkbar schwerste Art zu beleidigen? Wäre ein vorläufiger Waffenstillstand nicht der beste Ausgang dieses Konflikts (was bedeuten würde, dass wir uns alle endlich in Ruhe ließen, bis dieser ganze elendige Aufenthalt hier sein Ende gefunden hatte)? Oder gab es gar keine andere Möglichkeit für mich, als alle einfach ohne Vorwarnung niederzumetzeln, damit wieder Ordnung und Frieden unter meinen eigenen Bedingungen einkehren konnten? Auf jeden Fall mussten sie mir meinen

Prototypen zurückgeben, und zwar ohne dass irgendein Teil daran fehlte – ja, das war das einzige konkrete Kriegsziel, was ich zu verfolgen hatte. Alles andere würde sich dann schon spontan ergeben im Eifer des Gefechts.

»O Mann, ey, ich hab schon ewig nach dir gesucht. Wo hast du dich rumgetrieben?«

So ein Mist. Johanna. Drei oder vier Meter von mir entfernt. Damit war mein Überraschungsangriff fürs Erste gescheitert. Ich sah sie über meine Schulter hinweg schweigend an.

»Was hast du denn da für Striche im Gesicht?«, fragte sie.

»Shhh«, machte ich und deutete ihr mit einer kryptischen Handbewegung an, dass ich trotzdem gleich meine Attacke starten würde.

»Du, hör mal«, sagte Johanna, während sie sich über die Oberarme rieb, »das tut mir alles so leid. Ich wollte das nicht. Und die anderen wollten dich bestimmt nicht verärgern. Du weißt ja, wie sie sein können. Ich glaube, es ging nur darum, dich irgendwie zu unterstützen, wenn auch auf eine ziemlich übergriffige Art.«

»Hast du vorhin mein Spiel geklaut?«, flüsterte ich.

»Nein, Sepulveda, ich war das nicht, ehrlich. Ich glaube, Campbell hat es genommen. Zumindest kam er damit an der Pergola an, zusammen mit diesem anderen Spiel, das du ihm zum Geburtstag geschenkt hast. Er wollte einfach nur mit uns zocken, und als Elke dein *Devil's Dice Motorcycle Club* sah, schlug sie vor, doch damit anzufangen, damit wir alle noch was lernen könnten oder so. Ich fand das ja auch erst beschissen, weil du noch nicht da warst, aber dann dachte ich: warum eigentlich nicht? Sepulveda wird das schon verkraften können.«

»Ich habe es aber nicht verkraftet«, sagte ich. »Es hat mich nur unendlich traurig gemacht.«

Johanna sah zu Boden und sagte nichts. Es tat ihr sehr leid, das spürte ich. Aber konnte ich deshalb gleich meinen Racheplan verwerfen? Oder sie verschonen, wenn der Blutrausch mich demnächst übermannte? Johanna, mein sexy Kollateralschaden mit den heißesten Todesküssen des Königreichs der Niederlande. Noch wusste ich einfach nicht zu sagen, ob ich eine ehrbare oder eine niederträchtige Schlacht würde schlagen müssen.

»Und was hast du jetzt vor?«, fragte sie. »Kommst du wieder mit zurück zu den anderen?«

Ich kniff die Augen zusammen und nickte langsam. Sehr, sehr langsam. Dann linste ich in ein Gebüsch in meiner Nähe, machte einen Satz darauf zu und zog einen Kriegsknüppel zwischen den Blättern und Zweigen hervor.

»Hm, okay«, sagte Johanna, »wenn du meinst.«

»Ist nur zu meiner eigenen Sicherheit«, sagte ich.

»Du schnappst jetzt aber nicht völlig über, oder?«

»Ich weiß es nicht. Taxi Terreur meinte, dass ich mich an euch allen rächen sollte. Und zwar blutig.«

»Mit dem ollen Stock da? Den haut dir doch selbst Ronny in null Komma nix aus der Hand.«

Ja, das stimmte. Der Ast war echt nicht sehr dick. Und außerdem schon morsch. Also schleuderte ich ihn weg, massierte mir die Schultern und wartete darauf, dass Johanna mir irgendwie weiterhalf.

»Sie spielen jetzt dieses *MAUNSTEIN*-Ding«, sagte sie. »Laut Campbell ist das Spiel selbsterklärend, also ohne Anleitung. Und es würde wohl nicht strikt linear ablaufen, sodass jeder daran teilnehmen könne, zu jeder Zeit, wie man möchte. Etwas daran fasziniert Campbell sehr. Tolles Geschenk, Sepulveda.«

»Na gut«, sagte ich und ließ den Kopf hängen. »Ich komme wieder mit zurück. War sowieso 'ne doofe Idee, euch alle abschlachten zu wollen, und das auch noch an Campbells Geburtstag.«

»Wie kann ein Mensch nur ständig so zornig sein?«, fragte Johanna, legte ihren Arm um mich und küsste mich auf die Wange.

»Das ist nicht bloß Zorn«, antwortete ich. »Das ist das pure Vergnügen daran, immer noch am Leben sein zu müssen.«

Ehe Johanna und ich uns zu den anderen gesellten, gingen wir noch kurz einigen Geräuschen nach, die vom Ufer des Teiches zu uns herüberdrangen: plötzlich ausbrechendes Gelächter, fröhliches Geigengedudel, die aufgekratzten Stimmen einer Frau und eines Mannes. Wir blieben hinter einer von Leons Statuen versteckt (Ein Kind, den Finger in die Nase gesteckt, einen Ballon in der Hand, der aussah wie ein menschlicher Kopf, möglicherweise Leons Mutter oder die Mutter dieses Kindes, das aber doch ganz sicher Leon darstellte. Wie in drei Teufels Namen sollte es auch anders sein?) und konnten auf der Bank am Teich Pawel erkennen, neben sich einen Kerl, den wir nicht kannten, ihnen zu Füßen ein kleiner tragbarer Fernseher, auf dem Bilder von einem schlossartigen Gebäude über die Mattscheibe flimmerten. Pawel sah noch immer aus wie Freddy Krueger, und sein Bekannter neben ihm ähnelte auf bestechende Weise dem US-amerikanischen Schauspieler David Duchovny, den jedoch jemand irgendwann einmal auf ein Rad geflochten und ihm dabei alle Glieder gebrochen haben musste, denn die Arme und Beine von Pawels Bekanntem standen in alle Himmelsrichtungen ab, sodass er sich wahrscheinlich nur mit Krücken vorwärtsbewegen konnte, was ihn aber in diesem Moment nicht allzu sehr zu bekümmern schien, schlug er sich selbst und Pawel doch immer wieder mit seinem krummen Ärmchen brüllend vor Lachen auf den Schoß, während im Fernseher die Kamera durch die pompösen Räumlichkeiten eines in weiten Teilen leer stehenden Palastes rasselte, wo ab und zu im Bildausschnitt die Gesichter von zwei herausgeputzten Moderatoren auftauchten, jene Frau und jener Mann, deren schrille Stimmen Johanna und mich angelockt hatten und die immer wieder auf Rumänisch auf etwas hinzuweisen schienen, worauf die Zuschauer ihr Augenmerk richten sollten, einen vergoldeten Whirlpool etwa oder einen vermeintlich echten Gauguin an der Wand (»Gogöng! Gogöng!«, kreischte die Moderatorin in ihr Mikrofon. »Gogöng! Gogöng! Gogöng!«) oder einen Konzertflügel aus Elfenbein oder einen gewaltigen Kronleuchter oder eine große Gruppe von Leuten, die draußen vor dem Gebäude auf der Wiese um einen brennenden Reisighaufen saß, Frauen mit Kopftüchern und in langen Kleidern, Bier trinkende Männer, Jugendliche mit Sonnenbrillen und Seitenscheiteln, barfuß herumflitzende Kinder, denen der Palast möglicherweise gehörte, die es aber dennoch vorzuziehen schienen, sich nicht dort drinnen aufzuhalten, während diese beiden Irren vom Fernsehen ihn in Beschlag genommen hatten. Es war mir damals einigermaßen unklar, was sich dort auf dem Bildschirm abspielte und warum das alles eigentlich so witzig sein sollte, aber Pawel und sein lädierter Bekannter hatten ihren Spaß, und dabei wollten Johanna und ich sie keinesfalls stören, also verschwanden wir wieder hinter Leons Abbild von sich selbst (den Kopf der eigenen Mutter an einer Ballonschnur haltend) und gingen den Weg hinauf zur Pergola.

Elke von Manteuffel. Ich ließ sie keine Sekunde aus den Augen, als Johanna und ich am Spieltisch ankamen. Was wusste ich über diese Frau eigentlich? Sie war am 12. Oktober 1963 auf dem preußischen Rittergut Irrwinkel bei Monheim am Rhein geboren worden; der Titel ihres ersten, 1996 im belgischen Verlag Rue Morgue Games veröffentlichten Werks lautet *Die ganze Welt ein rotes Zelt*, ein Spiel für Kinder im Alter von sieben bis elf Jahren, das nur ein einziges Mal gespielt werden kann, weil das Spielmaterial im Laufe der Partie zerknickt, beschrieben, entzweigerissen, gegessen oder verbrannt werden muss. Und du da, kleiner Campbell Campbell, Sohn von Campbell Campbell, Enkel von Campbell Campbell, Urenkel von Campbell Campbell, Ururenkel von Campbell Campbell und so weiter – was wusste ich eigentlich über dich? Geboren wurdest du am 4. August 2004 im schottischen Inverness und hast im Alter von neun Jahren dein erstes Legespiel *Existieren Zahlen?* im Verlag Homo erectus Spiele veröffentlicht, ein abstraktes, streng in Schwarz-Weiß gehaltenes Konzeptspiel, in dem eine Dominoreihe in die Unendlichkeit geführt wird und das auf ewige Dauer angelegt ist, die nur vom Dahinscheiden der jeweiligen Spielerinnen und Spieler oder dem Ende des Universums unterbrochen wird. Neben Campbell saß Ronny mit glasigem Blick, ebenjener Ronny Neugebauer, der am 8. November 1992 im brandenburgischen Schwedt auf die Welt gekommen und in der Kleinstadt Angermünde aufgewachsen ist; im Alter von achtzehn Jahren begann er, sein erstes strategisches Lege-, Kriegs- und Erkundungsspiel namens *Granate gegen Granate* zu entwickeln, das schließlich drei Jahre später unter dem Titel *Rakete gegen Rakete* beim kleinen Berliner Verlag Simulacrum Spieldesign erschien. Euch alle kannte ich – mehr oder weniger. Nur über euren neuesten Freund, einen Riesen mit dem Namen Abdominis Sovieticus, Sänger in der Transnistrian-Meth-Rock-Band Taxi Terreur & The Hitlerbabies, wusste ich rein gar nichts.

»Wieder da?«, fragte von Manteuffel Johanna und mich, die Lippen zu einem winzigen Lächeln verzogen.

Sie stand noch immer am Tisch wie die sture alte Präsidentin einer vom Bürgerkrieg zerrütteten Bananenrepublik in ihrer unterirdischen Kommandozentrale, aber ich ignorierte sie und suchte mein Spiel. Jemand hatte es in seine Schachtel zurückgepackt und auf einem der frei gewordenen Stühle abgelegt, der jetzt, fernab vom Tisch, in einer Ecke der Pergola stand. Alles klar. Es linderte ein bisschen meinen Schmerz, zu sehen, dass es in Frieden gelassen wurde. Ruht euch gut aus, ihr sexistischen, rassistischen und von den ganzen Drogen und euren kriminellen Machenschaften völlig heruntergewirtschafteten Motorradfritzen vom *Devil's Dice Motorcycle Club*. Schlaf tief und fest, du kleines unfertiges Spiel.

Dann sah ich auf den Tisch hinab: Da war die schwarze ausgeleerte Schachtel des Spiels *MAUNSTEIN*, da eine Handvoll Würfel, da Blätter voller aufgedruckter Zahlen, da einige kleinere Gegenstände und da in der Mitte ein großformatiges aufgeschlagenes Buch, auf dessen Doppelseite die Karte eines Landes abgebildet war, in düsteren, mit dem Computer nachbearbeiteten Farben gemalt, technisch makellos, wie der Künstler Franz aus Leipzig sagen würde. Eine kleine Ernüchterung breitete sich in mir aus: Die Mechanik von *MAUNSTEIN* basierte wohl auf einem Spielbuch, und das bedeutete, dass das Spiel selbst seine Spielerinnen und Spieler durch die eigene Geschichte führte, einem Rollenspiel ähnlich, nur dass hier die Vorgaben, Entscheidungen und Begrenzungen innerhalb der nachzuspielenden Handlung strikter waren.

»Habt ihr schon angefangen?«, fragte Johanna.

»Wir sind noch beim Aufbau«, antwortete Campbell, der mit der einen Hand gerade einige Papierbögen sortierte und mit der anderen ein eindrucksvolles Türmchen aus weißen, gelben und roten Würfeln formte.

»Okay, dann lasst mal hören«, sagte Johanna, schnappte sich einen freien Stuhl zwischen Campbell und Ronny und trommelte mit den Händen auf ihren Schenkeln herum.

»Nicht so schnell«, sagte von Manteuffel. »Daytona, was ist eigentlich der Grund für dich, hier zu sein?«

»O Mann, Elke«, stöhnte Johanna auf, »lass sie doch endlich mal in Ruhe, bitte.«

»Ich sag mal so«, versuchte ich zu beschwichtigen, »klar ist doch, dass ihr mir alle gehörig am Arsch vorbeigeht. Was aber nicht zwangsläufig bedeutet, dass ich euch nicht respektiere.«

Ich hörte von Manteuffel schnaufen. Es war gar nicht so sehr ihre Zurechtweisung, die mich erneut so irre wütend machte, sondern der Umstand, dass ich nicht sagen konnte, was sie eigentlich von mir erwartete. Langsam begann ich, an meinem eigenen Urteilsvermögen zu zweifeln. Hatte ich etwas Wichtiges übersehen oder in einem entscheidenden Moment nicht richtig zugehört? Hatte ich eine Information überlesen, die Spyderling mir mit der Einladung hatte zukommen lassen? Welchen mysteriösen Verpflichtungen musste ich hier nachkommen? O du geflügelter Dämon der Scheiße und des Entsetzens, hilf mir, so hilf mir doch aus meiner Not!

»Du wirst zu nichts gezwungen«, sagte von Manteuffel langsam. »Wir machen Spiele, weil wir es selbst so wollen. Wir spielen, weil wir uns dazu entschieden haben.«

»Falsch, Elke«, fuhr ich sie an. »Warum werde ich dann von euch mit Dingen konfrontiert, die mir unangenehm sind? Warum darf ich nicht selbst entscheiden, wo, wann und wie ich mit jemand anderem über dieses und jenes spreche?«

»Weil du das nicht allein entscheiden kannst«, holte von Manteuffel jetzt zum Gegenschlag aus. »Weil du dabei Fehler machst. Weil du nicht konzentriert genug bist. Weil du nicht zuhörst. Weil du ständig an ...«

»... Sex denkst?«, fragte ich.

»Ja, das auch«, sagte von Manteuffel. »Weil du faul bist. Weil du dich krankhaft verhältst. Weil du kaputtgegangen bist. Weil du dich mit Nebensächlichkeiten beschäftigst, die dich nur davon ablenken, dein eigentliches Ziel zu verfolgen. Reicht das, oder soll ich dir noch mehr Gründe aufzählen?«

»Vielleicht«, warf Johanna vorsichtig ein, »sollten wir jetzt alle mal etwas runterkommen, oder? Bevor sich noch jemand ernsthaft verletzt fühlt ...«

»Zu spät«, sagte ich und knallte meine Faust auf den Tisch. »Krank, ja? Kaputt, echt? Mir fällt nichts ein, was ich dazu noch sagen könnte. Warum sprichst du so mit mir, Elke?«

»Weil es um dein Überleben geht, Daytona«, sagte von Manteuffel leise, beinahe traurig.

Jetzt hatte sie mich erwischt. Tödlich verletzt. Ich presste meine Faust auf den Tisch und hielt meinen gesamten Körper daran fest, damit ich nicht in mich selbst zusammenstürzte wie das Schornsteinchen eines maroden Heizkraftwerks. Von Manteuffel sah jedoch keineswegs siegesgewiss aus. Sie schaute mich betrübt an, mitfühlend und erschöpft, als hätte sie sich selbst beinahe ebenso viele Schmerzen zugefügt wie mir. Die Schlacht war beendet, die Gegnerin vollständig zerrieben. Und die Gewinnerin trollte sich vom Kampfplatz mit dem schlechten Gewissen, hier und da ein paar richtig üble Kriegsverbrechen begangen zu haben.

Langsam ging von Manteuffel um den Tisch herum und trat ganz dicht an mich heran, ohne mich mit ihren Händen zu berühren. Ich spürte sie, als würden ihre Knochen sich mit meinen Knochen verbinden, durch unser beider Fleisch, unsere Muskeln, unsere Häute und die Stoffe unserer Kleidung hindurch.

»Du willst immer noch wissen, was Spyderling ist, nicht wahr?«, flüsterte ihre Stimme tief in meinem Kopf.

Ich nickte, die Augen fest zusammengekniffen.

»Spyderling ist hier, in den Bäumen, am Ufer des Teichs, überall im Garten. Spyderling ist das Haus, das du bewohnst. Er ist kein Teil von uns Menschen, die wir in seinem Haus leben, aber alles, was hier geschieht, ist auf ihn zurückzuführen. Er lädt uns ein, damit wir miteinander spielen. Jahr für Jahr für Jahr. Und er lässt uns erst gehen, wenn die Zeit dafür reif ist. Damit wir weiterspielen, in seinen Gedanken, verändert, neugeboren, wild. Spyderling löscht alles aus, was du einmal warst, immer und immer wieder, mit jeder einzelnen Sekunde, die du in seiner Anwesenheit verbringst. Du musst dich verändern, Daytona. Verstehst du das? Sonst kommst du hier nicht mehr lebend raus.«

»Nein«, sagte ich fast unhörbar, »das verstehe ich nicht. Und ich will das alles auch nicht. Ich will es einfach nicht.«

Niemand sagte mehr ein Wort. Ich öffnete die Augen. Die anderen saßen am Tisch und blickten mich ausdruckslos an. Von Manteuffel löste sich wieder von meinem Körper, strich sich ihr Kleid glatt und schaute als Einzige an mir vorbei, in die Finsternis des Gartens hinaus. Ich zündete mir eine Zigarette an und drückte das Feuerzeug schnell gegen mein Ohrläppchen, um noch etwas von der Restwärme zu haben, ein kurzer, unvollständiger Schmerz, den ich mir aber immerhin selbst zugefügt hatte. Derweil ging der Wind durch die Pflanzen wie ein betrunkener Vagabund.

»Ich frage mich die ganze Zeit«, sagte Campbell irgendwann, als diese ganze Scheiße schon beinahe nicht mehr auszuhalten war, »weshalb ihr mir noch kein Geburtstagslied in einer Sprache gesungen habt, die ich auch verstehen kann. Zu unseren Geburtstagen brauchen wir Campbells unbedingt *For He's a Jolly Good Fellow*. Wir müssen einfach darauf bestehen, dass die Dienerschaft uns dieses Lied singt. Und sie singt es auch immer so schön, und zwar schon seit Jahrhunderten. Also bitte, los, los: Ich höre.«

Die anderen machten nicht den Eindruck, als wüssten sie den Text, allerhöchstens die Melodie.

Obwohl es nicht zum Repertoire an Geburtstagsliedern in meiner Familie gehörte und ich auch nur den Anfang aus was weiß ich wie vielen gesehenen Filmen und Serien kannte, begann ich zaghaft zu singen: »For he's a jolly good fellow / for he's a jolly good fellow ...«

»For he's a jolly good fe-hel-looow«, setzten die anderen ein, zuerst Abdominis Sovieticus, dann Johanna, dann Ronny und zum Schluss auch von Manteuffel.

»Which nobody can deny«, fiel mir der Rest wieder ein.

»Which nobody can deny«, sangen wir gemeinsam, lauter und immer lauter werdend, »which nobody can deny, which nobody can deny, which nobody can deny, which nobody can deny, which nobody can deny, which nobody can deny, which nobody can deny, which nobody can deny, which nobody can deny, which nobody can deny, which nobody can deny, which nobody can deny, which nobody can deny, which nobody can deny, which nobody can deny ...«

Campbell klatschte einmal kräftig in die Hände, vermutlich weil er bemerkt hatte, dass wir nicht wussten, auf welche Weise das Lied endete.

»Danke schön«, sagte er, als wir verstummt waren. »Das war zwar nur die amerikanische und nicht die von meiner Familie favorisierte britische Variante, aber trotz alledem: Ich danke euch. Von Herzen. Wollt ihr jetzt mit mir was spielen?«

Und er lächelte. Oh my, wie dieses kleine Scheißerchen lächelte.

SCARY HORROR AND TORTURE EXPERIENCE

Und natürlich machten wir damals auch einen Schulausflug nach Deadwood, South Dakota, ich erinnere mich, dass ein paar Klassen dabei waren, vielleicht sogar die halbe Highschool; frühmorgens ging es los mit den Bussen und dann knapp fünf Stunden auf dem Highway Richtung Norden in die Black Hills, die gar nicht schwarz waren, so wie ich sie mir immer vorgestellt hatte, sondern grün (wegen der schönen Wälder) und knochenweiß (wegen der Felsen und den darin eingehauenem Birnen der vier Präsidenten). Abby und ich hatten ganz hinten in einem der Busse gesessen, Jennifer in einem anderen (sie war zwar nach ihrem Umzug auf unsere Schule, nicht aber in unsere Klasse gekommen), und rundherum saßen noch Leute wie Junior MacNichols jr., Shentoya Williamson oder Philly Nightcar, aber das sind auch so ziemlich die Einzigen, an deren Namen, Gesichter und Statur ich mich heute noch deutlich erinnern kann, ein paar Sechzehn- und Siebzehnjährige auf ihren weichen Sitzen, Fantaflaschen und MP3-Player und Sandwiches in den Händen, über ihnen der leichte Strom aus den schneckenhausförmigen Lüftern der Klimaanlage und in den breiten Fenstern die mit kurzen Gräsern überzogene leere Landschaft, ein gelbes Meer, von einem starken Wind aufgewühlt und für alle Zeiten erstarrt in jenem Moment, als mein Blick darüber hinwegwanderte. Ganz vorne, hinter dem Busfahrer (oder der Busfahrerin), saßen die Erwachsenen, Sonnenbrillen auf den Nasen und Basecaps auf den Köpfen, in Bücher oder Zeitschriften oder ihre Handys vertieft, unsere Lehrerinnen und Lehrer, denen wir während der Fahrt keinerlei Probleme machten, einige von uns flüsterten vielleicht miteinander, andere schliefen oder sahen stumm hinaus, und im Radio liefen Songs von Alicia Keys oder von John Denver oder von Marilyn Manson.

Ich erinnere mich noch, dass das Städtchen Deadwood auf mich und sicher auch auf den Rest von uns Zwölftklässlern maximal unspektakulär wirkte: eine Hauptstraße, gesäumt von einstöckigen pastellfarbenen Gebäuden, dahinter die bewaldeten Hügel, Souvenirshops, Lebensmittelgeschäfte, Touristen in kurzen Hosen, Schilder mit Aufschriften wie »Saloon«, »Hotel«, »Restaurant« oder »Emporium«, Pferdekutschen, pink lackierte Elektrorollstühle, im Sonnenlicht blitzende Motorräder. Wenn wir damals etwas vom Goldrausch gewusst hätten oder von Charlie Utters Einzug in die Stadt oder von Madame Mustache und ihrer Professionalisierung des Black-Jack-Spiels oder von Al Swearengens Bordell Gem Theater, hätten wir uns vielleicht gewundert, wohin nur die Holzhütten und die verschlammte Main Street und Sol Stars Eisenwarenladen und die Betrunkenen auf den Veranden verschwunden waren, doch soweit ich noch weiß, empfanden wir den Schulausflug als einen von vielen, zu dem man uns gezwungen hatte, weil man nichts Besseres mit uns anzufangen wusste: nichtssagend, träge, unvermeidlich.

Die Busse parkten auf einem großen Besucherparkplatz, die Schüler strömten hinaus und sammelten sich in ihren Freundesgruppen, die Lehrer sorgten hier und dort für etwas Ruhe und Ordnung, die Sonne schien genügsam auf uns herab, und dann marschierten wir in einer langen Reihe die Straße entlang, irgendwohin. Jennifer hatte Abby und mich vor einer Eisdiele eingeholt und erzählte uns, dass eine alte Freundin ihres Vaters hier arbeiten würde, als Stuntwoman in der Verkleidung einer Revolverheldin namens Bonnie Richmond, und wenn wir Lust hätten, könnten wir uns ja später auf die Suche nach ihr begeben, um mal Hallo zu sagen oder irgendwie so was. Nachdem die Lehrer es hinbekommen hatten, uns alle einmal durchzuzählen, erlaubten sie uns, den Ort auf eigene Faust zu erkunden, und ich glaube, wir bekamen damals nicht mal eine Aufgabenstellung oder etwas Ähnliches, sondern sollten bis fünfzehn Uhr einfach machen, was wir wollten, während sich die Erwachsenen zum Biertrinken in einen der Saloons verzogen.

Nachdem sich unsere Schulkameradinnen und -kameraden schnurstracks in alle Winde verstreut hatten, standen Abby, Jennifer und ich noch eine Weile dicht beieinander auf dem Bürgersteig, hielten uns an den Händen und betrachteten mit zuckenden Mundwinkeln gegenseitig unsere Gesichter: Ich konzentrierte mich auf die Augenbrauen der beiden und setzte sie in ein Verhältnis zu meinen eigenen; Abbys Blick hingegen ruhte für ein paar Momente mal auf Jennifers und mal auf meinen Wangen, unseren Nasen, unseren Stirnen; und Jennifer sah ganz klar durch uns hindurch auf eine Welt, die jenseits unserer Augen lag, aber ganz sicher keine Welt in unseren Köpfen oder eine Welt, die um unsere Körper herum und losgelöst von ihnen existierte, sondern ein riesengroßes Durcheinander war, also alles in allem eine Welt, die es nur durch unsere Körper gab und unsere Körper nur durch sie, so deutete ich immerhin ihren Blick. Abbys Augenbrauen waren breit und dunkel, die linke Braue franste zur Nasenwurzel hin etwas aus, ein winziger Wirbel aus zwanzig, fünfundzwanzig oder dreißig Haaren, die rechte Braue hingegen war glatt und glänzend, und beide kamen mir vor wie zweieiige Zwillinge, die sich trotz aller Ähnlichkeiten sehr voneinander unterschieden und dennoch super miteinander klarkamen; Jennifers Augenbrauen waren dünn, akkurat von ihr gestutzt und sicher auch noch einmal mit einem Stift nachgezogen worden; meine Brauen waren fast ebenso dünn, aber unbehandelt, ja, sie bestanden sogar aus noch weniger Härchen, was mir schon ein paarmal die Bemerkung von einigen Mädchen in der Schule eingebracht hatte, ich würde sie mir mit zu großem Elan ausrupfen, was aber überhaupt nicht stimmte, wäre das doch das Letzte gewesen, womit ich mich damals beschäftigt hätte. So also standen wir schweigend da und spielten dieses Spiel, bis wir zu lachen anfingen und uns schließlich auch auf den Weg machten.

An der Ecke Broadway Avenue und Lee Street begegneten wir einem älteren Mann in einem schwarz-roten Umhang, der auf einer Kiste stand und mit den Armen weit ausholende Bewegungen machte. Er hatte etwas von einem aufrecht stehenden Angelhaken, und die zerzauste Frisur auf seinem Kopf sah aus, als wäre sie mit einem verrosteten Rasiermesser geschnitten worden. Drum herum hatten sich ein paar Leute mit Zuckerwatte in den Händen versammelt, und ein kleiner struppiger Hund kratzte sich an einer Ecke der Kiste die Flanke, während ein in den Farben und Symbolen der Konföderationsflagge lackiertes Trike vorbeiknatterte, und als der Lärm sich gelegt hatte, war auch der leiernde Singsang des Mannes wieder zu hören, der davon sprach (oder sang?), dass die Besiedlung des Westens durch die Heerscharen der in Lumpen gehüllten Alkoholiker, Prostituierten mit Gaumenspalten und opiumsüchtigen Greise mitnichten die Erschließung der Neuen Welt und damit einen zivilisatorischen Fortschritt bedeutet hätte, sondern vielmehr einen Endpunkt darstellte, den Vorstoß in ein totes Gebiet oder in eine endgültige Sackgasse, aus dem sich rein gar nichts ergeben hätte außer einer »lähmenden Stilllegung aller bestehenden Verhältnisse«, und wer seinen Worten nicht glaube, der solle sofort auf den höchsten Berg der Gegend steigen – den Black Elk Peak –, um von dort über das umliegende Land zu schauen, und was er dann erblicken würde, wäre nichts weiter als eine »Leinwand der Scham«, mit groben, breiten Pinselstrichen bemalt von syphilitischen Rotznasen in den Farben Blau (der Himmel), Weiß (die Wolken), Rot (das vergossene Blut der Unterdrückten), Braun (die Spur der Exkremente) und Grün (die tiefen, schweigsamen Wälder). Dies erzählte er und bestimmt auch noch einiges mehr, und währenddessen bekam ich Lust auf Zuckerwatte, doch irgendwann ließ ein naher Knall uns alle zusammenzucken, und der Mann auf seiner Kiste erschrak dabei so sehr, dass er für einen Moment den Halt verlor und mit rudernden Armen versuchte, sein Gleichgewicht wiederzufinden, aber ob er stürzte oder nicht, bekam ich schon gar nicht mehr mit, weil ganz dicht bei uns ein Feuergefecht ausgebrochen war: Schritte, Schüsse, das Schleifen von Mänteln über Asphalt, das Wiehern einiger Pferde in der Nähe und das Gebrüll des Sheriffs und seines Deputys auf der Straße, die ein paar Gestalten mit geschulterten Säcken verfolgten, aus denen die Spielgeldscheine nur so herausflatterten und in Wirbeln lustig über den Asphalt tanzten.

»Schaut mal, das ist ja Bonnie Richmond!«, rief Jennifer und zeigte auf eine Frau mit Cowboyhut und Revolver im Anschlag, die sich ein Halstuch über den Mund gezogen und hinter einer Parkuhr Deckung genommen hatte.

»Hey, Bonnie«, riefen wir, »hey, Bonnie, na los, na los doch, knall sie alle ab!«

Bonnie Richmond sah sich nach unserem Geschrei um und rückte den Sack über ihrer Schulter zurecht, feuerte ein paar Salven aus ihrem Revolver und erwischte den Deputy, der sich mit einem beherzten Schrei nach seiner »guten alten Mutter« in den Staub warf und reglos liegen blieb, doch plötzlich riss sie die Augen auf, während ihr Oberkörper wie unter einem lang anhaltenden elektrischen Schlag zu zucken anfing. Dann zerriss eine Explosion ihr Hemd, eine rote Wolke breitete sich um ihre Brust aus, und lauter Spritzer sprenkelten die nackten Oberarme und Schenkel einiger umherstehender Menschen, und Bonnie Richmond kippte wie ein Brett einfach zur Seite. Nicht weit von ihr entfernt trat ein hochgewachsener Kerl in schwarzem Anzug und mit erhobener Schrotflinte aus einer Seitengasse, und die Zuschauer begannen zu johlen und zu klatschen und riefen im Chor seinen Namen: »Reverend Yonkers, Reverend Yonkers, Reverend Yonkers!« Der Reverend mit seinem buschigen Vollbart trat aus dem Schatten der Gasse und ging langsam zwischen dem Publikum auf dem Bürgersteig hindurch; seine Bewegungen sahen dabei so merkwürdig aus, als würde er eine Eisenstange in seiner Unterhose tragen, die seine Wirbelsäule davor bewahrte, im nächsten Augenblick in sich zusammenzuklappen. Er nickte allen Anwesenden freundlich zu, feuerte – ohne hinzusehen – noch einen Schuss auf den Rest der fliehenden Bande ab und traf dann den Sheriff in der Mitte der Straße, wo sich beide Männer mit breitem Grinsen die Hand schüttelten. Die Leute applaudierten, und die Gesetzeshüter verbeugten sich tief, kurz darauf auch ihre Gegenspieler, die zurückgetrottet gekommen waren und vom Publikum mit Pfiffen und Buhrufen bedacht wurden. Als Bonnie Richmond von den Toten auferstand, klatschten Abby, Jennifer und ich besonders laut, auch wenn uns klar war, dass sie keine Chance gehabt hatte, denn der brave, rechtgläubige Reverend hatte aus dem Hinterhalt gefeuert, dieses verdammte Schwein, aber was solls. Sobald sie das Halstuch unter ihr Kinn gezogen und unter unserem Jubel ihre beiden Fäuste in die Höhe gereckt hatte, erkannte ich sie wieder: Wir waren uns schon einmal begegnet, auf dem Grundstück der Vulcanestis, wo Jennifers Vater Garth eine Art interaktive Hardcore-Geisterbahn betrieb, deren Erlebnis darin bestand, dass sich eine Handvoll furcht- und schmerzresistenter Leute von ihm und seinen Angestellten über ein ganzes Wochenende hinweg auf jede nur erdenkliche nicht tödliche Weise foltern lassen konnten, sei es durch Menschenjagden in schöner Natur, Waterboarding, Einkerkerung, Schlafentzug, Aushungerung, lebendiges Begraben oder Scheinhinrichtungen; Abby, Jennifer und ich durften ein paarmal in den Ferien bei »Doctor Vulcanesti's Finest Scary Horror And Torture Experience« aushelfen, aber selbstverständlich nicht als Vollstrecker, sondern wir hatten lediglich die Teilnehmenden zu Beginn ihres ganz besonderen Wochenendes mit Schokokeksen und heißen Getränken zu versorgen, während sie schlotternd ihre 250-seitigen Verträge lasen und gegenzeichneten, die Garth und seine Mitarbeiter vor jeglicher juristischer Verfolgung schützten, sollte es zu größeren Verletzungen oder unbeabsichtigt herbeigeführten Todesfällen kommen. Jedenfalls war auch Bonnie Richmond bei Garth Vulcanesti beschäftigt gewesen, immer mal wieder in den Wintermonaten, wenn ganz Deadwood unter der Schneedecke ratzte und sich die Wildwest-Darsteller andere Jobs suchen mussten, und ich war ihr begegnet, als ich einmal bis zum späten Abend den Abwasch hatte erledigen müssen und mich gerade auf den Heimweg machen wollte und in diesem Moment ein weißer Transporter neben meinem Fahrrad auf dem Grundstück der Vulcanestis hielt und eine Frau mit wirren Haaren, Metzgerschürze und blutunterlaufenen Augen heraussprang, die Hintertür öffnete und sechs oder sieben aneinandergekettete Gestalten mit schlammverkrusteten Säcken über den Köpfen aus dem Auto trieb, einen elektrischen Schlagstock in der Hand, aus dem sie immer wieder knisternde Blitze direkt auf Höhe der Ohren ihrer Opfer schießen ließ, woraufhin die armseligen Wichte zu stöhnen oder aufzuheulen oder wie irre zu kichern begannen, und ich beobachtete Bonnie Richmond eine Zeit lang dabei, wie sie ihre Gefangenen im Entenmarsch ein paar Runden über den Schotter drehen ließ und schließlich jeden einzelnen mit ekelerregenden Schimpfwörtern und irgendwie sanft wirkenden Fußtritten gegen die Waden in Richtung der Haustür delegierte, wo der Treck in der Finsternis des Eingangs verschwand und die Tür wie von Geisterhand zugeschlagen wurde, ehe ich mich seelenruhig auf mein Rad schwang und in die sternenklare Nacht hinausradelte.

»Na, wie gehts euch, Mädels?«, fragte Bonnie, nachdem sich das Publikum verstreut hatte und sie endlich die Gelegenheit bekam, sich von den Resten der explodierten Blutkapseln zu befreien, die ihren Oberkörper bedeckten.

Wir erzählten ihr von unserem Schulausflug hierher und dass wir jetzt in einem Alter seien, in dem wir etwas mehr Action bräuchten als Schießereien mit Platzpatronen, ermordeten Revolverheldinnen und Pferdegetrappel, und Bonnie überlegte kurz und fragte uns dann, ob wir eine Karte von Deadwood dabeihätten, woraufhin Abby, die auf Fragen solcher Art immer vorbereitet war, einen Faltplan aus ihrem Rucksack zog, und Bonnie tippte auf eine Stelle außerhalb der Stadt und sagte: »Dann geht da mal hin, wenn ihr noch Zeit habt. Dort wird gerade ein Film gedreht. Aber lasst euch bloß nicht beim Herumlungern erwischen.«

»Können wir vorher noch was essen?«, fragte Abby vorsichtig. »Ich fall gleich um.«

Bonnie empfahl uns Ennis' Taco-Laden auf der Main Street und meinte, sie müsse sich aber jetzt wirklich für ihren letzten Auftritt heute in zwanzig Minuten vorbereiten.

»Wirst du etwa den ganzen Tag von diesem bescheuerten Reverend Yonkers niedergeballert?«, fragte ich, doch Bonnie kräuselte nur die Lippen und zwinkerte mir zu.

»Bestell mal Garth schöne Grüße von mir, Jennifer«, sagte sie noch, dann war sie auch schon wieder in einem der Häuser verschwunden, und wir machten uns auf den Weg zu Ennis' Taco-Laden, um uns für ein weiteres Abenteuer im Niemandsland des amerikanischen Westens zu stärken.

Wenig später saßen wir auf dem Bordstein in der Sonne und stopften drei Tacos in uns hinein.

Jennifer blickte kauend nach oben, und irgendwann zeigte sie mit dem Finger in die Luft und fragte Abby und mich: »Wisst ihr, was da oben ist?«

»Die Wolken«, sagte Abby.

»Und der Himmel und so«, sagte ich.

»Nein, nein«, sagte Jennifer, »guckt doch mal genau hin. Seht ihr es nicht?«

Wir guckten. Aber da war nichts. Nicht mal ein paar Wolken.

»Was soll denn da sein?«, fragte ich.

»Na der Wurm«, sagte Jennifer.

»Der Wurm?«, fragte Abby.

»Ja.«

Wir guckten weiter. Der Wurm also, ja? Ich sah nichts.

»Ich auch nicht«, sagte Abby. »Meinst du ein Flugzeug?«

»Nein, ich meine den Wurm.«

»Ach so«, sagte ich, »klar. Ein Wurm.«

»Nicht *ein* Wurm«, meinte Jennifer empört, »*der* Wurm, verflucht noch mal.«

Ich kniff die Augen zusammen und strengte mich noch mehr an, irgendetwas im Himmel zu sehen. Aber da war einfach … Halt! Vielleicht doch. Oder nur eine Schliere auf meiner Pupille? Egal. Irgendetwas war dort.

»Jetzt sehe ich was!«, rief ich.

»Echt?«, fragte Abby und zupfte gelangweilt einen Streifen Weißkraut aus ihrem Taco.

»Cool«, sagte Jennifer. »Und was siehst du?«

»Na … den Wurm natürlich! Also … etwas Ähnliches.«

»Keine Sorge, dann ist es der Wurm.«

»Und was macht dieser Wurm da oben?«, fragte Abby in einer Stimmlage, die mich an meine Tanten erinnerte.

»Na, der …«, stammelte ich, »der fliegt da halt rum, nicht wahr?«

»Ganz richtig«, sagte Jennifer. »Und was noch? Kommt schon, stellt euch doch nicht so dämlich an.«

»Der … öh … reist durch die Zeit?«

»Okay, ja, was noch?«

»Und … ähm … bald ist er wieder weg. Als hätte es ihn nie gegeben.«

»Goldrichtig, Tony«, sagte Jennifer lachend und zwickte mir in die Hüfte.

»Alles klar«, sagte ich, »aber was passiert denn dann eigentlich mit den ganzen Leuten?«

»Welche Leute?«, fragten Abby und Jennifer.

»Na, die auf dem Wurm leben«, antwortete ich.

Jennifer dachte nach. Abby wahrscheinlich auch.

»Du meinst also«, sagte Jennifer dann, »der Wurm ist bewohnt?«

»Wie soll das denn gehen?«, rief Abby.

Ich holte Luft: »Also, jetzt passt mal auf: Wisst ihr, wie groß dieser Wurm sein muss, damit wir ihn von hier unten aus sehen können? Und wir sehen ihn ja nicht einmal richtig, weil er so weit entfernt ist und uns daher nur ganz, ganz klein erscheint. Aber dass wir ihn überhaupt sehen, bedeutet, dass er riesengroß ist, sogar größer als der Mond zum Beispiel, vielleicht sogar größer als die Erde und die Sonne und alle anderen Planeten. Und wenn etwas so groß ist, dann könnte das doch auch bedeuten, dass jemand darauf lebt. Wie ein paar winzige Leute in einem echt riesigen Haus. Oder nein, halt: wie ein paar winzige Leute *auf* einem echt riesigen Haus, weil ja niemand *im* Wurm lebt, was echt total eklig wäre, sondern nur auf seiner Haut.«

»Klingt einleuchtend«, sagte Jennifer.

»Finde ich nicht«, sagte Abby, »warum soll denn da jemand drauf leben wollen auf eurem blöden Wurm? Vielleicht bin ich ja ein bisschen doof, aber ich kapier das alles nicht. Hat das irgendwie mit Science-Fiction zu tun? Lief dazu mal was im Fernsehen?«

»Nö«, antwortete Jennifer. »Das sind alles Tatsachen: wir hier unten, da oben der Wurm, bewohnt von vielen, vielen ...«

»Milliarden«, warf ich ein.

»... Milliarden ... Menschen?«, sagte Jennifer. »Nee, oder?«

»Nope, keine Menschen«, sagte ich. »Bisher jedenfalls noch nicht, zumindest nicht offiziell. Also, vielleicht ein paar menschliche Entführungsopfer oder so, aber die haben längst vergessen, dass sie mal auf der Erde gelebt haben, wegen der ganzen furchtbaren Experimente, die man mit ihnen angestellt hat. Auf dem Wurm leben halt Aliens aus allen Ecken des Universums, in einer gigantischen Stadt, die sich über die gesamte Oberfläche des Wurms ausgebreitet hat. Der Wurm ist so etwas wie eine Heimat für alle. Also wirklich alle Lebewesen, die es in unserem Universum gibt.«

»Wie Fort Collins?«, fragte Abby.

Ich überlegte kurz und nickte.

»Hm«, sagte Abby, die Stirn in Falten gelegt, »und wie sehen die da aus?«

»Ich weiß nicht«, sagte ich. »Vielleicht so?«

Ich steckte mir beide Mittelfinger in die Nasenlöcher, grunzte und klimperte wild mit meinen Lidern.

»Oder wie Schatten«, sagte Jennifer, »die das Licht in sich einsaugen, bis alles um sie herum ganz finster und tot ist.«

»Oder wie zwei Meter große, muskelbepackte Babys!«, rief Abby.

Wir kicherten.

»Von mir aus«, sagte Jennifer. »Es gibt nur ein kleines Problem.«

Jetzt wurde ich hellhörig. Worauf wollte Jennifer hinaus? Ich versuchte, ihren Blick einzufangen, aber sie sah über die Straße hinweg auf einen Punkt in der Ferne, der mir verborgen blieb.

»Na ja«, sagte sie, »stellt euch mal vor: Ihr lebt da in dieser großen Stadt, und alles ist voll cool und easy und so, aber ihr habt überhaupt keinen Schimmer davon, dass der Wurm eine einzige gewaltige Waffe ist, eine unkontrollierbare Fressmaschine, die permanent andere Planeten angreift und große Stücke aus ihnen herausbeißt, Planeten wie unsere Erde zum Beispiel, und zwar jetzt gleich, genau in diesem Moment.«

»Oi«, stöhnte Abby auf. »Aber dann wäre es doch vielleicht ganz gut, wenn den Außerirdischen da oben mal was Schönes passieren würde. Etwas, worauf sie sich alle freuen könnten.« Sie überlegte angestrengt. »Also zum Beispiel«, rief sie fröhlich, »eine Geburt!«

»Eine Geburt?«, fragten Jennifer und ich.

»Na, der Wurm ist doch schwanger. Er kriegt ein Baby! Und das macht alle Leute froh.«

Jennifer sog zischend Luft durch die Nase ein.

»Nein«, sagte sie, »der Wurm kriegt kein Baby. Niemals. Er ist nur dafür da, alles und jeden aufzufressen.«

»Doch«, rief Abby, »er kriegt ein süßes kleines Wurmbaby, das nach seiner Mama, dem gigantischen Weltraumwurm, schreit!«

»Nein, Abby, nein, auf gar keinen Fall.«

»O doch. Wirst schon sehen.«

Ich fand Abbys Idee auch gut. Na klar, ein Teil der Stadt würde wahrscheinlich bei der Geburt kaputtgehen, aufgrund der erdbebenartigen Wehen und der Öffnung des Geburtskanals, aber danach würden alle gemeinsam ein geiles Fest feiern und hinauf zum Himmel zeigen, wo der kleine Wurm sich fröhlich um sich selbst drehte, im Schlaf dröhnende Geräusche von sich gab und ab und zu mit seiner Mama kuschelte (was wiederum einen beträchtlichen Teil der Stadt zerstören würde, aber na ja).

Jennifer sah uns finster an.

»Okay«, sagte sie, »wisst ihr, was? Guckt mal nach oben.«

Wir guckten nach oben. Der Himmel war blau und leer.

»Genau«, sagte sie. »Jetzt ist der Wurm schon wieder verschwunden. Heute wohl doch keine Zerstörung der Erde. Vielleicht beim nächsten Mal.«

Ich schlug vor, uns jetzt endlich mal diesen Filmdreh anzuschauen, von dem Bonnie Richmond gesprochen hatte. Aus einem Lautsprecher über der hölzernen Schwingtür eines nahen Saloons lief der Song *Cruel Summer* von Bananarama. Und auf der anderen Straßenseite schlurfte unser Schulkamerad Philly Nightcar vorbei, sah uns auf dem Bordstein sitzen, leckte sich über die Lippen und machte irgendeine blöde Bemerkung über unsere nackten Beine. Wir streckten ihm unsere Mittelfinger entgegen, standen auf und wanderten Arm in Arm in Richtung Stadtgrenze.

Deadwood, Deadwood, du bist so schön! Aber das interessierte uns damals nicht die Bohne. Da waren in die Hänge gehauene Häuschen, gepflegte Vorgärten, schmale Straßen und an jeder Ecke ein Ausblick auf die umliegenden Hügel, in denen wer weiß was lauerte. Bonnie Richmond hatte uns auf Abbys Stadtplan den Mount Moriah Cemetery markiert, auf dem die größten Helden des Städtchens begraben lagen: der bedauernswerte »Wild Bill« Hickok, mit dem Rücken zur Tür im No. 10 Saloon beim Pokerspiel sitzend, niedergeknallt von einem Strauchdieb aus Rache für den Mord an dessen Bruder – Jack McCall war der Name des fröhlichen Mörders, der überhaupt keinen Bruder gehabt hatte und ein Jahr später in Yankton für sein Verbrechen aufgeknüpft worden war, those were the days; der vom Krebs gezeichnete Sheriff Bullock und die an den Pocken verreckten Kinder; die einmalige Calamity Jane, eine Schützin vor dem Herrn und kolossale Säuferin, die sich, die Flinte lässig über der Schulter, in Männerkleidung fluchend und mit schwankendem Gang durch den Auswurf auf den Straßen bewegte, ohne eine Spur von Vergebung und ohne auch nur für einen Moment den Halt zu verlieren, nur um ganze 27 Jahre nach »Wild Bills« lächerlichem Ende direkt neben ihm begraben zu werden, was sollte denn der Scheiß?; die argwöhnisch beäugten Chinesen (Hiu Tian Fei, Wong Ngan Oi und Fee Lee Wong, deren Leichname nicht zurück in die alte Heimat gebracht worden waren, aus welchen fadenscheinigen Gründen auch immer); die Soldaten des Bürgerkriegs und die Gefallenen der Indianerkriege; die beiden sinistren Brüder Obadiah und Jojo O'Sullivan, der eine berüchtigt als »Kinderwürger«, der andere verschrien als »Rinderwürger«; die Ertrunkenen und die Selbstmörder und der eine Namenlose mit dem Genickbruch, der vom Dachfirst des Bordells gefallen war; die in den Minen Erstickten und die von ihren eigenen Kühen zerquetschte Magd. Und inmitten all der schiefen Steine, die unter den Kiefern wie

die ausgeschlagenen Zähne eines frech gewordenen Trunkenbol-
des von riesenhafter Statur aus dem Boden ragten: ein uraltes
gemauertes Gebäude, vielleicht eine Kirche, vielleicht aber auch
nicht. An der einen Seite klaffte ein riesiges Loch in der Wand, und
unterhalb des flachen Daches waren ringsum Kachelmosaike mit
verblichenen Farben und Ornamente in Form von sich winden-
den Schlangen, Dornengewächsen und kleinen Menschenköpfen
mit grinsenden, weinenden oder erschrockenen Gesichtsausdrü-
cken angebracht worden, alles überragt von einem windschiefen
Türmchen mit schwarzer Öffnung, in dem vielleicht eine Glocke
hing oder ein Scharfschütze auf seinem Höckerchen saß. Vor dem
Gebäude kauerten ein paar Leute im Halbkreis auf Klappstüh-
len, naschten von einem Büfett, das jemand auf einem Tapezier-
tisch angerichtet hatte, oder inspizierten den sogenannten Dolly,
einen wuchtigen Kamerawagen, der auf einer kurzen Metall-
schiene hin- und herbewegt werden konnte.

Wir hielten gebührend Abstand zu ihrem Treiben und standen
mit verschränkten Armen und Kaugummi kauend an ein Mausoleum aus bröckelndem Gestein gelehnt, das wer weiß wessen
zu Staub zerfallene Knochen in sich barg, während wir darauf
warteten, dass etwas Interessantes geschah.

Irgendwann kam ein schlaksiger Typ vom Filmset herüber und
steuerte direkt auf uns zu. Er trug eine blaue Strickmütze, einen
weiten grünen Kapuzenpullover mit der Aufschrift »O Flower of
Scotland«, ein Headset im Ohr und eine völlig alberne Hotpants-
Jeans, in der seine dünnen krummen Beinchen wie mit einem
stumpfen Messer bearbeitete Elefantenstoßzähne aussahen, und
fragte uns, was wir hier wollten. Wir antworteten ihm zuerst,
dass wir das gar nicht so genau sagen könnten, dann aber erzählte Jennifer, dass wir eine hier begrabene Ururgroßtante ihres
Vaters besuchen würden, die ein grausiges Zusammentreffen mit
den Sioux um 1876 herum nicht überlebt hätte, und ich wunder-
te mich später darüber, dass sie so viel über die Vergangenheit
dieses Ortes zu wissen schien, ohne uns jemals etwas darüber
gesagt zu haben, was ich ihr aber schließlich verzieh, denn jede

von uns hatte so ihre Geheimnisse, ist ja klar. Der Hotpants-Typ hörte sich die Geschichte aufmerksam an und sagte dann, dass wir uns gefälligst verziehen sollten. Wir gingen langsam einmal um das Mausoleum herum, warteten, bis er ans Set zurückgetrottet war, stellten uns dann wieder nebeneinander an derselben Stelle auf und kribbelten uns gegenseitig an den Unterarmen, im Nacken und an den Bäuchen.

Da rief jemand: »Auftritt: Imperial Wizard, Szene soundso, alle Ruhe bitte!«, ein anderer hopste auf den Kamerawagen, und eine Frau hielt schwankend eine lange Stange mit einem Mikrofon am oberen Ende über den Eingang, aus dem in diesem Augenblick ein Mensch in einer Robe herausgeschritten kam, ein wandelndes lilafarbenes Dreieck, das mit den Armen schlenkerte, den Kopf zum Himmel drehte und etwas davon faselte, dass das Voranschreiten der Zeit nur an Äußerlichkeiten ablesbar sei (oder so) und dass die Ewigkeit sich hinter der eigentlichen Gestalt der Dinge verberge (oder so), aber ganz genau war das alles nicht zu verstehen, weil die Zipfelmütze bis über das Gesicht gezogen war, mit einem Lappen vor dem Mund und nur zwei winzigen Schlitzen für die Augen. Währenddessen fuhr der Kamerawagen langsam um das lilafarbene Gespenst herum, und als er am Ende seiner in einem Halbrund ausgelegten Schiene angelangt war, fuhr er ebenso langsam wieder zurück.

»O Gott, ist das …?«, fragte Abby ängstlich.

»Sieht ganz danach aus«, sagte Jennifer.

»Ach du Scheiße«, keuchte ich.

»Cut!«, rief jemand anderes, eine ältere Frau mit einer Pilotenbrille auf der Nase und einem blonden Zopf, der aus ihrem hellroten Basecap schaute. Sie sprang von ihrem Klappstuhl auf, ging zu dem lilafarbenen Gespenst, sprach mit ihm über etwas, das wir nicht verstehen konnten, und gab ihrer Crew ein Handzeichen. Der Imperial Wizard verzog sich wieder in das Gebäude, jemand gab das Kommando für den Dreh, der Wizard trat erneut heraus und erzählte mit genau den gleichen Bewegungen genau das Gleiche oder zumindest etwas sehr Ähnliches wie gerade eben, aber jetzt schien die Regisseurin zufrieden zu sein und ließ die Szene weiterlaufen. Daraufhin strömten weitere Leute aus dem Gebäude, alle in die schneeweißen Roben der einfachen »Klansmen« gehüllt, die Gesichter mit Kapuzen verdeckt, das Kreuz mit dem Blutstropfen auf die linke Brustseite genäht, und von irgendwoher setzten Harfenklänge ein, untermalt von einem brutalen, sich ständig wiederholenden Elektrorhythmus, und die fünf oder sechs Gestalten begannen damit, sich in einer Art Tanz um ihren lilafarbenen Hexenmeister zu drehen, verbeugten sich vor ihm, streckten die Arme nach ihm aus oder wischten mit ihren Händen auf Höhe seines Geschlechtsteils umher. Nach kurzer Zeit stoben sie wieder auseinander, und jeder von ihnen (außer der Wizard, der vor der Kirche allein zurückblieb) suchte sich einen Baum in der Nähe, hinter dem er sich versteckt hielt, bis ein bestimmter Takt der Musik das Zeichen dafür gab, hervorzuschnellen und mit flatternden Armbewegungen oder auf dem Bauch robbend oder mit Ausfallschritten oder im Kriechgang oder mit Hockstrecksprüngen zum Wizard zurückzukehren.

»Was für ein Albtraum«, flüsterte Abby.

»Yep, yep«, sagte Jennifer.

Ich aber fühlte eine Explosion tief in mir drinnen und schrie drauflos: »Hey, ihr dreckigen Arschlöcher, wir hassen euch alle so sehr!« Die Darsteller erstarrten, der Tonfrau entglitt für einen Moment ihre Stange, und der Kerl an der Kamera hielt abrupt sein Wägelchen an.

»Cut!«, rief die Regisseurin erneut, riss sich ihr Basecap vom Kopf und drehte sich zu uns um.

»Was soll der Scheiß?«, brüllte sie. »Seht ihr nicht, dass wir hier drehen? Haltet gefälligst eure Fresse!«

Ich trat einen Schritt nach vorn, spuckte einen dicken Batzen Rotz auf den Boden und streckte ihr meine Fäuste entgegen.

»Winslow«, sagte die Regisseurin in ruhigem Ton, »kümmere dich mal darum. Ihr anderen könnt zehn Minuten Pause machen.«

Der Trottel mit den Hotpants setzte sich in Bewegung, fummelte an seinem Headset herum und kam wieder auf uns zu. Währenddessen befreiten sich die Darsteller von ihren Kapuzen, und als ich sah, wer da alles unter der Maskerade gesteckt hatte, kam es mir vor, als würden sich meine Beine von der einen auf die andere Sekunde blitzschnell mit zähflüssigem Beton füllen: Bonnie Richmond, der Sheriff und sein Deputy, die ganze Bankräuberbande – und in der Verkleidung des Imperial Wizard der gottverfluchte Reverend Yonkers. Ich verstand nichts von dem, was hier vor sich ging, aber mir wurde trotzdem eiskalt.

»Okay«, sagte Winslow leise, »jetzt passt mal gut auf, ihr kleinen Fotzen: Wenn ihr euch nicht gleich verpisst, dann legen wir euch um und vergraben euch da drüben unter ›Wild Bills‹ Stein. So einfach ist das. Verstanden?«

Wir sahen uns an, dann nickten wir.

»Gut«, sagte er. »Und jetzt? Na?«

»Gehen wir«, sagte Jennifer.

»Ganz braves Mädchen«, säuselte Winslow, »wirklich: ganz, ganz brav.«

Schweigend waren Abby, Jennifer und ich zurück in die Stadt gegangen und hatten rauchend auf dem Busparkplatz auf die anderen gewartet.

»Wollt ihr eigentlich mal Kinder haben?«, fragte Abby irgendwann.

»Bloß nicht«, antwortete Jennifer.

»Ich auch nicht«, sagte ich.

»Hm«, sagte Abby. »Ich vielleicht schon. Aber nur eins. Oder zwei. Und die sollen dann in Hollywood groß rauskommen.«

Jennifer rümpfte die Nase und knibbelte an ihrem Augenbrauenpiercing. Ich pustete einen Ring aus Rauch in die Luft und schaute auf die Zigarette zwischen meinen Fingern.

»Und ich gucke mir dann immer im Kino die Filme an, in denen sie mitspielen«, sagte Abby, »aber ich verrate niemandem, dass das da meine Kinder auf der Leinwand sind.«

»Warum nicht?«, fragte ich. »Willst du denn dann gar nicht selbst so berühmt wie deine Kinder sein?«

»Die meisten Leute wollen doch nur berühmt werden, um nichts mehr mit der ganzen Scheiße um sich herum zu tun haben zu müssen«, sagte Jennifer.

»Nein, das ist mir egal«, sagte Abby. »Ich will nur, dass wir alle glücklich sind.«

Und sie schien mit ihrer Hand nach Jennifers und meinen Händen zu suchen, die aber gerade mit etwas anderem beschäftigt waren.

Nachdem die Bustüren sich geöffnet und wir alle unsere Plätze eingenommen hatten, fuhren wir zurück zu unserer Highschool in Cheyenne, die wir gegen zehn Uhr abends erreichten. Manche wurden von ihren Eltern in Empfang genommen (Abby und ich), andere stiegen in ihre eigenen Autos ein, einige wenige gingen allein zu Fuß nach Hause (Jennifer) oder setzten sich auf ihre Fahrräder (Philly Nightcar).

Ich kann heute nicht mehr sagen, ob wir jemals wieder darüber gesprochen haben, was uns auf dem Mount Moriah Cemetery in Deadwood, South Dakota, im Sommer des Jahres 2007 widerfahren ist. Wie auch? Wir hatten schier keinerlei Ausrücke dafür und auch viel zu wenige Informationen darüber, um es uns erklären zu können. Aber ich weiß, dass ich an diesem Tag ein Gefühl dafür bekommen hatte, wie sehr Abby und Jennifer und ich doch eigenständige Personen waren, die immer und überall unabhängig voneinander existierten, weil es eine Welt um uns herum gab, in der wir uns bewegten, die uns aufnahm und auf die wir – jede für sich und auf ihre ganz persönliche Weise – zurückwirkten, so merkwürdig das alles auch klingen mag. Vielleicht würden wir nicht alles sofort verstehen können, was um uns herum und mit uns geschah. Aber wir würden uns einfach nehmen, was wir kriegen konnten, jetzt und für alle Zeit. Cut, cut, cut, cut, cut – ihr dreckigen Arschlöcher!

UND IMMER WIEDER: MAXIM

Kalt und windig wars, oh yeah. Über den kahlen Hügeln klebte die Sonne, klein, hinter dem aufsteigenden Dunst der Vulkane und heißen Salzwasserlöcher. Die Hütte am Hang hatte vielleicht einer Ornithologin oder einem Eisangler als Unterschlupf gedient, wenn die Stürme in den Nächten rund um die Wintersonnenwende zu wild geworden waren, um noch unter freiem Himmel am Lagerfeuer campieren zu können. Sie musste seit Monaten leer gestanden haben, denn nichts außer ein paar auf dem Holzboden verstreut liegende ausgekratzte Katzenfutterdosen und ein zerschlissenes Kissen auf der Holzbank unter dem blinden Fenster deutete darauf hin, dass sich hier jemand bis vor Kurzem aufgehalten hatte. Eingezwängt in die Ecke gegenüber der nur lose in den Angeln hängenden Tür, die der Wind beständig gegen das Holz schlug wie im Takt einer kaputten Uhr, hatte Moonshine hier die Nacht verbracht. Mal war er auf seinen Unterschenkeln sitzend weggenickt, bis ein scharfer Schmerz im Unterleib ihn aufschrecken ließ; mal hatte er zusammengekrümmt und vollständig bedeckt von seiner schweren Uniformjacke auf dem Boden gelegen, bis die aufsteigende Kälte ihn dazu zwang, einige Schritte im Innenraum umherzugehen oder vor dem Fenster ein paar Kniebeugen zu machen. Jetzt füllte die Müdigkeit seinen Kopf wie ein Pelz, und seine Augen fühlten sich an, als hätte ihm jemand seinen eisigen Atem über Stunden hinweg ganz leicht gegen die geschlossenen Lider gepustet, unterbrochen nur vom regelmäßigen sekundenkurzen Luftholen. Sobald es einigermaßen hell gewesen war, hatte er beschlossen, sich wieder auf den Weg zu machen.
Moonshine zog den Schal um seinen Hals fest, schloss die Knöpfe seiner Uniform und wühlte dann in seinem Rucksack, der an der Wand lehnte. Er zog einen Keks und das Satellitentelefon heraus,

biss ein Stück von dem kalten Gebäck ab und wählte sich in den Kanal der für seine Belange zuständigen Abteilung im Militärgeheimdienst des Oberkommandos ein. Niemand antwortete, nicht einmal Frau Nüsslein oder Herr Karoly, seine beiden treuen Verbindungsoffiziere. Laut Moonshines Berechnungen war die Sondereinheit, die er verfolgte, vor zwei, maximal drei Tagen durch dieses Gebiet gezogen, aus dem Süden kommend, wo sie in der Woche zuvor als Verstärkungstruppe der 57. Artilleriedivision Unterstützung bei der Eroberung eines regionalen Verwaltungszentrums geleistet und nach Einstellung der mehrtägigen Kampfhandlungen den Auftrag bekommen hatte, sich in nordöstliche Richtung zu begeben, zum Hafen von – Moonshine wusste nicht, wie er das Wort in seinen Gedanken aussprechen sollte, aber er behielt es wenigstens als eine vage, formlose Erinnerung an eine schon einmal gehörte Bezeichnung im Kopf –, um auf ihre Verschiffung nach Hause zu warten. Dort hätte er eigentlich mit ihr gemeinsam eintreffen sollen, als beobachtender und Bericht führender Begleiter, doch die heftigen Gefechte im Verwaltungszentrum hatten die längst überfällige Zusammenkunft verhindert, und als er sich endlich gefahrlos in das befriedete Kampfgebiet vorwagen konnte, war die Einheit schon ohne ihn weitermarschiert, was einen klaren Bruch mit den Befehlen des Oberkommandos bedeutete.

Als Moonshine die Tür öffnete und vor die Hütte trat, flog gerade ein Schwarm Albatrosse aus einer Senke in der Nähe auf. Die Vögel kreischten und legten sich mit aller Kraft in den Wind, wurden jedoch durcheinandergewirbelt und verschwanden hinter den Hügeln, wo sie entweder abgestürzt waren oder ihren Flug so weit stabilisiert hatten, dass sie ihre Reise fortsetzen konnten. Es wäre für ihn möglich gewesen, über den Hügel zu steigen und nachzuschauen, als eine Art Morgenspaziergang, um den Schlaf auszutreiben, der sich um jeden seiner Knochen gewickelt hatte. Andererseits ...

Campbell verstummte und sah mit einem abwesenden Blick von dem Buch in seinen Händen auf, bei dem ich nicht sicher sagen konnte, ob ihm noch bewusst war, dass er nicht allein unter der Pergola saß.

»Maunstein, Campbell, der Typ heißt Maunstein«, sagte Johanna.

»Maunstein will also nachgucken, ob die Vögel vom Himmel gefallen sind?«

»Oder er verlässt endlich diese olle Hütte und latscht seiner blöden Einheit hinterher«, sagte Ronny müde. »Beides kommt mir total bekloppt vor, aber ihr werdet schon wissen, was ihr tut.«

»Wer ist gerade in Moonshines Kopf?«, fragte Campbell, noch immer die Augen starr ins Nirgendwo gerichtet.

»Maunstein«, verbesserte ihn von Manteuffel.

Wir drehten uns leicht zu Abdominis Sovieticus, der ein paar Karten in seinen großen Händen hielt und angestrengt etwas auf ihnen zu lesen schien. Bislang hatte er kein einziges Wort gesagt, aber der Uhrzeigersinn hatte ihn dazu bestimmt, jetzt in … nun ja … Maunsteins Kopf zu sein.

»Ich«, sagte Abdominis Sovieticus.

Seine tiefe Stimme brachte meine Gehörknöchelchen zum Vibrieren.

»Dann entscheidest du«, sagte Campbell. »Und dann schauen wir, was der Rest von Moonshines Körper dazu sagt.«

»Körper« war vielleicht etwas zu bildlich ausgedrückt. Wir spielten nicht den Bauch, die Hände und die Beine dieses komischen Kerls; vielmehr stellte jeder einen von mehreren Aspekten der Persönlichkeit dieses Maunsteins dar, der jedoch – so hatte ich es zumindest verstanden – nicht festgelegt war auf konkrete Festschreibungen wie »Optimismus«, »Widerwillen«, »Überzeugung« oder »Schwäche«, sondern all die Zwischenräume und Überschneidungen von Maunsteins Denken und Handeln umfasste, ganz so, wie wir uns selbst in diesem oder jenem Augenblick zu dieser oder jener Situation nach eigenem Gutdünken verhalten würden. Lösten die Spielteilnehmer dabei Komplikationen aus, würde es laut Einleitung des Spielbuchs zu einer Schicksalsentscheidung per Würfelwurf kommen. Und außerdem konnten mithilfe der allen zur Verfügung stehenden Karten gewisse Begebenheiten während des Spielens beeinflusst werden, aber was ich mir darunter genau vorzustellen hatte, wusste ich zu diesem Zeitpunkt noch nicht. Jedenfalls bedeutete Abdominis Sovieticus' Rolle als »Kopf« für diesen Teil von *MAUNSTEIN* einfach nur, dass er an der Reihe war und somit eine Entscheidung für den Fortgang der Handlung zu fällen hatte – was jedoch niemanden am Tisch davon abhalten sollte, ein Veto dagegen einzulegen und eine Diskussion darüber zu eröffnen.

»Ich gehe zu den Vögeln«, sagte Abdominis Sovieticus und ließ die Hände mit den Karten darin langsam sinken.

»Warum?«, rief Ronny. »Da ist doch nix! Das weiß ich doch jetzt schon.«

»Vögel«, brummte Abdominis Sovieticus nur und nickte Campbell zu.

»Okay«, sagte Campbell und blätterte eine Weile in dem Buch herum.

Als Moonshine den Hügel hinaufgeklettert war und über die Geröllandschaft unter ihm blickte, waren dort keine Vögel, weder am Himmel noch am Boden.

»Seht ihr«, keifte Ronny, »ich habs euch doch gesagt, ich habs euch doch gesagt!«

»Halt die Schnauze, Neugebauer!«, fuhr Johanna ihn an.

Oder etwa doch? Er sah noch einmal genauer hin. Da, zwischen den Steinen, am Fuße des Hangs, lagen einige Objekte über die Halde verteilt, in geringem Abstand zueinander. Moonshine machte sich daran, den Hügel hinabzusteigen, schlitterte einige Meter, weil er das Gleichgewicht verloren hatte, und kam vor einem der Kadaver zum Stehen. Den Albatros hatte augenscheinlich nicht der Absturz getötet, sondern sein Körper war bereits im Flug von etwas zerfetzt worden, einer Kugel vielleicht, aber Moonshine hatte keine Schüsse gehört, als die Vögel aufgeflogen waren. Er drehte sich langsam um sich selbst. Die anderen Tiere in der Nähe, rund

fünfzehn Exemplare, wiesen ebenfalls schwere Verletzungen auf.
Ein Rätsel also, für das er zwar keine Erklärung, aber eine Vermu-
tung parat hatte: experimentelle Munition der imperialen Artille-
rie, die während der vergangenen Scharmützel in der Gegend ihr
Ziel verfehlt hatte und einmal oder mehrmals in direkter Linie um
den Planeten gesaust war, ohne auf ein Hindernis zu treffen, eben
bis zu jenem einen Augenblick, als die Kugeln erneut an diesem
Ort unweit des nördlichsten Meeres angelangten und ein Schwarm
Albatrosse sich in die Lüfte erhob. Wahrscheinlich ein trauriger
Zufall, mehr aber auch nicht. Er musste weiter.

Campbell schob Abdominis Sovieticus eine silberne Patronenhülse rüber. Der schien nicht zu wissen, was er damit anfangen
sollte, und ließ sie einfach vor sich liegen.

Das Meer war nah. Moonshine konnte es schon fast riechen. Oder
er roch bloß seinen stinkenden Bart, der von der ständigen Feuch-
tigkeit monatelanger Fußmärsche durch die nördlichen Eroberun-
gen der Heeresgruppen ganz seidig geworden war, eine durchaus
trügerische Glätte und Weichheit, die dazu führen konnte, dass
die Haare einfach abbrachen, wenn sie mit dem klirrend kalten
Wasser aus einem Gebirgsbach oder dem lauwarmen Strahl aus
dem Hahn eines Waschbeckens im Badezimmer eines Zweieinhalb-
Sterne-Motels an der vereisten Überlandstraße nach Quasabia in
Berührung kamen. Nicht anders musste es gerade den Frauen und
Männern der 57. Artilleriedivision ergehen, die nach dem Sturm
auf das regionale Verwaltungszentrum den Befehl bekommen hat-
ten, zurückzufallen und sich auf halber Strecke zwischen dem neu-
en Brückenkopf und dem mobilen Hauptquartier mit dem 229.
Infanterieregiment zu vereinigen; nicht anders musste es den Frau-
en und Männern der Sondereinheit ergehen, die gerade wer weiß
wo – und vor allem wohin – unterwegs waren, also eben Comman-
der Ludovic de Kroitzfeldt, genannt »Das blutige Gebirge«, und
seine ihm treu ergebenen Kämpfer: der unerbittliche Panzerbre-
cher Grimmdarm, eine grausame Funkerin namens »Die Fußgän-

gerin«, ein siebzehnjähriger Bengel namens Maxim, die verschla-
gene Scharfschützin Ken Tacki Schin Kansen und Dr. Lulu, der
bösartige Zahnarzt mit Verbindungen zum organisierten Verbre-
chen, Ausgestoßene allesamt, widerliches Geschmeiß, das im Schat-
ten der Heeresgruppen durch die verödeten Hinterlande zog, plün-
dernd, vergewaltigend, brandschatzend, jeglichen Restwiderstand
der verzweifelten, bettelarmen Zivilbevölkerung zerschlagend. Und
hinter ihnen Moonshine, seit seiner Rekrutenzeit »Die Feige« ge-
nannt, der zu spät gekommen war, wie so oft, ohne eine echte Chan-
ce, de Kroitzfeldt und sein Gefolge in nächster Zeit einzuholen, ihre
Missetaten zu dokumentieren und sie am nächsten Stützpunkt
der unfehlbaren Militärgerichtsbarkeit zu überstellen, Moonshi-
ne, seit seinem Einsatz auf dem Kulturrevolutionären Atoll aber
auch »Der Berührer« genannt, weil es ihm stets gelang, immerhin
in Reichweite seiner Ziele zu kommen, auch wenn er sie schluss-
endlich niemals gänzlich zu fassen bekam, was das Oberkomman-
do bisher jedoch davon abgehalten hatte, seine Berichtstätigkeit
einzuschränken und ihn auf eine Ein-Mann-Telegrafieplattform
im südöstlichen Eismeer zu versetzen. Irgendetwas jedenfalls lie-
ferte er immer, auf überraschende Weise, in unkonventioneller Ma-
nier, auch wenn er dafür seine Zeit brauchte. Auf ihn konnte sich
der Generalstab des Schlaflosen Imperiums zumindest halbwegs
verlassen.

Campbell griff unter den Tisch und zog einen Karton hervor, der
genauso schwarz war wie die Schachtel des Spiels. Er öffnete ihn,
und sechs detailliert modellierte Spielminiaturen purzelten auf
den Tisch, vermutlich Ludovic de Kroitzfeldt und sein wilder Haufen, grausig anzuschauende, verwachsene Gebilde mit automatischen Schusswaffen oder Ehrensäbeln in den Händen, die Uniformen zerschlissen und triefend vor Dreck. Campbell reihte sie
in der Tischmitte auf, verschwand noch einmal unter dem Tisch
und streute dann vertrocknete Blätter, Stöckchen, zertretene Zi-
garettenkippen, Feuerkäfer, abgeschnittene Fingernägel und Erde um sie herum aus.

»Campbell«, sagte Ronny, »wieso kannst du eigentlich ›Maunstein‹ nicht ordentlich aussprechen, den Namen ›Ludovic de Kroitzfeldt‹ aber schon? Was ist denn nicht in Ordnung mit dir?«

»Dazu kann ich leider überhaupt nichts sagen«, antwortete Campbell.

»Gibt es denn keine kleine süße Maunstein-Figur?«, fragte Johanna und schnipste die größte Miniatur von allen um, einen nackten, blutig geschlagenen Fettklops mit gefletschten Zähnen und schrundigem Oberkörper.

»Nein«, sagte Campbell. »Ihr seid Moonshine. Jeder Einzelne von euch und ihr alle zusammen.«

Also, dachte Moonshine, was jetzt?

Verloren stand er zwischen den toten Vögeln auf der Halde herum, rings die kargen Hügel, über sich den stahlgrauen Himmel. Seine Armbanduhr tickte. Das Satellitentelefon an seinem Gürtel: stumm. Na sagt schon, ihr heiligen Idioten, dachte er, was soll ich jetzt tun?

»Meint er uns?«, fragte Ronny.

»Nein«, antwortete Campbell. »Er meint die gewalttätigen, alkoholabhängigen Götter seines Glaubens. Eine echt fiese Kirche, die keinerlei Erbarmen mit den Alten, Kranken, Schwachen und Arbeitslosen kennt.«

»Puh«, ächzte Ronny, »war ja klar.«

Doch dann hörte er etwas. Leise. Einen Gesang. So laut an jenem Ort des Sängers gesungen, dass er bis hinter die Hügel zu hören war.

Moonshine entschied, nicht länger auf einen göttlichen, von der schweren Süße des Alkohols geschwängerten Fingerzeig zu warten. Er zurrte die Rucksackgurte um seine Flanken fest und stapfte über die Steine dem Gesang nach, der aus nordöstlicher Richtung herangeweht kam. Unter seinen Stiefeln zersprangen knirschend die Kiesel. Dieses namenlose Land war so leer, schon immer, leblos und taub. Die kleine unabhängige Handelsrepublik, die hier in den vergangenen Jahrzehnten versucht hatte, zumindest den Anschein einer Verwaltung zu etablieren, war nach anderthalb Stunden von den Kontingenten des Schlaflosen Imperiums niedergerungen worden. Im Großen und Ganzen nur eine Formalie, um endlich den gesamten Kontinent im Namen von Imperatorin Vilma XVII. annektiert zu haben. Mehr gab es hier einfach nicht zu holen. Allerhöchstens einen in ruhigem Rhythmus pochenden Schmerz, der über die Jahre hinweg zum Tod führte.

Oder zu irgendeiner Art von neuem Leben, dachte Moonshine, von einer plötzlichen Heiterkeit getrieben, die der Gesang in seinem fahlen Herzen entfacht haben musste. Man kann, wenn man denn will, aus so ziemlich allem etwas machen, oder etwa nicht?

Campbell sah auf und blickte in die Runde.

»Oder etwa nicht?«, wiederholte er.

Auf die Schnelle fiel niemandem etwas dazu ein. Johanna knabberte auf ihrer Unterlippe herum. Ronny unterdrückte ein Gähnen. Abdominis Sovieticus starrte Campbell an. Von Manteuffel legte die Stirn in Falten.

»Wenn ihr euch nicht regelgerecht verhaltet«, sagte Campbell, »dann wird auch das vom Spiel registriert. Kapiert?«

Einige nickten. Campbell wartete noch kurz, aber weil von uns keine aussagekräftigeren Reaktionen zu erwarten waren, schnappte er sich einen Würfel, schmiss ihn quer über den Tisch und betrachtete mit aufgeblasenen Wangen das Ergebnis. Dann schaute er wieder in das Buch hinein.

»*Tag 23: Gesang gehört*«, *sprach Moonshine, während er weiter über die Halde wanderte, die Lippen an sein Diktiergerät gepresst, jede Silbe einzeln betonend, um die Aufnahme länger zu machen, als sie eigentlich hergab.* »*Untersuchung anberaumt. Mittagsstunde. Verlorene Vögel. Letzten Punkt ignorieren. Irrelevant*«, *fügte er hinzu, schaltete das Gerät ab und ließ es in der Brusttasche seiner Uniformjacke verschwinden.*

Wenn das Tonband voll war, würde er es beim nächsten Stütz-
punkt an Frau Nüsslein und Herrn Karoly übergeben, seine beiden
Verbindungsoffiziere des Militärgeheimdienstes, die es mit einem
berittenen oder motorisierten Boten an das Hauptquartier des
Oberkommandos weiterleiteten, von wo es in die Heimat zurück-
transportiert wurde, vermutlich per Dampfschiff, Eisenbahn oder
Fledermaus, je nachdem, welche Route die Heeresverwaltung in
diesem Moment als am effizientesten erachtete.

Er berichtete. Das war seine Aufgabe. Nichts weiter. Alles andere
taten alle anderen.

Wie lange war er jetzt schon marschiert? Zwei Stunden sicher-
lich. Der Wind zog wie ein köstliches, aber leider dem Wahnsinn
anheimgefallenes Baby an seinen Haaren, und die Landschaft um
ihn herum sah immer noch genauso aus wie vorher: grauer Un-
tergrund, grauer Himmel, in der Ferne die dunklen Hänge der Hü-
gel, die er vor Einbruch der Nacht bestimmt nicht mehr erreichen
würde. Dazu der Gesang, der zwar deutlich lauter geworden, aber
zwischenzeitlich auch unterbrochen worden war, denn keine gene-
tisch unveränderten Stimmbänder hielten solch ein andauerndes
Geschrei in dieser Intensität aus. Moonshine war auf dem richti-
gen Weg, und es würde nicht mehr lange dauern, bis er dem Sänger
gegenübertreten würde. Aber was geschah dann? Möglicherwei-
se erhielt er von ihm einen Hinweis auf den Verbleib von Com-
mander Ludovic de Kroitzfeldts Sondereinheit. Und wenn nicht,
dann vielleicht eine heiße Tasse Hibiskustee mit einem Schuss Rum
aus den Unterirdischen Kolonien. Bis dahin würde er einfach lau-
fen, laufen, laufen und sich nebenbei die Zeit mit seinen Berichten
vertreiben, das Diktiergerät in den frierenden Fingern haltend, um
Dinge zu sagen wie: »Es ist nicht richtig, davon zu sprechen, dass
sich hier der Himmel über einem öffnet. Er ist fest verschlossen
und duldet es nicht, dass man auch nur einen einzigen Blick hin-
ter seine Wolkendecke wirft. Genauso abweisend ist das scharf-
kantige Gestein darunter, auf dessen Oberflächen nicht einmal ein
paar kümmerliche Flechten der Kälte und dem scharfen Wind trot-
zen. Und dennoch: Wer sagt denn, dass das hier alles nicht trotz-

dem seinen ganz eigenen Wert hätte? Ach, was plappere ich denn
da bloß? Dieses Land ist ein nackter Albtraum.«

»Dieses Spiel ist ein nackter Albtraum«, sagte Ronny und rieb sich
mit schmerzverzerrtem Gesicht die Hüften. »Mein Rücken ist ein
nackter Albtraum. Alles um mich herum ist ein nackter Albtraum.
Ich verstehe überhaupt nichts. Was für einen Tee will er trinken?«
Campbell drohte ihm mit dem Zeigefinger.

»Was denn?«, rief Ronny und warf die Arme in die Luft, um sich
einmal ordentlich durchzustrecken.

Campbell blätterte kopfschüttelnd einige Seiten zurück, dann blätterte er wieder einige Seiten vor und löste eine Seite aus dem Buch,
klappte sie auseinander und breitete sie vor uns auf dem Tisch
aus. Sie zeigte ein etwa zwei Meter breites kreisrundes Bassin, bis
zum Rand gefüllt mit milchig blauem Wasser und eingelassen in
eine aus ungleichmäßig geschnittenen Steinen gepflasterte Terrasse, rundherum das feinkörnige Geröll der Halde sowie ein aus
Holzplanken bestehender Weg, der von der Badestelle zu einem
natürlichen oder aufgeschütteten Wall führte, in den ein Durchgang samt Tür gehauen worden war. Campbell nahm eine der
Spielfiguren in die Hand und setzte sie in die Mitte des Pools. Sie
war sehr dünn, hielt die Augen geschlossen und trug ein Stetho-
skop um den Hals, schulterlange Haare sowie einen weißen Kit-
tel, der mit gelben Flecken gesprenkelt war und aus dessen tiefen
Taschen eine ganze Batterie an Skalpellen, Scheren, Pinzetten
und Zangen herausschaute.

»Ist das nicht einer von deinen Freunden?«, fragte Johanna Abdominis Soveticus.

Der nahm die Figur vom Tisch, hielt sie sich dicht vor die Augen
und stellte sie dann wieder zurück.

»Nein«, sagte er.

»Nein«, sagte Campbell. »Das ist Dr. Lulu.«

Je näher Moonshine dem Gesang kam, desto schmerzhafter regte
sich etwas in seinen Gehörgängen. Das war keinesfalls ein Gesang

im klassischen Sinn, sondern ein irres, unbändig moduliertes Geschrei, durchsetzt von der Ahnung einer höllischen Melodie, mal hoch, mal tief klingend, Spuren von Text in einer Sprache aufweisend, die Moonshine nicht verstand. Vielleicht noch dreihundert Meter waren es bis zu dem brüllenden Kopf, dessen übriger Körper in einem Loch zu sitzen schien, das umgeben war von einem halbrunden Erdwall. Ein Folterinstrument? Wohl eher eine Badestelle.

Als Moonshine an den Rand des Beckens trat, stiegen Blasen aus dem milchig blauen Wasser auf. Vom Bassin führte ein Weg aus verwitterten Planken zu einer geschlossenen Holztür mit Butzenscheibe, die in den Wall eingelassen worden war. Der Kopf tauchte wieder auf. Eine von Altersflecken bedeckte Halbglatze, grüne Augen, kleine Nase, die klitschnassen langen Haare wie zwei Rattenschwänze an dem herausstechenden Schlüsselbein klebend.

»Ah, ›Die Feige‹«, schnarrte Dr. Lulu.

Moonshine holte sein Diktiergerät hervor.

»Kontakt bestätigt«, sprach er hinein. »Nachname: Lulu. Vorname: Dr. Dienstgrad: Feldzahnarzt im Sanitätskorps. Aktuelle Verwendung ...«

»Ich reise hinter die Sonne«, sagte Dr. Lulu, nahm den Mund voll Wasser und spuckte es Moonshine in einem dünnen hohen Strahl vor die Füße.

»Aktuelle Verwendung«, setzte Moonshine erneut an, »vermutlich medizinische Tätigkeit in Sondereinheit de Kroitzfeldt. Gegenwärtiger Aktivitätsstatus: lebendig, nimmt ein Bad. Untersuchung wird eingeleitet. Details zum Verbleib der restlichen Einheit folgen.«

Der aufsteigende heiße Dampf aus dem Becken hatte ihn mittlerweile fast vollständig eingehüllt. Moonshine spürte, wie das Blut in seine Finger strömte, die schon ganz feucht vom Kondenswasser geworden waren. Er führte das Diktiergerät vom Mund weg und strich sich mit dem Unterarm über die Stirn, doch als er weitersprechen wollte, rutschte ihm der Apparat aus der Hand und fiel platschend in den Pool hinein.

»Ups«, sagte Dr. Lulu.
Er machte keinerlei Anstalten, das Diktiergerät herauszufischen.

»Lulu soll es sofort hochholen«, sagte Abdominis Sovieticus. »Die Autorität des Schlaflosen Imperiums zwingt ihn dazu.«
»Okay«, sagte Campbell.

Moonshine hob das linke Bein und stellte seinen Stiefel auf Dr. Lulus nackter Schulter ab. Der ruderte mit den Armen und krakeelte ein wenig. Moonshine spannte die Muskeln in seinem Bein an und drückte den Zahnarzt unter Wasser. Nach einigen Sekunden ließ er locker. Dr. Lulu kam wieder zum Vorschein und japste mit aufgerissenen Augen nach Luft. Dann fing er an zu lachen ...

»Hat es geklappt?«, fragte Johanna.
»Nein«, sagte Campbell.

... und verfiel wieder in seinen Gesang, der zunächst unartikuliert war, doch nach wenigen Sekunden glaubte Moonshine, darin Melodie und Text eines alten Kriegsliedes der imperialen Heeresgruppen wiederzuerkennen, das Dr. Lulu ein wenig umgedichtet hatte:
»Moonshine, Moonshine, Würmling, Würmling, aus dem Nichts ins Nichts geboren / Traum von einer anderen, besseren Welt / Auffliegende Vögel, vergessene Pfade, ein Knacken im Satellitentelefon / Moonshine, Killer, in Marsch gesetzt, Moonshine, Lakai, umgeben von einer Front, die alle Himmelsrichtungen und selbst die Himmelsrichtungen zwischen den Himmelsrichtungen umfasst, darin: dein Verstand, ein einziges Gewitter / Es läuft, wie man so sagt / Es läuft einigermaßen gut für dich / Wann bist du da? / Was ist da? / Moonshine, Moonshine, am Horizont marschieren dir die Divisionen davon.«

»War das denn wirklich nötig?«, fragte von Manteuffel.
»Ja«, sagte Abdominis Sovieticus.

Moonshine ahnte, dass er bei Dr. Lulu nicht mehr viel erreichen könnte. Dem Zahnarzt – berüchtigt für seine Operationen an Kriegs-gefangenen, deren Kieferknochen er über das Transportnetzwerk einer Verbrecherorganisation aus den Unterirdischen Kolonien auf dem internationalen Schwarzmarkt verhökerte – hatte man noch nie über den Weg trauen können. Commander Ludovic de Kroitz-feldt war Moonshines eigentliches Ziel. Wenn er ihn stellen konn-te, hatte er auch die ganze Bande im Sack.
Er ging auf die in den Wall gehauene Tür zu und rüttelte an der Klinke, rüttelte und rüttelte und rüttelte und rüttelte, aber es ge-schah nichts.

»Vielleicht sollte er mal die Klinke runterdrücken, der Idiot«, sagte Johanna.

Moonshine drückte die Klinke hinunter, und die Tür sprang auf. Wunderbar. Vor ihm lag ein langer Gang, der sich in der Finsternis verlor. Neben der Tür war eine Konsole mit einem großen grünen Knopf angebracht.

»Maunstein drückt sofort den Knopf«, sagte Abdominis Sovieti-cus. »Die Autorität des Schlaflosen Imperiums zwingt ihn dazu.«
»Moment!«, rief von Manteuffel.
»Ja«, sagte Ronny, »wer weiß schon, was passiert? Womöglich ist das Spiel dann plötzlich zu Ende. Wie schade.«
»Jetzt müsst ihr euch entscheiden«, sagte Campbell. »Knopf drü-cken oder weitergehen. Das ist eure einzige Wahl. Ein Dazwi-schen gibt es nicht.«
»Ich bin für Knopf drücken«, sagte Johanna, »einfach so.«
»Stimmen wir ab?«, fragte Ronny.
»Nein«, sagte Abdominis Sovieticus.
»Vielleicht ist das ja der Lichtschalter?«, überlegte von Manteuf-fel.
»Niemals!«, rief Johanna. »Oder halt: vielleicht doch? Der große Schalter, der endlich die unendliche Schwärze des Universums

erhellt. Au ja, ich bin immer noch für Drücken, aber jetzt mehr denn je!«

»Von mir aus«, stöhnte Ronny. »Ich hab so was von keinen Bock mehr ...«

Moonshine dachte sich nicht viel dabei, als er mit der ganzen Hand gegen den Knopf schlug. Ein Brummen war zu hören, als setzte sich irgendwo eine Maschine in Gang. Draußen schrie Dr. Lulu noch immer herum. Aber er sang nicht mehr. Moonshine trat aus dem Höhleneingang und sah zur Badestelle hinüber. Der Kopf von Dr. Lulu drehte sich in einer irrwitzigen Geschwindigkeit im Kreis, um ihn herum sprudelte das Wasser und floss über den Beckenrand, wo es zwischen den Steinen versickerte. Dann war Dr. Lulu verschwunden, wie abgesaugt in die unterirdischen Bereiche des Pools. Moonshine ging den Weg zurück und warf einen Blick in den gefliesten Abgrund hinein. Sein Diktiergerät war auch weg. Unwahrscheinlich, dass er es jemals wiedersehen würde.

Campbell nahm die Figur von Dr. Lulu vom Spielplan und warf sie in den Garten hinaus.

»Eyo!«, rief dort jemand. »Wer schmeißt denn hier mit Sachen rum?«

Wir schauten in die Richtung, aus der die Stimme kam. Nach einigen Augenblicken schob sich Nygård zwischen den Sträuchern heraus und fuchtelte mit den Händen auf seinem Kopf herum, um sich von einem abgebrochenen Zweig oder einem nächtlichen Insekt zu befreien.

»Na komm«, sagte er dann, »keine Angst. Schau mal, ich habe die anderen gefunden.«

Taxi Terreur schwankte aus der Dunkelheit hinter den Blättern auf den vom Feuerschein der Fackeln beleuchteten Weg. Sie machte einen erbärmlichen Eindruck. Ehe sie auf die Schnauze zu fallen drohte, stützte sie sich an Nygårds Arm ab. Er führte sie langsam zur Pergola, räumte mein Spiel vom Stuhl auf den Boden und bot ihr den freien Platz an. Taxi schaute lächelnd an ihm vorbei, sank kraftlos nieder und schloss die Augen.

»Ähm«, machte Nygård, »vielleicht könnt ihr mir helfen? Der jungen Dame scheint es nicht so gut zu gehen. Gibt es so etwas wie ein … öh … Krankenhaus in diesem … äh … armen Land?« Abdominis Sovieticus wuchtete seinen Körper in die Höhe und stapfte um den Tisch herum. Er legte Taxi seine schwere Hand auf den Kopf, mit der anderen kniff er sie zweimal in die Seite. Taxi quiekte leise auf und verzog ihren Mund zu einem breiten horizontalen Strich.

»Keine Sorge«, dröhnte er. »Hat nur Drogen genommen. Ist morgen wieder gesund genug, um weiter Drogen zu nehmen. Muss nur immer schön aufrecht sitzen bleiben, damit sie nicht an ihrer Kotze erstickt.«

»Ganz sicher?«, fragte Nygård. »Ich habe sie bei meinem Verdauungsspaziergang da hinten auf dem Rasen liegend entdeckt, und ich weiß ja auch nicht, aber ich glaube, es würde der Polizei und Spyderling und allen hier Anwesenden irgendwie nicht so gut gefallen, falls hier jemand …«

»Alles ist gut, winziger Mann«, unterbrach ihn Abdominis Sovieticus. »Mach dir keine Sorgen. Taxi lebt noch. Sie ist dünn wie eine Flöte, aber kräftig wie ein Wels. Willst du jetzt wieder spazieren gehen?«

»Jawohl, ich denke schon«, stammelte Nygård und setzte sich vorsichtig in Bewegung. »Wenn alles so weit in Ordnung ist, dann gehe ich wieder, na klar. Was spielt ihr denn da Schönes?«

»Keine Ahnung«, maulte Ronny. »Willst du mitmachen, Clark? Willst du meinen Platz einnehmen, Clark? Clark? Clark? Clark, Clark, Clark, Clark, Clark?«

»Nee, lieber nicht«, sagte Nygård und brachte noch ein paar Meter mehr Abstand zwischen sich und Abdominis Sovieticus.

»Dann gehst du jetzt schlafen?«, fragte Abdominis Sovieticus. »Schön träumen, oder was? Aber nicht von der Polizei, hörst du? Nur lauter schlechte Träume, langweilig und rätselhaft.«

»Ja, ja, ja, verstanden, kein Problem«, rief Nygård aus der Ferne.

»Uh, bin ich müde, ist ja auch schon spät, viel Spaß euch noch, bis morgen.«

Abdominis Sovieticus warf noch einmal einen Blick auf Taxi, die eingenickt zu sein schien. Dann kehrte er auf seinen Platz zurück.

»Weiter«, befahl er Campbell.

Und selbst Campbell gehorchte.

Moonshine knipste die kleine Taschenlampe an, die er in der Brusttasche seiner Uniform mit sich führte, und bewegte sich langsam den Gang entlang, der ihn möglicherweise auf die andere Seite der Hügel, vielleicht aber auch nur weiter an den Rand der Welt und sogar darüber hinaus führen mochte. Er schien sich nicht in einem schnöden Bergbaustollen zu befinden; dafür waren die Felswände zu akkurat behauen. Keine Frage: Er befand sich nicht in einem Durchgang, sondern in einem Eingang, der ihn zu etwas führte, das von ganz spezieller Gestalt sein musste. Warum auch sonst sollte man sich hier draußen so große Mühe mit irgendwelchen Schächten geben, zumal es in dieser Gegend nicht einmal das kleinste Krümelchen Kohle, Salz, Blei, Torf, Lithium, Uranerz, Mondgestein, Schildpatt, Manganknollen oder Dunkle Materie zu fördern gab?

Die Zeit verrann. Ging es bergab? Oder doch bergauf? Egal. Dr. Lulu musste diesen Weg genommen haben, um zu seiner Badestelle zu gelangen. Keinesfalls war er splitterfasernackt über die Halde oder von den Hügeln dorthin gewandert. Am Ende des Gangs würde Moonshine zweifelsohne auf Commander Ludovic de Kroitzfeldt treffen und ihm erklären müssen, wo sein geistesgestörter Zahnarzt abgeblieben sei. Doch er hatte die aktuelle imperiale Militärverordnung, angepasst an die Erfordernisse eines Feldzugs am Ende der Welt, auf seiner Seite, Paragraf 349, Absatz 21, Stichwort: Unfall- und Notwehrsituationen – ganz so, wie er bislang immer die imperiale Militärverordnung auf seiner Seite gehabt hatte, sei es im Watt des Kulturrevolutionären Atolls gewesen oder im dornigen Unterholz des Tausend-Nadelstiche-Waldes oder während des Massakers im Eisenverarbeitungskombinat oder auf der Spitze des Eitertempels zu Ehren des verwesenden Götterlieblings Pangoli oder in den zerbombten Straßen von Alcoholic City. Ah, Alcoholic City, du Perle am Skanderbeek-Golf! Ob Cimcim wohl noch dort lebte? Ob Bolli und Harri dort noch zur Schule gingen? Gingen seine Söhne überhaupt noch zur Schule? Wenn es eine Sache gab, auf die sie stolz sein konnten, dann war das ja wohl ihr eigener Vater, der verborgene Coronel, die unsichtbare Pracht des imperialen Militärgeheimdienstes! Vielleicht würde er sich mal wieder bei ihnen melden, wenn er diese verzwickte Geschichte mit de Kroitzfeldt und seinen degenerierten Briganten hinter sich gebracht hatte. Vielleicht aber auch nicht.

»Warte mal, bitte«, sagte Johanna. »Maunstein hat Kinder? Auweia ... Warum das denn?«

»Hier steht«, so Campbell, »dass in einer Gesellschaft wie jener, die dem Schlaflosen Imperium zugrunde liegt, Kinder in erster Linie als potenzielle Nahrungsquelle gelten. Außerhalb von Zeiten der Hungersnot schickt man sie auf die Schule. Aber mit dem Konzept von Liebe, wie wir es kennen, hat das alles wenig bis gar nichts zu tun.«

»Du denkst dir das aber nicht gerade alles aus, oder?«, fragte Johanna. »Campbell! Lass mich mal kurz in dein Buch schauen, du mieser ...«

»Einiges ist hier genauestens ausgeführt«, sagte Campbell und rückte ein Stück weit von ihr weg, »anderes wiederum nicht. Genauigkeit und Auslegung. Darauf kommt es an, Johanna. Genauigkeit. Und Auslegung.«

»Pah«, sagte sie, verschränkte die Finger und drückte sie durch, bis die Gelenke knackten. »Wenn du meinst, du kleiner Bastard ...«

Cimcim. Hier in der Dunkelheit, zurückgeworfen auf sich selbst, erinnerte sich Moonshine stärker denn je an ihre Berührungen. Er war nicht ihr einziger Mann gewesen, aber sie hatte ihm immer das Gefühl gegeben, dass er ein winziges warmes Plätzchen in ih-

rem Herzen besetzt hielt, auch wenn er sich nicht recht erklären konnte, wie es eigentlich dazu gekommen war. Ihren Andeutungen hatte er entnommen, dass sie überall im Imperium Kinder besaß, die sie aber nur selten besuchte, meistens dann, wenn er im Kriegseinsatz gewesen war. Wie oft hatten sie sich zu Hause getroffen? Zwei- oder dreimal bestimmt. Nach dem ersten Besuch, der mit ihrer Hochzeit in einer Unisex-Stripteasebar zusammenfiel, kam Bolli auf die Welt, nach dem zweiten dann Harri. Er hätte ihr gern noch ein drittes Kind gemacht, denn ab drei Kindern gab es ein Glückwunschschreiben von einem Höfling der Schlaflosen Imperatorin, aber so weit war es dann letztlich doch nicht gekommen. Die Pflicht rief ihn, und Cimcim hatte ebenso irgendwo anderweitig zu tun. Während sie miteinander geschlafen hatten, hatte sie immer an seinem Anus herumgespielt. Die Erinnerung daran jagte ihm noch heute ein Kribbeln durch den ganzen Körper. Später traute er sich nicht mehr, von anderen Frauen und Männern, mit denen er in einem Feldbett unweit der Front gelandet war, zu verlangen, an seinem Anus herumzuspielen. Cimcim hatte er niemals danach fragen müssen – sie tat es einfach, ohne ihn vorher um Erlaubnis gebeten zu haben.

»Igitt«, sagte Johanna.
»Yep«, sagte Ronny.

Nachdem Moonshine dem plötzlichen Drang nachgegeben hatte, in die Mitte des Gangs zu defäkieren ...

Was heißt das: defäkieren?«, wollte Campbell wissen.
»Er hat irgendwo hingeschissen«, antwortete Ronny.
»Aha«, sagte Campbell.

... und sich mit drei Seiten aus der aktuellen Fassung der imperialen Militärverordnung den Hintern abgeputzt hatte (Stichwort: Behandlung von Kriegsgefangenen – ein paar uninteressante Paragrafen, die er für seine Arbeit nicht benötigte), gelangte er nach

etwa zwei Kilometer Fußmarsch an eine weitere Holztür. Er drückte die Klinke herunter, aber sie öffnete sich nicht.

»Vielleicht sollte er mal wie ein Irrer daran rütteln«, überlegte Johanna.

»Nein«, sagte Campbell, »das geht nicht. Es ist eine Zaubertür. Er braucht ein Passwort, um sie zu öffnen.«

»Eins, zwei, drei … acht?«, schlug Ronny vor.

»Falsch«, sagte Campbell.

»Dann haben wir ein Problem«, grollte Abdominis Sovieticus. Alle blickten ihn an. Er blickte finster zurück.

»So, wie ich das sehe«, fuhr er fort, »ist es unmöglich für uns, dieses Rätsel zu lösen. Wir wissen viel zu wenig über Maunstein, um auch nur erahnen zu können, wie er handeln wird und aus welchen Gründen. Dieser Mann ist ein schwachköpfiger Strolch, ja gut, und außerdem ganz schön widerlich. Ob er ein Mörder ist, können wir noch nicht genau sagen. Offenbar ist jedoch jeder im Schlaflosen Imperium so etwas wie ein Mörder, weil ein Menschenleben dort nicht allzu viel zu zählen scheint. Worauf ich hinauswill: Maunstein muss die Tür mit Gewalt öffnen, denn Gewalt ist das Einzige, was er kennt und was überhaupt zählt in dieser Welt.«

»Okay, verstanden«, sagte Johanna, »aber womit schlagen wir die Tür ein? Mit seiner kleinen Taschenlampe?«

»Nein«, antwortete Abdominis Sovieticus. »Wir benutzen Maunsteins Körper, seine Fäuste, seinen Kopf, seine Füße, einfach alles: die Kraft der Muskeln, das Gewicht der Knochen. Er wird sich mit allem, was er hat und ist, gegen diese Tür schmeißen, und zwar so lange, bis sie endlich offen ist. Oder er tot zusammenbricht. Ein Passwort brauchen wir dafür nicht.«

»Einen Moment mal, bitte«, warf Campbell ein, »ich muss kurz schauen, ob das mit den Spielregeln vereinbar ist.«

Er blätterte einige Sekunden lang im Buch. Währenddessen machte Taxi auf ihrem Stuhl ein Geräusch, als würde gleich eine kaputte Dampflokomotive aus ihrer kleinen Nase fahren.

»Kein Problem«, sagte Campbell, »Gehen wir einfach mal davon aus, dass Moonshine alles tut, um den ewigen Willen der Schlaflosen Imperatorin durchzusetzen.«

Moonshine schloss die Augen, um zu spüren, wie das mit Sauerstoff angereicherte Blut aus seinen Lungen zum Herzen schoss, um von dort in den Rest seines Körpers weitertransportiert zu werden. Je stärker er sich darauf konzentrierte, desto mehr fühlte er ein Kitzeln, das sich knapp unterhalb seiner Haut, von der Brust ausgehend, rasend schnell bis in seine Finger- und Zehenspitzen ausbreitete. Noch bevor ihm klar wurde, was er gleich tun würde, ließen ihn seine Bein- und Bauchmuskeln wie eine Kanonenkugel auf die Tür zuschnellen, und ehe er sich in eine halbwegs verletzungsärmere Position drehen konnte, donnerte er auch schon mit dem Kopf volle Wucht gegen das Holz. Er taumelte zurück und betrachtete interessiert die klitzekleine Delle im oberen Drittel des Türblatts. In seinem Schädel wirbelte ein Tornado. Dann lief ihm das Blut in die Augen. Noch mal. Er fand sein Gleichgewicht wieder, atmete den Schmerz weg, tupfte sich mit dem Ärmel das Gesicht trocken und spurtete erneut auf die Tür zu. Diesmal benutzte er allerdings Schulter und Oberarm seiner rechten Körperhälfte als Rammbock, und sowie er – einem prall mit Sägespänen und Nägeln gefüllten Sack nicht ganz unähnlich – gegen das Holz schlug, glaubte er zu hören, wie im Inneren der Tür, aber auch in seinem Brustkorb etwas brach. Noch mal, noch mal, komm schon, Coronel Moonshine, du unbekannter Stolz des imperialen Militärgeheimdienstes! Er spuckte Blut und Rotz auf den Boden und hechelte wie ein geprügelter St.-Randy-Terrier, dann raste er erneut auf die Tür zu, deren Verriegelung er mit seinem rechten Bein zumindest ein wenig aus dem Rahmen riss. Gut, gut, kleiner Moonshine, los jetzt, komm schon, komm, ein letzter Stoß noch, denk einfach daran, Imperatorin Vilma XVII. höchstpersönlich würde dir an deinem Anus herumspielen! Mit seinem Bein konnte er aber nicht noch mal angreifen – das war so gut wie hinüber. Also wieder der Kopf, herrje. Moonshine versuchte sich vorzustellen, wie die

Haut auf seiner Stirn in Sekundenschnelle zu einer hornigen Platte verdickte, während sich der lange zahnweiße Mittelfinger der Imperatorin langsam, aber unaufhaltsam seinem Hinterteil näherte. Auf gehts, Moonshine, hurra, hurra! – Sattle das feuerspeiende Riesenstachelschwein! – Brich die Monsterwellen des Tyrannischen Ozeans entzwei! – Gib deiner Verbindungsoffizierin Frau Nüsslein einen Kuss auf die Wange! – Räche den Fall Lampionias! Für Lampionia! Für Lampionia! – Zwicke deinen Verbindungsoffizier Herrn Karoly einmal kräftig in den Oberarm! – Versinke in den Zuckersümpfen und befreie dich aus ihrem hautfreundlichen Schlick! – Sieh Gloria di Gloria, der illoyalen Präfektin der Achselhöhle, so fest in die Augen, dass sie unter deinem goldenen Blick das Bewusstsein verliert! – Pflüge über die zu Glas geschmolzenen Dünen der Großen Wüste Pu! – Schwinge dich zu den zu Tode erschrockenen Sternen hinauf! – Werde eins mit der Finsternis um dich herum! – Kehre an den Busen der Zeckengöttin Kixi zurück! – Kuschle dich an ihren fahlen, drallen, eiskalten Körper, von Asteroidensplittern und kaputten Satelliten umkreist! – Drücke mit rhythmischen Handbewegungen sanft die orangefarbene Milch heraus! – Lass dir von ihrem wild zuckenden Stechrüssel keine Angst einjagen! – Trink dich voll, labe dich, seufze vor Entzückung! – Wisch dir die Milchreste vom Kinn, aus den Mundwinkeln und von der Oberlippe! – Hol tief Luft! – Rülpse einmal kräftig! – Schließ die Augen! – Und dann ruhst du dich aus, Moonshine, ruh dich aus, ruh dich doch aus, ruhst du dich jetzt wohl endlich mal aus, verdammt, es ist ja alles längst vorbei! Krachend war die gesamte Tür aus ihren Angeln geflogen. Moonshine stand über ihr und sog alle Luft ein, die er nur kriegen konnte. Dann krampfte sich sein Oberkörper zusammen, und er kotzte sich zwischen die schlotternden Beinchen.

Hinter dem Durchgang öffnete sich eine Höhle, deren Ausmaße von Moonshines Position aus nur schwer zu erfassen waren: Über ihm wölbten sich die Gesteinsmassen zu einer riesigen Kuppel, die an einigen Stellen mit grünlich schimmernden Pilzen bedeckt war, deren Licht wiederum die mit Kristallen gespickten, monumentalen

*Stalaktiten zum Glitzern brachte, die zahlreich von der Decke he-
rabhingen.*

*War dies der Ort, an dem der Halbgott Billybäm seit Äonen sein aus-
giebiges Mittagsschläfchen hielt, dieses weiche, bleiche Gebilde
ohne Gesicht, einem gigantischen Hefeteig ähnlich, der immerwäh-
rend von besonders schlimmen Schlaganfällen geschüttelt wird, die
das Land über ihm zum Beben bringen? Ach nein, den Laurentzia-
nischen Litaneien nach schlief und rumorte Billybäm unter dem
Piz Pömmes, irgendwo inmitten der Geknechteten Heide.*

*Nicht weit vom Eingang rauschte ein Flüsschen, das über mehrere
Kaskaden durch die Höhle floss und an dessen Ufer ein verwittertes
Hochhaus stand, um das ein Schwarm Fledermäuse seine Runden
zog. Der aufrecht stehende Quader war aus grauen, mit Kieselsteinen
besetzten Waschbetonplatten gefertigt, siebzehn Stockwerke hoch
und von zu dicken Zöpfen zusammengewachsenen Schlingpflanzen überwuchert, dazu auf jeder Etage Balkone, deren Brüstungen
mit weißem, fleckigem Wellblech beschlagen waren, zerschlissene
Sonnenschirme, angerostete Satellitenschüsseln, verschimmelte
Markisen und auf dem flachen Dach eine Konstruktion aus miteinander über Kabel verbundenen Antennen. Moonshines Vorstellungsvermögen reichte nicht einmal im Entferntesten aus, um sich
erklären zu können, unter welchen Anstrengungen und Entbehrun-
gen es den früheren Bewohnerinnen und Bewohnern dieser trostlosen Einöde gelungen sein konnte, diese Höhle zu besiedeln.*

»O nein, o nein, o nein«, rief Ronny, »das glaube ich alles nicht!
Und Maunstein ja auch nicht, weil er anscheinend zu dumm dafür ist. Im Ernst mal jetzt: Was soll denn bitte so ein vergammel-
tes Hochhaus da in der Höhle? Und wozu überhaupt? Was für
ein Riesenschwachsinn!«

»Das ist wirklich sehr, sehr merkwürdig«, pflichtete ihm von Manteuffel bei.

»Ihr müsst es ja nicht glauben«, sagte Campbell, »aber es ist nun
einmal da. Weitere Einwände?«

Johanna hob den Arm.

»Zur Kenntnis genommen«, sagte Campbell. »Dann wollen wir doch mal sehen ...«

Er löste erneut eine Seite aus seinem Buch, faltete sie auseinander und legte sie in die Mitte des Tisches. Dabei handelte es sich um einen weiteren Spielplan, der das Hochhaus in der Höhle zeigte, allerdings noch im Bau befindlich. Winzige Gestalten mit Werkzeugen, Klemmbrettern und Peitschen in den Händen wuselten drum herum; plumpe Tiere mit kurzen stämmigen Beinen, dichtem gelbem Fell und dicken spiralförmig eingedrehten Hörnern zogen auf Schlitten festgezurrte Lasten hinter sich her; ein archaischer Kran aus Baumstämmen hob eine Betonplatte mit Fensteröffnung an einem Seil in die Luft.

Campbell holte einen weiteren schwarzen Karton unter seinem Stuhl hervor und schüttete den Inhalt auf den Tisch: ein Haufen aus Hunderten Spielsteinen in Form von Granitblöcken, Latten, Stahlträgern, Dämmwolle, Gerüsten, Faustkeilen, Asbestplatten, Zementsäcken, Kabeltrommeln, Betonmischern, Kupferäxten, Fensterscheiben, Treppengeländern, Aufzugkabinen, Gebetsmühlen, Heizkörpern, Mülltonnen, Toilettenschüsseln, Bronzeschwertern, Badewannen, Onduliereisen, Waschbecken, Kühlschränken, Alabasterstatuetten, Mikrowellengeräten, Kaffeemaschinen, Toastern, Ritterrüstungen, Trinkwassersprudlern, Backöfen, Obstkörbchen, Blumentöpfen, Jagdspeeren, Brettspielschachteln, Stehlampen, Kleidertruhen, Fernsehern, Amphoren, Spielkonsolen, Bücherregalen, Sitzmöbeln, Doppelstockbetten, Kaffeetischchen, Papyrusrollen, Sexspielzeugen und Fußmatten aus Kokosfasern. Dann bekam jeder von uns noch drei Spielfiguren und drei Würfel.

»Bitte schön«, sagte Campbell.

»Und jetzt?«, fragte von Manteuffel.

»Jetzt baut ihr gefälligst das Hochhaus in der Höhle auf«, antwortete Campbell. »Ihr habt es ja nicht anders gewollt. Und wer dabei der Beste ist, gewinnt.«

»Das ganze Spiel?«, fragte Ronny.

»Nein«, sagte Campbell. »Nur den Wettkampf um den Hochhausbau natürlich, was denkst du denn?«

Erst jetzt, wo es ganz danach aussah, dass sich das Spiel *MAUN-STEIN* aufgrund der durch seine Spielerinnen und Spieler gefällten Entscheidungen selbst zu zerlegen begann, fiel mir auf, dass ich mich in keiner Weise daran beteiligt hatte, obwohl ich ja auch vor Ort gewesen war, dort am Tisch, eingezwängt zwischen Johanna und Ronny, mit meinem Stuhl zwar ein paar Zentimeter weiter als sie vom Geschehen entfernt, aber ja doch, zweifellos: körperlich anwesend. Ging mich das alles einfach nichts mehr an? Hielt ich meine große Klappe, weil mich von Manteuffels Vorwürfe und Drohungen so sehr zerrüttet hatten? Ich weiß nur, dass ich nicht weiter über sie nachgedacht hatte. Warum auch? Irgendetwas Geheimes jedenfalls trieb mein Verstand, während mein Körper ihn teilnahmslos, ruhig und ohne viel Aufhebens mit Nährstoffen versorgte, damit er eben damit fortfahren konnte … ja, womit eigentlich? Wo war ich die ganze Zeit über gewesen? Als ich mich wieder so weit gefangen hatte, um mir diese Fragen stellen zu können, waren die anderen längst damit beschäftigt, das Hochhaus zu errichten, mit ihren Würfeln Rohstoffe einzusammeln und geschickt ihre Spielfiguren auf den verschiedenen Arbeitsplätzen der Baustelle zu positionieren, um neue Konstruktionsfortschritte einzuleiten, die mehr oder weniger zur baldigen Fertigstellung beitragen konnten. Spielte ich überhaupt mit? Wenn ja, dann so langsam und fast unsichtbar, dass es gerade noch den Anschein machte, als wäre ich auf nebulöse Weise am Spiel beteiligt. Wenn nicht, dann war das zumindest niemandem aufgefallen, so beschäftigt waren alle mit sich selbst. Aber wie auch immer: Ich hatte die Freiheit, weiterhin tun und lassen zu können, was ich wollte. Also rückte ich jetzt noch ein Stückchen weiter vom Tisch weg, stand gelassen auf, nahm meinen Stuhl und stellte ihn neben der schlafenden Taxi ab. Hier setzte ich mich wieder hin, nur einmal kurz beäugt von Campbell, der von seinem Buch aufgeschaut hatte, als Johanna, von Manteuffel und Abdominis Sovieticus schon angefangen hatten, die winzigen Wohnungen im Hochhaus mit Möbeln und Gegenständen einzurichten, während der leise vor sich hin schimpfende Ronny noch den Parkplatz im Hof zu planieren versuchte, aber so schlecht würfelte, dass er anstatt des von ihm so sehnlichst erhofften Asphalts nur Regenschirme, elektrische Zahnbürsten, Hundehütten, Milchaufschäumer und Toastbrotscheiben aus dem Ressourcenlager bekam. Derweil richtete ich die mittlerweile völlig in sich zusammengesunkene Taxi auf, stützte mit meinem Arm ihren Rücken und lehnte ihren Kopf gegen meine Schulter. Vielleicht konnte ich so einigermaßen verhindern, dass sie in den nächsten Minuten ihre Zunge verschluckte.

Die anderen spielten derweil weiter, bis Johanna ihren Vorrat an Einrichtungsgegenständen großzügig im ganzen Hochhaus verteilt hatte. Unter Fanfarenklängen, die sie mit ihrem Mund produzierte, tanzte sie mit ihren Bauarbeiterspielfiguren in den brandneuen, schicken Wohnungen herum und belegte ihre Mitspieler mit allerlei niederländischen Schmähworten.

»Glückwunsch«, sagte Campbell. »Im Appendix des Spielbuches steht dazu Folgendes: *Schon wenige Monate nach dem Einzug der ersten Bewohner in das Hochhaus begann der unaufhaltsame Verfall.* Aber ihr habt euch wirklich viel Mühe gegeben.«

»Weißt du, was, Campbell?«, sagte Johanna. »Ich glaube, du brauchst mal 'ne Pause. Ab jetzt lese ich weiter, okay?«

»Na gut«, sagte Campbell, der möglicherweise schon zu müde war, um sich dagegen zu wehren. »Ich muss sowieso pinkeln.«

»Ich auch!«, rief Ronny.

»Ich auch!«, rief Johanna.

Sie und die Jungs gingen gemeinsam hinter die Pergola und raschelten dort zwischen den Büschen herum. Mein Blick traf den Blick von Abdominis Sovieticus. Es fiel mir schwer, ihn zu deuten. Einerseits hatte er etwas von einem übellaunigen Berserker, der sich mit aller Kraft zusammenreißen musste, um nicht gleich auf die gesamte Welt loszugehen – andererseits betrachtete er mich gerührt, vielleicht aber auch enttäuscht von sich selbst, als gelänge mir in Bezug auf Taxis Geistes- und Gesundheitszustand etwas, das er niemals würde vollbringen können. Verkniffene Raserei und frustrierte Großherzigkeit – eine äußerst gefährliche

Kombination, wenn sie denn jemals zusammen auftrat, was aber nun mal durchaus passieren konnte.

Ganz anders von Manteuffel: Sie ignorierte mich und las etwas auf ihrem Handy, über das im Großen und Ganzen ziemlich niederschmetternde Weltgeschehen oder eine schmalzig-süffisante Nachricht von Picardo oder die neuesten Angebote in ihrer Shopping-App. Ich war keine gleichberechtigte Kombattantin mehr für sie, weil sie mich dazu hatte zwingen können, ihr zu offenbaren, wie schwach ich in Wirklichkeit war. Gewiss brauchte sie jetzt eine neue Herausforderung. Johanna vielleicht? Die Arme. Aber sie würde immerhin länger standhalten können als ich, schon allein, weil sie einigermaßen berühmt war, mehr Muskeln besaß und eine übernatürliche Kraft namens Rover an ihrer Seite hatte. Verflucht seist du, von Manteuffel, Spyderlings Wurmfortsatz, Schlächterin, allmächtige Vampirgräfin! Als zehrte sie uns nach und nach alle auf, um von unserem Elend ewig zu leben.

»So«, sagte Ronny und setzte sich auf seinen Stuhl, »wieder da. Eieiei, das war echt knapp. Campbell hat mir übrigens auf die Schuhe gepisst, und zwar mit voller Absicht.«

Johanna hatte derweil Campbells Platz eingenommen und blätterte mit glänzenden Augen durch das Buch. Schließlich kam auch Campbell zurück, blieb aber an der Tischkante stehen, wahrscheinlich, um notfalls eingreifen zu können, falls Johanna etwas tat, was ihm aus ganz sicher unerfindlichen Gründen total gegen den Strich ging.

»Na dann, ihr Nasen«, sagte Johanna, »machen wir mal weiter, oder? Wer hat Bock? Ihr habt Bock! Wer hat Bock? Ich hab Bock! Whoop, whoop!«

Das glorreiche, allumfassende Schlaflose Imperium – die Kaiserkrone der Zivilisation! Vom mächtigen Saucisson-Gebirge weit hinter dem Polarkreis über den Tyrannischen Ozean im Zentrum der Welt bis hinunter in die südwestlichsten Ausläufer des Algorithmischen Urwalds – nur Glanz und Fülle und Heiterkeit! Noch immer erinnern sich die Menschen und Tiere ehrfürchtig und

*freudestrahlend an den Schlaflosen Imperator Paulimaritz I., der
einst die ramponierten Kontinente mit seinen wackeren Heerscharen in einem immerwährenden Kriegszug befreite, der bis zum
heutigen Tage …*

»Boah nee, ist das blöd«, sagte Johanna und blätterte im Buch
umher. »Ich mach einfach mal an 'ner anderen Stelle weiter.«
»Johanna!«, rief Campbell, erschüttert bis ins Mark.
»Sei still, durchgeknallter Schottenjunge! Du hast hier gerade
überhaupt nichts zu melden.«

*Vor dem Hochhaus saß ein junger Mann mit fettig zurückgekämm-
ten weißblonden Haaren, fusseligem Backenbärtchen und nack-
tem Oberkörper auf einem roten Fahrrad und säuberte sich die
Fingernägel mit einem antiken Smaragddolch, den er bestimmt
hier irgendwo im Morast steckend gefunden hatte. Maxim. Maunstein hatte Kenntnis darüber, dass dieser Junge es vorzog, sich
im Feld stets auf die Augen seines Gegners zu stürzen, denn wenn
erst einmal die Augen raus waren, gab es keinen Grund mehr zu
weiterer Gegenwehr.
Maunstein hinkte näher, den ganzen Mund voll Schaum.
Maxim sah von seiner Hand auf.
»Bouche Nest Kasi«, sagte er fröhlich, »da bist du ja endlich. Wo
warst du so lange?«*

»Bouche Nest wie bitte?«, fragte Johanna und fing an zu lachen.
»O weh!«
»Das ist alles nur deine Schuld«, murmelte Campbell traurig. »An
einer anderen Abzweigung von Zeit und Raum ist er unter dem
Namen Kai-Davy Moonshine bekannt und ein strahlender Held.
Aber das wird Bouche Nest Kasi jetzt niemals erfahren.«

*Maunstein atmete schwer, während er sich an der Lenkstange von
Maxims Fahrrad festkrallte. Der Junge lächelte ihn an.
»Wo ist …«, stöhnte Maunstein.*

»Ludovic?«, fragte Maxim.

»Ja«, prustete Maunstein und wischte sich mühsam mit dem Ärmel ein blutiges Rinnsal vom Kinn.

»Oben«, sagte Maxim und musterte ihn von Kopf bis Fuß. »Aber so, wie du aussiehst, wirst du es niemals bis dorthin schaffen. Der Aufzug ist kaputt.«

»Dann ...«, flüsterte Maunstein, »ruhe ich mich ... nur mal kurz ... aus ...«

Maxim ließ sein Fahrrad zur Seite fallen, stützte den hinfälligen Maunstein und brachte ihn zu einer windschiefen Hundehütte am Rande einer mit großen leuchtenden Schirmpilzen bewachsenen Brachfläche, die vor Urzeiten eventuell mal so etwas wie ein Parkplatz werden sollte, der aber aufgrund der fehlenden intellektuellen und handwerklichen Qualifikationen der vorzeitlichen Baumeister nie fertiggestellt worden war. Keuchend sank Maunstein auf die Knie, zwängte sich in die Hütte und blieb dort zusammengerollt liegen, während ihm die Tränen in seinen Bart liefen.

»Er stirbt«, sagte Abdominis Sovieticus. »Lassen wir ihn doch seine letzte Ruhe in Würde antreten. Zeitlebens hat sich dieser ehrenwerte Tote verhalten wie ein Skelett, das im Kleiderschrank hängt. Ende.«

»Er ist noch nicht tot«, sagte Johanna. »Ihr könnt ihn retten. Wenn ihr das wollt.«

»Ich will nicht«, sagte Ronny. »Ach, ich vermisse meinen Freund King so sehr. Wir wollten heute Abend eigentlich noch eine Partie *Battleplanet Helgacore* spielen.«

»Ich will auch nicht«, sagte Campbell. »Für einen Mann namens Kai-Davy hätte ich mich eingesetzt, aber diese Person da ist mir total fremd.«

»Ihr könntet«, warf ich von der Seite ein, »es aber wenigstens mal versuchen.«

Alle blickten zu mir.

»Du spielst doch gar nicht mit, Sepulveda«, sagte Ronny.

»Quatsch«, widersprach ihm Johanna. »Dieses Spiel ist so behämmert, dass es nicht einmal eine feste Spielerzahl benötigt. Alle können mitmachen. Und das ist doch einfach nur wunderbar.« »Ich bin dafür, ihm noch eine Chance zu geben«, sagte ich. »Jeder hat es verdient, nicht sofort und völlig ohne Grund abkratzen zu müssen, finde ich.«

Wochen vergingen, vielleicht sogar Monate, in denen Maxim Maunstein so gut aufpäppelte, wie er nur konnte. Zuweilen schien es nicht gut um ihn bestellt zu sein: Dann war über Stunden hinweg kein Laut aus der Hundehütte zu hören, ehe gegen Mitternacht doch noch ein einzelner Huster in der stillen Höhle widerhallte. Täglich brachte der Junge Maunstein eine Schale Sahne, mit einer Prise Pfeffer gewürzt, an den Wochenenden und zu den zahlreichen imperialen Festtagen auch Fleischbällchen, Käsetoast und Krabbencocktails. Die erste Zeit nach seinem Rückzug in die Hundehütte rührte Maunstein nichts davon an, sondern war vollends damit beschäftigt, seinen Geist darauf zu konzentrieren, die körperlichen Blessuren ausheilen zu lassen, bis endlich auch der letzte Knochen zusammengewachsen war. Nachdem er sich halbwegs bewegen konnte, bat er Maxim um eine Handschaufel, mit der er sich eine kleine Latrine in seinem Verschlag graben konnte; etwa ab diesem Zeitpunkt begann er auch wieder zu essen. Am Abend setzte sich der Junge meistens noch für einige Minuten vor das Loch in der Hütte und erzählte dem leise wimmernden Maunstein von seinen Abenteuern, die darin bestanden, dass er große kugelrunde Molche mit prächtigem Federkleid, gelben Eckzähnen und munteren Glupschaugen am Ufer des Flusses einfing, auf seinem Fahrrad durch die Dunkelheit raste oder mit Kieselsteinen nach den jahrtausendealten Stalaktiten warf, um sie von der Decke stürzen zu lassen; manchmal wurde der Junge auch in die obersten Stockwerke des Hochhauses zitiert, in den Thronsaal von Commander Ludovic de Kroitzfeldt, der sich inzwischen zum Usurpator dieser Höhle erklärt und damit offiziell gegen den kosmischen Allmachtanspruch des Schlaflosen Imperiums gestellt hatte. Als Maunstein davon erfuhr, wedelte er mühsam die weißen

Grashüpfer weg, die sich auf seine wund gelegenen Stellen gesetzt hatten, und spürte den brodelnden Zorn von Imperatorin Vilma XVII. in sich aufsteigen, so wie alle anständigen Bürger des Imperiums in diesem Moment, denn die Gefühle des jeweiligen Oberhauptes waren ja dank der sozialpädagogischen Maßnahmen zur kollektiven Willensbildung, aber auch des medizinischen Fortschritts in der Gentechnik von Geburt an ihre eigenen Gefühle, wie sollte es auch anders sein? Der frischgebackene Kleinkönig Ludovic I. und seine Speichellecker hatten sich mit ihrer Sezession einen unfassbaren, schmerzhaften Affront erlaubt, der auf nichts anderes hinauslaufen würde als eine ganze Reihe wundervoller, befriedigender Hinrichtungen.

»Kennt ihr eigentlich das Bild auf der Schachtel von Little Pinkys Spiel *Wie man einen Hipster streichelt?*«, fragte Johanna. »Als wäre Maxim direkt aus diesem Cover gehopst und hätte heimlich die Militärausbildung in einem quasifaschistischen Fantasy-Weltreich durchlaufen, nur um jetzt plötzlich in *MAUNSTEIN* vor unser aller Augen wieder aufzutauchen.«

»Und wie streichelt man einen Hipster?«, fragte Abdominis Sovieticus.

»Na, ich glaube, lieber nicht«, antwortete Johanna und streckte ihm ihre Zungenspitze entgegen. »Aber wenn es unbedingt nötig sein sollte, dann nur ganz, ganz kurz. Ach so, bevor ich es vergesse …«

Sie löste eine Seite aus dem Buch, und vor uns entfaltete sich ein weiteres Spielbrett, das das Gelände der Höhle in seinem jetzigen Zustand zeigte: den Fluss, das baufällige Hochhaus, die gefiederten Molche (in Grüppchen friedlich beieinander grasend), die Brachfläche mit Maunsteins Hundehütte (aus der ein gebrochenes Bein schaute), die Bruchstücke von abgeschlagenen Stalaktiten hier und da, Pilze, Moosteppiche, Haufen prähistorischen Bauschutts, Maxims rotes Fahrrad. Zum Schluss stellte Johanna Maxims Spielfigur unweit der Hundehütte auf: einen breit grinsenden Teenager, der mit der einen Hand das Victory-Zeichen machte und in der anderen einen Dolch hielt, auf dessen Spitze zwei Augäpfel gespießt waren.

Als Maunstein zum ersten Mal nach langer Zeit den struppigen Kopf aus seiner Hütte streckte, mochte es bereits Vormittag, vielleicht aber auch schon Abend gewesen sein, so genau war das in all der Dunkelheit nicht auszumachen. Er verharrte, auf seine Arme gestützt, und schnüffelte in der Luft herum. Es roch muffig, außerdem nach getrocknetem Blut und frischen Exkrementen. Langsam zog er sich aus der Hütte, indem er eine Hand vor die andere setzte und seine noch tauben Beine hinter sich herschleifen ließ. Sobald er fast zur Hälfte draußen war, gab es einen Knall in der Ferne, und kurz darauf schlug nur wenige Zentimeter neben ihm ein Projektil in den Boden ein. Erde spritzte ihm ins Gesicht. Maunstein versagte vor Schreck die Kraft, und er sackte mit dem Kinn voran auf das Metall einer halb vergrabenen Betonmischmaschine. Stöhnend drehte er sich auf den Rücken. Direkt neben seinem Ohr fuhr eine weitere Kugel in die Erde. Maunstein rollte sich jammernd auf die Seite. Noch ein Projektil. Schluchzend kam er wieder auf dem Rücken zu liegen, kniff die Augen zusammen und blickte nach oben. Dort, im vierzehnten Stock, stand die Scharfschützin Ken Tacki Schin Kansen auf dem Balkon, lud ihr Gewehr nach und legte an. Maxims Fahrrad schlitterte über den Schutt und blieb knapp neben ihm stehen.

»Hör auf damit, du Psycho!«, brüllte der Junge und schleuderte einen Kieselstein in die Luft, der in hohem Bogen am Hochhaus vorbeiflog.

Ken Tacki Schin Kansen schaute hinter ihrem Zielfernrohr hervor, dann ließ sie das Gewehr sinken, ehe sie sich durch die Balkontür ins Innere des Hochhauses verzog.

»Keine Angst«, sagte Maxim und reichte Maunstein die Hand. »Das waren nur Zielübungen. Die wollte dich nicht treffen. Na ja, glaube ich zumindest. Uns allen ist ein bisschen langweilig gerade.«

Maunstein packte Maxims Hand und ließ sich von ihm auf die Beine ziehen. In aufrechter Position angekommen, stürzte sofort sein

Blutkreislauf in sich zusammen, aber Maxim hatte ihn gerade noch auffangen können. Der Junge wartete artig, bis Maunstein das Bewusstsein wiedererlangt hatte, dann ging er einige Schritte mit ihm auf der Brachfläche umher.

»Wirst du mir ...«, säuselte Maunstein, noch eine Handbreit im Delirium versunken, »... die Äuglein auspiken?«

Maxim winkte ab.

»Nee, warum denn?«, sagte er. »Der Krieg ist doch vorbei.«

»Wenn er sich da mal nicht täuscht, der kleine Tunichtgut«, brummte Abdominis Sovieticus. »Hat jemand vielleicht eine Spielkarte, auf der irgendetwas davon steht, dass der Krieg noch nicht vorbei ist? Ich will nicht, dass Maunstein und Maxim sich anfreunden. Sie sind Feinde. Und zwar bis ans Ende aller Tage.«

Die anderen guckten ihre Kartendecks durch.

»Nein, ich nicht«, sagte von Manteuffel. »Ich habe nur eine Karte, auf der von einem Gerücht erzählt wird, dass Ludovic de Kroitzfeldt mal Geschlechtsverkehr mit einem Tapir hatte.«

»Bei mir steht«, sagte Ronny, »das Schlaflose Imperium sei nur ein epochaler Schwindel der internationalen Unterhaltungsindustrie, um die Menschen mit permanentem Säbelrasseln dazu zu bringen, billig hingeschluderte Liebeskomödien und Politthriller zu konsumieren. Eigentlich gar keine schlechte Idee ...«

Abdominis Sovieticus ließ sich von Manteuffels Karte über den Tisch reichen, las sich murrend den Text darauf durch und gab sie ihr, ohne ein weiteres Wort zu sagen, wieder zurück.

»Hier bauen wir Kohlrabis an«, sagte Maxim und deutete auf einen kleinen Bereich der Randfläche, der genauso aussah wie der Rest des niemals fertiggestellten Parkplatzes. »Den Samen düngen wir mit dem Blut der Ungläubigen. Spätestens in zweieinhalb Jahren wird uns Lordkanzler Grimmdarm einen hervorragenden Auflauf daraus kochen, hat er gesagt.«

»Und hier zu diesem Stein gehe ich, wenn ich allein sein möchte«, sagte Maxim und zeigte auf einen großen Stein. »Wer sich dahin-

ter versteckt, ist vom Hochhaus aus nicht zu sehen. Hier lese ich oder schaue mir Clips von witzigen Unfällen auf meinem Telefon an, aber die Internetverbindung ist meistens zu schlecht. Man kann sich auch hervorragend einen runterholen, falls du mal das Bedürfnis dazu hast. Aber Pornografie ist bei uns aus religiösen Gründen verboten, also musst du schon deinen Grips anstrengen, wenn du unbedingt an dir herumfummeln willst. Du kannst dir doch Sachen vorstellen, oder? Epilierte Beine zum Beispiel oder angesengtes Moos oder miteinander verschlungene Elefantenrüssel oder einen Topf voll gekochter Nudeln. So was halt.«

»Nein«, sagte Maunstein leise, »das fällt mir ausgesprochen schwer.«

»Macht doch nix«, sagte Maxim, »Und dort hinten …« Er zeigte auf eine sanft abfallende Wiese voller Nachtschattengewächse, die zum Fluss hinunterführte. »… da sind meine Jagdgründe.«

Er spannte die Arme an, die er um Maunsteins Oberkörper geschlungen hatte, und steuerte mit ihm auf den Fluss zu.

»Ich weiß nicht, ob ich es bis dahin schaffe«, stöhnte Maunstein, dessen Beine sich so anfühlten, als bestünden sie aus zwei Schnüren, auf die jemand ein paar Holzperlen gefädelt hatte, die schon beim leichtesten Luftzug klackernd gegeneinanderschlugen.

»Ach was«, rief Maxim, löste sich von Maunsteins Körper und gab ihm einen festen Tritt in den Hintern, der ihn den Abhang hinunterstolpern ließ, und obwohl er nicht stürzte, spürte er doch, wie seine frisch verheilten Knochen endlich in ihre Gelenke einrasteten, was furchtbar wehtat, aber ganz sicher auch nötig gewesen war, um zukünftig wieder ein halbwegs selbstbestimmtes Leben führen zu können.

»Jetzt reichts aber!«, polterte Abdominis Sovieticus. »Der Lümmel kann was erleben!«

»Tut mir leid«, sagte Johanna, »du kannst da nichts machen. Maunstein ist viel zu sehr damit beschäftigt, fröhlich vor sich hin zu stolpern. Also jetzt auch noch. Und jetzt noch. Und immer noch. Er stolpert und stolpert und stolpert. Hier, guck mal, in etwa so!«

Sie sprang auf und humpelte mit wedelnden Armen einmal schnell um den Tisch herum.

»Hrmrmmm«, machte Campbell. »Das ist so unfair von dir, Johanna.«

»Nö«, sagte Johanna und setzte sich wieder auf ihren Stuhl.

Am Ufer des Flusses kam Maunstein endlich zum Stehen. Sein Herz schlug wie Kalfaktorius' Hämmerchen gegen die Betonsäule von Angelikarnassos inmitten der Großen Wüste Pu, und er erinnerte sich plötzlich an seinen Zwillingsbruder Kai-Davy, den er an ihrer beider zwölftem Geburtstag zum imperialen Weltraumbahnhof von Alt-Gaetoria begleitet hatte, gemeinsam mit ihren Eltern Vikunya und George, am Ende eines langen Sommers, in dem die beiden Brüder nicht viel mehr getan hatten, als zu Hause im Swimmingpool auf einer Luftmatratze zu liegen, Spargeleis zu essen und die Zeichentrickserie Cocolina Cocolini *zu schauen, in der ein etwa gleichaltriges Mädchen alles daran setzte, mithilfe mikroskopisch kleiner Kampfroboter in allen möglichen Formen und Farben die zahlreichen Feinde des Imperiums zur Strecke zu bringen, deren abgeschlagene Köpfe sie in ihrem Kinderzimmer gut sortiert auf einem Regal platzierte (»Cocolina Cocolini, murkst euch alle ab / Dich zum Beispiel / Oder dich da / Weil du keine Freunde hast«). Der zwölfte Geburtstag von Kai-Davy und Bouche Nest Kasi Maunstein hatte ganz im Zeichen des »Blutunterlaufenen Auges hinter den Wolken« gestanden, jener sagenumwobenen Himmelserscheinung, die sich nur alle ein- oder zweiundfünfzig Jahre über der vom Schlaflosen Imperium verheerten Welt zeigte, begleitet von ausschweifenden Feierlichkeiten, deren Höhepunkt die Opferung von ein- oder zweiundfünfzig jungen Menschen war, vornehmlich die erstgeborenen Söhne oder Töchter, deren Menstruation noch nicht eingesetzt hatte, und Vikunya und George Maunstein war es aus patriotischen wie auch religiösen Gründen wichtig gewesen, noch vor der Geburt ihrer Zwillinge einen Anmeldebogen für die Lotterie auszufüllen, in der die Auswahl der zu opfernden Kinder getroffen wurde, wenn das Auge sich schließlich für wenige*

Tage am Himmel zeigte, ein wacher, niemals müde werdender Augapfel, der eng mit dem von allerhand kosmischen Katastrophen geprägten Ursprungsmythos des Schlaflosen Imperiums und dessen omnipotentem Herrschergeschlecht verknüpft war, auch wenn die zeitgenössische imperiale Geschichtswissenschaft die kultische Bedeutung des Auges als »abergläubischen Firlefanz« oder »Überrest archaisch-naiven Brauchtums« herunterspielt. So oder so: Schließlich entschied sich die im Rahmen einer aufregenden Fernsehshow gedrehte Lostrommel für Kai-Davy Maunstein, was einen Abend lang zu einer schrecklichen Rauferei zwischen den Zwillingen geführt hatte, denn natürlich wäre auch der kleine Bouche Nest Kasi nur allzu gern mit einer Nuklearrakete direkt in die tiefschwarze Pupille des Blutunterlaufenen Auges gesaust, aber er war eben ganze neunzehn Sekunden nach seinem Bruder auf die Welt gekommen, und daher blieb ihm als lächerlichem Zweitgeborenen lediglich eine glanzvolle Karriere oder ein schnelles Ende im imperialen Militär, während Kai-Davy als einer von ein- oder zweiundfünfzig nackten und gesalbten Kindern die dreitägige interstellare Reise ins Heiligtum des Schlaflosen Imperiums antreten durfte. Sogar der damalige Imperator Ötzpeter III., Großonkel der derzeitigen Herrscherin Vilma XVII., war an diesem bedeutenden Tag am Weltraumbahnhof von Alt-Gaetoria anwesend, auf einer Ehrentribüne, in Begleitung seiner Konkubine Lady Pauke und flankiert von seinen drei grünen Löwen Nancy, Norman und Penelope, und Maunstein erinnerte sich noch gut daran, wie seine Eltern und er den Bruder fest in den Armen hielten, vielleicht ein bisschen zu lang, denn Kai-Davy war das letzte Kind, das, nur mit einer Sauerstoffmaske und einem Kranz aus Lupinen bekleidet, die Abschussrampe betrat, winkend und lachend, ehe der Countdown heruntergezählt wurde und die Rakete, aus einer höllischen Wolke hervorbrechend, in den Himmel hinaufschoss. Alles jubelte und wünschte sich Glück und Gesundheit für die bevorstehenden Jahre, in denen das Auge zwar nicht zu sehen wäre, aber trotzdem auf jeden Einzelnen von ihnen unablässig starren würde, von einem namenlosen Punkt in der Tiefe des Alls aus. Noch am Abend desselben Tages warf Vater George die Videospiele, Actionfiguren und Schlafanzüge seiner Söhne auf den Müll, und am nächsten Morgen hielt vor dem Haus der Maunsteins der veilchenblaue Bus an, der Bouche Nest Kasi auf die Kadettenschule der imperialen Heeresverwaltung nahe Syphilia-sur-Mer bringen würde.

Maunstein ließ sich fallen und blieb prustend und mit ausgestreckten Beinen im Matsch sitzen, die ihn umgebende Szenerie fest im Blick. Warum hatte er sich überhaupt an all das erinnert, jetzt, am Ufer, Maxim in einiger Entfernung hinter sich, und dort, auf der anderen Seite des dunklen Flusses, eine kleine Herde dieser runden gefiederten Molche, die begriffsstutzige Geräusche machten und mit ihren stumpfen Hauern im Dreck wühlten? Ach, irgendeinen Grund dafür würde es schon gegeben haben.

Maxim kam und kniete sich zu ihm herunter. Er sah den Atem des Jungen in Wölkchen vorbeiziehen und in der kühlen, klammen Luft der Höhle verschwinden.

»Die Viecher da drüben sind im Moment unsere Hauptnahrungsquelle«, sagte Maxim und nickte zum anderen Ufer hinüber. »Die jage ich, wenn ich nichts anderes zu tun habe. Man kann sie backen, schmoren oder rösten, mit Pilzen füllen, am Spieß braten oder unter glühenden Steinen langsam erhitzen. Natürlich nur, wenn man vorher die Federn, Augen, Zähne, Schleimbeutel und giftigen Geschlechtsorgane entfernt hat. Aber dann sind sie richtig lecker. Ich gehe einfach über die Wiese, beuge mich runter und stecke sie in meinen Jutebeutel. Sie hüpfen niemals weg, weil sie nicht verstehen, wie ihnen geschieht. Ich habe keinerlei Mitleid mit ihnen.«

»Warum haben dich deine Kameraden eigentlich nicht gegessen?«, fragte Maunstein. »Ihr habt doch bestimmt schon öfter gehungert, oder?«

»Wer sich mir nähert, den esse ich«, sagte Maxim nur und stand wieder auf. »Oha! Was kommt denn da?«

Er stierte in die Finsternis über dem Fluss. Etwas Großes trug die Strömung heran. Sie warteten, bis es nahe genug war, dann half Maxim Maunstein beim Aufstehen, und beide traten dicht an das Ufer. Das Ding trieb von einer Flussseite zur anderen, ver-

fing sich kurz in einem Reisighaufen, der halb ins Wasser ragte, wurde fortgespült und blieb schließlich auf einer Sandbank liegen, nur zehn oder fünfzehn Meter entfernt von den grasenden Molchen. Unförmig war es, wie ein Ballon, der zu lange in der Sonne gelegen hatte, außerdem schwarz und grün gefleckt, und nur die dünnen langen Haare machten unmissverständlich klar, um was – oder wen – es sich hier handelte.

»Dr. Lulu?«, fragte Maxim irritiert.

»Scheint so«, antwortete Maunstein.

»Wie kommen wir an ihn ran?«

»Gar nicht. Wir lassen ihn da liegen.«

»Aber das geht nicht«, rief Maxim. »Er verseucht unser ganzes Wasser. Seit Monaten wahrscheinlich schon. Kein Wunder, dass unsere Funkerin mit Durchfall im Bett liegt. Wir dachten, sie simuliert aus Faulheit oder Verzweiflung. Arme ›Fußgängerin‹! Ludovic muss sie rehabilitieren. Er war schon drauf und dran, sie ins Exil zu jagen.«

»Nein, Maxim«, sagte Maunstein ernst. »Wir dürfen uns ihm nicht nähern. Guck doch!«

Aus dem, was mal Dr. Lulus Kopf gewesen war, räkelten sich bereits …

»Alles klar, Freunde, das kann ich nicht weiterlesen«, sagte Johanna und ließ das Buch vor sich auf den Tisch fallen. »Will jemand anderes? Ich hole mir derweil mal ein Bier.«

Sie steckte sich die Finger in die Ohren, stürzte los und lief in den Garten hinaus.

Abdominis Sovieticus schnappte sich das Buch, und schon nach wenigen Sekunden begannen seine Augen zu leuchten, weil sich vielleicht ein paar Tränen darin gesammelt hatten, Tränen der diebischen Freude und des großen Unbehagens gleichermaßen, so etwa in der Art.

… fünf knöchrige und mit kurzen drahtigen Haaren bewachsene Beine, die scheinbar hilflos in der Luft tasteten. Sobald eines auf

den festen Grund des Flusses traf, folgten die anderen nach und verankerten sich regelrecht im Sand. Minuten später brach eine schwarze Beißzange zwischen Dr. Lulus Schädelplatten hervor und schlug klickend ihre feucht glänzenden Mandibeln zusammen. Die Beine hoben und senkten sich nacheinander, um den dazugehörigen aufgeschwemmten Körper an Land zu ziehen, wo frohgemut die großen dicken Molche herumsaßen und sich von nichts beirren ließen. Einen Molch nach dem anderen holte sich das Etwas, und nachdem es das sechste Tier verspeist hatte, war es anscheinend stark genug, um auch den Rest des verwesenden Dr. Lulu zu reaktivieren, der sich lautlos aufzurichten begann und dann, mit seinem zuckenden Spinnenkopf über die Wiese wankend, in der Finsternis verschwand.

»Und jetzt?«, flüsterte Maxim außer Atem.

»Genug mit dieser Scheiße«, sagte Moonshine ... ähm, Verzeihung ... *Maunstein. »Jetzt bringst du mich endlich zum Blutigen Gebirge, verstanden?«*

»Ach ja«, raunte Abdominis Sovieticus zufrieden, »die Natur und ihre Auswüchse. Das ist schon was!«

»Und?«, fragte Johanna, die mit einem Bier zurückgekehrt war. »Ist es vorbei?«

»Na ja«, sagte von Manteuffel, »anscheinend nicht so richtig.«

»Die Spinne ist noch irgendwo in der Höhle unterwegs«, ergänzte Ronny.

»Bah!«, stöhnte Johanna und schüttelte den Kopf. »Darf ich trotzdem wieder lesen?«

Alle warteten gespannt auf Abdominis Sovieticus' Reaktion. Aber anders als befürchtet, gab er Johanna einfach das Buch zurück und drehte den abscheulichen Spinnenkopf zwischen seinen dicken Fingern, den er sicher gern auf die Spielfigur von Dr. Lulu gesteckt hätte, wenn die nicht vorhin von Campbell zwischen die Büsche gepfeffert worden wäre.

»Hm«, machte Johanna, »also wenn ich das richtig verstehe, hat Maunstein leider keine Bewegungspunkte mehr, um noch zum

Hochhaus gehen zu können. Die hat er alle verbraucht, als er von Maxim über die Wiese getreten wurde.«

»Und was heißt das jetzt?«, fragte Ronny. »Findet dieses Spiel überhaupt jemals ein Ende?«

»Es ist erst vorbei, wenn es vorbei ist«, sagte Campbell. »Aber so was kann sich ja jeder Idiot zusammenreimen.«

»Pass mal bloß gut auf, Campbell, was du wann und wie zu wem sagst«, drohte Ronny und pikte mit seinem Zeigefinger in die Luft, »sonst …«

An dieser Stelle des Spiels stieg ich einige Minuten lang aus, weil Taxi aufgewacht war. Ihr Kopf lehnte noch immer gegen meine Schulter, und aus den Augenwinkeln hatte ich mitbekommen, dass sie mich anguckte, möglicherweise schon eine ganze Weile, auch wenn es da nicht viel zu sehen gab, weil ich schweigend das Spiel verfolgte oder über irgendeinen Quark nachdachte.

»Aua«, sagte Taxi fast unhörbar.

»Willst du was trinken?«, fragte ich.

Sie nickte ganz leicht.

Ich hatte kein Wasser bei mir, aber von Manteuffel: Neben ihr auf dem Tisch stand ein volles Glas. Also löste ich mich vorsichtig von Taxis Kopf und näherte mich verstohlen der Tischkante. Von Manteuffel war gerade dabei, gemeinsam mit den anderen auszurechnen, wie weit Maunstein sich in seinem Zustand noch bewegen konnte, aber anscheinend blieb ihm nicht viel mehr übrig, als am Ufer des Flusses auszuharren und sich die Wunden zu lecken. Ohne groß darüber nachzudenken, griff ich schnell nach dem Glas, hielt jedoch sofort in meiner Bewegung inne, als von Manteuffel mich bemerkte. Ich deutete mit einem Kopfnicken in Taxis Richtung. Von Manteuffel sah mich an und verengte dabei ihre Augen, dann schaute sie von mir weg und widmete sich wieder dem Spiel. Ich kehrte zu meinem Stuhl zurück und drückte Taxi das Glas in die Hand. Sie trank es in einem Zug aus. Abdominis Sovieticus hatte es ja bereits angekündigt: Sobald sie wieder zu Kräften gekommen sein würde, würde sie sich sofort eine neue Line ziehen oder eine weitere Crackpfeife stopfen oder sich einen frischen

Schuss setzen oder eine Handvoll klitzekleiner Pillen schlucken oder was auch immer. Vielleicht ging es im Moment nur darum, dass sie sich einigermaßen gut fühlte und abgelenkt war. Mehr konnte ich gerade nicht tun.

»Taxi?«, fragte ich.

»Ja?«

»Willst du irgendwohin gehen? Oder was essen?«

»Mir ist kalt«, antwortete sie, »aber ich friere nicht.«

»Soll ich dir in den Hintern treten?«, fragte ich.

»Ja, warum nicht?«, sagte Taxi, legte ihren Kopf auf meinen Schoß und schloss wieder die Augen. »Aber nur im übertragenen Sinn, okay? Ansonsten müsste ich mich wehren, so will es mein transnistrisches – oder besser gesagt: mein pridnestrowisches Blut.«

Das war alles echt nicht so einfach zu verstehen, also wirklich: alles! Zum Beispiel dieses winzige Transnistrien als »Land jenseits des Dnister«, eines Flusses aus dem Süden der Ukraine, der auf Rumänisch »Nistru«, auf Russisch »Днестр« und auf Griechisch »Týras« genannt wird – und dazu als Gegenbild: die winzige, mit Transnistrien vollständig deckungsgleiche Pridnestrowische Moldauische Republik als »Land am Dnestr«, also eben nicht »jenseits« oder »östlich« des Flusses oder gar im politischen und kulturellen Einflussgebiet Rumäniens liegend. Und überhaupt die Sprachen: Moldauisch als annähernd unveränderte Form des Rumänischen, mit albanischen, französischen, griechischen, russischen, türkischen und ungarischen Neologismen durchsetzt, dazu ein Wirrwarr aus ukrainischen, russischen und balkantürkischen Gesprächsfetzen in den Straßen, die Lettern mal auf Lateinisch, mal auf Kyrillisch geschrieben, es ist einfach der pure Wahnsinn.

Der Russe Abdominis Sovieticus, der – wie Taxi mir in einem ihrer wenigen wachen Momente verraten hatte, während ihr Köpfchen auf meinem Schoß ruhte – aus der kleinen autonomen Republik Mari El im Osten des europäischen Teils Russlands stammte, in der er sich nach seinem Schulabschluss als Holzfäller verdingt

hatte, bevor es ihn der Liebe wegen in die transnistrische Grenz-
stadt Bender verschlug (der Liebe wegen!), wo er zunächst in der
Social-Media-Abteilung des allgegenwärtigen transnistrischen
Konzerns Sheriff angestellt war (Sheriff!), später beim berüchtigten Ministerium für Staatssicherheit arbeitete (KGB!) und jetzt
eben bei der subversiven Band Hitlerbabies sang (Babys!).

Und Taxi selbst, geboren und aufgewachsen in Tiraspol, der transnistrischen oder pridnestrowischen Hauptstadt, die schon gar
nicht mehr zu sagen wusste, was da eigentlich in ihren Adern floss:
russisches oder moldauisches oder rumänisches oder ukraini-
sches oder transnistrisches oder pridnestrowisches Blut, wahrscheinlich ein dämonisches Gemisch aus allem.

Und genau zwischen all diesen Ungeheuerlichkeiten hatte sich
auch noch Spyderling eingenistet, die Geißel, die Fuge, der zwei-
felhafte Kitt, unser aller Spinnenkopf, aus irgendeiner fremden,
unbekannten Welt gesandt in irgendeine andere fremde, unbekannte Welt, in der es anscheinend noch etwas zu holen gab, aber
was nur, o du schläfriger, von Schlaganfällen geschüttelter Halbgott Billybäm!, was was was?

Vielleicht war das Spiel *MAUNSTEIN* die Antwort darauf, doch
ich war mir sicher, dass Spyderling es nicht erschaffen hatte, denn
Spyderling erschuf keine Spiele, die von mehr als einer Person
gespielt werden konnten – und zwar niemals! –, und außerdem
hätte sich Spyderling nicht die Mühe gemacht, etwas erzählen
zu wollen, denn die Erfahrung des bloßen Spielens war in Spyderlings Spielen Erzählung genug.

Maunstein, Killer, Moonshine, Lakai, aus dem Nichts in Nichts geboren – pass bloß auf: Am Horizont marschieren dir schon die
Divisionen davon! Aber vielleicht brauchte es das alles auch nicht,
also eine namentlich bekannte Autorin, einen namentlich bekannten Autor, einen genauen Grund, einen besonderen Sinn, einen
saublöden Zweck – *MAUNSTEIN* war vielleicht nur dazu gedacht,
in den diffusen Randbereichen der größeren Zusammenhänge
zu lauern, um uns eine Ahnung davon zu geben, worum es eigentlich geht: Alles berührt sich gegenseitig und wendet sich wieder

voneinander ab in dieser weiten, weiten Finsternis, die nur ab und zu von einem sekundenkurzen Blitzlicht erhellt wird, das nicht viel mehr zeigt als den Ort, an dem irgendwann der nächste Blitz einschlagen wird, damit wir voller Lust und unter schrecklichen Schmerzen dorthin gehen können, um weiter zu schauen und zu streiten und zu spielen und miteinander zu schlafen und uns ein Tattoo stechen zu lassen und ein Verbrechen zu begehen und im Luxus zu schwelgen und zwei Volksrepubliken in der Ostukraine auszurufen und Skulpturen von urzeitlichen Säugetieren zu errichten und uns auf die Suche nach Stalins kommunistischer Weinsammlung zu begeben und ein Spiel über die Herstellung von Käse als Massenvernichtungswaffe zu machen und heil aus dem Regenwald El Salvadors davonzukommen und eine Regierungserklärung zu verlesen und eine Heroinspritze in die Hand zu nehmen und unsere nackten Kinder mit einer Nuklearrakete in das »Blutunterlaufene Auge am Himmel« zu ballern und bei leichtem Regen in einem Autowrack im Waldstück am Crow Creek zu sitzen und einen 3-D-Drucker zu bedienen und uns in einen Serienmörder zu verlieben und jemand anderem im übertragenen Sinn oder auch nicht in den Hintern zu treten und uns aus lauter Angst vor der eigenen Erbärmlichkeit über die Roma-Paläste auf dem Land lustig zu machen und den Satan anzubeten und für den Ruhm des Schlaflosen Imperiums in den Krieg zu ziehen und uns in einem Apartmentgebäude an der Ecke 6th und Detroit Street in Los Angeles, Kalifornien, aufzuhängen und eine Schale Götterspeise mit Himbeergeschmack und Vanillesoße zu essen und den ausgesprochen belämmerten Film *Beverly Hills Ninja* zu glotzen und krank zu werden und zu weinen und zu lachen und Bier zu trinken und an einen alkoholkranken Gott zu glauben und dem Ku-Klux-Klan beizutreten und *For He's a Jolly Good Fellow* zu singen und zu heiraten und zu tanzen und zu lügen und eine Foltergeisterbahn für Erwachsene zu eröffnen und zu fotografieren und zu träumen und weiter zu warten auf das Licht, das noch einmal kommen mag oder eben auch nicht kommen mag, und so verrinnt die Zeit.

Es kam Maunstein so vor, als habe die Zeit selbst sich hier unten aufgelöst oder wäre vor Jahrhunderten schon durch einen Felsspalt an die Erdoberfläche entwichen, etwa zu jenem Zeitpunkt, als die Bewohner des Hochhauses damit begonnen haben mussten, ihre Errungenschaften herunterzuwirtschaften und zu verschwinden, nur Spuren aus feuchtem Müll, verrosteter Technik und von Pilzen überwuchertem Ramsch hinterlassend. Er saß auf seinem morschen Klappstühlchen, das Maxim ihm besorgt hatte, und beobachtete ängstlich das andere Ufer des Flusses, wo er Dr. Lulu in der Dunkelheit rumoren hörte, aber vielleicht bildete er sich das auch nur ein, denn seltsame Geräusche gab es hier ja viele. Ein wenig mehr Kraft brauchte er noch, bis er sich endlich so weit erholt hatte, dass er mit Maxim zum Hochhaus aufbrechen konnte. Wie gut, dass der Junge auch einen kleinen, nur geringfügig kaputten Fernseher und einen altmodischen Videorekorder samt Verlängerungskabel aufgestöbert und ihm zur Ablenkung überlassen hatte – darauf konnte er jetzt immerhin eine Sendung aus der Zeit der Hochhausbewohner schauen, auf jener Kassette aufgezeichnet, die in dem Rekorder steckte, aber nur das bewegte Bild, denn der Ton des Fernsehers funktionierte nicht mehr. Doch die grobkörnigen Schwarz-Weiß-Bilder reichten ihm fürs Erste, damit er wenigstens für einen Moment seinen neuerlichen Schwächeanfall und die Bedrohung durch den herumstromernden Dr. Lulu vergessen konnte: Sie zeigten pausbäckige, glatzköpfige Menschen mit Latzhosen und Gummistiefeln, manche winzig wie Zwerge, andere hoch wie Bäume, die auf einem Friedhof standen und freudestrahlend in die Kamera winkten; sie zeigten Aufnahmen von blühenden Tälern, Stauseen voller Segelboote, Tierparks, bewaldeten Vulkanlandschaften und gut besuchten Skigebieten, die es allesamt in dieser Form längst nicht mehr gab, weil das Schlaflose Imperium sie niedergebrannt, mit Asphalt planiert, atomar verwüstet oder gewaltige Tagebaugruben aus ihnen gemacht hatte; sie zeigten zwei sich küssende Münder in Zeitlupe, deren Zungenspitzen sich immer wieder antippten, als fügten sie sich gegenseitig kurze Stromschläge zu; sie zeigten eine Art von Spielshow

in einem TV-Studio, die davon zu handeln schien, dass die Kandi-
datinnen und Kandidaten Begriffe erraten mussten, die der in eine
weiße Marineuniform gekleidete Moderator mit dem unablässig
fließenden Blut aus seiner Nase auf eine übergroße Leinwand malte (Maunstein glaubte, ein fliegendes Auto, eine Gießkanne, einen
Rechenschieber und eine Kneifzange erkannt zu haben, war sich
aber aufgrund des fehlenden Tons nicht hundertprozentig sicher);
sie zeigten faltige, mit Poren überzogene, pulsierende Öffnungen
unbekannter, aber ganz bestimmt organischer Natur, die ein Schuft
von außerhalb des Bildes mit pyramidenförmigen Holzteilchen
bewarf; sie zeigten eine Frau und einen Mann, die nur aus grau-
em Sand bestanden und dennoch ihren Alltag erstaunlicherweise
ohne größere Probleme meisterten (bloß mit dem Abwaschen war
es schwierig, aber nach einigen Rückschlägen benutzten sie einfach Geschirr und Besteck aus Plastik); sie zeigten einen nackigen,
klapperdürren Athleten, der im Abend- oder Morgenlicht am Ge-
stänge eines Hochspannungsmasts baumelte; sie zeigten das Gesicht einer jungen Frau in Großaufnahme, die mit geschlossenen
Augen langsam folgenden Satz sprach: »Ich will dich nicht.« (Maunstein konnte dank seiner Militärausbildung Lippen lesen, obwohl
er das bisher nie gebraucht hatte); sie zeigten ein dickes fröhliches Baby, das über den Teppich auf einen ausgewachsenen quas-
abianischen Sägezahnvogel zurobbte und ihm so kräftig in den
schuppigen Schwanz kniff, dass das Tier in einem hohen Bogen aus
dem Bild sprang; sie zeigten einen nackten Bauch, möglicherweise
den Bauch der jungen Frau mit den geschlossenen Augen, dessen
Nabel von zwei Händen hin und her bewegt wurde, um folgende
Worte zu formen: »Alles geht seinem Ende zu.« (Maunstein konnte
dank seiner Militärausbildung auch Bauchnabel lesen, was ihm
bisher immer dabei geholfen hatte, Dirnen mit Drogenproblemen,
herpeskranke Callboys, erzürnte Revolutionsführer und wohlha-
bende Großmütter zu beeindrucken); und sie zeigten eine behand-
schuhte Faust, die gegen eine Tür aus dunklem Holz klopfte, immer und immer und immer wieder, so lange, bis das Magnetband
an seinem Ende angelangt war. Dann musste Maunstein es von

dem aufgeweckt surrenden Rekorder zurückspulen lassen, um es sich noch einmal mit großem Vergnügen anschauen zu können.

»Wollt ihr noch mehr von dem apokalyptischen Bauchnabel hören?«, fragte Johanna.

»Was denn zum Beispiel?«, fragte von Manteuffel.

»Na, er könnte euch erzählen, wie man das beste Popcorn macht oder was gegen eine Blasenentzündung hilft oder warum die Bewohnerinnen und Bewohner der Höhle nicht mehr da sind oder wie das doch noch was werden könnte mit der Rettung der Welt. So was halt.«

»Nee«, sagte Ronny, »das alles interessiert doch niemanden. Ich will, dass Maunstein von Dr. Lulus Spinnenkopf aufgefressen wird. Geht das irgendwie?«

»Ja«, sagte Johanna.

»Nein, liebe Johanna«, sagte Campbell, »das geht nicht.«

»Na klar geht das«, sagte Johanna. »Er muss halt nur so lange still auf seinem Klappstühlchen sitzen bleiben, bis Dr. Lulu über ihn herfällt.«

Maunstein stürzte brüllend von seinem Klappstuhl und riss mit seinem Fuß den Fernseher um. Er hatte so intensiv auf die Mattscheibe gestarrt, dass ihm gar nicht aufgefallen war, wie dicht sich dieser gottverfluchte Dr. Lulu schon an ihn herangeschlichen hatte. Die Beißzange der Spinne öffnete sich weit, und eine weiße, schleimige Flüssigkeit rann von ihr herab, und ein lang gezogener, gleichförmig hoher Ton drang aus ihrem Schlund hervor, während Dr. Lulus Hände unkontrolliert herumfuchtelten, die Finger auf eine ungesunde Weise verkrampft.
Maunstein erhob sich mit knirschenden Knien und hetzte hinkend die Wiese hinauf, an Maxims pornografischem Stein, dem Kohlrabibeet, der Brachfläche und seiner Hundehütte vorbei, zur Wand des Hochhauses, deren Beton von lauter Rissen netzartig aufgesprengt worden war. Immer nach Dr. Lulu Ausschau haltend, der jetzt am großen Stein angekommen war, schob er sich langsam an

der Wand entlang, um die Hausecke herum und hin zum Eingang. Dort drückte er panisch mit der gesamten Handfläche auf den Klingeln herum, was eine herzzerreißend schiefe, scheppernde Tonfolge ergab.

»Ja, bitte?«, meldete sich eine tiefe Stimme aus dem Lautsprecher.

»Wer da?«, eine andere.

»Hallo?«, und noch eine.

»Wir kaufen nichts«, eine weitere.

»Hilfe!«, schrie Maunstein in den Lautsprecher hinein.

»Einen Moment«, sagte jemand.

Maunstein hörte die Spinne mit ihrer Beißzange klicken. Und schon schaute sie hinter der Hausecke hervor. Inzwischen hatte sie auf Dr. Lulus verwesender Stirn ein einzelnes pralles senfgelbes Auge mit einem roten Punkt in der Mitte ausgebildet, dessen lange, zierliche Wimpern leicht vom Wind bewegt wurden.

»Hilfe!«, schrie Maunstein noch einmal.

Der Summer ertönte, und das Schloss der Eingangstür öffnete sich.

Maunstein hechtete hinein, drückte die Tür hinter sich zu und sah durch die Scheibe, wie Dr. Lulu schwankend vor dem Haus stand und mit verkrümmten Fingern ruckartig durch die klebrige Lache Speichel strich, die auf seine aufgeblähte Brust getropft war.

»Guck mal«, sagte Maxim, auf der untersten Stufe der Treppe sitzend, eine glimmende Zigarette zwischen den Lippen. Er zog etwas aus seiner Hosentasche.

»Mein Diktiergerät«, sagte Maunstein leise, ging zu Maxim, umschloss den Apparat mit zitternden Händen und schluckte seine Tränen hinunter.

»Hab ich vorhin beim Fluss gefunden. Willst du eine Limonade?«, fragte Maxim und zeigte auf eine Flasche mit violetter Flüssigkeit, die neben ihm auf der Stufe stand.

Der Eingangsbereich wurde von einer einzelnen, an einem Kabel hängenden, verdreckten Glühbirne schwach erhellt. Die Fliesen unter Maunsteins Füßen waren zum Teil gesprungen, zu einem größeren Teil aber längst herausgeschlagen worden und zeigten das

vom Schimmel zerfressene Fundament. Rechts von der Eingangs-
tür befanden sich die Postkästen der Hausbewohner, die meisten
aus ihrer Verankerung gerissen und auf dem Boden liegen gelas-
sen, aus den Schlitzen der anderen quollen Reklameblättchen, Zei-
tungen und Briefe, die ihre Empfänger niemals erreicht hatten. Ge-
radezu, in Maxims Rücken, führte eine aus dunkelgrauem Stein
gefertigte Treppe mit schmiedeeisernem Geländer und Zwischen-
podest rechtsläufig in die oberen Etagen hinauf. Links von ihm
befand sich die geschlossene Stahltür des Aufzugs.

Während Maunstein ganz genüsslich die Limonade austrank (sie
schmeckte schon etwas ranzig, als habe Maxim sie auch aus dem
Fluss gefischt oder in einem der Schutthaufen geborgen), war der
Junge aufgestanden, um den Rufknopf des Fahrstuhls zu drücken,
woraufhin sich irgendwo in den verrotteten Eingeweiden des Ge-
bäudes eine Maschine in Gang gesetzt hatte.

Maunstein gab Maxim die Flasche zurück und wischte sich den
Mund mit dem Handrücken ab. »Der Aufzug geht ja doch«, stellte
er fest, als sich die Fahrstuhltür mit einigen lustig aneinander-
gereihten Klängen geöffnet hatte.

»Hat immer tadellos funktioniert«, sagte Maxim nur und betrat
die Kabine.

Während der Fahrt untersuchte Maunstein das Gehäuse seines
Diktiergerätes nach aufgeplatzten Stellen, aber es waren keine zu
sehen. Dann schaltete er es nach einer vergangenen Ewigkeit zum
ersten Mal wieder ein, sprach die Worte »Maunstein, Maunstein,
die Kuh gebärt um Mitternacht, Maunstein, Maunstein, die Kuh
gebärt um Mitternacht« hinein, spielte die Aufnahme ab und war
erleichtert, dass seine Stimme fast ohne irgendwelche Interferen-
zen oder Artefakte zu hören war. Ein Wunderwerk der imperialen
Militärtechnik, zweifellos, erschaffen für die bluttriefende Ewig-
keit des unendlichen Krieges, erdacht von den allerklügsten …

»Ächz«, machte Johanna, »wieder diese Propagandascheiße. Das
ganze Buch ist voll davon. Das meiste habe ich euch erspart, aber
etwas rutscht dann leider doch immer durch.«

»Propaganda ist wichtig«, sagte Abdominis Sovieticus. »Sie dient der kollektiven Willensbildung. Ohne ein konkretes Ziel im Leben fangen die einfachen Leute an, sich gegenseitig zu belästigen. Und es gibt kein höheres Ziel, als dem Schlaflosen Imperium zu dienen.«

»O mijn God, hört ihn euch an«, sagte Johanna. »Er hat seinen Verstand an den Duivel verkauft, aber leider kein so gutes Geschäft dabei gemacht.«

»Tag…«, sprach Maunstein in sein Diktiergerät hinein. »Verflucht, welchen Tag haben wir denn heute?«

»Keine Ahnung«, sagte Maxim.

»Egal«, sagte Maunstein. »Bouche Nest Kasi Maunstein hier, Coronel des imperialen Militärgeheimdienstes im besonderen Einsatz. Frau Nüsslein? Herr Karoly? Hört mich irgendwer?«

»Ich dachte, das wäre ein Diktiergerät.«

»Ruhe jetzt, kleiner Junge! Ich muss berichten. Also: Befinde mich auf dem Weg zur Zielperson, Anführer der Sondereinheit de Kroitzfeldt. Hochhaus. Höhle. Pilze. Verschlossene Tür. Nein, halt: Badestelle. Milchig blaues Wasser. Darin: ja, was? Ich weiß es nicht mehr. Gloria di Gloria, die illoyale Präfektin der Achselhöhle? Kai-Davy Maunstein, in seiner Rakete zum Himmel aufsteigend? Imperator Ötzpeter III. und seine drei grünen Löwen Nancy, Norman und Penelope? Mein Vater George am nächsten Morgen, wie er mir gegen mein Ohrläppchen schnipst und mich in den Bus stößt, der mich nach Syphilia-sur-Mer bringen wird? Wohin noch mal? Na zur berühmten Kadettenschule der imperialen Heeresverwaltung natürlich, das weiß doch jedes zweitgeborene Kind! Zum Mittagessen gab es immer blauen Brei mit Mandeln und gefriergetrockneten Erdbeeren. Zwei Söhne habe ich, Bolli und Harri, und auch wenn ich nichts über sie weiß, so kann ich doch immerhin sagen, dass ich keinen von ihnen jemals verspeist habe. Nicht wahr, Cimcim? Du und ich, auf unserer Picknickdecke in den Schützengräben am Strand von Alcoholic City, weißt du noch? Ah, Alcoholic City, du zerbombte Perle am … Tyrannischen Oze-

an? Nein, das kann nicht sein. Ich befinde mich nördlich des Wendekreises des aufgespießten Salamanders, also liegt Alcoholic City … Moment! Was war noch mal ein Breitengrad? Konzentration jetzt, Maunstein, du kompliziertes Kleinod des imperialen Militärgeheimdienstes! Hmhm, hmhm. Aber gehört denn das alles überhaupt hierher? Nein, natürlich nicht. Entschuldigung, wo war ich stehen geblieben? Ach ja: Ausbruch der Spinnenhirn-Krankheit im Körper des Nebenziels Lulu, Dr. Sofortige Evakuierung empfohlen. Große runde Molche mit Federn, Hauern und Glupschaugen. Dienen als Hauptnahrungsquelle für … Ludovic I. Ken Tacki Schin Kansen auf ihrem Balkon. Lordkanzler Grimmdarm. Die vom Exil bedrohte ›Fußgängerin‹, die mit bösem Durchfall im Bett liegt. Maxim. Maxim. Und immer wieder: Maxim. Ein Kleinkönigreich hat sich gegründet. Limonade, Limonade! Sezession, Sezession! Kohlrabi, Kohlrabi! Der Zusammenbruch aller Ordnung droht. Wenn das die Imperatorin … Aber sie wird es nicht erfahren. Niemand wird hiervon erfahren. Alle Exterminierungsmaßnahmen sind bereits eingeleitet und werden zweifelsohne zum Erfolg führen. Maunstein, Ende!, Ende!, sage ich, Ende!, sagt Coronel Bouche Nest Kasi Maunstein, verlorene Seele, schmutziger Auswurf, dem Tode geweihte Vogelscheuche – aber nichtsdestoweniger immer noch der diskrete Dampfhammer von Imperatorin Vilma XVII.«

»Und das soll auch nur irgendjemand in deinem Geheimdienst verstehen?«, fragte Maxim und gähnte. »Du laberst ja bloß sinnlos vor dich hin.«

Aber Maunstein war zufrieden mit sich, schaltete das Diktiergerät wieder aus und ließ es in der Brusttasche seiner zerschlissenen Uniformjacke verschwinden, wo es durch ein Loch im Stoff auf den Boden der Aufzugkabine fiel und in tausend Teile zersprang. »Upsi«, sagte Maxim.

Bewegungslos stand Maunstein über den zersplitterten Resten seiner mal mehr, mal weniger glanzvollen Militärkarriere, während blutiger Rotz und lauwarme Tränen in seinen verfilzten Bart zu sickern begannen.

»Wir haben uns an diesem Schicksal versündigt«, sagte Campbell und legte den Kopf auf den Tisch. »Es ist nicht mehr gutzumachen. Rein gar nichts davon.«

Er schloss die Augen und war offenbar augenblicklich eingepennt.

»Kann mir mal endlich jemand verraten, was dieses blöde Schlaflose Imperium eigentlich bedeuten soll?«, fragte Ronny, ebenfalls schon völlig jenseits von Gut und Böse. »Sind das die Nazis? Oder Russland? China vielleicht? Das britische Empire? Die Sowjetunion? Das alte Rom? Der Islamische Staat? Frankreich unter Napoleon? Die mongolische Reiterhorde? Das Osmanische Reich? Die USA des 20. Jahrhunderts? Das Heilige Römische Reich? Die Vereinten Nationen in einem durch und durch perversen Paralleluniversum? Aliens? Oder, o du mein heiliges Käsebrötchen, etwa ganz was anderes?«

»Pffffh«, machte Johanna. »Du immer mit deinen bekloppten Allegorien! Was weiß ich denn? Muss man denn immer sofort irgendeinen Bezug zu allem herstellen? Können die Dinge nicht auch einfach mal für sich stehen, eben genau so, wie sie halt sind?«

»Ich frag ja nur«, sagte Ronny mit erstickter Stimme und ließ seine Finger zappeln.

»Ja, das können sie schon«, meinte von Manteuffel, »aber es ist eben alles nicht ganz so einfach.«

Der Fahrstuhl hielt im siebzehnten Stock. Oberste Etage. Wieder öffnete sich die Tür, begleitet von der fröhlichen Melodie, die nun allerdings verzogen und verlangsamt klang, als ginge der Elektronik langsam der Saft aus. Maunstein und Maxim betraten einen dunklen Korridor mit schmutzigem Fenster am anderen Ende, vor dem jemand stand, ein Gewehr in den Händen haltend. Der Nachlademechanismus klickte, und Ken Tacki Schin Kansen legte an.

»Alles gut«, rief Maxim, »wir sinds nur: der Coronel des Militärgeheimdienstes und ich. Es ist so weit.«

Ein Feuerstoß erhellte den Flur, und Maunstein spürte, wie seine linke Schulter nach hinten gerissen wurde, gefolgt vom Rest seines

Körpers. Bäuchlings fiel er zurück in die Aufzugkabine und verstand erst einmal nichts. Als das Piepen in seinen Ohren nachgelassen hatte, rollte er sich schmatzend auf den Rücken und sah über sich Maxim und die Scharfschützin stehen, die so ein lächerliches pinkes Stirnband über dem pockennarbigen Gesicht trug, auf dem die Zeichnungen eines Hundes mit einem Bierkrug in der Pfote und eines debil grinsenden Hermelins aufgedruckt waren.

»Ich musste schießen, es ging nicht anders«, sagte Ken Tacki Schin Kansen. »Nur dafür bin ich auf die Welt gekommen.«

»Keine Sorge«, sagte Maxim, »es ist nur die Schulter. Sieht nach einem glatten Durchschuss aus. Das wird schon wieder.«

Beide halfen Maunstein auf die Beine, der noch keinerlei Schmerz verspürte, weil jemand seinen Kopf in eine sich drehende Waschtrommel gesteckt zu haben schien, die mit herrlich duftendem Schaum gefüllt war. Dann trugen sie ihn zu einer der vier Türen, die vom Flur abgingen.

»Du betrittst gleich den Thronsaal des höchstehrwürdigen Kleinkönigs Ludovic I., Erster und Einziger seines verdorrten Geschlechts, Lehnsherr der in Dunkelheit gehüllten Eroberungen am Ende der Welt, Oberster Hochhausbewohner, Beschützer seiner Vasallen, Freund der Tiere und Pflanzen und Pilze, Connaisseur des Wassers aus dem unterirdischen Fluss, unstrittiger Besitzer der einzig wahren Satellitenschüssel«, sagte Ken Tacki Schin Kansen, bevor sie die Tür aufstieß. »Wenn der Kleinkönig dich anspricht – antworte mit Bedacht oder halt dein Schandmaul! Wenn der Kleinkönig dich ansieht – sieh weg! Wenn der Kleinkönig dir etwas zu essen anbietet – iss es! Wenn der Kleinkönig anfängt zu husten – klopfe ihm sacht auf den Rücken und wünsche ihm eine rasche Genesung! Wenn es dem Kleinkönig nach deinem Körper gelüstet – gib dich ihm hin! Wenn dem Kleinkönig nach Fernsehen zumute ist – suche ihm etwas aus dem Programm heraus, was ihn erbaut und seine Nerven nicht zu sehr belastet! Wenn der Kleinkönig dich eigenhändig in seine Hackfleischmaschine stopfen will – jammere nicht! Wenn der Kleinkönig dich fragt, ob du möglicherweise im Besitz eines Tapirs bist – schau zum Fenster hinaus oder auf deine Hän-

de, aber sag auf gar keinen Fall ein Wort! Wenn der Kleinkönig will, dass du den Abwasch machst – dann machst du den Abwasch! Wenn der Kleinkönig auf eine deiner Fragen keine Antwort weiß – behellige ihn nicht weiter mit deiner ausweglosen Suche nach der Wahrheit! Wenn der Kleinkönig rülpsen muss – applaudiere, aber nicht zu laut! Alles verstanden?«

»Verstanden«, hauchte Maunstein. »Hat es den Kleinkönig schon mal nach euren Körpern gelüstet? Und was mag er denn so für Fernsehsendungen?«

»Schluss jetzt«, befahl Ken Tacki Schin Kansen. »Wir gehen rein. Aber unter uns gesagt: Ludovic I. schaut gern Cocolina Cocolini, also solltest du dringend Kanal 64 einschalten.«

Sie betraten eine Wohnung, an deren Decken sich Wasserflecken ausbreiteten, beleuchtet vom Schein der an den Wänden angebrachten Talgfackeln. Auf der rechten Seite gaben zwei Durchbrüche den Blick auf einen schmalen Raum voller Gerümpel und ein Zimmer frei, in dem ein Bett stand, darauf jemand, der seinen sich ruhelos räkelnden Körper unter einer dicken Decke verbarg. Gegenüber der Eingangstür befand sich ein enges Bad mit Waschbecken, Toilette und Wanne, links daneben die Durchgänge zur Küche und zum größten Zimmer der Wohnung.

Johanna legte erneut einen Spielplan aus dem Buch auf den Tisch, und vielleicht dachte mancher in der Runde, es würde sich um den Grundriss der Wohnung handeln, in deren Räumlichkeiten die übrigen Spielfiguren platziert werden konnten, aber der Plan zeigte ein Wirrwarr aus sich gegenseitig überlagernden Abbildungen, etwa die Explosionszeichnung eines Küchengerätes, den Ausschnitt eines Sternenhimmels, chemische Formeln, einfarbige Spielfelder, verwackelte Schnappschüsse von undefinierbaren Objektdetails, kreuz und quer verlaufende Striche, botanische Illustrationen, Zahlenreihen, Notenzeilen oder anatomische Studien von menschlichen und tierischen Gliedmaßen. Die Figuren von Maxim, Ludovic, Grimmdarm, Ken Tacki Schin Kansen und der »Fußgängerin« verteilte Johanna scheinbar willkürlich auf dem Brett oder stellte sie daneben ab. War jetzt endlich alles egal? Es machte zumindest den Eindruck. Aber man konnte sich ja nie ganz sicher sein, und zwar in jeglicher Hinsicht.

Der Türrahmen zwischen Küche und Korridor wurde fast vollständig von einem gewaltigen Bauch gefüllt, über den sich mit Juwelen, militärischen Orden und religiösen Devotionalien verzierte Stofffetzen spannten. Alle Gegenstände, die sich um Ludovic de Kroitzfeldts Leib drückten, wirkten geradezu verschwindend winzig: der Herd mit dem brodelnden Topf über der Gasflamme, fast verdeckt von den baumdicken Armen des Kleinkönigs, aus deren Achseln der Schweiß regnete; die zu Boden gefallenen leeren Konservendosen, die bei jeder Bewegung unter seinen nackten schwammigen Füßen zermalmt wurden; die niedrigen Schränke aus Pressspan, die jedes Mal, wenn Ludovics Hintern gegen sie stieß, Dellen bekamen oder knackend aufrissen; der knirschende Stahlhocker zwischen seinen schwabbeligen, in löchrigen Stützstrümpfen steckenden Stampfern. Kleinkönig Ludovic I. war ein wahres Monument aus glänzenden Fettwülsten und blau geäderten Ödemen, und es war völlig unklar, wie er mit seinen jetzigen Ausmaßen in diese Küche gekommen war, betrug seine Breite doch mittlerweile ein Vielfaches des Durchbruches zum Flur. Wenn er gerade nicht Zutaten in den Topf schmiss oder wie bekloppt darin herumrührte, wuchtete er sich in einer unendlich gemütlichen Drehung zur anderen Seite der Küche hin, wo sein unförmiges, haarloses fleischiges Köpfchen mit den medaillengroßen Ohrläppchen und dem tropfnassen Stiernacken etwas über die Theke bellte, hinter der sein Lordkanzler Grimmdarm schwer bewaffnet in einer mit Brandflecken übersäten Paradeuniform auf einer cremefarbenen Couch im Wohnzimmer saß und die Tiraden seines Anführers mit halb geschlossenen Lidern über sich ergehen ließ.
»Mein Kleinkönig«, sagte Ken Tacki Schin Kansen in die Küche hinein und senkte das Haupt.
»Mein Kleinkönig«, sagte Maxim in die Küche hinein und senkte das Haupt.

»Mein Commander, ich glaube, ich bin wieder da«, sagte Maunstein und musste achtgeben, dass er vor lauter Schwindel im Hirn und dem würzigen Gestank in der Wohnung nicht zur Seite kippte.

»Bouche Nest Kasi«, dröhnte es aus der Küche, »du siehst aus wie von fünfunddreißig Alt-Gaetoria-Riesentapiren durchgenommen, und zwar ganz schön heftig. Ist dir etwas Vergleichbares widerfahren? Na los, erzähl deinem Kleinkönig davon!«

Ein grünliches Sekret trat zwischen den Hautfalten hervor, hinter denen Ludovics Augen versteckt lagen; aus dem prallen roten Mund zwängte sich die Spitze seiner breiten fahlen Zunge heraus und richtete sich bis zu der von Schweißtropfen benetzten Rinne zwischen Oberlippe und Nase auf.

»Nein, nein, keine Tapire«, sagte Maunstein, der sich wieder einigermaßen gefangen hatte. »Ich sehe, ihr habt euch alle hier gut eingerichtet. Und du bist jetzt ein Kleinkönig, aha, aha. Ich denke, wir müssen mal besprechen, wie ich darüber in meinem Bericht schreiben soll.«

»So, so«, grunzte Ludovic und kratzte sich in einer einzigen, langen Bewegung den Unterbauch, begleitet von einem Geräusch, als würde man mit einem Stück Drahtwolle ein Schlagloch in der Mittagshitze säubern. »Ach, sei doch still! Wir lieben dich, Maunstein, lieben dich noch immer, trotz allem. Komm zurück an unseren Busen!«

»Niemals!«, rief Maunstein. »Mein Herz und mein Hintern gehören einzig der Schlaflosen Imperatorin.«

»Aber wir waren doch immer gut zu dir«, sagte Ludovic betrübt. »Alles haben wir dir gegeben, alles haben wir mit dir geteilt: die Kinder in unseren Kochtöpfen, die Jungfern auf den Heuböden, den Schmuck aus den Truhen unter den Dielen, das Korn, die Besitzurkunden, die Gewürze, das Vieh, den Tabak, die Pelze, die Musikinstrumente, das Zuckerrohr, die automatischen Waffen, das Parfum, die Videospiele, die Plattenpanzer. Nichts davon hast du jemals verschmäht. Bis du uns eines Tages den Rücken zugekehrt hast.«

»Ich weiß das alles nicht mehr«, rief Maunstein, und ein panisches Gefühl kroch seinen Hals hinauf. »Nichts weiß ich mehr! Nur noch, dass ich euch durch diese Einöde gefolgt bin, um meinen Bericht abschließen zu können. Im nächsten Hafen dann hätte ich euch alle dem Erschießungskommando übergeben und wäre munter weitergezogen, vielleicht sogar nach Hause. Wo aber bin ich nur zu Hause?«

»Genauso ist es«, kicherte Ludovic. »Du hast keine Ahnung, weil sie dich meiner süßen Umarmung entrissen, umgedreht und mir nachgeworfen haben wie einen Lappen, mit dem sich ein geisteskranker Landstreicher den Arsch abgeputzt hat. Aber jetzt bist du wieder bei mir, und ich bin viel stärker als zuvor. Und dicker sowieso, aber das siehst du ja, Bouche Nest Kasi. Also: Lasst uns endlich etwas essen!«

Maunstein wurde von Ken Tacki Schin Kansen und Maxim an der Küche vorbei ins Wohnzimmer geführt, wo Lordkanzler Grimmdarm bereits den Esstisch gedeckt hatte. Die Balkontür stand weit offen, von draußen wehte ein modrig riechender Wind hinein. Maunstein setzte sich und ließ seine Augenlider flattern. In seinem Inneren bewegte sich etwas, ein erwachter Gedanke, ein altbekanntes Gefühl, eine Befürchtung. Er gab sich Mühe, das alles fürs Erste zur Seite zu schieben, als Maxim ihm eine Kelle mit hellbrauner schleimiger Wurzelsuppe aus einer Terrine auf seinen Teller kippte. Alle hatten bereits angefangen zu löffeln (Ludovic natürlich in seiner Küche, die er zeitlebens nicht mehr würde verlassen können, wenn er nicht mindestens zweihundert Kilo abspeckte), als »Die Fußgängerin« im Türrahmen erschien, vollständig eingewickelt in eine Daunendecke, aus der nur ihre Augen herausschauten. So blieb sie stehen, als könne sie sich nicht entscheiden, ob ihr Magen schon imstande sei, eine Mahlzeit zu vertragen, doch schließlich machte sie auf dem Absatz kehrt und stürzte auf die Toilette, von wo man die Funkerin noch eine ganze Weile die unappetitlichsten Geräusche produzieren hörte, bis die Klospülung rauschte und sie vermutlich wieder in ihre Matratzengruft zurückkroch.

Während die anderen auf die Zubereitung des Hauptgangs durch Ludovic warteten, schmierte Maxim eine scharf nach Urin riechende Salbe auf Maunsteins Schusswunde und verband sie schließlich mit einer in Streifen geschnittenen Stoffwindel. Maunstein genoss die Eiseskälte der Hände des Jungen, auch wenn er bisweilen etwas zu fest auf sein malträtiertes Fleisch drückte, aber er ließ sich seine Schmerzen nicht anmerken, schon gar nicht vor Grimmdarm und Ken Tacki Schin Kansen, die ihre von unterdrücktem Zorn erfüllten Blicke nicht von ihm lassen konnten. Sie wussten, was er mit Dr. Lulu angestellt und welches Schicksal den Zahnarzt schließlich ereilt hatte. Wäre es ihnen von Ludovic erlaubt gewesen, hätte es jetzt flambierten Coronel alla papá als Hauptspeise gegeben, daran bestand überhaupt kein Zweifel. Der Kleinkönig aber hockte eingezwängt in seiner Küche und sang einen unverfänglichen, hohlen Schlagerhit von Pipoppi Pulaski (»Die Kuh gebärt um Mitternacht / Die Kuh gebärt um Mitternacht / Dass es kracht / Dass es kracht / Unsere Liebe ist entfacht / Vom Sonnenschein der Grausamkeit«), und irgendwann befahl er seinen Getreuen, zur Theke zu kommen und den nächsten Gang zu servieren. Es gab Maxims Jagdbeute: drei dicke gebratene Molche, vollgestopft mit leuchtenden Schirmpilzen, dazu eine zähflüssige nachtschwarze Soße, deren Herkunft man lieber nicht so genau wissen wollte. Sie aßen am Tisch, Ludovic fraß summend in seiner Küche, und wie sie so aßen, wieder vereint in Elend und Brüderlichkeit und dem gemeinsamen Hass auf alles Schwache in der Welt, kehrten Maunsteins Erinnerungen zurück: natürlich – nur so konnte es gewesen sein! Einzelne Bilder tauchten aus dem Schlick seines himmelschreienden Verstandes auf: die Nächte am Lagerfeuer mit seinen Spießgesellen, jeder von ihnen einen panierten Hamster und eine Flasche Enzianlikör in den Händen haltend, singend und grölend und Witze reißend: Commander Ludovic de Kroitzfeldt, genannt »Das blutige Gebirge«, Panzerbrecher Grimmdarm, die Funkerin »Die Fußgängerin«, der Zahnarzt Dr. Lulu, die Scharfschützin Ken Tacki Schin Kansen und er, Bouche Nest Kasi Maunstein, genannt »Die Feige«, genannt »Der Berührer«, ein einfacher Kundschafter nur, aber mit der wertvollen Fähigkeit, aufwendig verkleidet und süßliche Worte flötend unerkannt bis in die Reihen des Feindes vordringen zu können; wie sie alle im Marschtritt über die von unaufhörlichen Hagelschauern geplagten Ponkaka-Ebenen, an den Trockenwäldern von Warwaraland und deren hochintelligenten Moskitoschwärmen vorbei oder über die Scheinheiligen Salzwiesen zogen, immer auf der Suche nach Alkohol, Goldklumpen, Stachelbeeren und Getriebeöl; in Monte Paparazza die Entführung des jungen Maxim aus dem Herrenhaus mit der breiten Veranda und den vom Efeu umrankten Säulen und dem geborstenen Dachstuhl, aus dem die Flammen in den sternenklaren Nachthimmel schlugen; zwischen den Sandstürmen die Wortgefechte aus Langeweile und die darauffolgenden Prügeleien und die sich daraus ergebende Verbrüderung mit anschließendem Austausch von Körperflüssigkeiten aller Art auf den Kämmen der Dünen; die ausgerissenen Haarbüschel auf dem Marktplatz von … na ja, den Namen dieses längst von der Landkarte radierten Ortes hatte er nicht mehr parat, aber was solls; das Schlachten, das Schlachten, das endlose Schlachten in den endlosen Schlachten, bis dann doch alles ein Ende gefunden hatte irgendwann, im Morgengrauen oder so, und jeder, der mindestens noch ein Bein hatte, wieder seiner Wege humpelte; die mit Drähten, Gurten, Zangen, Nadeln und Sensoren versehene Apparatur im Bunker der Zentrale des Militärgeheimdienstes in der imperialen Megalopolis Dritter-Traum-von-Paulimaritzburg, darin eingespannt: sein armes, nichtsnutziges, nur Unglück bringendes Maunstein-Köpfchen; die beiden gutherzigen Verbindungsoffiziere, Frau Nüsslein und Herr Karoly, die seinen nackten geschundenen Körper in den Armen hielten und ihm zuflüsterten, dass er keine Angst mehr zu haben bräuchte, jetzt würde endlich alles gut werden; seine bleiche Brust, vor Mut und Zuversicht geschwellt, im Spiegel der Zelle tief unter der schwarzen Erde des Schlaflosen Imperiums; sein einziger Auftrag (»Mach sie alle platt!«), handgeschrieben auf ein Stück Büttenpapier, das er stets in der Tasche seiner Uniformjacke mit sich zu führen hatte, aber schon nach wenigen Tagen im Einsatz verlor, er konnte selbst nicht mehr sagen, durch wen oder warum; sein nagelneues Diktiergerät und natürlich einige andere Dinge mehr, die aber nur *diffus an den Rändern seiner Erinnerung umherirrten, noch vom Qualm Abertausender winziger Feuer verschluckt. Was war wirklich mit ihm geschehen? Wozu hatte man ihn gezwungen? Wollte er das alles überhaupt?*

»Wollte ich das denn alles überhaupt?«, bläkte Maunstein und ließ das Besteck auf seinen Teller fallen.

Die anderen um ihn herum froren in ihren Bewegungen ein und blickten ihn ausdruckslos an.

»Das kannst nur du allein wissen«, war Ludovics schmatzende Stimme aus der Küche zu hören. »Mmmh, gleich gibt es noch ein himmlisches Parfait. Mmmh, mmmh. Das Parfait! Das Parfait!«

»Aber ich weiß es nicht«, flüsterte Maunstein traurig. »Ich weiß noch, dass ich immer nur morden, plündern und brandschatzen wollte, aber ohne jemandem dabei wehzutun. Aber ob ich auch das wirklich wollte ... nein, ich weiß gar nichts mehr.«

»Das ist gut«, sagte Lordkanzler Grimmdarm. »Die bösen Zauberkräfte des Imperiums sind verflogen. Du bist wieder auf null gestellt. Ein Kind, sozusagen ...«

»... und bereit, erneut mit deinen Freunden in den Kampf zu ziehen«, fügte Maxim hinzu.

Zum Abschluss gab es für jeden ein kegelförmiges Parfait aus zerstoßenen und schockgefrosteten Kaulquappen aus dem unterirdischen Fluss, angerührt mit Schmand. Euphorisch und bestürzt zugleich piekte Maunstein mit der Gabel in seinem Dessert herum, während die Zähne der anderen knirschend das Eis zerkauten.

Nach dem Essen setzte sich Lordkanzler Grimmdarm mit einem prähistorischen Magazin voller Prominenteninterviews, pornografischen Fotografien und Angeboten für Renovierungszubehör, Einrichtungsgegenstände oder Gartenbaugeräte zurück auf seine Couch, und Ken Tacki Schin Kansen ging mit ihrem geliebten Scharfschützengewehr auf den Balkon. Maunstein und Maxim mussten den Abwasch machen, was beinahe unmöglich war, weil sie nur schwer an das Spülbecken herankamen, ohne immer wieder von Ludovics Wanst gegen einen Schrank gequetscht oder aus der Kü-

che hinausgedrückt zu werden, wenn der unerträgliche Gestank des Kleinkönigs ihnen nicht gerade alle Sinne vernebelte. Doch irgendwann war Ludovic auf seinem Stahlhocker eingenickt, leise im Schlaf vor sich hin brummend, sodass sie einfach die Stofffetzen um seine mit getrocknetem Kot verschmutzten Lenden dazu benutzen konnten, die Soßenreste vom Geschirr abzuwischen, mehr konnten sie auch gar nicht tun, zumal die Wasserzufuhr in die oberste Etage des Hochhauses schon längst nicht mehr funktionierte. Danach verließ Maxim die Wohnung, und Maunstein verharrte noch einen Moment in der Küche, wie ein Kaninchen bei Gewitter unter der schorfigen Fettschürze des Kleinkönigs hockend, die ihn immer vor allem Unbill in der Welt geschützt hatte, eben bis zu jenem Moment, als er sich in der imperialen Megalopolis Dritter-Traum-von-Paulimaritzburg gegen den Commander und seine Einheit gestellt hatte, aus welchen unerfindlichen Gründen auch immer (Für Cimcim? Für seine Söhne? Oder nur für sich selbst, weil es ihm damals einfach in den Sinn gekommen war?), aber jetzt durfte er sich wieder in Ludovics Schatten verbergen, denn aller Groll war vergeben, und von ihm aus sollte das Schlaflose Imperium mit seinen unablässig über den Planeten ziehenden Heeresgruppen, dem immer wachsamen Militärgeheimdienst und der hundsgemeinen, versoffenen Staatskirche gefälligst ohne ihn zurechtkommen, war er doch nun ein freier Bürger des Kleinkönigreiches im Hochhaus tief unter der Erde geworden, und vielleicht würde er hier sogar erneut als Kundschafter arbeiten können, auch wenn es nicht einfach werden würde, das Vertrauen seiner Kameraden wiederzuerlangen, aber Maunstein kannte allerlei Mittel und Wege, und vor Meuchelmord schreckte er ja auch nicht zurück, und das Wichtigste war doch jetzt sowieso: Er war endlich zurückgekehrt.

»Ach, wie reizend«, sagte von Manteuffel. »Ist das schon so etwas wie ein Happy End?«

»Nicht ganz«, sagte Johanna. »Es fehlt noch ein wichtiges Stück zum endgültigen Glück.«

»Maunstein hat dem Imperium gute Dienste geleistet«, sagte Abdominis Sovieticus. »Mir tut es in der Seele weh, dass er sich wieder diesem Gelumpe angeschlossen hat. Was wäre nicht noch alles aus ihm im Geheimdienst geworden, wenn er seinen Auftrag ordnungsgemäß zu Ende gebracht hätte? Die Imperatorin hätte ihm vielleicht eine Urkunde geschenkt. Wir werden es nie erfahren.«

»Was passiert denn jetzt noch?«, fragte Ronny. »Ich kratz mir hier gleich die Augen aus, wenn das so weitergeht!«

»Das liegt an euch«, antwortete Johanna. »Ihr könntet entscheiden, Maunstein unter dem Kleinkönig sitzen bleiben zu lassen, aber das wird spätestens dann sehr unangenehm, wenn Ludovic sein Parfait verdaut hat. Oder ihr gesellt euch zu Ken Tacki Schin Dingsbums auf den Balkon und helft ihr dabei, auf Dr. Lulus Spinnenkopf zu feuern. Oder ihr macht euch im Badezimmer ein bisschen hübsch. Oder ihr fangt damit an, die Bude aufzuräumen. Oder ...«

»Wir folgen Maxim«, sagte ich, während ich Taxis schlafenden Kopf auf meinem Schoß streichelte.

»Wozu?«, fragte Abdominis Sovieticus.

»Wozu? Wozu? Weil er unser Freund ist, natürlich!«, rief ich. »Weil er uns immer geholfen hat, auf seine ganz eigene, verquere Art. Weil wir ohne ihn jetzt nicht dort wären, wo wir gerade sind, auch wenn das vielleicht nicht allzu viel Gutes bedeuten mag. Weil er viel mehr weiß, als wir jemals wissen könnten. Darum!«

Campbell hob den Kopf, guckte verschlafen durch die Gegend, machte einige flatternde Geräusche mit seinem Mund, schloss wieder die Augen und schlief weiter.

»Von mir aus«, sagte von Manteuffel.

»Dito«, sagte Ronny. »Kann ich einen Schluck Bier von dir haben, van Tavantar?«

»Nein«, sagte Johanna.

»Maxim«, knurrte Abdominis Sovieticus nur. »Maxim. Maxim.«

Maunstein trat hinaus auf den leeren Korridor vor der Wohnung des Kleinkönigs. Der appetitliche Geruch von Schießpulver aus Ken

Tacki Schin Kansens Scharfschützengewehr hing noch in der Luft. Die Aufzugtür war geschlossen. Er ging hinüber und drückte auf den Rufknopf. Nichts geschah. Er drückte erneut. Kein Geräusch, dass sich die Fahrstuhlmechanik in Bewegung gesetzt hätte. Er drückte noch einmal. Nichts. Aus Angst, womöglich wieder auf die Idee zu kommen, seinen Körper dazu zu benutzen, den Aufzug irgendwie in Gang zu bringen, machte er einen Schritt zur Seite und öffnete die Tür daneben, die ins Treppenhaus führte. Dort war es finster und bestimmt auch gefährlich, weil von der obersten Stufe aus nicht zu sagen war, in welch desolatem Zustand sich die unteren Etagen befinden mochten.

»Maxim!«, rief er, über das Geländer gelehnt.

Seine Stimme kam als Echo zu ihm zurück, als habe ihm ein geisterhafter, nur noch in Bruchstücken vorhandener Bouche Nest Kasi auf einer der unteren Treppen geantwortet.

»Maxim?«, rief er wieder.

»Hier unten!«, rief Maxim zurück. »Ich rauche eine am Fenster.«

Maunstein schätzte, dass der Junge sich drei oder vier Stockwerke unter ihm befand, vielleicht auch fünf oder sechs. Er setzte den Fuß auf die erste Stufe, dann den anderen auf die zweite Stufe und tastete sich so durch die Dunkelheit, mit der rechten Hand fest das Geländer umfassend. Nach einigen Metern fiel ihm ein, dass er noch seine kleine Taschenlampe besaß, die Grundausstattung eines jeden imperialen Soldaten, ein solides, anständiges Werkzeug, hergestellt in den unermüdlich für das Wohlergehen des einfachen imperialen Mannes arbeitenden Rüstungswerken von Haubitzia und so weiter bla bla bla. *Aber als er seine Uniformjacke danach abklopfte und auch in seinen Hosentaschen grub, fand er sie nicht. Wurde er etwa bestohlen? Von wem? Seinem fetten Kleinkönig? Oder dem Jungen? Ach, er war in letzter Zeit ja öfter mal wild durch die Gegend gepurzelt, und dabei hatte er sie bestimmt verloren.*

Maunstein war zwei Stockwerke hinabgestiegen, als er auf einem Treppenabsatz in einem Loch hängen blieb; sein rechter Fuß verklemmte sich zunächst, doch als das Gewicht den übrigen Körper nach vorne riss, rutschte er aus seinem Stiefel hinaus; Maunstein schaffte es nicht, sich am Geländer festzuhalten, fiel auf den Bauch und schlidderte die restlichen Stufen hinunter, bis zu jener Kante, an der die Treppe abgebrochen war; dort kullerte er kreischend über den Rand und stürzte in die Tiefe, wo er auf einem Haufen aus Betonbrocken, Eisenstangen, Scherben, Plastikmüll und Staub landete. Durch einen gewaltigen Riss in der Außenwand schien das Licht der Schirmpilze zu ihm herein, und als er röchelnd geprüft hatte, ob er nicht schon wieder ernsthaft verletzt war, blickte er auf und sah den grün schimmernden Maxim nur wenige Meter entfernt mit seiner Zigarette in der Hand auf einem geborstenen Pfeiler sitzen, der aus dem Durchbruch in die Dunkelheit der Höhle ragte.

»Hier«, sagte der Junge und warf Maunstein einen Gegenstand zu, der ihm gegen die Brust schlug, weil er nicht imstande gewesen war, so schnell etwas aufzufangen, »fürs nächste Mal.«

Maunstein glotzte auf die kleine Taschenlampe in seinem Schoß.

»Danke«, sagte er.

»Setzt du dich zu mir?«, fragte Maxim.

»Ja«, antwortete Maunstein, stand auf und kletterte auf den Pfeiler.

Von hier oben hatten sie einen sensationellen Ausblick: Dort stand die Hundehütte, nicht weit entfernt schlängelte sich der Fluss entlang, da machte sich Dr. Lulu wieder über ein paar Molche her, unter ihnen hämmerte ein Specht sein Loch in die Betonwand des Hochhauses, und ganz hinten bewegten sich die fluoreszierenden Schirme einer Gruppe von baumgroßen Pilzen sanft im Luftzug.

»Denkst du manchmal noch an Monte Paparazza?«, fragte Maxim.

Maunstein schüttelte den Kopf.

»Ich schon«, sagte Maxim.

»Ich kann mich so gut wie nicht daran erinnern«, sagte Maunstein.

»Da war dieses brennende Haus, oder?«

Maxim nickte.

»Und du warst … dort zu Hause?«

Maxim nickte immer noch.

»Und wir haben dich …«

»Mitgenommen«, sagte Maxim. »Nachdem ihr meine Familie rest-
los aufgegessen und alles angezündet hattet. Ludovic sagte mir
mal, ich hätte ihm leidgetan.«

»Ja, stimmt. Da klingelt was bei mir. Wir wollten dich großziehen
wie eine …«

»Kriegsfledermaus.«

»Genau, das war unser Plan gewesen, weil wir nach der Zerstörung von Monte Paparazza nichts mehr mit unserer freien Zeit anzufangen wussten: dich großzuziehen wie eine Kriegsfledermaus.«

»Und jetzt, Kasi?«

»Wie: und jetzt?«

»Na, seid ihr zufrieden mit mir? Bin ich eine Kriegsfledermaus geworden?«

»Ich weiß es nicht. Was denkst du?«

»Ich glaube schon.«

»Dann wird es wohl so sein.«

Maunstein nahm Maxim die Zigarette aus der Hand, zog daran,
bekam einen Hustenanfall und gab sie ihm zurück. Doch anstatt
nach der Kippe zu greifen, drehte der Junge seinen Oberkörper und
kam auf Maunsteins Schoß zu liegen, von wo aus er ihm seine Handgelenke unter die Nase hielt. Maunstein konnte den Zementstaub
auf Maxims Haut riechen.

»Wir fliegen los«, flüsterte Maxim mit geschlossenen Augen. »Ich
höre die Maschinen starten.«

Maunstein lauschte. Er hörte nichts außer das leise Piepen, das
Ken Tacki Schin Kansens Schuss auf ihn verursacht hatte.

»Wohin?«, fragte er.

»Nach Dritter-Traum-von-Paulimaritzburg. Ohne Zwischenstopp.«

»Und womit?«

»Na, hiermit«, sagte Maxim und ließ seine Zeigefinger in der Luft
kreisen.

»Mit der Höhle?«

»Nein, du Blödi«, kicherte der Junge. »Mit dem Hochhaus natürlich. Das aber in Wahrheit gar kein Hochhaus ist, sondern eine
Rakete voller Sprengstoff oder irgendwie so was. Schon kurz nach

unserer Ankunft hier entdeckten wir die alte Technik und ihren eigentlichen Zweck. Anscheinend gibt es überall in der Gegend solche Höhlen, und in jeder von ihnen muss so ein Hochhaus gebaut worden sein. Silos voller bewohnbarer Raketen, die aber nie zum Einsatz kamen. Bis heute.«

Maunstein kniff die Augenbrauen zusammen und spürte die kalten Hände des Jungen auf seiner Brust, die sich einen Weg unter seine Uniformjacke gebahnt hatten.

»Ihr wollt eine Bombe in die Hauptstadt fliegen?«, schlussfolgerte er.

»Wir starten einen Angriff auf das Schlaflose Imperium. Unser neues Kleinkönigreich ist eine einzige große Waffe, die alles vernichten wird.«

»Ein Selbstmordanschlag?«

»Ja, ich denke schon.«

»Und ihr fliegt alle mit?«

»Das ist der Plan. Wir haben ja nichts zu verlieren, weil wir wissen, dass wir niemals etwas anderes sein können als Fliegen, die sich über Leichen hermachen. Und wir wollten auch nie etwas anderes sein. Aber jetzt, wo wir die Gelegenheit dazu haben und alles sowieso zu spät ist, schlagen wir zurück. Einfach weil wir es können. Und weil es auch nicht ganz unwahrscheinlich ist, dass wir alle längst ein Spinnenhirn in uns tragen. Es gab da diesen Vorfall vor knapp einem Jahr, als wir eine Mühle überfielen und von einer dort lebenden Schrumpelhexe verflucht wurden und außerdem schmutziges Wasser aus einem Schweinetrog getrunken haben. Und als es dann Dr. Lulu erwischt hat ...«

Maunstein dachte über all das nach. Na ja, er dachte nicht ganz so konkret über all das nach, aber seine Gedanken schnellten immerhin zwischen diesen und jenen Zusammenhängen umher, ohne sie jedoch miteinander in Einklang bringen zu können. Er dachte also und dachte gleichzeitig nicht: Diese ganze Sache war zwar vertrackt, ließ sich aber mit der grundlegenden Dialektik des Schlaflosen Imperiums problemlos erklären, denn wer in den unendlichen Krieg hineingeboren wird, führt ihn weiter, egal in welcher

Form. So gesehen war das Handeln seiner alten Freunde nur fol-
gerichtig. Also ... zumindest ... irgendwie.

Maxims Zeigefinger strich ihm über die Unterlippe. Maunstein
streckte die Zungenspitze ein Stück heraus, um sie von dem Fin-
ger berühren zu lassen, aber der fuhr knapp daneben vorbei und
pikte ihm einmal kräftig in die Wange.

»Aber ich will das nicht, hörst du?«, sagte er. »Ich will euch vor ein
Militärgericht bringen. Oder ich will, dass ihr davonkommt. Oder
ich will etwas, was dazwischenliegt, aber so genau kann ich das
noch nicht sagen.«

»Es ist uns egal, was du willst oder wie du darüber denkst, denn
du kannst sowieso nichts tun«, sagte Maxim. »Wir werden diese
Rakete direkt in das Boudoir der Schlaflosen Imperatorin steuern.
Einfach so. Nichts kann uns mehr davon abhalten. Ludovic hat alle
Kursberechnungen erfolgreich beendet, und die Startsequenz ist
schon vor Tagen eingeleitet worden.«

»Also gut«, sagte Maunstein, »von mir aus. Aber du fliegst ganz
bestimmt nicht mit, du kleiner Penner.«

Er sammelte all seine restlichen Kräfte, packte den Jungen bei den
Schultern und versuchte, ihn vom Pfeiler zu stoßen. Maxim begriff
sofort, was der Coronel vorhatte, und schnellte in die Höhe, konnte
aber Maunsteins eisernem Griff nichts entgegensetzen. Eine Sekun-
de später schon fiel der Junge ohne einen Laut, den sausenden Wind
in den Ohren, ehe die Finsternis über ihm zusammenstürzte.

Taxi erwachte hustend auf meinem Schoß, setzte sich aufrecht
hin und fuhr sich mit beiden Händen stöhnend über das Gesicht.
Dann schaute sie mir in die Augen, als hätte sie mich zum ersten
Mal in ihrem Leben gesehen, und fing an zu lachen. Ich lachte
mit. Taxi hörte auf zu lachen, rutschte von ihrem Stuhl, brauchte
etwas Zeit, um einen halbwegs sicheren Stand zu finden, winkte
mir zu und verließ auf wackligen Beinen die Pergola.

Ein Strom aus heißer Luft fegte über Maxim hinweg, der auf dem
Rücken im Moos lag. Als die ersten Betonsplitter auf sein Gesicht

regneten, schlug er die Augen auf und sah über sich das Hochhaus, das zu schwanken begonnen hatte, während weißer Qualm unter dem Fundament emporstieg. Es brüllte, es dröhnte, ins Unerträgliche verstärkt durch den Widerhall in der Höhle, und Maxim rappelte sich auf, hielt sich die schmerzende Brust und hetzte hinüber zu seinem großen Stein, hinter dem er sich versteckte, in der Hoffnung, nicht in den nächsten Sekunden von einer Flammenwalze aufgefressen zu werden. Der Lärm ließ ihn beinahe in Ohnmacht fallen, also presste er die Handflächen gegen die Ohren und warf einen schnellen Blick zum Hochhaus, wo er Maunstein an dem Pfeiler hängen sah, auf dem beide gerade noch in trauter Zweisamkeit gesessen hatten. Der Coronel musste beim Start das Gleichgewicht verloren haben, aber er hielt sich wacker an dem Beton fest, nur seine Beine strampelten panisch durch die Luft, und wenn er so weitermachte, würde er spätestens nach wenigen Sekunden Flug ins offene Meer fallen und in den Fluten versinken. Dann kam Dr. Lulu. Und dann kam auch schon die Flammenwalze. Sie brach über Maxim und seinen Stein hinweg, und hätte sich der spinnenköpfige Zahnarzt nicht gerade noch mit heftig schnappender Beißzange auf den Jungen gestürzt, wäre es ganz sicher sofort aus mit ihm gewesen.

Johanna schmiss eine Handvoll Würfel über den Tisch und feuerte alle an, so schnell, wild und gut wie möglich zu würfeln. Die anderen tasteten aufgeregt auf dem Tisch herum, bekamen einen, zwei oder drei Würfel zu fassen, warfen sie durch die Gegend und schauten gespannt auf die Ergebnisse. Johanna ordnete die Würfel in aufsteigender Reihenfolge, tauschte mehrere aus der Mitte mit einem vom Anfang oder vom Ende der Kette, sah sich mit besorgter Miene alles in Ruhe an und befahl dann, noch einmal zu würfeln, und wieder klackerten die verschiedenfarbigen Hexaeder, Oktaeder und Dodekaeder über den Tisch, und erneut brachte Johanna die Ergebnisse in eine nur ihr bekannte Ordnung, lächelte schließlich und sagte nur: »Okay.«

Die Hitze versengte Maxim das Gesicht, die Arme und den Oberkörper, aber es gelang ihm, mit der rechten Hand Dr. Lulus Hals zu umfassen, damit die Beißzange ihm nicht das Köpfchen abknipste; die andere Hand ballte der Junge zur Faust, rammte sie mit aller Kraft in das pralle Auge der Spinne hinein, rührte einige Male in dem Gelee herum und trat Dr. Lulu so fest in die Eier, wie er nur konnte. Die Spinne machte ein lang gezogenes brummendes Geräusch und fing an zu qualmen, und nach kurzer Zeit brach der Leib des Zahnarztes leblos und schwelend über Maxim zusammen. Der Junge wartete noch, bis die Hitze sich verflüchtigt hatte, dann schob er Dr. Lulu von sich herunter und sah, im flackernden Schein des Triebwerksfeuers stehend, dem Hochhaus hinterher, wie es zuerst die Höhlendecke durchstieß und schließlich in den grauen Himmel auffuhr. Er wischte sich die vom Schleim des Spinnenauges verklebten Hände an seiner Hose ab, spuckte einen nach verbranntem Kerosin schmeckenden Batzen Rotz auf den Boden und machte sich auf den Weg nach draußen, durch eine mächtige Lücke im Gestein, die der Raketenstart in den Hügel gerissen hatte. Vor ihm lag die weite Einöde eines unbekannten, namenlosen Landes, über das der frische, kühle Wind ging wie ein entrückt spielendes Kind. Bestimmt schien gerade hinter den Wolken die Sonne. Und ganz weit hinten flog doch tatsächlich ein Schwarm Albatrosse auf.

»Das wars, ihr wunderschönen Säcke«, sagte Johanna und klappte das Buch zu.

EL IMPOSIBLE

Das erste Foto, das von einer salvadorianischen Boulevardnachrichtenwebsite als Bestandteil einer Klickstrecke veröffentlicht wurde, ist ein Selfie, das meine Freundinnen Abby Montevertigo und Jennifer Vulcanesti zeigt, die mich in die Mitte genommen haben, während Abbys Arm am linken Bildrand aus dem Ausschnitt ragt, wo ihre rechte Hand die Digitalkamera bedient, die uns drei aufnimmt, an einem Aussichtspunkt mit Blick auf die dicht bewaldeten Hügel des Nationalparks El Imposible, den wir kurz darauf betreten würden, um für immer darin verloren zu gehen.

Das zweite Foto zeigt Jennifer und mich beim Zusammenschnüren unserer Rucksäcke, die wir geöffnet haben, um Kleidung daraus zu entnehmen oder zu verstauen (so genau weiß ich das heute nicht mehr), vielleicht aber auch Insektenspray, Wasserflaschen oder Sandwiches, die wir beim Frühstück in der Jugendherberge in Ataco für unsere Wanderung geschmiert hatten.

Auf dem dritten Foto ist mein Rücken in Großaufnahme zu sehen: der dunkelgrüne Rucksack, meine nackten braun gebrannten Schultern, mein Hinterkopf mit den zusammengebundenen schwarzen Haaren; rechts daneben, etwas kleiner, Jennifer mit Basecap, die ein paar Schritte vorausgelaufen ist auf dem Pfad, der in den Nationalpark hinabführt: links ein grüner Abhang mit Holzgeländer, rechts dichtes Buschwerk, hinter dem sich, soweit ich noch weiß, Maisfelder befinden.

Das vierte Bild ist von Jennifer aufgenommen worden: Es zeigt Abby und mich grinsend vor einem grünen verwitterten Blechschild mit der weißen Aufschrift »Parque Nacional El Imposible«, davor meine linke Hand, deren Zeigefinger und Daumen auf Abbys Vorschlag hin die Hälfte eines Herzens formen; meine Fingerspitzen berühren Abbys rechte Hand, die das Herz mit ihrem Daumen und Zeigefinger vervollständigt; eine Geste, die ich schon damals nicht leiden konnte und heute mehr denn je nicht ausstehen kann, weil sie – wie alle Gesten, mit denen sich Filmstars, Internetprominente, Großwildjäger, Sparkassenangestellte, Fußballspieler, Managerinnen, Fahrschullehrer oder Rucksacktouristinnen ablichten lassen – ein Versprechen heuchelt, an das sich am Ende des Tages ja doch niemand hält.

Auf dem fünften, dem letzten Foto dieser zuallererst veröffentlichten Bildstrecke, ist niemand von uns zu sehen, nur die sonnigen und schattigen Bereiche eines Pfades unter den Bäumen, der von einem Wasserlauf gequert wird, in dem kopfgroße feuchte Steine liegen; ganz so, als wollte die gesamte Fotoserie ihren interessierten Betrachterinnen und Betrachtern eben nur die zwei offensichtlichsten Tatsachen mit aller Macht aufs Auge drücken: Seht doch mal genau hin – das da sind diese armen jungen Girls, und das da ist die Idylle, in der sie so jämmerlich verreckt sind!

Das sechste Bild gehört dann schon zu den Fotos, die um die ganze Welt gingen, als Illustrationen von TV-Berichten, Zeitungsartikeln oder Onlinemeldungen, in mehr oder weniger beliebiger Zusammenstellung, aber meistens eingeleitet von unserem Selfie auf dem Aussichtspunkt. Es zeigt den mit Schlingpflanzen überwucherten Eingang einer Höhle, davor Jennifer, jetzt mit Sonnenbrille, in der obercoolen Position der sogenannten Russenhocke: beide Fersen fest auf dem Boden, die Beine weitgespreizt, die Arme locker auf den Oberschenkeln abgelegt, das linke Auge zugekniffen, einen Kussmund machend. Am linken unteren Bildrand: die Spitze meines rechten Wanderstiefels.

Mit dem siebten Bild versuchte Abby vielleicht zu beweisen, wie gut sie das Licht- und Schattenspiel in den Kronen der Bäume einzufangen verstand, aber ganz ehrlich gesagt: Auf Fotos sieht so was doch immer aus wie etwas, das man schon tausendmal gesehen zu haben glaubt.

Das achte Bild ist eine Aufnahme in den uns umgebenden Dschungel hinein, der sich links und rechts vom Pfad ausbreitet, ein dichter grüner Wald, nichts weiter, der die gesamte Erde umfasst.

Auf dem neunten Bild ist Abby zu sehen, und ich glaube, es ist das einzige Foto, das ich aus freien Stücken während unserer Reise geschossen habe, und klar, ich hätte es auch bleiben lassen können, weil ich mich nicht sonderlich für Urlaubsbilder im Speziellen und Fotografie im Allgemeinen interessiere, aber anscheinend hatte ich nichts weiter dagegen gehabt, Abby abzulichten, auf zwei Steinen über dem aufgestauten Wasserlauf stehend, den Blick gesenkt, die Nase ein wenig kraus gezogen, als steige ihr ein Geruch entgegen, den sie nicht mag oder den sie zumindest nicht einordnen kann.

In den Veröffentlichungen der Massenmedien ist das zehnte Foto nur eines unter vielen, unkommentiert, einfach da; aber in den Verschwörungsblogs im Internet wird das zehnte Foto immer wieder als Beweis dafür herangezogen, dass irgendetwas mit uns nicht stimmte und dass die Situation, in der wir uns zum Zeitpunkt dieser Aufnahme befanden, bereits darauf hinzudeuten schien, was einige Stunden später mit uns geschehen würde. Das zehnte Foto zeigt Jennifer und mich, unweit des aufgestauten Wasserlaufs vor einem Durchgang im Unterholz stehend: Jennifer, die etwas größer ist als ich, umschlingt mich mit ihren Armen und blickt direkt in Abbys Kamera, während ich Nase und Stirn gegen das untere Ende ihres Halses drücke. Jennifers Gesicht ist ernst, als würde sie angestrengt über etwas nachdenken, ihre Augen dunkel, die Muskeln um den Mund leicht angespannt. Um uns herum bilden all die Zweige, das Laub, die Blätter, die Stängel, die Blüten, das Holz, das Licht und die Schatten ein einziges Gewirr, in dem die Leute auf den Verschwörungsblogs sonst was zu erkennen glauben, meist die Umrisse von einer oder mehreren Gestalten oder physikalische Unmöglichkeiten oder Schriftzeichen oder Manipulationen, die im Nachhinein von wem auch immer an dem Foto vorgenommen worden waren, so was halt, was sie auch gern mit in die Aufnahme hineinmontierten Pfeilen, Aufhellungen schattierter Bereiche oder Vergrößerungen zu beweisen versuchen. Aber da ist nichts weiter gewesen, niemand, nichts Unmögliches, ich schwöre es. Nur wir – Jennifer, Abby und ich, verdammt noch mal.

Das elfte Foto entstand, nachdem wir gemeinsam den Durchgang aus Laub betreten hatten; Abby war stehen geblieben, um das aufzunehmen, was hinter uns lag. Sekunden später hatte sie uns eingeholt und erzählte, wie sehr sie das unablässige Geschrei der Vögel oder Affen mochte, dass es ihr aber auch ein bisschen auf die Nerven gehen würde.

Auf dem zwölften Bild ist die zerklüftete Rinde eines besonders dicken alten Baumes zu sehen.

Mit dem dreizehnten Foto versuchte Abby, einen großen bunten Vogel auf einem Ast hoch über uns einzufangen, aber im Moment des Auslösens flog er davon, sodass nur ein verwischter Rest von ihm blieb, der noch dazu vom Rand des Bildes abgeschnitten wird.

Das vierzehnte Foto ist ein Selfie von Abby, von dem Jennifer und ich nichts mitbekommen hatten, weil wir schon wieder vorausgelaufen waren: Sie grinst breit in ihre Kamera, die Augen nach schräg oben gerollt, als beobachte sie etwas außerhalb des Bildes oder freue sich, einfach nur so.

Auf dem fünfzehnten Foto sind die Spuren eines Tieres im matschigen Boden abgebildet, möglicherweise die Tatzen eines jungen Pumas, vielleicht aber auch etwas anderes.

Als Abby das sechzehnte Foto schoss, waren wir wieder auf den Wasserlauf gestoßen, der an dieser Stelle des Dschungels von mit Gestrüpp bewachsenen Erdwällen eingefasst war, die sich über ihn wölbten wie brechende Meereswellen auf ihrem höchsten Punkt; dazwischen wandern wir vorsichtig entlang, der Zeige- und der Mittelfinger meiner rechten Hand eingehakt an Jennifers Rucksackgurt.

Das siebzehnte Foto ist für mich ein Rätsel: Nichts ist darauf zu erkennen, außer Dunkelheit, fünf weiße Punkte und eine helle Schliere, die sich von einem Bildrand zum anderen zieht. Keine Ahnung, warum es in den offiziell veröffentlichten Klickstrecken gelandet ist, denn eigentlich müsste es in der Nacht aufgenommen worden sein, und Fotos aus der Nacht sind zwar auf den Verschwörungsblogs zu finden, nicht aber auf den Seiten der Nachrichtenmedien. Anhand des Zeitstempels ließe sich vielleicht nachvollziehen, dass das Foto doch zu Abbys Serie vom Beginn unserer Wanderung gehört und ihr hier ein Fehler unterlaufen ist, dass sie also zum Beispiel das Objektiv falsch eingestellt oder den Deckel nicht abgenommen hat, aber ich weigere mich strikt, diese schrecklichen Aufnahmen auch noch bis in ihre technischen Grundstrukturen hinein zu untersuchen, denn ihre bloße Existenz und das auf ihnen Abgebildete ist mir mehr als genug.

Das achtzehnte Bild zeigt eine einzeln stehende Blume in Großaufnahme, die gezackten Blütenblätter blau und rot, wie breite Dolchklingen von ihrer Achse ausgehend, ein fast schon außerirdisch anmutendes Gebilde.

Das neunzehnte Foto ist zu bereits fortgeschrittener Stunde entstanden: rechts Jennifers Gesicht im Profil, wie sie mit wachen Augen und halb geöffnetem Mund nach oben schaut, wo schon blau die Dämmerung zwischen den Baumkronen schimmert; am anderen Bildrand meine Stirn, mein rechtes Auge und meine Wange, zu nah an Abbys Kameralinse, komplett unscharf. Ein Schnappschuss, den Abby gemacht hatte, um uns wissen zu lassen, dass alles noch völlig normal sei und wir ganz bestimmt vor Einbruch der Dunkelheit wieder auf den Hauptpfad zurückfinden würden.

Mit dem zwanzigsten Bild enden die allermeisten Klickstrecken der Nachrichtenseiten, ausgewählt von den jeweiligen Redaktionen, die ganz bestimmt irgendeine Art von Gefühl dafür entwickelt hatten, dass nach diesen zwanzig Fotos allen Betrachterinnen und Betrachtern klar geworden sein musste, welche Art von Personen sich an was für einem Ort der Erde verirrt hatten und dort zugrunde gegangen waren. Das zwanzigste Bild zeigt mich, wie ich, ein gestelltes Lächeln im Gesicht, neben riesigen Farnen stehe, mit ausgestrecktem Zeige- und Mittelfinger in die Finsternis deutend, die bereits den gesamten Hintergrund einnimmt, neben mir Jennifers geöffneter Rucksack auf dem Boden liegend, aus dem eine Pampelmuse gerollt ist. Ab diesem Zeitpunkt machten wir keine Fotos mehr, um festzuhalten, wie gut es uns ging.

Auf dem einundzwanzigsten Foto derselbe Pfad, nur einige Minuten später, diesmal ohne mich.

Auf dem zweiundzwanzigsten Foto erneut der Pfad, etwas mehr an den linken Bildrand gerückt, auf der rechten Seite die Vegetation, deren feuchte Blätter das Blitzlicht weiß reflektieren.

Auf dem dreiundzwanzigsten Foto Jennifer mit dem Rücken zur Kamera, ihren Rucksack in der rechten Hand tragend.

Auf dem vierundzwanzigsten Foto der Boden: abschüssig, mit kleinen und großen Steinen übersät, heruntergefallenes Laub, zerbrochene Zweige, eine braune Pfütze.

Auf dem fünfundzwanzigsten Foto: nichts.

Auf dem sechsundzwanzigsten Foto: nichts.

Auf dem siebenundzwanzigsten Foto: nichts.

Auf dem achtundzwanzigsten Foto: fast nichts, außer einige weiße Punkte.

Auf dem neunundzwanzigsten Foto der Nachthimmel, der nicht zu sehen ist, weil das dichte Blätterdach der Bäume ihn vollständig verdeckt.

Auf dem dreißigsten Foto sitze ich, an meinen Rucksack gelehnt, auf dem Boden, die Knie an den Körper gezogen, meine Arme darauf abgelegt, meine Augen schauen irgendwohin.

Auf dem einunddreißigsten Foto: nichts.

Auf dem zweiunddreißigsten Foto Abbys strahlend weiße Handfläche in Großaufnahme, zwischen den gespreizten Fingern: alles finster.

Auf dem dreiunddreißigsten Foto Abbys strahlend weiße Handfläche in Großaufnahme, der Daumen ist nun abgeknickt und zeigt zum Handballen hin, zwischen den gespreizten Fingern: alles finster.

Auf dem vierunddreißigsten Foto: nichts. Oder eine ganz zarte Schliere, wenn man sehr genau hinschaut. Vielleicht ist aber auch wirklich nichts zu sehen.

Auf dem fünfunddreißigsten Foto ein Gewirbel aus weißen Punkten in der Dunkelheit. Ein Schwarm tropischer Schmetterlinge inmitten eines Schneesturms im nächtlichen Dschungel.

Auf dem sechsunddreißigsten Foto: nichts.

Auf dem siebenunddreißigsten Foto sitzen Abby, Jennifer und ich auf der Bordsteinkante der Main Street von Deadwood, South Dakota, vor Ennis' Taco-Laden und essen – na was denn wohl? – drei Tacos.

Auf dem achtunddreißigsten Foto: nichts.

Auf dem neununddreißigsten Foto sehe ich zwischen den Bäumen meine Stimme: Sie ist gelb, leuchtet aber nicht, kompakt und klein ist sie und hängt in der Luft, mal sieht sie aus wie eine Kugel, mal wie ein Würfel, mal wie eine Konquistadorenfestung in der Sierra Madre, mal wie eine Scheibe Toastbrot, so ein Ding halt aus gelblichem Dunst, die Ränder in der Eiseskälte der Nacht verwehend.

Auf dem vierzigsten Foto Laub und totes Holz und Lianen und Steine.

Auf dem einundvierzigsten Foto sind lauter Leute abgelichtet, die Freude an der Verrichtung ihrer alltäglichen Arbeit zu haben scheinen: eine quietschvergnügte Fahrradkurierin, ein heiterer Beamter hinter seinem Schreibtisch, eine lächelnde Prokuristin mit einem silbernen Taschenrechner in der einen und einem goldenen Taschenrechner in der anderen Hand, ein keck hinter einer aufgehängten Schweinehälfte hervorschauender Metzger, eine lachende (oder vielleicht auch gähnende) Busfahrerin beim Öffnen ihrer Hydrauliktür. Sie alle erinnern mich daran, dass ich mir manchmal wünsche zu wissen, wie man eigentlich ein Flugzeug baut, anhand welcher Überlegungen man einen Film schneidet, wie der Zugverkehr mit Weichen und Signalen geregelt wird, wie die Börse arbeitet, was sich in einem schwarzen Loch befindet, wie man ordnungsgemäß eine Steuererklärung erstellt, wie man einen Garten anlegt, warum manche Leute das starke Bedürfnis danach haben, ihre persönliche Meinung im Internet kundzutun, wie die spektakulärsten Zaubertricks gemacht werden, wie man jemanden anspricht, den man toll findet, woraus Elektrizität besteht, wie man ein Musikstück komponiert, ohne sich dabei komplett lächerlich zu machen, was die Tiere zueinander sagen oder wie der Motor eines Autos funktioniert, das alles weiß ich nicht, aber ich weiß ein paar andere Sachen, und das ist dann auch erst mal ganz okay für den Moment.

Auf dem zweiundvierzigsten Foto das aufgerissene Maul des Dschungels mit seinen Zähnen aus Holz und seiner Zunge aus Erde.

Auf dem dreiundvierzigsten Foto: nichts.

Auf dem vierundvierzigsten Foto die Mutter-Heimat-Statue in Wolgograd, Russland, statt eines Schwerts einen Umschnalldildo aus Elfenbein in der versteinerten Hand.

Auf dem fünfundvierzigsten Foto ein riesiger giftgrüner Papagei, der mit dem Schnabel auf dem ferrariroten Mikrofon eines Fernsehreporters herumpickt und mit kehligen Lauten die Frage stellt, weshalb keine der drei vermissten Mädchen auf die Idee gekommen sei, mal ein Handy zu benutzen, um damit Hilfe zu rufen oder wenigstens die Taschenlampe darin einzuschalten, kraa-kraa.

Auf dem sechsundvierzigsten Foto die Antwort darauf: ein einzelnes kaputtes Handy vorsintflutlicher Bauart im Tageslicht, halb mit Schlamm und halb mit vertrockneten Blättern bedeckt, der Akku schon seit Wochen geleert.

Auf dem siebenundvierzigsten Foto bin ich zu sehen, wie ich in Leipzig am Ufer des Elsterbeckens entlangspaziere, zwischen der Brücke für die Fußgänger über dem Wehr und der Brücke für die Autos und die Straßenbahn, gegenüber der Palmengarten, wo die jungen Menschen in einem trockengelegten Pool stehen und mit Diabolos oder Hula-Hoop-Reifen spielen und Kunststücke mit ihren Körpern vollführen und Musik hören und Energydrinks trinken und Falafel mit Joghurtsoße verdrücken und Joints rauchen, und ich versuche mir vorzustellen, wie ich reagieren würde, wenn mich jetzt jemand völlig unvermittelt im Vorbeigehen beklauen oder mir eine runterhauen oder mich anspucken würde, einfach so, aber es gelingt mir nicht vorauszudenken, was ich dann tun und dabei empfinden würde, ich kann mich selbst nicht in Gedanken erleben in dieser Situation, ich kann das einfach nicht, auch wenn ich ganz genau spüre, dass es dort etwas zu wissen gibt, aber mein Vorstellungsvermögen hat keinerlei Zugriff auf diese tief im Schatten liegenden Bereiche meiner Persönlichkeit.

Auf dem achtundvierzigsten Foto: nichts. Oder etwa doch? Nein, ganz sicher.

Auf dem neunundvierzigsten Foto: der Abhang, an dessen unterem Ende Abbys Körper Tage später entdeckt wurde.

Auf dem fünfzigsten Foto: der Fluss, aus dem Jennifers Körper Tage später wieder auftauchte.

Auf dem einundfünfzigsten Foto die Stille.

Auf dem zweiundfünfzigsten Foto: nichts.

Auf dem dreiundfünfzigsten Foto meine Hand im Morgengrauen, die braunes Wasser aus einer Pfütze schöpft.

Auf dem vierundfünfzigsten Foto ist eine Landschaft auf einem Spielbrett zu sehen, ganz dicht herangezoomt, sodass die mit Stift und Pinsel gezeichneten, später am Computer nachbearbeiteten Illustrationen sehr gut zu erkennen sind: eine sattgrüne, mit gelben und weißen Blumen bewachsene Wiese, ein Brunnen mit Dächlein und Seilwinde, eine sich zwischen zwei Hügeln schlängelnde Lehmstraße, ein mit blauem Wasser gefüllter Graben, eine Windmühle, ein Fichtenwäldchen, eine Gestalt mit einem großen menschenförmigen Sack über der Schulter, ein kleines gelbes Kornfeld, ein geklinkertes Häuschen mit rauchendem Schornstein und Fensterläden aus verwittertem Holz, am grauen Himmel zwei rostrote Sonnen, drei Ziegen hinter einem Zaun, eine Schar Hühner, ein bellender Goldschakal im Sprung.

Auf dem fünfundfünfzigsten Foto die ausgegrabene fleischige Wurzel einer mir unbekannten Pflanze, vielleicht eine Art von Kartoffel, mit Bissspuren, aus denen die milchige Stärke läuft.

Auf dem sechsundfünfzigsten Foto meine Eltern und die Eltern von Abby und Jennifer, auf dem Flugfeld des Aeropuerto Internacional de El Salvador San Óscar Arnulfo Romero y Galdámez, bedrängt von einer Meute Journalisten, Sicherheitskräften und Mitarbeitern der US-amerikanischen Botschaft.

Auf dem siebenundfünfzigsten Foto der auf dem Rücken liegende Kadaver eines mir unbekannten schwarzen Käfers, groß wie ein Handteller, der Chitinpanzer am Bauch verletzt, es tritt bereits schleimige Körperflüssigkeit zwischen den aufgeknackten Brustplatten aus.

Auf dem achtundfünfzigsten Foto ist die Traurigkeit zu sehen, die mich an die blutjunge Björk erinnert: Sie trägt eine zerrissene Hose, die wie ein Kleid aussieht, und verschwindet im Moment der Aufnahme mit wehendem schwarzem Haar lachend hinter einem Baum.

Auf dem neunundfünfzigsten Foto: nichts.

Auf dem sechzigsten Foto ist ein Heer zu sehen, dessen tausend und abertausend Soldaten dicht gedrängt durch eine verwüstete Landschaft ziehen.

Auf dem einundsechzigsten Foto die heraufziehende Nacht oder der anbrechende Morgen, betrachtet aus der Perspektive von jemandem, der zwischen den Wurzeln einer Mangrove Schutz vor dem Regen gesucht hat.

Auf dem zweiundsechzigsten Foto der Schlaf, ein atmendes und frierendes Ding, mit den Blättern der Farne zugedeckt.

Auf dem dreiundsechzigsten Foto: nichts.

Auf dem vierundsechzigsten Foto: nichts.

Auf dem fünfundsechzigsten Foto: nichts.

Auf dem sechsundsechzigsten Foto: nichts.

Auf dem siebenundsechzigsten Foto ein einzelner Wanderstiefel, eingeklemmt zwischen zwei großen Steinen.

Auf dem achtundsechzigsten Foto Spyderling, ohne dass jemand weiß, dass es sich dabei um Spyderling handelt, denn niemand weiß, wie Spyderling aussieht, aber hier scheint er jetzt plötzlich zu sein, der endgültige Beweis: Es ist – ganz ohne Zweifel – Spyderling darauf zu sehen.

Auf dem neunundsechzigsten Foto mehrere Handabdrücke im Schlamm, schon fast vom Regen fortgespült.

Auf dem siebzigsten Foto: nichts.

Auf dem einundsiebzigsten Foto die Allee mit den Walnussbäumen, die zum Herrenhaus des Weingutes führt, alles im Abendlicht, es sieht ganz okay aus.

Auf dem zweiundsiebzigsten Foto die Zukunft: Sie steht mit ausgebreiteten Armen auf einem kahlen Hügel im Gegenlicht der Mitternachtssonne, ihr Körper ist männlich, ihr Gesicht das eines Mädchens, auf ihrer glatten Haut spiegelt sich die ganze Welt, hinter ihr fährt der Sturm ins Eismeer und schlägt die Wogen zu tosenden Fontänen auf, am Himmel zuckt ein Blitz aus den Wolken, und es ist so schwer, noch etwas mehr darüber zu sagen, aber warum sollte man auch? Es ist, wie es ist.

Auf dem dreiundsiebzigsten Foto: nichts.

Auf dem vierundsiebzigsten Foto: nichts.

Auf dem fünfundsiebzigsten Foto eine Hand in Nahaufnahme, die einen Telefonhörer hält.

Auf dem sechsundsiebzigsten Foto eine Hand in Nahaufnahme, die eine geschälte Kochbanane hält und sie langsam, aber mit aller Kraft zwischen ihren Fingern zerdrückt.

Auf dem siebenundsiebzigsten Foto zwei Hände in der Finsternis, die sich gerade eben noch berührt haben und es jetzt nie wieder tun werden. Oder sie haben sich noch nie berührt und werden es in der nächsten Sekunde zum ersten Mal tun. Wer weiß das schon?

Auf dem achtundsiebzigsten Foto eine in den Himmel aufsteigende Rakete.

Auf dem neunundsiebzigsten Foto ein unbemannter Wachturm inmitten eines Weinberges voll prächtiger Reben.

Auf dem achtzigsten Foto: nichts. Hier irgendwo habe ich Abby verloren, einfach so.

Auf dem einundachtzigsten Foto: nichts. Hier irgendwo habe ich Jennifer verloren, einfach so.

Auf dem zweiundachtzigsten Foto: nichts.

Auf dem dreiundachtzigsten Foto Blut, überall Blut: auf dem Pfad, auf den Steinen, in den Pfützen, auf den Blättern, auf den Zweigen, auf den Schuhen, auf den Rucksäcken, ein Regen aus Blut, der für ein paar Minuten nur über dem Dschungel niederging.

Auf dem vierundachtzigsten Foto ein Baum voller kleiner Affen, die gespannt beobachten, wie sich jemand durchs Unterholz schleppt.

Auf dem fünfundachtzigsten Foto das Vergehen der Tage: erster Tag, zweiter Tag, dritter Tag, vierter Tag, fünfter Tag, sechster Tag. Alles komprimiert in einem einzelnen Bild.

Auf dem sechsundachtzigsten Foto Abdominis Sovieticus und Ronny Neugebauer am Spieltisch unter der Pergola, die sich über irgendetwas in die Haare gekriegt haben, sie schreien und sind kurz davor, sich aufeinander zu stürzen, nein, das sieht echt gar nicht gut aus.

Auf dem siebenundachtzigsten Foto: nichts.

Auf dem achtundachtzigsten Foto ein Kratersee, gespeist von einem Wasserfall, der zwischen den Mangroven herausschießt.

Auf dem neunundachtzigsten Foto drei Spieltische auf einer Messe, die in einer Mehrzweckhalle zwischen Streuobstwiesen und Tulpenfeldern stattfindet: Auf dem linken Tisch ist das Spiel *TIE-Fighter über Podgorica* von Ivo Maribor aufgebaut, auf dem in der Mitte das Spiel *Lorcheln & Elritzen* von Romy Rodriguez und auf dem rechten das Spiel *Fischbein* von Arno Picardo. Menschen sind jedoch nicht zu sehen, weder an den Tischen noch im Hintergrund noch sonst irgendwo.

Auf dem neunzigsten Foto eine einzelne, aufsteigende, dunkle Rauchsäule über dem Dschungel.

Auf dem einundneunzigsten Foto die Weinberge am frühen Morgen und der Schein großer Feuer in der Ferne, jenseits des Flusses, weit hinter der Grenze.

Auf dem zweiundneunzigsten Foto ein grinsender Ranger namens Tomí, der seit drei Tagen nicht geschlafen und seinen Arm um mich gelegt hat wie um einen zerbeulten, aus einem Teich voller Scheiße gefischten Wanderpokal.

Auf dem dreiundneunzigsten Foto: nichts.

Auf dem vierundneunzigsten Foto: mi papá, Rafi.

Auf dem fünfundneunzigsten Foto: mi mamá, Sofia.

Auf dem sechsundneunzigsten Foto: nichts.

Auf dem siebenundneunzigsten Foto: me.

ELLEN RIPLEY, ELLEN RIPLEY

»Das verstehe ich nicht«, sagte King.

»Ey, was gibts denn da nicht zu verstehen?«, fragte ich. »Er hat ihn gepackt, hochgehoben, über seine Schulter geworfen und ist mit ihm davongestampft.«

»Okay, okay, alles klar«, sagte King. »Und jetzt?«

»Keine Ahnung.«

»Wo ist er denn mit ihm hingegangen?«

»Keine Ahnung.«

»Aha. Seltsam.«

King trank einen langen Schluck von seinem Morgenkaffee, den er mit einem Löffel gesalzener Yakbutter aus seinem Privatvorrat verrührt hatte. Als ich zu ihm auf die Terrasse gekommen war, wollte er gerade eine Runde im Garten joggen gehen. Ich hatte ihm erzählt, dass wir bis gerade eben gespielt hätten. Er habe richtig gut geschlafen, hatte er daraufhin gemeint.

»Und das hat Ronny mit sich machen lassen?«, fragte King.

»Er hat ganz schön gezetert. Aber er hatte einfach keine Chance.«

»War er schon wütend, während ihr gespielt habt?«

»Wer? Ronny?«

»Nein, der andere. Wie heißt er noch mal?«

»Abdominis Sovieticus.«

»Ja. Also?«

»Was?«

»War er wütend?«

»Irgendwie schon. Aber so richtig ausgetickt ist er erst, nachdem wir fertig waren und Ronny im Spielbuch nachlesen wollte, ob wir diesen Maunstein-Typen und seine ekligen Freunde durch eine andere Entscheidung irgendwie hätten retten können. Ehrlich gesagt war aber unsere Geschichte schon so dubios as fuck, dass ich gar nicht wissen will, was da noch anderes hätte kommen können.«

»Und das mochte Abdominis Sovieticus nicht?«

»Nein. Er hat Ronny das Buch aus der Hand gerissen und ihm damit einmal kräftig auf den Kopf gehauen. Das war schon echt ziemlich geil. Aber danach wurde es ernst. Die beiden haben sich angebrüllt wie zwei Irre.«

»Hm«, brummte King. »Sollen wir irgendetwas tun?«

»Weiß ich nicht. Was denn?«

»Vielleicht ... einfach abwarten, oder?«

»Ja, warum nicht? Ich muss sowieso ins Bett.«

»Gehts dir gut, Daytona?«

»Es geht. Ihr habt mich alle ganz schön geärgert.«

»Ja, ich verstehe. Weißt du, an wen du mich erinnerst?«

»Muss das sein?«, sagte ich und schüttelte kurz das Spiel *Devil's Dice Motorcycle Club* auf meinem Schoß, um sicherzugehen, dass sich noch irgendetwas darin befand.

»Nein, hör kurz zu, bitte: Ich habe dir doch mal die Figur ›Reichstag‹ gezeigt, aus meinem Spiel über die Superheldentruppe, die Recht und Ordnung in der Weimarer Republik zu verteidigen versucht. ›Reichstag‹ hat nichts, keinen echten Namen, keine Vergangenheit, nur seinen Umhang und seinen unerschütterlichen Glauben an die Errungenschaften der ... puh ... Demokratie. Also zumindest an das, was die Leute damals darunter verstanden. Egal. Was ich dir sagen will: ›Reichstag‹ ist nicht übermenschlich stark und hat keine tollen Tricks auf Lager, und auch seine Kampfausrüstung ist ziemlich erbärmlich, außerdem leidet er unter Verfolgungswahn, Selbstüberschätzung, Beziehungsunfähigkeit und noch ein paar anderen schwerwiegenden Problemen, aber ...«

»Moment mal! So bin ich doch gar nicht. Okay, vielleicht bin auch ein bisschen beziehungsunfähig, aber immerhin übermenschlich stark!«

»Nein, das bist du nicht. ›Reichstag‹ jedenfalls kann fast nichts und weiß auch nicht allzu viel, aber das bisschen, was er kann und weiß, nutzt er dazu, um rigoros gegen all jene vorzugehen, die seine Ideale zu zerstören versuchen. Er ist die Weimarer Republik, mit jeder Faser seines Körpers.«

»Aber viel gebracht hat das alles am Ende ja nicht, oder?«

»Nein, leider. Aber er hat es immerhin versucht.«

»Na ja, ich glaube nicht, dass ich so bin, aber ich verstehe, was du meinst. Ah, da fällt mir übrigens was ein …«

Ich steckte die Hand in meine Hosentasche und holte die Miniatur der Spielfigur »Mauser« hervor, der unförmige, tierhafte, zornige Boss der Berliner Unterwelt.

»Ach«, sagte King und nahm mir das Figürchen vorsichtig ab, »wie schön. Danke, Daytona. Ich habe mich schon gefragt, was er wohl die ganze Zeit getrieben hat. Es ist nicht ungefährlich, ihn frei herumlaufen zu lassen, weißt du?«

»Ich habe ihn im Rauchsalon gefunden, vor einer Ewigkeit schon. Aber, King, jetzt mal ganz ehrlich …«

»Ja?«

»Bitte vergleiche mich nicht mehr mit einer ausgedachten Figur aus irgendeinem Spiel. Das macht man nämlich nicht.«

»In den Spielen sind doch aber die Antworten verborgen, oder? Das weißt du ganz genau.«

»Erzähl mir lieber was über das Gebirge, in dem du wohnst.«

»Die höchsten Berge der Welt? In Nepal ist es so schön, dass es dafür keine Worte gibt. An manchen Orten dort ist das Licht so weiß, dass nichts einen Schatten wirft, und die Luft ist so dünn, dass die Touristen reihenweise versterben. Wenn das passiert, dann kann man nichts tun: Man muss ihre Leichen unter der Sonne liegen lassen.«

»Kletterst du auch?«

»Nein, ich kann und will das nicht. Aber mein kleiner Bruder Ajay arbeitet als Träger für ein ausländisches Unternehmen, das mit kommerziellen Gipfelbesteigungen sein Geld verdient. Ajay bringt Geschirr, Zelte, Schlafsäcke, Möbel, Töpfe, Medikamente, Fernseher, Campingtoiletten, Lesestoff, Batterien, Kassettenrekorder und Wasserkocher in die Basislager, und die reichen Touristen folgen ihm mit dem Hubschrauber dorthin. Manchmal begleitet er sie auf die Gipfel und versorgt sie währenddessen mit Sauerstoff-flaschen. Und ganz selten versucht er, wenigstens etwas von dem Müll einzusammeln, der da überall herumliegt, und ihn mit nach unten zu nehmen, aber das ist eine Aufgabe, mit der er niemals fertig werden wird, denn am nächsten Tag kommen schon wieder neue Leute angeflogen, die ihre ganzen Gegenstände dringend benötigen, um da oben nicht draufzugehen. Aber dann gehen sie eben doch drauf, vor allem wenn das Wetter plötzlich umschlägt, und dann lässt man sie halt liegen, zusammen mit ihrem ganzen Kram, den kein Mensch mehr braucht. Geschäft ist Geschäft.«

»Puh.«

»Aber es ist so schön dort, du kannst es dir nicht vorstellen.«

»Na, vielleicht komme ich dich mal besuchen, wenn wir das alles hier überlebt haben. Jetzt muss ich aber dringend schlafen gehen.«

Aber ich ging noch nicht schlafen, sondern starrte mit King zusammen den frühmorgendlichen Himmel über dem Garten an, dessen milchig blaue Helle sich mit einem rötlichen Schein mischte, der möglicherweise von der aufgehenden Sonne, vielleicht aber auch von einem riesigen Feuer verursacht wurde, das irgendwo in der Ferne brannte, jenseits des Flusses Dnister, weit hinter der Grenze.

Währenddessen erinnerte ich mich noch gut an den Spaß, den ich eine Zeit lang mit Kings erstem veröffentlichtem Spiel gehabt hatte, *Die Lapislazuli-Chroniken*, 2014 vom indischen Verlagsgiganten Bangalore Gardens Ltd. veröffentlicht, das die Geschichte einer Gruppe von Bauern, Hirten, Bettlern, Gebirgsträgern und Mönchen erzählt, die aufgrund des regelmäßigen Verzehrs von magischer Yakbutter übernatürliche Kräfte erlangen, sich gemeinsam auf die Suche nach dem legendären Ort Shangri-La begeben und auf den Plateaus des Hochlandes Kämpfe gegen Sagengestalten aus der Mythologie des tibetischen Buddhismus oder Beamte der chinesischen Provinzregierung ausfechten müssen.

»Ach ja«, seufzte ich, »deine Berge würde ich gern einmal sehen.«

»Du bist ganz herzlich willkommen, Daytona«, sagte King. »Jederzeit.«

Als wir irgendwann genug geguckt hatten, zog er die Schnürsenkel seiner Turnschuhe fest, lächelte mich an, stand auf und trabte in den Garten hinaus. Ich klemmte mir mein Spiel unter den Arm und kehrte ins stille Herrenhaus zurück, ging die Treppe nach oben und öffnete leise die Tür zu meinem Zimmer. Cazimir lag schnarchend mit dem Rücken zu mir in meinem Bett, und als ich die Tür schloss, unterbrach er sein sonores Geratze mit einem Röcheln, hob kurz den Kopf und wälzte sich auf die andere Seite. Ich legte die Schachtel mit meinem Spiel auf dem Boden ab, schlich am Bett vorbei ins Bad, machte Licht und setzte mich auf die Klobrille.

»Moldova, Russland, die EU, China, Amerika«, hörte ich Cazimirs Stimme, die wie zusammengepresst aus meinem Kissen hervordrang, »das ist mir alles so was von scheißegal. Ich will doch nur, dass es mir gut geht. Meine Güte, Großväterchen, bin ich arm! O guter Gott, Tantchen Irina, wie ist mir langweilig auf Erden!« Ich kicherte vor mich hin. Wer erzählte denn solch einen Quatsch im Schlaf? Und wieso hatte ich überhaupt sein Kauderwelsch aus Rumänisch oder Russisch oder sonst was verstanden? Na ja, immerhin glaubte ich, etwas von dem verstanden zu haben, was er gesagt hatte, ganz so, als fügte sich der Klang seiner leisen Stimme in meinen Ohren zu ein paar verrückten englischen Sätzen, die ich sofort auf mich bezog, denn womöglich träumte Cazimir gar nicht, sondern war längst aufgewacht und würde mich gleich, noch ein bisschen trübe im Köpfchen, damit volllabern, dass ich ihn doch bitte, bitte, bitte heiraten solle, damit er einen US-amerikanischen Pass erhalte und mit mir nach Deutschland kommen könne, wo er eine richtig gut bezahlte Arbeit finden, mit mir Achterbahn in einem Vergnügungspark fahren und mir ein dickes Kind machen würde, dem er das Schnitzen von Flöten aus Walnussholz beibringen könnte, so etwas in der Art. Doch gleich darauf tat er mir auch leid, denn nach wenigen Sekunden schnarchte er schon wieder seelenruhig, ohne mich in irgendeiner Form belästigt zu haben, und ich dachte beim Pinkeln daran, dass mir diese ganzen Unterscheidungen zwischen männlich, weiblich und allem anderen ebenso herzlich egal waren, wie es Cazimir scheißegal war, in welchem Scheißland er leben könnte und in welchem Scheißland er eigentlich lebte, und dann fiel mir ein, dass uns beiden diese Dinge ja noch so egal sein konnten – für irgendwen waren sie das eben nicht, und damit war das erbärmliche Schicksal dieser Dinge fürs Erste besiegelt: Momentan konnte sie niemand aus der Welt schaffen, und darum mussten wir komischen Menschlein jetzt einfach mal mit ihnen umgehen – o du spendierfreudige Zeckengöttin Kixi, wie schwer konnte denn das bitte schön schon sein?

Aber zuallerallererst musste ich arme Maus jetzt damit umgehen, dass mir aufgefallen war – ich hatte, noch auf der Klobrille sitzend, meinen Handspiegel vom Boden aufgehoben und erst meine Augenringe, dann meine glänzende Nase, danach meine beiden Grübchen und schließlich meine Schneidezähne intensiv betrachtet –, dass mein linker Schneidezahn anscheinend ein Stück länger war als der rechte, einen oder zwei Millimeter vielleicht, was ich wirklich noch nie bemerkt hatte, obwohl ich alle meine Zähne recht gut zu kennen geglaubt hatte, und daher fürchtete ich jetzt, entweder zwanzig oder einundzwanzig Jahre lang aus Ignoranz mir selbst gegenüber niemals mitbekommen zu haben, dass meine Schneidezähne unterschiedlicher Länge waren oder dass bei meinem linken Schneidezahn vor Kurzem ein unnatürliches Wachstum eingesetzt hatte, wovon der rechte aber nicht betroffen war, dass also mein linker Schneidezahn sich immer weiter und weiter aus dem Zahnfleisch schieben würde, bis er in einigen Jahren dann in meine Unterlippe eindringen und, weil ich aus lauter angstvollem Respekt vor meinem eigenen Körper und dessen Fremdheit nichts dagegen unternehmen könnte, irgendwann aus der Lippe herausstoßen und vom Kinn weg wachsen würde wie ein entsetzlicher Stoßzahn, schraubenförmig gegen den Uhrzeigersinn gewunden, von Wind und Wetter und Autoabgasen und Zigarettenrauch bräunlich verfärbt, igitt. Aber was hätte ich denn schon groß tun sollen? Es gab jetzt eben diese eine neue Tatsache, und es blieb mir nichts anderes übrig als die Wahl, sie weiterhin unruhig zu beobachten oder nach einem ausgiebigen Schläfchen zu vergessen. So also sah die Zukunft aus, und das schien mir in diesem Moment ihre ganz ureigene Gestalt zu sein und nicht nur die ganz ureigene Gestalt meiner persönlichen Zukunft, sondern einfach aller Zukünfte, und zwar von allem, eh klar.

Ich spülte, zog mir die Hose hoch, betrachtete den pennenden Cazimir auf meinem Bett und verließ mein Zimmer wieder. Zurück im Flur, klopfte ich an Johannas Tür, aber sie öffnete nicht. Sicher hätte ich mich noch für einige wenige Stunden auf einem der Sessel im Kaminzimmer zusammenrollen können, aber ich wusste auch, dass ich beim Schlafen geschützt sein musste, vor allem an einem Ort wie diesem, also schleppte ich mich mit dröhnendem Schädel zur Tür, hinter der sich Spyderlings Privatgemächer befanden. Wer sonst sollte mir an diesem frühen Morgen Schutz gewähren, wenn nicht Spyderling, denn nur Spyderling verstand sich meisterhaft darauf, diejenigen zu schützen und gleichzeitig völlig im Stich zu lassen, die es am meisten (oder am wenigsten) verdient hatten. Und außerdem war es nun endlich mal an der Zeit, in Spyderlings geheimen Rückzugsort einzubrechen, aber echt, ey! Die Tür war natürlich immer noch fest verschlossen. Wie hatte noch gleich der bedauernswürdige Bouche Nest Kasi Maunstein als ruhmloser Coronel des imperialen Militärgeheimdienstes verschlossene Türen zu öffnen gepflegt? Nein, keine gute Idee. Ich fummelte am Schloss und an der Klinke herum, fuhr mit den Fingerspitzen das Türblatt ab und entdeckte schließlich auf der Oberkante des Rahmens einen kleinen Schlüssel. Ha, großartig! Da hätte man zwar auch schon sehr viel früher drauf kommen können – aber wieso denn eigentlich? Die Welt ist alles in allem ein sehr komplizierter Ort und nicht einfach zu überblicken.

Hinter der Tür lag eine schmale Stiege, die bis unter das Dach zu führen schien. Das Holz der Stufen brüllte, als ich es betrat, und ich fürchtete schon, das ganze Haus zu wecken, aber kein anderer Laut war von irgendwoher zu hören.

Spyderlings Refugium war der ausgebaute Dachstuhl des Herrenhauses, der die gesamte Grundfläche des Hauses zu einem einzelnen mit glatten Betonplatten getäfelten Raum zusammenfasste. Eine penible Sauberkeit herrschte hier, obwohl es den Anschein hatte, dass schon lange niemand mehr diesen Ort betreten hatte, allerhöchstens vielleicht Ioana, die einmal im Jahr oder alle zwei Jahre zum Staubwischen die Stufen hinaufstieg und nach fünf, wohl eher aber nach drei Minuten wieder verschwand. Zwei kreisrunde Fenster waren in die beiden einander gegenüberliegenden Wände gehauen worden: Unter dem einen Fenster stand ein Schreibtisch mit filigranen Beinen und einem merkwürdigen Steinpodest davor, das möglicherweise zum Sitzen diente; unter dem anderen befand sich ein ausladendes Gebilde, das ich zuerst für ein Dekorationselement aus dem Garten hielt, in dem ich bei näherer Betrachtung aber eine Art von Futon mit Holzrahmen und dicker Matratze erkannte, aber keinesfalls in der uns allen wohlbekannten rechteckigen Form, sondern als perfekte Spirale gebaut. Das wars; mehr Einrichtungsgegenstände mutete sich Spyderling anscheinend nicht zu.

Ich zog Turnschuhe und Socken aus und ließ alles auf dem spröden Parkettboden liegen, dem untoten Leben des Holzes unter meinen Fußsohlen nachspürend. Dann setzte ich mich im Schneidersitz auf das Podest und schaute auf die glatte Tischplatte unter mir hinab, die vom Morgenlicht hellblau beleuchtet wurde. Waren hier die Spiele entstanden? *Von Wölfen* und *Würmzeit* und *Tal des Terrors* und *Der Fleischplanet* und *Jonathan Brandis* und *Tote Zonen* und *Von Wölfen 2* und *Massacre à la tronçonneuse d'Eguisheim* und *Serbia* und *Anweisung zur Bildung des Verstandes und Herzens* und *Житомир* und *Schwarzwald*? Und nicht zu vergessen: *Politische Polizei*, Spyderlings letztes Spiel, das ich mir noch nicht einmal im Internet bestellt hatte, weil es einfach zu viel für mich gewesen wäre, so kurz vor dem Abflug nach Moldau (und weil ich zu dieser Zeit sowieso kein Geld dafür gehabt hätte). Ich fühlte die Präsenz dieser Spiele an diesem Ort, aber nicht ihre Präsenz als Produkte und deren Rezeption, sondern all die verschiedenen Momente, in denen sie erschaffen worden waren, während zeitgleich auf der Erde das Aufblühen und die Verwesung von so vielen Dingen eingesetzt hatten, darüber die ungezählten Erscheinungen am Himmel, die mit bloßem Auge kaum zu erkennen gewesen waren, weil sich in so unvorstellbar weiter Ferne hinter den Sternen etwas geöffnet hatte, Spalten, Risse, zerschlagene Fenster, abertausend Augen, die von einem Ort aus zu uns blickten, der jenseits aller Sprache und Vorstellungskraft lag. Oder anders ausgedrückt: Spyderling war hier bei mir, auch wenn Spyderling überhaupt nicht hier bei mir war und es niemals sein würde. Wie ein eingeladener, aber abwesender Gast. Wie eine bislang unentdeckte physikalische Kraft. Wie die Toten.

Langsam ließ ich mich von dem Podest gleiten und blieb in Hockstellung davor sitzen, hielt mich an meinen nackten Fersen fest und schwankte eine Weile vor und zurück. Dann stand ich auf und legte mich auf Spyderlings Bett. Die Matratze war wunderbar weich und bequem, aber dadurch, dass mein Po, meine Beine, mein Becken, mein Rücken, meine Brüste, meine Arme und mein Kopf ständig in irgendeine Ritze rutschten, weil mein menschlicher Körper für diese spiralförmige Schlafstatt einfach nicht gemacht war, fand ich keine Ruhe. Wenn ich mich auf die rechte Seite drehte, dann kam es mir vor, als würde mein Verstand als winzige weiße Kugel durch eine finstere Leere treiben. Eine Weile machte mir das nichts aus, ja, irgendwie war ich sogar daran interessiert, mich in dieser Vorstellung zu verlieren, aber es führte nicht dazu, dass ich endlich in den von mir so ersehnten Dämmerzustand geriet. Also drehte ich mich irgendwann auf die linke Seite, und dort kam es mir so vor, als wäre mein Verstand immer noch diese winzige weiße Kugel, die nun jedoch durch ein Geflecht aus Blitzen trieb, ohne Halt und ständig davon bedroht, im nächsten Augenblick schon zerschmettert zu werden. Die Augen zugekniffen, begann ich damit, in der Luft herumzutasten, um vielleicht etwas zu erfühlen, das nicht nur in meinem Kopf existierte, und so schwirrten meine Fingerspitzen hin und her, bis sie schließlich auf einen Widerstand trafen. Ich erschrak, traute mich aber nicht, die Augen zu öffnen. Meine Hände fuhren an etwas entlang, das fest und glatt und kalt war, mit einem Netz aus Fissuren auf seiner harten Oberfläche und scharfen Kanten, an denen ich mir die Haut aufschnitt, ohne dass es wehtat oder Blut zu fließen begann; dann spürte ich, wie sich etwas Schweres auf mich herabsenkte und mein Fleisch zusammendrückte, von meinem Körper nur durch meine dünne Kleidung getrennt; ich tastete weiter und weiter und gelangte schließlich zu einem knöchrigen Bogen, möglicherweise einem Unterkiefer, mit schuppiger Haut bedeckt, unter der sich ein kräftiger Muskel bewegte; und ich tastete weiter und weiter und berührte eine schartige, gummiartige Substanz, die unter dem Druck meiner Fingerspitzen leicht nachgab, vielleicht die Lippen dieses Mauls, in das in diesem Moment meine Hände wanderten, unverfroren, lustvoll, den stinkenden stoßweisen Atem auf der Haut spürend; und als ich zwei massive, spitz zulaufende Fangzähne zu fassen bekam, umschloss ich sie ganz fest mit meinen Händen, während mir das kochend heiße Gift aus ihren beiden Kanälen auf den Handrücken troff, zwischen den Fingern klebte und mir die Unterarme hinabrann; und dann riss ich meinen Mund auf und ließ einen Ton daraus entweichen, drückte meinen Unterleib fest gegen das auf mir ruhende Etwas und klemmte es zwischen meinen Beinen ein. Als mir so warm geworden war, dass ich es fast schon nicht mehr aushielt, öffnete ich meine Augen, sah aber nur in eine tiefe Finsternis hinein, in der etwas zu zucken schien, hin und her, bis es auf mich zuschnellte und mir einmal kräftig ins Gesicht klatschte, und alle meine Glieder verkrampften sich sofort, als wollte ich unbedingt mit etwas verschmelzen, wofür ich keinerlei Sprache und Vorstellungskraft besaß, bis es mir ein weiteres Mal ins Gesicht klatschte, und mein Oberkörper bäumte sich auf, während ich einen kurzen Schrei ausstieß und verharrte, ehe ich zurücksank, aller Kraft von einem auf den anderen Augenblick beraubt, schwer atmend, die Lider fest geschlossen, meine Unterlippe mit den Zähnen festhaltend. Dann liefen mir Tränen das Gesicht hinunter und ein wenig Rotz aus der Nase. Der Druck auf meinem Körper: verschwunden; meine

Hände: feucht; die Matratze unter mir: feucht; zwischen meinen Beinen: alles feucht. Ein kühler Luftzug wehte durch den Raum. Ich hörte noch vor dem Fenster einen Vogel zwitschern und driftete endlich ganz weit davon, genau so, wie ich es mir schon seit Langem gewünscht hatte.

Wenn ich schlafe, spiele ich weiter im Traum. My heart's like a kid's room, boom-boom. In meinem Rücken: die Schneise der Verwüstung, die mein Rumpeln durch die Welt hinterlässt. Worum gehts? Natürlich darum, im Schatten der Gewalten immer noch auf irgendeine Weise handlungsfähig zu bleiben, ist doch klar, ihr Heckenpenner! Squirting, squirting, upskirting. Ein anderer Ferienjob (neben der Sache mit Garth Vulcanestis Hardcore-Geisterbahn): Als »Eddie Eagle« verkleidet, das Maskottchen der National Rifle Association, an einer sonnigen Straßenecke im Stadtzentrum von Cheyenne, Wyoming, stehen und Rabattcoupons für Schusswaffen an die Passantinnen und Passanten verteilen zu wollen oder zu müssen oder warum auch immer. Okay, und wenn gar nichts mehr hilft, dann eben so was wie ein Spiel über die drei einzigen verbrannten Hexen Portugals! Ein Spiel über mein Aufwachsen in relativer Armut! Ein Spiel über die Abenteuer von Ulrike Meinhof! Ein Spiel über ein Indianerreservat! Ein Spiel über die Schlacht von Falun (1521)! Ein Spiel über die Ignoranz des Spiels! Ein Spiel über die Schlacht um Falludscha (2016)! Ein Spiel über die Verkniffenheit der Spiele und ihrer Autorinnen und Autoren! Tonino Süßmilch, volltrunken, nackt und auf allen vieren durch die Gänge der Messehalle kriechend. Dr. Ganymed und seine unerbittliche Furcht vor allem, was mit der Inselwelt des Pazifiks in Verbindung steht. Lydia Grybauskaitė und ihr Verschwinden in den Mischwäldern unweit von Kaunas. Jeff Leclerq, der bei einer Preisverleihung mehreren unbezahlt arbeitenden Praktikantinnen unter die Röcke fotografiert und mit seinem Anwalt droht, nachdem endlich jemand auf die Idee gekommen ist, diesem Sackgesicht eins auf die Schnauze zu geben und es vor die Tür zu setzen. Albin Lüderitz, der Obsidian, der Fennek, der unentwegt Reisende. Spike Skelling, die Mimose, von Außerirdischen entführt und nie wieder aufgetaucht. Leila Firchau, die Spitzenprädatorin, die Kannibalin, die Gladiatorin. King Trakto Sherpa im blauen Schatten der Gletscher, bei Kerzenschein Figuren auf einem Spielbrett umherschiebend. Serjoscha Babukin, die Mücke, der Schatz, das Häufchen Elend. Ottilo Entembe, der Extrembergsteiger, im Staunen erstarrt über alle sich unter ihm ausbreitenden Wunder dieser Welt. Lady Darjeeling und ihr sinnstiftender Urlaub in Blutenau (Wo ist denn das überhaupt? Shhh – Paraguay oder so.). Heinz Li, kauernd inmitten der Explosionen des Artilleriefeuers seines eigenen Verstandes. Xiao X. Xiao, das Puzzle. Ivo Maribor und die Traurigkeit in seinen Augen. T. T. Tolliver, der schwule Großgrundbesitzer, mit einem Glas Pfirsicheistee in der Hand auf der Veranda stehend, den Nebel zwischen den Eichenbäumen fest im Blick, an deren Ästen das Spanische Moos in dicken Zöpfen hängt. Hosianna del Mestre, die gebenedeite Furie auf ihrem feuerspeienden Motorrad. Arno Picardo, der Entstellte, der unentwegt an der Entstellung von all jenem arbeitet, was ihn umgibt. Romy Rodriguez und ihr Nebenjob als Edelprostituierte in den Gassen Perpignans, in den Windmühlen Flanderns, in der dünnen Luft von La Paz und auf den Einödhöfen im Bergischen Land. Ronny Neugebauer, sein zartes Händchen nach etwas ausstreckend, das nicht da ist oder das nur er allein sehen kann. Little Pinky, frierend im Sturzregen stehend, der über eine zentralasiatische Steppe hinwegfegt. Tiffany Nakamura, verloren in den Straßenschluchten einer Stadt, die einen gesamten Planeten umfasst. Clark Nygård, der Unbekannte, den jeder zu Hause auf der Couch sitzen hat, der Undurchsichtige, den jeder durchschaut wie ein schon seit Langem nicht mehr gesäubertes Fenster. Ilse und Ruprecht Karmesin, die Einzigen von uns, die nicht einsam sind. Spyderling, das Monstrum, das alles kommen sieht, natürlich, aber es für sich behält, immer. Elke von Manteuffel, die Vampirgräfin, planschend im Blut der Unschuldigen und der Schuldigen gleichermaßen. Der steinalte Adolfo Campioni, mit den Ohren wackelnd, die Augen zugekniffen, einen marmorierten Würfel auf seiner Nasenspitze balancierend. Jonni Purzel, der taube Auftragskiller aus den Bergen des Witwatersrand, von der Schlafkrankheit gezeichnet. Ilona Klavterhalven, das Gespenst. Øyvind Zetterström, das hustende Chamäleon. Jim Britzki und seine Unterbringung im psychiatrischen Pavillon der Nervenklinik von Catskill, New York, auf seinen eigenen Wunsch hin. Detlef Virius, Detlef Virius, Detlef Virius. Campbell Campbell, dessen Körperteile aus unterschiedlichen Dimensionen stammen, zum Beispiel der Mund, der aus einer tiefen Vergangenheit zu uns spricht, während die Augen längst erblickt haben, was so alles in der Zukunft passiert. Jackie Lawrence, die es nie gegeben hat. Walter Kotzepitty, der furchterregende Android. Daytona Sepulveda, genannt »Die Verschwundene«. Inðridi Sanchez, der eiskalte Partylöwe mit dem Auge aus Holz. Johanna van Tavantar, genannt »Die Besessene«. Mehr muss niemand über uns erfahren. Wir alle sind, wie wir sind. Wir fügen die Teile zu einem Ganzen zusammen.

Als ich Stunden später aufwachte, stand die Sonne noch am Himmel, bewegte sich aber bereits unaufhaltsam dem Horizont entgegen. Ich kletterte aus Spyderlings Bett, sammelte meine Klamotten ein, stieg die Treppe hinunter und ging auf den Flur, ohne die Tür hinter mir zu schließen. Wer wollte, konnte jetzt Spyderlings Reich jederzeit betreten, es war keine verbotene Zone mehr, für niemanden von uns – dieses Recht hatte ich uns erkämpft, auch wenn ich vor den anderen kein Sterbenswörtchen darüber verlieren würde.

In meinem Zimmer war niemand. Cazimir hatte ein bisschen aufgeräumt, also hauptsächlich das Bett gemacht und mein Spiel vom Boden auf den Stuhl gestellt (Warum ausgerechnet dorthin? Na ja …). Ich putzte mir die Zähne, duschte und zog mir meine letzten frischen Sachen an. Nicht mehr lang, und ich musste halb nackt, nur mit Farnwedeln bedeckt und mit Turnschuhen an den Füßen, durch den Garten streifen … oder einfach Ioana darum bitten, die Waschmaschine im Keller benutzen zu dürfen. Aus der

Küche stieg der Duft des Abendessens unter der Tür bis in mein Zimmer hinein. Schweinebraten? Schweinebraten. In T-Shirt und Jeans, die Haare noch klitschnass, tänzelte ich, die *Marseillaise* pfeifend, die Treppe hinunter. Was sollte mir jetzt noch Schlimmes geschehen? Ich fühlte mich einfach nur funky.

In der offenen Tür zur Küche stand Ioana, vor ihr G. Mürzzuschlag, die Trommlerin der Hitlerbabies. Sie schienen miteinander zu streiten. Als Ioana mich sah, presste sie schnell ihren Finger an die Lippen. Ich zog die Augenbrauen zusammen und zuckte kurz mit den Schultern.

»Psst«, machte Ioana. »Nicht pfeifen im Haus, Daytona. Bringt großes, großes Unglück.«

Ich stieß noch einen letzten, leisen Pfeifton aus, ging an den beiden vorbei und sah im Speisezimmer nach, ob das Essen schon serviert worden war. An einem der Tische saß der dünne Flötist Herr Basedow und schaufelte fünf übereinandergelegte Scheiben Schweinebraten in sich hinein, ohne Soße, ohne Beilagen. Respekt, dachte ich und wünschte ihm einen schönen guten Abend. Er sah von seinem Teller auf und grinste mich kauend an.

Ich freute mich darüber, dass Ioana auch einen Korb mit Weizenbrötchen auf das Büfett gestellt hatte, machte mir aus dem Schweinebraten und den Brötchen zwei Sandwiches mit Ketchup und Mayonnaise und ging durch den Rauchsalon auf die Terrasse hinaus. Dort badete Nygård im Pool, Campbell saß auf einem Stuhl in der Abendsonne und las in einem Buch, Johanna lag ausgestreckt auf einer Sonnenliege, Picardo stand mit beiden Armen auf die Brüstung gestützt und schaute in den Garten hinaus. Ich stellte mich futternd zu ihm und versuchte herauszufinden, was er in den Blick genommen hatte.

»Na, Arno«, flötete ich in breitem Kölsch, das ich mir aus Spaß irgendwann einmal angewöhnt hatte, »wie isset?«

»Muss«, antwortete Picardo.

Jetzt erkannte ich, was seine Aufmerksamkeit so in Beschlag genommen hatte: Zwischen den Sträuchern tauchte Taxi Terreur auf, barfuß auf einer kleinen Wiese umherwirbelnd, ein in Schwarz

gekleidetes Etwas mit zappelnden Armen und ruckendem Köpfchen, völlig versunken in einen Tanz, der von einer Musik von weit
jenseits der Sterne begleitet werden mochte.

»Es ist so traurig«, seufzte Picardo.

»Was denn?«, fragte ich.

»Na was ihr jungen Leute alles mit euren Körpern anstellt.«

»Aber sie tanzt doch nur munter vor sich hin.«

»Tja, wenn du meinst.«

Ich drehte mich um, schob mir den letzten Bissen meiner Schwei-
nebratenbrötchen in den Schlund, kaute, schluckte und zündete
mir eine Zigarette an.

»Wo ist denn Elke?«, fragte ich.

»Sie schläft schon«, sagte Picardo.

»Und wo ist ... Spyderling?«

Arno sah mich schweigend an.

»Kleiner Scherz«, sagte ich. »Weißt du vielleicht, wo Ronny ist?«

Arno schwieg weiter. Ich guckte mich derweil um: Johanna hatte
sich aufrecht hingesetzt und schaute, die Sonnenbrille ein Stück
weit auf ihre Stirn geschoben, Nygård zu, der gerade aus dem
Wasser geklettert kam und Campbell irgendetwas zurief, der ihn
aber vollständig ignorierte und weiter die Nase in sein Buch gesteckt hielt. Da kam der dicke Keyboarder Valla Dolid durch die
Terrassentür getrampelt, einen Verstärker in den Armen, und
ging an uns vorbei die Treppe hinunter in den Garten, wo er nicht
weit von der Stelle, an der Taxi ihr Tänzchen aufführte, stehen
blieb. Er stellte den Verstärker ab, drückte seinen Rücken durch
und schlenderte wieder zurück zum Herrenhaus.

»Also was jetzt?«, fragte ich.

»Was?«, fragte Picardo.

»Na, Ronny. Ich habe ihn seit gestern Nacht nicht mehr gesehen.«

»Ich auch nicht«, sagte Picardo mit ernster Stimme. »Niemand
von uns.«

»Woah«, sagte ich und pustete eine ordentliche Rauchwolke in die
Luft. »Meinst du, er ist ...«

»Weg?«

»Oder tot?«

»Daytona, bitte. Mach dich doch nicht lächerlich.«

Aber natürlich wollte ich mich lächerlich machen, liebend gern sogar! War dies nicht ein weiterer Fall für den berühmten untoten Detektiv und Säufer Bertrand Clairvaux aus Eguisheim im Elsass, dem es zwar zeitlebens nicht gelungen war, das große Kettensägenmassaker in den winterlichen Weinbergen aufzuklären, aber immerhin das Verschwinden der aufstrebenden Brettspielautorin Johanna van Tavantar im Club Transistor in Chişinău, Moldova? Ich war mir ganz sicher: Na aber sicher doch!

»Wart ihr schon in Ronnys Zimmer?«, fragte ich. »Habt ihr nachgeschaut, ob alle seine Sachen noch da sind? Gibt es Kampfspuren oder Anhaltspunkte für einen sexuellen Übergriff? Habt ihr vielleicht, ohne zu fragen, eines seiner Spiele genommen?«

»Daytona, also echt, das ist doch jetzt überhaupt nicht ...«

»Wo ist Abdominis Sovieticus? Immerhin hat er Ronny wie ein erlegtes Hirschlein in der Nacht herumgetragen. Die beiden hatten einen richtig üblen Streit, weißt du?«

Nun sah mich Picardo zum ersten Mal an. In seinen Augen glaubte ich echte Besorgnis zu sehen, und in den winzigen Verwerfungen des Muttermals auf seinem Kopf spiegelte sich die Abendsonne.

»Wie lange kennen wir uns jetzt?«, fragte er. »Fünf, sechs Tage?«

Keine Ahnung. Mein Zeitempfinden war schon vor einer Ewigkeit in den Supermarkt der Toten gegangen und nie wieder zurückgekommen.

»Was ist denn ein Tag für dich, Arno?«, fragte ich. »Wozu ist ein Ohrläppchen gut? Warum darf man seine Miete nicht mit Kaurischnecken bezahlen? Wer pustet das Universum auf, so fröhlich und ohne damit aufzuhören?«

»Du bist genauso ein Wrack wie dieses arme Mädchen da draußen«, sagte er bloß.

Ich zog noch einmal an meiner Kippe, ließ sie zu Boden fallen und trat sie aus.

»Guck mal da, Arno«, flüsterte ich Picardo in sein Ohr. »Ich glaube, jetzt bist du dran!«

Einer kleinen Prozession gleich kamen Valla Dolid, G. Mürzzuschlag und Herr Basedow aus dem Herrenhaus gelaufen, in ihren Händen Kabel, Monitore, Mikrofonständer, Instrumente und Schlagzeugteile. Sie trugen alles hinaus in den Garten, was zehn oder fünfzehn, aber keinesfalls zwanzig Minuten dauerte, und danach sahen wir alle auf der Terrasse ihnen dabei zu, wie sie um die unablässig tanzende Taxi herum ihre Instrumente arrangierten, Verstärker an die richtige Position rückten und Verlängerungskabel aus dem Rauchsalon verlegten. Zum Schluss schleppte Valla Dolid von drinnen oder aus dem Bus der Hitlerbabies mehrere Feuerwerksbatterien herbei, die er weiträumig um die improvisierte Bühne verteilte, gefolgt von G. Mürzzuschlag und Herrn Basedow, die zusammen eine große Windmaschine auf der Wiese abstellten.

»Mmmmh«, schnurrte Johanna, die sich von hinten an mich gedrückt hatte und mit ihren Armen meinen Bauch umschlang.

»Dürfen die das überhaupt?«, fragte Nygård.

»Ich bin nicht einverstanden«, sagte Ioana, die aus der Küche zu uns gekommen war, »aber was soll ich machen? Mir hilft ja keiner, niemals!«

»Wir könnten die Polizei rufen«, schlug Picardo vor.

»Ach was«, winkte Ioana ab. »Die Polizisten von hier sind alle längst betrunken, und wenn sie wirklich kämen, müssten wir ihnen auch noch was zahlen. Nein, nein, nein, nein, nein!«

Der Beginn des Soundchecks lockte auch Leon und Pawel aus den Tiefen des Gartens an. Während der Gärtner sich zu uns auf die Terrasse gesellte und seine Arbeitshandschuhe an der Brüstung ausklopfte, hielt der Einsiedler Abstand zum Herrenhaus und blieb am Fuß der Treppe stehen, wo er die kurzen Klangfolgen der Hitlerbabies mit dem rhythmischen Nicken seines Kopfes begleitete. Als Leon seine Handschuhe genug gesäubert hatte, redete er in scharfem Ton auf Ioana ein, die ihm ebenso giftig antwortete, und zwischen den beiden entspann sich ein lautes rumänisches Streitgespräch mit erhobenen Zeigefingern, angedrohten Schlägen und fliegender Spucke, bei dem Leon schließlich klein beigab und sich wieder in den Garten verzog, während Ioana wutentbrannt zurück ins Herrenhaus stapfte.

»Ich kann mir diese Musik nicht noch mal anhören«, sagte Johanna. »Müssen die denn jetzt hier spielen?«

»Na ja«, sagte ich, »wir haben sie hierhergeholt, und ich denke schon, dass sie machen können, was auch immer sie gerade wollen.«

»Hey«, sagte King, der jetzt auch von drinnen auf die Terrasse gekommen war, »was ist denn hier los? Habt ihr vielleicht Ronny gesehen? Wir wollten schon längst *Battleplanet Helgacore* spielen. Auf seinem Zimmer ist er nicht.«

»Ich spiele gerne mit dir, lieber King Trakto Sherpa«, sagte Campbell.

»Ach nee, lass mal, ist nicht so wichtig. Was machen die denn da unten? Ein Konzert? Cool!«

»Ich gehe mal Weißwein holen«, sagte Johanna. »Wer will auch?«

Bis auf Campbell hoben alle die Hand.

Johanna verschwand, und in diesem Moment setzte Herr Basedow seine Querflöte an den Mund, und was dann folgte, war kein schlechtes Beispiel für die soziopathische Wirkung des Transnistrian Meth Rock: Zunächst tröpfelten die Töne ganz zart aus der Flöte und wurden kurz darauf von G. Mürzzuschlag mit einem leisen Beat ihrer Trommeln und Becken unterlegt, woraufhin sich die Melodie regelrecht um die Band zu kringeln begann und schließlich in den Garten hinausströmte, bis zu uns auf die Terrasse, und als dann auch noch das Geklimper aus dem Keyboard und die von Taxi mit hoher, aufgerauter Stimme gesungenen Worte »Ellen Ripley, Ellen Ripley … Ellen Ripley, Ellen Ripley … Ellen Ripley, Ellen Ripley … Ellen Ripley, Ellen Ripley« hinzukamen, hörten wir alle ganz artig zu. Keine Agitation, kein unartikuliertes Gebrüll, keine Verächtlichmachung von Hoheitssymbolen – stattdessen disharmonisches Pling-pling-pling an einem windstillen Hochsommerabend. Ich fühlte, dass mir das guttat: allmählich fortgetragen zu werden in dieser kurzen Atempause, während alle Spannung sich löste.

Irgendwann reichte Johanna mir ein Glas, und ich trank einen Schluck. Der Wein war eiskalt, aber noch ziemlich sauer und zwiebelte mir bis tief in den Rachen hinein. Über den Rand des Glases hinweg sah ich Johanna dabei zu, wie sie den anderen ihre Gläser reichte: Picardo, King und Nygård; Campbell hatte sie einen russischen Brottrunk mitgebracht, dessen Dose er interessiert in seiner Hand drehte, sie zischend öffnete und das Gesöff in einem Zug hinunterspülte. Ich stieß die Luft aus meinen Nasenlöchern, verengte die Augen ein wenig und lächelte. Manchmal schien alles so leicht und weich zu sein, auch wenn es natürlich irre schwer und knüppelhart war, nach wie vor, aber darauf kam es ja an, dachte ich in diesem Moment: Immer schön das große, fiese Nebeneinander aushalten, alte Hütte!

Bis weit nach Sonnenuntergang saßen wir auf der Terrasse beisammen, die Musik der Hitlerbabies im Hintergrund, die auch mal für zwanzig Minuten aussetzte, in denen die Bandmitglieder, auf der Wiese herumlungernd, sich mit Bier und Wodka betranken, bevor sie wieder zu ihren Instrumenten griffen und weiterspielten. Johanna und ich kühlten unsere Füße im Pool, Nygård erzählte King von seinen drei kleinen Kindern Alma, Oscar und Josefine und wie gern sie miteinander Brettspiele spielten, Picardo saß, in einem Notizheft kritzelnd, auf einem Stuhl und hob immer mal wieder den Kopf, um zu lauschen oder über etwas nachzudenken, und Campbell tingelte mal in diese, mal in jene Ecke der Terrasse, streifte ums Herrenhaus oder raschelte durch die nahen Büsche. Irgendwann kam Cazimir von einem längeren Spaziergang durch die Weinberge zurück und setzte sich zu uns an den Pool, und jetzt klemmte ich zwischen Johanna und ihm und bekam mit, wie sie sich angrinsten und schließlich auch mich angrinsten, und ich sagte kein Wort, weil mir nicht ganz klar war, wie ich mich in dieser Situation genau fühlte, also versuchte ich, sie zu ignorieren, vor allem das, was sie sich einander erzählten, und blickte nur auf die verschwommenen blauen Fliesen unter mir, trank meinen Wein und hörte den gurgelnden Geräuschen zu, die das Wasser machte, wenn es über den Beckenrand in die Auffangrinne schwappte.

Je länger wir drei so dicht beieinandersaßen, desto deutlicher wurde mir etwas bewusst, das ich seit meiner angeblichen Rückkehr aus El Salvador nicht mehr gefühlt zu haben glaubte: die Anwesenheit meines Körpers in Raum und Zeit. Aber das war doch einfach schier unmöglich! Andererseits: Nichts war unmöglich, verdammte Scheiße. Nach meinem Verschwinden im Nationalpark El Imposible war ich als ein anonymer Geist auf den Großen Ebenen und im Schatten der Rocky Mountains umhergeirrt, nachdem ich Hals über Kopf vor den besorgten Gesichtern meiner Eltern geflohen war, um an diesem oder jenem mir heute unbekannten Ort ein Geschichts-, Kulturwissenschafts- oder Kunststudium zu beginnen und wieder abzubrechen, woraufhin ich zu meinen Eltern zurückkehrte und mich ganze Halbjahre lang in meinem Kinderzimmer versteckt hielt, nur unterbrochen von einer Handvoll Tage im Frühling oder Herbst, an denen ich in einer Tankstelle oder einem Supermarkt angestellt und aufgrund meiner Unzuverlässigkeit sofort wieder gefeuert worden war, ehe ich eines Nachts auf dem Rasen hinter unserem Haus damit begann, ein Brettspiel über die frühen Tage der Mafia auf Sizilien zu entwickeln, ein dankbares Thema, das so entfernt von mir selbst und meinen Lebensumständen war, dass ich bei der monatelangen Beschäftigung damit eben nicht meinen Verstand zu verlieren drohte.

»Ellen Ripley, Ellen Ripley«, säuselte Taxi ins Mikrofon, und dann klang es so, als müsste sie sich übergeben, und kurz darauf sang sie einfach weiter: »Ellen Ripley, Ellen Ripley.«

»Ich versuche immer, das Beste aus jeder Situation zu machen«, schnarrte Cazimir.

»Ach, echt?«, maunzte Johanna. »Ich auch!«

Da löste ich mich von meinen zwei Freunden, rutschte über die Poolkante und tauchte bis auf den Grund, wo ich eigentlich noch eine Weile verharren wollte, vielleicht bis mir endlich schwarz vor Augen wurde, aber der Auftrieb meines Körpers ließ das nicht zu, und so schwebte ich langsam wieder nach oben, legte den Kopf in den Nacken, spürte das zurückfließende Wasser und den aufkommenden Wind auf meinem Gesicht – und dann holte ich einmal ganz tief Luft. Mit zwei, drei kräftigen Arm- und Beinbewegungen schwamm ich auf die andere Seite des Pools, drehte mich um und beobachtete die anderen in der Ferne. Sie steckten die Köpfe zusammen und sprachen weiter miteinander, ohne dass ich etwas davon hören konnte, nur ihre Münder bewegten sich mal mehr, mal weniger im Takt der schrägen Musik. Ich winkelte die Beine an, tauchte wieder ein Stück weit ins Wasser ein, bis nur noch meine Augen und die Nase herausschauten, und dachte über die möglichen Abzweigungen des Spiels *MAUNSTEIN* nach, die Ronny, das Spielbuch in der Hand, am frühen Morgen unter der Pergola in die Welt hinaustrompetet hatte, bedroht schon von Abdominis Sovieticus' Pranken, die nach seiner Gurgel griffen: Bouche Nest Kasi Maunsteins Einsatz an der *Stillschweigenden Front*, Kai-Davy Maunsteins feuchtfröhliche Abenteuer im Vergnügungsviertel der imperialen Megalopolis Dritter-Traum-von-Paulimaritzburg, Bouche Nest Kasi Maunsteins Besuch in einem eingeschneiten Kriegsgefangenenlager inmitten der *Infernalischen Ausdehnung*, Kai-Davy Maunsteins Vertreibung aus dem Lustschloss des Sultans von Pëck, Bouche Nest Kasi Maunsteins Teilnahme an einem Standgericht gegen die aufständischen Kinder in der *Zone der Entfremdung*, Kai-Davy Maunsteins Tod durch Enthauptung aufgrund eines versehentlich in Gang gesetzten Hubschrauberrotors auf dem Flugfeld der Ferieninsel Los Totalitarismos, Bouche Nest Kasi Maunsteins Tod durch innere Verletzungen infolge eines autoerotischen Unfalls mit einem Feigenkaktus, Kai-Davy Maunsteins Tod durch Ertrinken in einem sündhaft teuren Unterwasserhotel mit zahlreichen Baumängeln, Bouche Nest Kasi Maunsteins Tod durch Gallenblasenkrebs in einem Badezimmer eines Zweieinhalb-Sterne-Motels an der vereisten Überlandstraße nach Quasabia und so weiter. Was wäre gewesen, was hätte sein können? Stattdessen: eine Raketenwaffe im Inneren eines Berges, getarnt als Hochhaus, bewohnt von militanten Geistesgestörten. Welchen Sinnspruch hätte Cazimir wohl dafür gefunden? Vielleicht so etwas wie: »That's life.« Well, okay then …

Die Hitlerbabies rissen mich aus meinen Gedanken. Sie waren jetzt zu uns gekommen, zumindest die verbliebenen Musiker; Taxi musste noch irgendwo im Garten herumstromern, ganz so, wie es eben ihre Art war, und nur die barbusige Fürstin der neun Höllenkreise wusste, wo Abdominis Sovieticus steckte. Herr Basedow blieb etwa in der Mitte der Terrasse stehen und verfolgte mit seinen kleinen Augen Campbells erratische Bewegungen, die den Jungen nach wie vor an verschiedene Punkte in der unmittelbaren Umgebung führten, wo er, sinnierend oder irgendetwas betrachtend, innehielt, um daraufhin seine unerklärliche Route fortzusetzen, einem Trabanten gleich, der keine feste Umlaufbahn besaß, aber trotzdem der Schwerkraft des dürren Flötisten unterworfen zu sein schien, ob er das nun wollte oder nicht. G. Mürzzuschlag hatte sich derweil an die steinerne Brüstung gelehnt und warf einen ungenierten Blick über den in ihrer Nähe sitzenden Picardo und in dessen Notizheft hinein, was den, der im Laufe der folgenden Minuten immer finsterer dreinschaute, ziemlich nervös zu machen schien. Und der dicke Valla Dolid stieg schweigend, ohne sich vorher seiner Kleidung entledigt zu haben, zu mir in den Pool, wo ich noch immer herumtrieb, Mund und Kinn unter Wasser, die Augen auf alles gerichtet, was so um mich herum vor sich ging. Er sah mich an, vielleicht sogar ein bisschen freundlich, hielt aber Abstand zu mir und auch zu Johanna und Cazimir am Beckenrand, die noch in ihr Gespräch über irgendwas vertieft waren.

»Du bist doch Sepulveda, nicht wahr?«, fragte Valla Dolid auf Spanisch, während auf sein aufgeschwemmtes Gesicht kleine rote Punkte traten und seine schwarze Schmalztolle im aufsteigenden Dunst des Chlorwassers langsam in sich zusammenzusacken begann.

Ich hob mein Kinn und fletschte die Zähne.

»Nein«, sagte ich, »ich war mal das gruselige Weltraumbaby aus Kubricks *2001*, dessen Erscheinen am Ende des Films niemand kapiert, aber jetzt bin ich endlich erwachsen geworden. Und du bist der kleine dicke Neonazi aus Yucatán, richtig?«

Valla Dolid verzog seinen Mund zu einem breiten Grinsen und zuckte mit den Schultern.

»Du bist Mexikanerin, oder?«, fragte er.

»Mir scheißegal, was ich bin«, antwortete ich.

»Und du hast dich damals im Urwald in El Salvador verlaufen, wenn ich mich nicht irre.« Er grinste noch breiter als zuvor. »Wie dämlich kann man eigentlich sein?«

Für einen Augenblick fühlte ich mich, als würde mir jemand von oben einen glühenden Metallstab durch den Kopf treiben, an der Wirbelsäule entlang bis hinunter zum Steiß. Aber ich ließ mir davon nichts anmerken, nicht vor diesem rechtsradikalen Scheusal.

»Leck mich, Nazi«, sagte ich bloß.

»Du bist eine Mexikanerin«, sagte er, »also verhalte dich gefälligst auch so. Weißt du, was ich irgendwann begriffen habe? Dass nur wir Mexikaner dafür geschaffen sind, die Welt zu beherrschen.«

Sofort tauchte ich wieder ein Stück weit unter und blubberte herum, um nicht vor ihm in Gelächter auszubrechen. Nachdem ich mich wieder gefangen hatte, tauchte ich auf.

»Ach, echt?«, fragte ich. »Warum denn das?«

»Wir sind ein geknechtetes Volk. Von den Spaniern zerstückelt, von den Yankees zermalmt. In uns schlummert ein ewiger Zorn, der nicht in Worte zu fassen ist. Das spürst du doch auch, oder?«

Ich schüttelte den Kopf. In den letzten Tagen hatte ich mir ja schon einigen Unfug anhören müssen und ganz bestimmt auch selbst erzählt, aber das, was dieser ätzende Typ da …

»Du bist als Einzige heil aus dem Urwald zurückgekehrt, Sepulveda«, sagte Valla Dolid. »Und deine amerikanischen Freundinnen sind draufgegangen. Dein starkes, wildes Blut hat dich gerettet, ist doch klar. Und jetzt …«

»… hocke ich mit dir in einem Pool in Osteuropa, als wären wir zwei schwachsinnige amerikanische Senioren auf unserer Urlaubsreise in den heruntergekommenen Teil der Alten Welt. Gehts eigentlich noch schlimmer?«

Valla Dolid schloss die Augen und blähte die Nüstern auf. Dann öffnete er sie wieder und schaute mich an, nicht ohne die Spur einer winzigen Wut in den Augen.

»Du und ich, wir sind Exilanten«, sagte er. »Wie alle unsere Leute, ausnahmslos. Selbst in Mexiko sind wir fremd, weil Mexiko nicht mehr das Mexiko ist, was es einmal war, verstehst du? Aber unsere Zeit wird kommen. Der Westen wird nicht auf ewig die Oberhand behalten. Ich lebe in Transnistrien. Und deshalb weiß ich, wie es sich anfühlt, wenn die Dekadenz kurz vor ihrer Implosion steht.«

»Du meinst wohl: die Dekadenz der Sowjetunion, die vor fast dreißig Jahren untergegangen ist.«

»Genau. Aber die Dekadenz der Sowjetunion ist heutzutage nichts anderes als die Dekadenz des übrigen Europas und seiner Verbündeten. Alles eine einzige Tabascosoße.«

»Okay, weißt du, was? Das ist doch totaler Schwachsinn. Und du bist ein kompletter Vollidiot, der an irgendeinen dämlichen Scheiß glaubt, den ein paar andere Irre dir irgendwann einmal zugeflüstert haben.«

»Denkst du, ich bin gefährlich?«

»Nein. Du bist erbärmlich und dumm.«

Valla Dolid stülpte die Unterlippe vor und nickte leicht.

»Ich liebe dich«, sagte er dann. »Vor allem deinen Zorn. Sepulveda. Waschechte Mexikanerin.«

Mir wurde schlecht. Also stand ich auf und hörte dabei zu, wie das Wasser von meinen Klamotten tropfte.

»Warte mal kurz«, sagte Valla Dolid. »Bitte.«

»Warum denn?«

»Weil du eh nichts Besseres zu tun hast.«

Mist. Da hatte er natürlich völlig recht. Aber bedeutete das automatisch, dass ich mir seinen faschistischen Kram anhören musste? Wahrscheinlich schon.

»Ich will nur wissen«, sagte Valla Dolid, »was du von unserer Musik hältst.«

Ich dachte kurz nach.

»Na ja«, sagte ich, »irgendwie mag ich das ja alles schon. Auch wenn ich es nicht verstehe – und außerdem Angst habe, dass ihr irgendwelchen Nazi-Jazz spielt und ich darauf reinfalle. Reicht dir das?«

»Nazi-Jazz?«, rief Valla Dolid und riss die Äuglein auf. »Ach komm, Sepulveda, so was gibt es nicht, ganz ehrlich!«

»Es gibt alles«, entgegnete ich ihm.

»Nein«, sagte er. »Es mag zwar vieles geben auf der Welt, aber Nazi-Jazz gibt es nicht, bitte, bitte glaub mir das. Ich weiß, wovon ich rede, als Musiker und als … nun ja …«

»Okay, verstanden. Kann ich jetzt gehen?«

»Noch nicht, wenn das in Ordnung für dich ist. Du hast doch mit Taxi über diese riesige Weinsammlung gesprochen, oder? Kannst du sie mir vielleicht zeigen? Und den anderen auch. Und Taxi natürlich, die sich aber möglicherweise gar nicht mehr erinnern kann, dass du ihr davon erzählt hast. Ich finde, dass sie das sehen sollte. Um ihrer selbst willen. Wenn du verstehst, was ich meine.«

»Von mir aus«, sagte ich. »Aber ich kann euch nichts versprechen. Vielleicht gibt es die große kommunistische Weinsammlung, vielleicht aber auch nicht. Ich bin mir bei vielen Dingen, die ich erzähle und tue, manchmal selbst nicht so sicher.«

»Das macht nichts, Sepulveda. Du bist ja auch Mexikanerin.«

»Halt doch einfach deine Fresse jetzt, okay? Ich gehe ja mit euch in den Keller. Obwohl ich selbst noch nie dort war, aber …«

»Ich komme mit«, rief Picardo in makellosem Spanisch und klappte sein Notizbuch zu.

»Wer ist das?«, fragte Valla Dolid.

»Das ist Arno«, sagte ich. »Ein ganz alter Freund von mir.«

»Was hat er denn da auf seinem Kopf?«

»Frag ihn doch selbst, du blöder Nazi.«

Aber dafür war selbst ein Mensch wie Valla Dolid zu höflich. Stattdessen stieg er aus dem Pool, trommelte seine Leute zusammen und verriet ihnen, dass sie jetzt einen kleinen Ausflug in den Untergrund machen würden. Nur Taxi war längst wieder auf einen ihrer Streifzüge durch die hinteren Bereiche des Gartens verschwunden. Währenddessen rubbelte ich mich halbherzig mit einem dunkelroten Handtuch ab, das jemand auf einer der Sonnenliegen vergessen hatte.

»Wohin geht ihr?«, fragte King.

»Nach unten«, antwortete ich.

»Was ist denn da?«, fragte er.

»Keine Ahnung«, sagte ich.

»Wir kommen mit«, sagte King. »Du doch auch, Clark, oder?«

»Dürfen wir das denn?«, fragte Nygård.

»Pfffh«, machte ich.

»Und was ist mit Campbell?«, fragte King. »He, Campbell, kommst du mit?«

Campbell stand reglos und still auf der Terrasse, den Kopf weit in den Nacken gelegt, den Blick gen Nachthimmel gerichtet.

Wir ließen ihn, aber auch Johanna und Cazimir zurück, die längst damit begonnen hatten, kichernd ihre Nasenspitzen aneinanderzutippen. Ich führte die anderen zur Küche, wo Ioana vor ihrem Feierabend alles penibel sauber gemacht und aufgeräumt hatte. Die Tür zum Waschkeller war nur angelehnt, die Neonleuchte über der Treppe sprang per Bewegungsmelder an. Unten wisperten sich alle drei Waschmaschinen gegenseitig die schärfsten Geheimnisse zu, in der Ecke trockneten Kopfkissenbezüge, Strumpfhosen und ein winziger schwarzer Pullover, der einem Kind oder einem Schoßhündchen gut gepasst hätte, mit Holzklammern an ein Gestell geklemmt, und an die Wand hatte jemand ein Plakat geklebt, auf dem die Zeichnung einer burschikosen Hausfrau mit Besen in der einen und Kalaschnikow in der anderen Hand böse auf uns herabblickte. Neben dem Poster befand sich eine weitere Tür, auch sie nicht verschlossen. Dahinter schraubte sich, vom schmutzigen Licht einzelner Glühlampen beleuchtet, eine enge steinerne Wendeltreppe tief ins Erdreich hinein.

»Die Stollen da unten sollen insgesamt hundert Kilometer lang sein«, hörte ich Nygård erzählen, während wir hintereinander die Stufen hinabstiegen. »Was tun wir, wenn wir uns verlaufen?«

»Wir sterben«, antwortete ihm die Schlagzeugerin G. Mürzzuschlag.

»Daytona«, sagte King, »meinst du, der arme Ronny ist irgendwo da unten?«

»Kann schon sein«, sagte ich.

»Ganz allein?«, fragte King.

»Oder mit Abdominis Sovieticus, der ihn durch die Dunkelheit jagt«, sagte ich.

Am Ende der Treppe gelangten wir in einen großen, von in den Boden eingelassenen Flutlichtern erhellten Hohlraum. Rechts und links zweigten breite Gänge ab. An der Wand hing ein altes, orangefarbenes Telefon mit Wählscheibe, darüber eine Signalleuchte, darunter ein Stuhl zum Ausruhen und außerdem drei kleine Fahrzeuge, Golfmobilen ähnlich, die ordentlich auf ihren gekennzeichneten Stellplätzen geparkt waren.

»Also?«, fragte Valla Dolid.

»Ja was weiß ich denn?«, sagte ich.

»Was suchen wir denn?«, fragte Picardo.

»Den Wein«, raunte Valla Dolid.

Herr Basedow, der neben ihm stand, zwickte ihm in die Seite und stieß zwei leise Pfeiftöne aus.

»Oder …«, setzte Valla Dolid an, »etwas noch viel, viel Besseres. Kennt ihr die Geschichte vom ›Raub des Jahrhunderts‹, als im November 2014 aus drei moldauischen Banken Geld im Wert von mehr als einer Milliarde Euro gestohlen wurde, das nie wieder aufgetaucht ist? Warum nicht einen Teil davon hier versteckt halten? Meine Freunde und ich denken: Wir sind vielleicht kurz davor, einen Piratenschatz zu finden.«

»Hey, hey, hey, Nazi«, rief ich, »ich dachte, hier geht es bloß darum, ein bisschen Wein zu klauen.«

»Das können wir ja trotzdem machen«, sagte Valla Dolid. »Und falls wir ganz nebenbei über die Kohle stolpern – umso besser. Also, wohin jetzt: links oder rechts?«

»Rechts«, sagte Picardo.

»Links«, sagte ich.

»Dann teilen wir uns auf«, schlug Nygård vor. »Wir obercoolen Brettspielautoren fahren nach links, und ihr gruseligen Musiker fahrt nach rechts. Und dann werden wir schon irgendwo dahinten wieder aufeinandertreffen. Einverstanden?«

Niemand hatte etwas dagegen einzuwenden. Also quetschten wir uns in die Golfmobile, King hinter dem Steuer unseres Fahrzeugs, G. Mürzzuschlag hinter dem Steuer des anderen Wagens. Und schon wackelten wir über die in den Stein gesprengten Kieswege hinaus in die Finsternis tief unter der fernen von Alkoholmissbrauch und großformatigen Raubzügen gezeichneten Republik Moldau.

»Krass«, rief King irgendwann, während wir durch den kühlen Stollen rumpelten, eine rote Staubwolke hinter uns herziehend, »eine Milliarde!«

»Ach«, sagte Picardo, »das ist doch totaler Quatsch.«

»Habt ihr gehört, was sie mit Ronny gemacht haben?«, fragte King. »Verschleppt und zu Tode geprügelt haben sie ihn, den armen Jungen.«

»Moment mal«, warf ich ein. »Der versoffene Bertrand Clairvaux hat seine Ermittlungen in diesem Fall noch gar nicht angefangen. Wir wissen nichts.«

»Bertrand wer?«, fragte Picardo.

»Das Kettensägenmassaker in den Weinbergen?«, fragte ich. »Sagt euch das nichts? Was seid denn ihr für Brettspielautoren? Habt ihr wenigstens mal *Die unendliche Geschichte II – Auf der Suche nach Phantásien* mit Jonathan Brandis als Bastian Balthasar Bux geschaut? Da gibt es diese riesigen mechanischen Käfer mit Zangen und leuchtenden Augen, die ihn durch die Silberstadt und später durch den Palast der Hexe Xayíde verfolgen. Kennt ihr eigentlich das Gefühl, wenn ihr Todesangst habt und gleichzeitig total traurig seid, weil jemand euch euer Herz gebrochen hat oder so, ihr euch aber auch ganz doll auf den morgigen Tag freut, weil im Radio dichter Schneefall angesagt worden ist? Na ja, so in etwa stelle ich mir vor, wie es Ronny gerade geht.«

»Ich verstehe sie nicht«, sagte Nygård. »Was ist denn bloß mit ihr los?«

»Daytona verwechselt nur schon wieder Spyderlings schreckliche Spiele mit der Wirklichkeit«, sagte King. »Guckt mal, da vorne ist irgendwas!«

Wir erreichten eine Kreuzung. King bremste und ließ uns aussteigen, dann parkte er den Wagen akkurat an der Wand. Ich sah mich um und blickte mal in diesen und mal in jenen Durchbruch hinein, hinter denen jeweils ein Raum aus dem Fels geschlagen worden war, möglicherweise die Probierräume für die Weinverkostung, von denen Picardo gesprochen hatte. Der eine war akkurat der Kommandobrücke eines russischen Atom-U-Bootes nachempfunden, und zwar mit allem Drum und Dran: Periskop, Radar, Sonar, Funk, Geschützstation, Druckanzeigen, Sauerstoffregler, Knöpfe, Ventile, Kabel, Rohre, Alarmleuchten, und zwischen der ganzen Technik ein kleiner runder Tisch mit vier Metallstühlen. Ein anderer Raum war rechteckig und hoch, mit künstlich beleuchteten Fenstern an den Marmorwänden, Gemälden und Fresken: ein Nachbau der Sixtinischen Kapelle, anscheinend niemals fertiggestellt, denn überall klafften Löcher im Boden, und anstelle von Michelangelos *Jüngstem Gericht* war ein Graffito mit zwei Tomatenfröschen auf die Wand über dem Altar gesprüht worden, der eine zog an einem Joint, der andere weinte in ein pinkes Taschentuch. Im dritten Raum schließlich, der mit dunklem Holz vertäfelt war, konnten die Weintrinker unter einer riesigen roten Fahne der KPdSU mit Hammer und Sichel an einem wuchtigen Schreibtisch Platz nehmen, vor sich einen Lenin-Kopf aus Bronze mit aufgeklapptem Schädel, der als Sektkühler diente.

»Ist das ein Witz?«, fragte ich Picardo, der mit verschränkten Armen neben mir stand.

»Touristen lieben solche Orte«, antwortete er. »Sie geben ihnen die Gewissheit, Teil von etwas Größerem zu sein. Und wenn sie dann dort auch noch Alkohol trinken dürfen, fühlen sie sich für einen winzigen Moment einfach nur unsterblich.«

»Aha«, sagte ich. »Wollen wir weiter?«

»Wir werden uns verfahren«, keifte Nygård, »ich kann es fühlen!«

Picardo und ich nahmen ihn in unsere Mitte und drückten uns gemeinsam zurück in das Golfmobil. King startete mit einem gesummten Liedchen auf den Lippen den Wagen und steuerte ihn weiter die sanft abfallende schnurgerade Strecke entlang, immer tiefer hinein in die Dunkelheit.

Nach etwa zehn Minuten gelangten wir erneut an eine Kreuzung mit weiteren, davon abzweigenden Durchbrüchen, aber aus einem nur ihm selbst bekannten Grund hielt King nicht an, sondern fuhr weiter, ohne mit der Wimper zu zucken.

Als Nächstes kamen wir an einem unterirdischen See vorbei, an dessen Ufer jemand großflächig weißen Sand aufgeschüttet hatte; darauf war die Strandbar Pawel Colada aus Latten und Wellblech errichtet worden, in der ein Schwarm Fledermäuse wie getrocknete Tabakblätter von den vergammelten Querbalken hing, während es zur Happy Hour Cocktails zu einem Drittel des normalen Preises gab. Als wir langsam daran vorbeifuhren, fragte Picardo mich, ob ich mit dem Erfinden von Brettspielen eigentlich irgendetwas bewirken wolle, und griff nach meiner Hand.

»Bitte, was?«, rief ich und schob schnell alle meine Händchen zwischen die gepolsterte Rückbank und meinen Po.

Er versuchte dann noch, seine Frage zu erläutern, sprach von gesellschaftspolitischen Implikationen, Bestätigung des Status quo, Sichtbarmachung utopischer Zustände, intellektueller Verantwortung, Eingeständnis persönlichen Scheiterns und so Kram, aber ich antwortete ihm einfach nicht mehr und blieb ganz in mich gekehrt, während wir alle für die nächsten Minuten von den Bodenwellen der Kiesstraße ordentlich durchgerüttelt wurden.

Und dann endete der Gang schließlich in einem weitläufigen kreisrunden, von einer Flutlichtanlage beleuchteten Hohlraum, in dem überall Schrott verteilt lag, hauptsächlich zerquetschte Autos, aber auch Elektromüll, zerborstene Panzersperren, die angekokelten Überreste einer Gruppe von Crashtest-Dummys, zerfetzte Reifen und mit Dreck verschmierte Kleidungsstücke. An einer Stahlkonstruktion in der Mitte des Raumes baumelte ein Bungee-Seil. Rundherum waren Sitzbänke hinter einer niedrigen Holzwand aufgebaut worden, der Zuschauertribüne einer altrömischen oder spanischen Arena ähnlich. Und da und dort standen Gefährte auf der unebenen schlammigen Fläche herum, die meisten mit geöffneten Türen: ein bordeauxrotes Raketenauto, Stockcars mit Überrollkäfigen und fehlenden Windschutzscheiben, in schreienden Neonfarben lackierte Quads, ein zum Monstertruck aufgebockter Pick-up mit blutigen Teufelshörnern auf dem Dach und aufgerissenem Raubtiermaul zwischen den Frontscheinwerfern. King manövrierte unser winziges Golfmobil durch die Stille. Es roch nach verbranntem Öl und Schimmel.

»So«, sagte er und hielt an. »Hier gehts nicht weiter.«

Wir verließen das Fahrzeug wieder und schlichen zwischen den Metallskeletten umher. Von den vielen Ausflügen mit meinem Vater zu den ohrenbetäubenden, nach Bier, Schießpulver und Frittierfett stinkenden Motorsportevents des Mittleren Westens war mir sofort bewusst, um was es sich bei diesem Ort handelte: Spyderling und seine moldauische Gang hatten hier ihr ganz persönliches Demolition Derby aufgezogen, vielleicht sogar mit dazugehöriger Stuntshow – in Flammen stehende Draufgänger, halb nackte Cheerleader, abgehalfterte Wrestling-Stars, eine auf Rumänisch singende AC/DC-Coverband, dressierte Löwen, so was halt.

Und nur Sekunden später ertappte ich mich dabei, wie ich zielstrebig und ohne Gewissensbisse auf den Monstertruck zuging, und vielleicht wollte ich ja mir selbst Einhalt gebieten, für den Bruchteil einer Millisekunde, als ich schon mit aller Kraft die gewaltigen Räder emporkletterte, aber letztlich ließ ich mich doch gewähren, was solls denn, was solls, schwang mich auf den Fahrersitz und fing vor Freude fast an zu flennen, als ich sah, dass der Schlüssel noch im Zündschloss steckte.

Der Monstertruck sprang mit einem Dröhnen an, das jeden meiner Knochen zum Schütteln brachte, ich trat leicht aufs Gaspedal, drehte das Lenkrad in beide Richtungen, zerknackte unter meinen Rädern einen Röhrenfernseher und ein danebenstehendes Klappstühlchen, und dann fuhr ich eine schöne Runde. Trotz des Lärms hörte ich King, wie er mir zujubelte; er stand noch beim Golfmobil und wedelte fröhlich mit den Armen, ich streckte meine Hand aus dem Fenster und winkte ihm zurück. Dann sah ich Picardo in einigen Metern Entfernung vor mir, der mit der Spitze seiner italienischen Lederslipper in einem Schutthaufen wühlte, und ja, ich weiß, das war alles in allem echt nicht in Ordnung, aber ich wollte dem Alten nur einen klitzekleinen Schrecken einjagen, also drückte ich das Gaspedal durch und steuerte direkt auf ihn zu, und Picardo hob den Kopf, blickte nach oben und mir direkt in die Augen, rief etwas, das ich nicht verstand, machte einen Satz zur Seite und jagte davon, aus meinem Sichtfeld hinaus. Ich bremste scharf, kurbelte am Lenkrad herum und sah mich durch beide Seitenfenster nach ihm um. Da! Da! Da, da, da! Er spurtete mit eingezogenen Schultern und schlenkernden Armen auf das Raketenauto zu, hopste hinein, fummelte am Armaturenbrett herum und brauste los. Ich verfolgte ihn ein Stück, aber er war irre schnell, rauschte im Zickzackkurs durch die Arena, von einem Flammenstoß aus seinem Heck angetrieben, und krachte irgendwo am anderen Ende der Höhle in einen Haufen Autowracks. Ich stoppte und beobachtete, wie er schimpfend aus seinem Raketenwagen stieg, mir seinen Mittelfinger zeigte und sich schleunigst verzog. Dann spürte ich einen Stoß, reckte den Hals aus dem Fenster und sah unter mir Nygård in einem Stockcar, der zurücksetzte und wieder gegen mein linkes Hinterrad rumste, und dann noch einmal, und dann noch einmal.

»Hey!«, rief ich ihm zu, »lass das!«

»Du bist doch völlig verrückt geworden!«, brüllte er.

»Und wenn schon!«, schrie ich zurück.

Als er erneut ansetzte, mich zu rammen, ließ ich meinen Truck nach vorn schnellen, fuhr einen Halbkreis und wartete auf Nygårds Reaktion. Der Motor jaulte, aber sein Auto bewegte sich kein Stück. Da beschloss ich, ihn fertigzumachen, sodass ihm allerhöchstens noch ein todesmutiger Sprung aus dem Seitenfenster blieb, während meine Räder das Stockcar mit der ganzen Gewalt des mobiltechnologischen Fortschritts unter sich zermalmen würden. Doch Nygård durchschaute meinen Plan, spätestens als ich in direkter Linie auf ihn zurumpelte. Er wich mir aus und fuhr davon, aber die Bodenwellen machten es für ihn schwierig, auf Höchstgeschwindigkeit zu kommen, und ich sah, wie sein Kopf immer wieder gegen die Decke der Karosserie schlug, während meine Vorderreifen bereits sein Heck touchierten, und ein paar Sekunden später bremste er ab, und sein Kofferraum zerbarst unter den gewaltigen Rädern, und es blieb Nygård nichts anderes übrig, als die Fahrertür aufzureißen, »Nintendo! Nintendo!« zu kreischen und sich nach draußen zu stürzen, wo er sich ein paarmal um sich selbst drehte und auf dem Rücken im Staub liegen blieb, den Kopf mit beiden Armen geschützt. Ich ließ ihn in Ruhe und fuhr vier- oder fünfmal über sein blödes Auto hinweg, den Gesang zersplitternden Metalls in den Ohren, fühlte den muffigen Fahrtwind im Haar und freute mich des Lebens. Dann ließ ich den Truck ausrollen, stellte den Motor ab, öffnete die Fahrertür und atmete lang aus.

»Clark, alles okay?«, fragte ich in die Dunkelheit außerhalb des Flutlichts hinein.

»Ja, ja, ja«, kam es daraus zurück.

Ich ließ den Schlüssel stecken und kletterte am Vorderrad hinunter. Picardo hatte Nygård auf die Beine geholfen und klopfte ihm den Dreck von der Kleidung.

»Boah«, rief King, der gerade herbeigelaufen kam, völlig außer Atem, »was für eine Show! Ihr seid alle so megakrass.«

»Gut gekämpft«, sagte ich, »aber ihr hattet nicht den Hauch einer Chance.«

Nygård rieb sich zischend die Flanke, Picardo schüttelte leicht den Kopf.

Und dann kamen die Hitlerbabies. Sie hatten kommunistischen Wein und Nazi-Brettspiele dabei.

Zur Veröffentlichung seines Spiels *Jonathan Brandis* im Jahr 1999 antwortete Spyderling in einem per Brief geführten Interview mit der frankokanadischen Fachzeitschrift Les Jeux du Futur auf die

Frage, was es bedeuten würde, Brettspiele zu entwickeln, folgendermaßen: »Ich verabscheue das Wort ›entwickeln‹. Ich verabscheue auch das Wort ›machen‹. Ich ziehe es vor, von ›herausbrechen‹ zu sprechen, wenn es um meine Arbeit geht. Aber mit wem sollte ich schon groß darüber reden? Ich breche Spiele heraus. Woraus? Aus mir selbst, also im Sinne von ›entleiben‹ oder ›kotzen‹? Ich entleibe mich meiner Spiele. Ich kotze sie aus. Nein, nein, nein, das ist mir alles zu eitel. Lassen wir das bloß sein. Ich beantworte diese Frage nicht.«

Wenn ich überlege, was mein Lieblingsspiel von Spyderling ist, dann steht *Jonathan Brandis* vielleicht nicht an erster Stelle, aber doch ganz weit oben. Anders als der Titel suggeriert, geht es in dem Spiel gar nicht so sehr um den US-amerikanischen Schauspieler Jonathan Brandis, der um 1990 ein bekannter Kinderdarsteller war und dessen Filmkarriere bei der Veröffentlichung von Spyderlings Spiel bereits so gut wie beendet schien. Vielmehr geht es um den Ort Brandis im nordwestlichen Sachsen, etwa zwanzig Kilometer östlich von Leipzig gelegen, in dem sich eine Figur mit Gedächtnisverlust (die Spielerin oder der Spieler) wiederfindet, die von den Kleinstadtbewohnern aufgrund ähnlicher Gesichtszüge für den einst recht bekannten, nun aber in Vergessenheit geratenen US-amerikanischen Schauspieler und ehemaligen Kinderdarsteller Jonathan Brandis gehalten wird (sehr wahrscheinlich sprechen sie seinen Namen auch konsequent mit deutschem Zungenschlag und damit auch wie den Namen ihres Heimatortes aus, aber davon steht leider nichts in der Spielanleitung). Brandis ist dabei ein Albtraumort, voller zwielichtiger, missgünstiger Geschöpfe und geprägt von einer ruinösen sozialistischen Architektur, deren halb eingestürzte Plattenbauten sich wie die massiven Wände eines Labyrinths um eine finstere neugotische Kathedrale im Zentrum der Stadt winden. (Das echte Brandis, das ich mehrmals besucht habe – meistens am Wochenende, wenn mir meine Wohnung und mein eigener Kopf zu eng wurden –, sieht natürlich ganz anders aus: bunte Einfamilienhäuser, gedrungene Arbeiterkasernen, ein schöner Marktplatz, Laternen, Supermärkte, verlassene Straßen.) Hier also irren die Spielerin oder der Spieler in Gestalt desjenigen umher, der vielleicht Jonathan Brandis ist, vielleicht aber auch nicht, würfeln ihre Bewegungspunkte aus und ziehen Ereigniskarten von einem Stapel, und weil es wie in allen von Spyderlings Spielen keine Mitspieler gibt, ist man dabei völlig auf sich allein gestellt, während man in der heraufziehenden Dämmerung durch die engen Gassen zwischen den Plattenbauruinen huscht, sich der gewaltsamen Übergriffe der Einwohner erwehren muss und allerlei seltsame Dinge am Wegesrand einsammelt, etwa ein vergoldetes Wählscheibentelefon, den Kopf eines Ferkels, ein Vorhängeschloss ohne Schlüssel, einen zerknüllten Zettel mit der handgeschriebenen Aufschrift »Macht hoch die Tür, die Tor macht weit« oder ein Säckchen voll Asche. Von anderen Leuten, die das Spiel gespielt hatten, hörte ich, dass es wohl so etwas wie ein Grundbedürfnis sei, irgendwie einen Weg zur Kathedrale in der Mitte des Spielplans finden zu wollen, aber ich selbst bin nie auf diese Idee gekommen und habe es auch niemals versucht, weshalb ich nicht zu sagen weiß, was einen dort erwartet und ob das Erreichen der Kirche so etwas wie das Ziel des Spiels ist. Für mich endete *Jonathan Brandis* meistens so, dass ich von einem bewaffneten Mob eingeholt wurde, der mir den Rest gab, aus Unachtsamkeit in einen leeren Fahrstuhlschacht stürzte oder nach Stunden entnervt aufgab, weil ich mich im Wirrwarr der Häuserblocks nicht mehr zurechtfand. Irgendwann war ich jedoch auf den Gedanken gekommen, dass das Spiel *Jonathan Brandis* dafür gesorgt haben könnte, dass ich ausgerechnet nach Leipzig gezogen bin – um der Stadt Brandis nahe zu sein, um Spyderling nahe zu sein, um dem Schauspieler Jonathan Brandis nahe zu sein, um all diesen unerreichbaren Dingen und unlösbaren Geheimnissen um mich herum irgendwie auch nur einen Schritt näher zu sein, so verzweifelt das auch klingen mag. Im November 2003 erhängte sich der erst 27 Jahre alte Mensch Jonathan Brandis schwer depressiv in seinem Apartmentgebäude an der Ecke 6th und Detroit Street in Los Angeles, Kalifornien. Ob er Spyderlings Spiel kannte? Wie so ziemlich alle Spiele von Spyderling ist auch dieses Spiel ein höllisches Werk, rätselhaft und gefährlich. Warum tut dieses Ungeheuer uns das an?, frage ich mich oft. Irgendwo in den Spielen muss die Antwort darauf verborgen sein – aber auch irgendwo in uns selbst.

Wir saßen um einen brennenden Haufen Autoreifen auf dem Boden, tranken und hörten der Trommlerin G. Mürzzuschlag dabei zu, wie sie eine Geschichte über den Karneval in Köln erzählte, ein paar Jahre musste das schon her gewesen sein, als zum Höhepunkt der Feierlichkeiten an einem verregneten Rosenmontag plötzlich der Rhein über die Ufer trat und sich in Windeseile eine Menschenkette aus volltrunkenen, singenden und schunkelnden Jecken aus aller Herren Länder bildete, um das Wasser davon abzuhalten, die Innenstadt zu fluten, was natürlich überhaupt nicht geklappt hatte, aber immerhin einen Versuch wert gewesen war, na sicher doch, und noch während G. Mürzzuschlag sprach, dachte ich darüber nach, ob das jetzt so was wie eine aktualisierte Vorstellung von der klassischen Apokalypse sein könnte, also kein Atomkrieg mehr, keine außerirdischen Invasoren, keine Zombiehorden, keine übergeschnappte künstliche Intelligenz und ihre mit Lasergewehren bewaffneten Roboterarmeen, sondern das Wasser, die Fische und der Schlamm, die auf einen vom Alkoholgenuss verkrümmten Körper treffen, der sich, nachdem er sich abgetrocknet hat und wieder nüchtern geworden ist, auf den langen Weg nach Hause macht, in die von Waldbränden zerstörten Stadtlandschaften in Nordkalifornien, auf einer griechischen Urlaubsinsel oder im Amazonasbecken, die Bruchstücke der Songs von Billie Eilish als Endlosschleife im Ohr.

»Kommst du aus Köln?«, fragte Picardo die Schlagzeugerin.

»Nein«, antwortete sie, »ich komme aus Mürzzuschlag in der Steiermark.«

Die Hitlerbabies hatten also wirklich die kommunistische Weinsammlung aufgetrieben, aber es war nicht mehr viel davon übrig gewesen, fünfundzwanzig oder dreißig verstaubte Flaschen, alle mit den Konterfeis der großen Helden der Arbeiterbewegung auf den Etiketten verziert und höchstwahrscheinlich doch nicht aus Stalins Privatbesitz, sondern aus einem Fanshop für altes Zeug aus Sowjetzeiten. Ein wenig beachtenswerter waren die fünf Brettspiele, die sie in einem Schrank daneben entdeckt hatten, widerliche Machwerke aus der Spieleentwicklungsabteilung des Reichsministeriums für Volksaufklärung und Propaganda, völkisch, judenfeindlich, kriegsverherrlichend, als Beute von den Soldaten der Roten Armee eingesackt und mit in die Moldauische Sozialistische Sowjetrepublik genommen, wo sie hier unten eingelagert worden waren, um unter Ausschluss der Öffentlichkeit langsam, aber sicher zu Staub zu zerfallen. Vielleicht hatte Spyderling sie aber auch im Internet bestellt, so genau war das nicht zu sagen.

»Meint ihr, die Spiele haben den Kindern von Joseph Goebbels gehört?«, fragte ich, die streng riechenden Kartons aus dünner Pappe in den Händen haltend, aber weil niemand mir antwortete, verlor ich schnell das Interesse daran, nippte ab und zu an meiner Weinflasche und guckte dem Gewirbel der Staubpartikel in der Luft zu.

Die anderen unterhielten sich über ihre Erlebnisse unter Tage und diskutierten den Sinn dieses Ortes, kamen auf die verschwundene Milliarde zu sprechen, die anscheinend noch nicht entdeckt worden war, und tauschten sich darüber aus, zu welcher Jahreszeit eine Fahrt ans Schwarze Meer am allerschönsten sei (zur Sommersonnenwende, an Weihnachten, eigentlich immer). Nur der dünne Herr Basedow blickte mich schweigend durch die dicken Gläser seiner Nickelbrille an, in denen sich der Schein des Feuers spiegelte. Der Rotwein hatte seine dünnen Lippen bereits lila gefärbt.

»Was ist denn?«, maulte ich ihn an.

»Nichts«, gab er zurück. »Ich finde, du siehst blendend aus.«

»Danke«, sagte ich.

»Möchtest du dich zu mir setzen?«, fragte er. »Ich würde gerne deine Hand halten.«

Ich stöhnte einmal laut auf, kroch zu ihm herüber und ließ ihn meine Hand halten. Aus seiner Kehle kam ein gurgelndes Geräusch, aber das war okay für mich. Die Hornhaut auf seinen Fingerkuppen kitzelte auf meinem Handrücken.

»Basedow mein Name«, säuselte er mir ins Ohr, »angenehm.«

»Sepulveda mein Name«, sagte ich und trank einen Schluck.

»Kommst du auch aus Österreich?«

»Nein«, antwortete er. »Ich bin ein stolzer Ungar.«

»Ihr seid ein ganz schön bunter Haufen«, sagte ich. »Warum treibt ihr euch dann alle ausgerechnet in Transnistrien herum?«

»Wir bekommen Geld vom Obersten Sowjet«, sagte er. »Aber nur pridnestrowische Rubel, die nirgendwo auf der Welt etwas wert sind. Doch das ist egal. Es ist cool, für seine Kunst staatliche Anerkennung zu erhalten.«

»Wow!«, rief ich. »Und ich dachte die ganze Zeit, ihr versucht, mit eurer Musik dieses sowjetische Disneyland da drüben zum Einsturz zu bringen oder immerhin ordentlich zu veralbern.«

»Das tun wir ja auch«, sagte Herr Basedow. »Aber eben im Auftrag des Staates. Ganz nach dem alten sowjetischen Motto: Halte deine Feinde nahe bei dir, aber deine Freunde noch viel näher. Oder war es umgekehrt? Ach, egal. So jedenfalls hat unser kleines Land den Untergang des Kommunismus überlebt. Wenn du verstehst, was ich meine ...«

»Puh«, machte ich. »Ich glaube, das verstehe ich nicht. Aber was verstehe ich denn schon? Hier geht einfach alles drunter und drüber.«

Herr Basedow blickte ernst drein und sagte nichts mehr. Aber was hätte er auch schon groß sagen sollen? Meine Ahnungslosigkeit war zwar zum Verrücktwerden, aber dafür durfte er noch eine kleine Weile meine Hand halten, und womöglich bekam er davon einen Steifen, aber das war mir in diesem Moment egal. Ich war sowieso kurz davor abzuhauen, auch wenn ich gar nicht so richtig wusste, was ich, zurückgekehrt an die Erdoberfläche, als Nächstes anstellen wollte. Johanna und Cazimir suchen? Ronny retten? Noch mal in den Pool steigen? Campbell ärgern? Ins Bett gehen? Weitertrinken?

»Ich spiele Flöte«, sagte Herr Basedow leise, schon einen leiernden Singsang in der Stimme.

»Schön für dich«, sagte ich. »Ich würde mich ja gerne mit diesen Nazi-Spielen da beschäftigen, aber wenn mir niemand anderes dabei über die Schulter schaut, dann macht mir das auch keinen Spaß, verstehst du?«

»Nein«, sagte er. »Soll ich eins davon mit dir spielen?«

»Bloß nicht!«, rief ich. »Darum geht es doch gar nicht. Ich will immer nur Aufmerksamkeit unter meinen eigenen Bedingungen. Aber es ist ziemlich schwer, das im Alltag umzusetzen.«

»Aha«, sagte Herr Basedow. »Vielleicht hast du ein Problem mit der Liebe. Zu anderen und zu dir selbst.«

»Ja, ja«, sagte ich, »ganz bestimmt. Aber ich komme ja auch ursprünglich aus einem Paralleluniversum, und die Liebe dort hat mit der Liebe hier nicht viel gemein. Es gibt ein Portal im Dschungel von El Salvador, durch das ich vor vielen Jahren in eure Welt getreten bin, aber das ist längst von ein paar übermüdeten, schlecht bezahlten Rangern geschlossen worden, sodass ich leider nie mehr nach Hause finden werde. Jetzt schlage ich mich halt so durch und lasse mich dabei nicht unterkriegen. Aber alles in allem lebe ich wie ein Hund aus der Tonne.«

»Das klingt furchtbar«, sagte er traurig. »Wenn du willst, dann zeige ich dir, wie man auf einer Flöte spielt. Das macht mich immer ganz frei und unbeschwert, ganz so, als würde ich mich allem für einen Augenblick entziehen und an einen Ort gelangen, den es nur in der Musik gibt.«

»Nee, lass mal«, sagte ich. »Mich interessiert dein musikalischer Ort nicht. Und ich nehme jetzt meine Hand wieder weg, okay? Achtung, Achtung, eins, zwei, drei …«

Ich zog meine Hand zurück und schob sie zwischen meine Knie.

»Schade«, sagte Herr Basedow. »Du bist eigentlich so ein liebes Mädchen.«

»Tja, was soll man machen?«, sagte ich. »Weißt du, was? Ich glaube, ich habe die Schnauze voll. Zeit für mich, nach Hause zu fahren.«

»In deine andere Dimension?«, rief er aufgeregt.

»Nein«, sagte ich. »Bloß nach oben, zurück in mein Zimmer. Vielleicht wartet dort ja jemand auf mich. Und wenn nicht, dann ist das auch nicht so schlimm.«

Ich kniff ihm zum Abschied in die Wange, stand auf, klemmte mir die Weinflasche unter den Arm und ging hinüber zu unserem Golfmobil. Als ich damit durch die Arena fuhr, hörte ich Picardo und Nygård mit mir schimpfen, aber hey!, diese Volltrottel würden schon einen anderen Weg zurück finden, und irgendwo stand ja auch noch der Wagen der Hitlerbabies herum. Ich ratterte den Gang entlang, durch den wir hierhergekommen waren, und dann war ich auch schon wieder am Zugang zur Treppe in den Waschkeller, stellte das Golfmobil ab und betrat die erste Stufe. Hinter mir klingelte das alte orangefarbene Telefon, die Signalleuchte darüber drehte sich in einer irrsinnigen Geschwindigkeit. Ich ging zurück, setzte mich auf den Stuhl an der Wand und hob ab. Zuerst war da nur ein Rauschen zu hören und dann eine Stimme, die so klang, als spräche jemand durch ein Feuchttuch, mit dem gerade eben noch der von Süßigkeiten verklebte Mund eines Kleinkindes abgeputzt worden war.

»Hallo, Daytona Sepulveda«, sagte die Stimme.

»Hallo, Spyderling«, sagte ich.

POLITISCHE POLIZEI

»Wo bist du?«

»Schwer zu sagen. Wo bist *du* denn?«

»Als wenn du das nicht wüsstest.«

»Stimmt. Wie war die Fahrt mit dem Monstertruck?«

»Astrein. Aber jetzt bin ich hundemüde.«

»Geh schlafen.«

»Ich kann nicht. Irgendetwas treibt mich vor sich her.«

»Johanna van Tavantar?«

»Nein, ich glaube nicht. Ich will ja nur, dass sie glücklich ist. Und irgendwie ist sie das auch, auf eine für mich schwer verständliche Art.«

»Cazimir Eduardovych Manole?«

»Ist das sein vollständiger Name? Komisch. Darüber habe ich mir nie Gedanken gemacht.«

»Weil du eine Rassistin bist?«

»Ach, komm. Das musst gerade du sagen.«

»Was ist mit Taxi Terreur? Wirst du ihren Arsch retten?«

»Ich hoffe es. Wer, wenn nicht ich?«

»Da ist noch Elke.«

»Die rettet niemanden. Aus Prinzip nicht.«

»Nein, das meine ich nicht. Elke liebt dich. Alle lieben dich, Daytona Sepulveda.«

»Auch du?«

»Ich kann nicht lieben. Aus Prinzip nicht.«

»Das tut mir leid. Aber ich verstehe dich. Du bist eben ... wie ein schwarzes Loch. Nein, halt, du bist ein schwarzes Loch. Als wärst du Teil dieser Welt und gleichzeitig wiederum nicht, weil du alles zerstören musst, was zu dieser Welt gehört. Damit bist du diskreditiert, Teil dieser Welt sein zu dürfen. Tut mir leid.«

»Na ja, das ist zwar ziemlich dämlich ausgedrückt und auch nur die halbe Wahrheit, aber immerhin. Wie gefällt dir mein Weingut?«

»Ich hasse es. Aber ich fühle mich hier sicher.«

»Das freut mich.«

»Hast du die anderen auch ... angerufen?«

»Ich? Nein, ich spreche mit niemandem mehr, seit Jahrzehnten schon. Ein Telefon habe ich noch nie benutzt.«

»Okay, das ist jetzt völliger ... na ja, wie auch immer. Spyderling?«

»Ja?«

»Ich liebe dich.«

»Ist gut. Du wirst schon deine Gründe dafür haben. Ich muss jetzt aufhören. Aber ich melde mich wieder. Nur nicht über diesen Apparat. Geh einfach ... ach, du wirst es schon mitbekommen. Ich spreche ganz gern mit dir. Obwohl ich es selbst kaum glauben kann. Machs gut.«

»Tschüss.«

Ich legte auf. Dann hob ich noch einmal den Hörer ab. Nichts. Nicht einmal ein Freizeichen.

Zurück im Korridor des Herrenhauses lauschte ich, ob ich von irgendwo das Klingeln eines Telefons hören konnte. Jemand spazierte über mir in seinem Zimmer auf und ab. Die Treppe knarzte, aber es kam niemand die Stufen hinab. In der Küche sprang brummend irgendein Gerät an. Langsam ging ich ins Speisezimmer und von dort aus in den Rauchsalon, wo ich durchs Fenster auf die nächtliche Terrasse blickte. Auf der Wiese lagen noch die Musikinstrumente der Hitlerbabies herum, eine Gestalt machte sich daran zu schaffen; die Bäume ringsum schwankten im Wind, der Mond war hinter den Wolken versteckt.

»Hm, hm, okay, ja ...«, hörte ich Campbells todmüdes Stimmchen. Er kam vom Flur in den Salon, ein Handy am Ohr, nickte mir zu, reichte mir den Apparat und streckte sich dann lang auf einer Chaiselongue aus, die in der Ecke stand. Ich hielt das Handy einige Zentimeter von meinem Gesicht entfernt und hörte den zögerlich aneinandergereihten Klavierklängen darin zu, die den Gesang einer älteren Frauenstimme mit beinahe schon übertriebenem Südstaatenakzent begleiteten: »Deep, deep, deep / In the ocean's sweep / Widely deadness, where the jellies / Float within your weep.« Dann knackte es kurz am anderen Ende, und die Leitung war tot. Ich legte Campbell das Handy auf seine sich sacht auf und ab bewegende Brust, ging wieder in den Korridor hinaus und begab mich in das Verwaltungsbüro des Weingutes, wo ich auf dem bequemen Arbeitsstuhl Platz nahm und meine Füße auf den Tisch packte, das mäuschengraue Telefon darauf fixierend. Innerhalb von wenigen Sekunden war ich eingeschlafen.

Das scharfe Klingeln weckte mich sofort. Die Sonne war gerade aufgegangen. Vor dem Fenster zwitscherten die Vögel. Ich guckte mich um, bis mir wieder einfiel, wo ich mich befand. Dann stürzte ich mich auf das Telefon, noch bevor es zum vierten Mal schellte.

»Hallo?«, fragte ich.

»Die Verbindung ist schlecht«, sagte Spyderling. »Stürmt es?«

Ich sah zum Fenster.

»Nein«, sagte ich. »Alles ruhig. Ein schöner Morgen. Hörst du mich?«

»Gerade so. Bestimmt liegt es an meiner Leitung. Hier ist alles gefroren.«

»Wo bist du, Spyderling?«

»Auf einer Station.«

»Im Weltraum?«

»Nein, du Dummerchen. Im Eis.«

»Am Südpol?«

»Hör mal, ich will nicht, dass du weißt, wo ich bin. Also gib dich mit dem zufrieden, was ich dir bereits gesagt habe.«

»Aber du musst nach Hause kommen. Ich warte doch auf dich.«

»Fängst du jetzt etwa an zu heulen? Werde erst einmal richtig wach. Ioana soll dir gefälligst einen starken Kaffee mit Sambuca machen. Du hast ja keine Ahnung, wie faul sie ist. Immer muss man sie antreiben. Und sie bestiehlt mich, ständig. Ich hätte sie schon längst …«

»Was soll denn das? Ioana ist immer für dich da. Sie kümmert sich um uns, als wären wir ihre eigenen Kinder. Was zwar ziemlich schräg ist, aber was sollen wir machen? Wir sind ihr hilflos ausgeliefert.«

»Du verstehst echt überhaupt nichts, Daytona Sepulveda. Du siehst nur das, was du sehen willst. Hast du denn gar nichts von mir gelernt? Darüber, was hinter den offensichtlichen Dingen so alles verborgen ist?«

»Wahrscheinlich nicht. Ich habe nur das von dir gelernt, was ich lernen wollte. Das reicht mir völlig.«

»Und was hat dir das gebracht? Du flennst bei jedem bisschen rum, legst dir alles so zurecht, wie du es gerade brauchst, und denkst dir irgendwelche Sachen aus, damit nichts und niemand deine Eitelkeit kränkt.«

»Na dann zeig dich doch endlich, du blöder Feigling, und hau mir eine runter, damit ich wieder zu Verstand komme.«

»Nichts da. Von Menschen wie dir halte ich mich fern, immer schon. Ihr glaubt, dass euch irgendetwas zusteht. Dabei könnt ihr euch einzig und allein darüber freuen, nicht längst vom Blitz erschlagen worden zu sein.«

»Ich verstehe. Und ich weiß, dass du genau das von mir hören willst: dass ich dich verstehe. Und ich habe es dir ja jetzt gesagt. Obwohl du dir natürlich niemals sicher sein kannst, ob das auch wirklich stimmt.«

»Wir reden später weiter. Die Hunde bellen. Etwas geht da draußen vor sich.«

»Spyderling, ich …«

Aber Spyderling hatte wieder aufgelegt.

Kaffee mit Sambuca? Gar keine schlechte Idee.

Ich machte mir am italienischen Vollautomaten in der Küche einen Cappuccino, fand jedoch keinen Sambuca, stattdessen eine halb volle Flasche Waldmeisterlikör. Die Kombination schmeckte grauenerregend, hatte aber immerhin eine leichte Fruchtnote. Die Tasse in der Hand, setzte ich mich draußen auf eine der Sonnenliegen am Pool und wartete darauf, dass die anderen wach wurden. Ach Spyderling, du elendiges Arschloch – zu allem Übel musstest du mich jetzt auch noch dazu zwingen, auf deine Anrufe zu warten. Aber stimmte das überhaupt? Ich brauchte ja eigentlich gar nicht zu warten, denn wie so oft erwischte mich Spyderling völlig unverhofft: Während ich mich mit irgendetwas beschäftigte, drängelte sich Spyderling dazwischen, und wenn ich über etwas Bestimmtes nachdachte, schlich sich Spyderling in meine Gedanken. Und nun eben die Anrufe. Zu jeder Zeit konnten sie mich treffen (falls ich mich in der Nähe eines Telefons befand, aber es konnte auch durchaus sein, dass ich von Spyderling eine Kriegsfledermaus mit einem Brieflein am Beinchen zugeschickt bekam oder eine per Flugzeug an den Himmel gesprühte Botschaft). Und da läutete auch schon mein Smartphone in der Hosentasche, na klar!

»Spyderling, ich wollte dir nur sagen, dass ich ...«

»Nein, nein, liebe, liebe Daytona, ich bins doch«, sagte die Stimme von Nastassja de La Rochefoucauld, meine für mich zuständige Redakteurin im Flughafen Spieleverlag.

»Oha«, sagte ich. »Hallo, Nastassja, du, jetzt passt es mir leider schon wieder ...«

»Entschuldige bitte die Störung. Mein Gott, wie spät ist es denn? Ich komme gerade aus der Disko, und mir ist schlecht. Aber eben habe ich mich gefragt, ob es dir wohl gut geht. Und außerdem verfolgt mich jemand, also erzähl mir ruhig mal was.«

»Nastassja, kannst du nicht vielleicht jemand anderes anrufen? Ich spreche gerade mit Spyderling. Also nicht im Moment, aber bestimmt gleich.«

»Echt? Was will er denn von dir? Ist er etwa immer noch nicht in Moldau angekommen? Das ist ja ein Scheißkerl! Wenn du die Nummer auf dem Display siehst, dann schick sie mir rüber, und ich rede mal ein ernstes Wörtchen mit ihm. So geht niemand mit meinen Autoren um, das ist ja einfach nur absolut oberfrech.«

»Nein, schon okay. Wir sprechen nur hin und wieder miteinander, also seit letzter Nacht. Vielleicht ist das so eine Art Entschuldigung dafür, dass Spyderling nicht hier sein kann – vielleicht aber auch nur eine perverse Ersatzhandlung.«

»Aha, alles klar. Und was erzählt ihr euch so?«

»Och, nichts Wichtiges. Wir haben uns beschimpft, und vorhin hat mir jemand etwas vorgesungen. Und ich habe gesagt, dass ich Spyderling liebe. So was halt.«

»Oioioi, das klingt spannend. Aber du begibst dich doch hoffentlich nicht in irgendwelche Abhängigkeiten, oder, Daytona? Ich meine ja nur: Du warst immer so zufrieden damit, ... ähm ... nur für dich zu sein.«

»Was soll denn das heißen? Ich liebe, Nastassja. Ich bin nicht verknallt oder abhängig oder so was.«

»Okay, okay, ich wollte dir nicht zu nahe treten. Du machst ja sowieso, was du willst.«

»So ist es. Wirst du noch verfolgt?«

»Warte mal, ich drehe mich mal eben ganz unauffällig um ... O ja. So eine Scheiße.«

»Kommst du an einer Polizeistation vorbei? Oder an einem Laden, der schon offen hat?«

»Ja, da vorne leuchtet irgendwas. Hui, ein Sexshop! Die machen aber früh auf.«

»Nee, die haben immer noch geöffnet. Rein da mit dir, und dann wartest du, bis der Typ vorbeigelaufen ist. Und dann wartest du noch etwas länger, damit er dir nicht irgendwo auflauern kann. Und vielleicht rufst du doch mal die Bullen an. Oder du bestellst dir wenigstens ein Taxi.«

»Ein Taxi!«, rief Nastassja. »Gute Idee.«

»Ja, ja, Taxi, Taxi ... Nee, davon erzähle ich dir ein andermal.«

»Daytona, ich gehe jetzt hier rein. Na huch, was ist denn das da im Schaufenster?«

»Kauf dir was Schmutziges.«

»Das mache ich vielleicht sogar. Und wir hören uns wieder, ja? Ganz bald, okay?«

»Jawohl, Nastassja. Das machen wir. Pass gut auf dich auf.«

»Du auch, meine Liebe. Bis dann!«

»Tschau.«

Ich schaute auf das Display des Smartphones. Kein verpasster Anruf. Dann trank ich einen großen Schluck Cappuccino und musste fast kotzen.

Ich war noch einmal eingedöst und schrak auf, als ich nur wenige Meter von mir entfernt ein Platschen hörte. Nygård hatte eine Arschbombe gemacht und drehte jetzt seine morgendliche Schwimmrunde. Er tauchte einmal durch den Pool und wieder zurück, holte Luft, sah schweigend zu mir herüber und zog dann einige Bahnen, ohne mich weiter zu beachten. Ich fummelte an meinem Handy herum, trank angewidert meinen kalten Kaffee und streckte die Glieder auf der Sonnenliege aus, bis die Gelenke knackten. Der Morgenwind blies frisch, aber die Sonne wärmte schon. Aus dem geöffneten Küchenfenster waren klappernde Geräusche zu hören.

»Hey, Clark«, rief ich, »hast du zufällig dein Handy dabei?«

Nygård ignorierte mich. Kurz darauf kam Johanna durch die Terrassentür getrottet, noch in ihrem Schlafanzug. Als sie mich sah, grinste sie.

»Ey, Sepulveda, siehst du kacke aus«, sagte sie und knallte sich volle Wucht neben mich auf die Sonnenliege.

Ihr Mund versuchte, mich in den Ellbogen zu zwicken, aber ich zog ihn ganz schnell an meinen Körper. »Hast du dein Telefon dabei?«, fragte ich.

»Ja, klar«, antwortete Johanna, nestelte an ihrem Hosenbund und zog ihr Handy hervor.

»Willst du mal einen Zaubertrick sehen?«, fragte ich.

»Nö, jetzt nicht«, sagte Johanna.

»Na dann pass aber trotzdem mal gut auf.«

Ich nahm ihr das Handy aus der Hand, stierte es an und fokussierte meine gesamte sexualmagische Energie darauf (was nicht viel war, aber das sollte schon reichen).

Ruf an, du verschissener Idiot, dachte ich, ruf doch an, bitte, bitte, jetzt und sofort.

Aber es passierte nichts.

»Echt toll, Sepulveda«, sagte Johanna und gähnte ausgiebig.

»Jetzt warte doch mal kurz«, rief ich.

Da! Haha! Das Handy vibrierte so stark in meiner Hand, dass ich es beinahe fallen gelassen hätte. Johanna guckte irritiert. Ich gab ihr das Handy zurück.

»Geh doch mal ran«, sagte ich. »Überraschung, Überraschung.«

»Ja?«, fragte Johanna in ihr Handy hinein.

Ich beobachtete ihr Gesicht genau. Es sah angestrengt aus, als hörte sie jemandem zu, der etwas in einer Sprache zu ihr sagte, die sie zwar beide sprechen und verstehen konnten, aber nicht ihrer beider Muttersprache war.

»Ich kapiere kein Wort davon, was da gefaselt wird«, sagte Johanna irgendwann und drückte mir das Handy in die Hand.

Ich lauschte aufmerksam:

»... und erreichte diesen gottverlassenen Ort in den Walnusswäldern, gerade noch den Häschern des Großfürsten von Bessarabien entkommen, und dort wohnte eine Magd namens Kineseret mit ihrem greisen Vater Mitch, die mir Obdach gewähren würden für eine Nacht, wenn ich nur ihren Garten von Spinnen und Drachen und Dachsen und Schlangen säuberte, und so zog ich meinen Krummsäbel und säuberte ihren Garten von Spinnen und Drachen und Dachsen und Schlangen und verletzte mich dabei schwer am Kopf, und die Magd Kineseret zog meinen geschundenen Leib aus dem Dorngestrüpp und brachte mich in ihre Hütte, wo sie mich in scharfe Kräuter wickelte, meine Wunden mit Kokosfett bestrich und mir gesüßtes Ziegenblut zu trinken gab, drei, vier Wochen lang, ehe ich das Delirium verließ und bei Kerzenschein darum bat, sie streicheln zu dürfen zum Dank, und so streichelten wir uns gemeinsam eine ganze Nacht hindurch, bis wir vom Röcheln ihres Vaters Mitch unterbrochen wurden, der hinter dem Ofen seinen letzten Atemzug tat, und bei Mondschein begruben wir gemeinsam den Vater am Ufer des Koikarpfenteichs, und ich pflanzte Mitch zu Ehren eine junge Rebe, die ich vom goldenen Weinberg des Großfürsten von Bessarabien gestohlen hatte, und schon im nächsten Sommer reiften die ersten Trauben daran, und Kineseret gebar mir unter großem Gezeter zwei Kinder, eine Tochter und einen Sohn, die wir Jowanka und Liun nannten, und ich baute für sie den Garten aus, damit sie darin viel Platz zum Spielen finden konnten, und während die Kinder heranwuchsen und Kineseret immer feister wurde, kamen eines Morgens die Kommunisten und nahmen uns alles weg, was wir besaßen, und ich versteckte mich und meine Familie in einer von mir eigenhändig in den Stein geschlagenen Grotte ganz weit hinten in unserem Garten, und wir warteten, bis die Kommunisten von den Nazis vertrieben worden waren, und wir warteten, bis die Nazis wieder von den Kommunisten vertrieben worden waren, und wir warteten, bis die Kommunisten von den Oligarchen vertrieben worden waren, und als ich hörte, dass ein singender Baulöwe namens Antonin Brin, der um die Grotte herum einen riesigen Garten mitsamt Weingut und schönem Herrenhaus angelegt hatte, aufgrund seiner Steuerrückstände und seiner Verbindungen zur organisierten Kriminalität in die Südsee geflohen war, da zählte ich alle meine bessarabischen Groschen zusammen, kroch aus meiner Grotte und kaufte von der demokratisch gewählten Parlamentsregierung mein eigenes Land zurück, und fortan lebte ich mit Kineseret und meinen Kindern Jowanka und Liun in Frieden und Wohlstand und Zuversicht, bis dass der Anstieg des Meeresspiegels uns schied.«

»Hallo?«, fragte ich. »Spyderling? Hey, Spyderling, du Arschgesicht!«

Keine Antwort.

Ich spitzte die Lippen und gab Johanna ihr Handy zurück.

»Hast du was verstanden?«, fragte sie.

»Nur lauter alten Käse«, antwortete ich.

»Ich geh jetzt frühstücken«, sagte Johanna. »Willst du auch was?«

»Wenn es Zimtschnecken gibt – bringst du mir eine mit?«

»Ich schau mal nach.«

Johanna stand mit gluckerndem Magen auf und ging ins Herrenhaus. Nygård stieg aus dem Wasser und trocknete sich prustend ab. Campbell kam schlaftrunken auf die Terrasse und machte einige Kniebeugen auf den warmen Steinen. Ronny war immer noch verschwunden. Warum scherte das eigentlich niemanden? Mir wurde kalt, also rollte ich mich auf der Liege zusammen und dachte nach. Und wenn er nun wirklich abgereist war, ohne uns Bescheid zu geben? Nein, nein, er musste längst tot sein oder so schwer verletzt, dass er nicht mehr lange durchhalten würde. Wir alle führten dramatische Leben. Profane Vorgänge und simple Erklärungen waren darin einfach nicht vorgesehen.

Ich spürte, wie jemand etwas auf meinem Kopf ablegte, und tastete danach. Meine Zimtschnecke. Ich schaute nach oben und sah Johanna neben mir stehen, die grinsend in eine mit Schulterschinken belegte Brötchenhälfte biss.

»Danke«, sagte ich, zupfte ein Stück von der Schnecke ab und steckte es mir den Mund.

»Was machen wir denn heute?«, fragte Johanna.

»Wir könnten Ronny suchen gehen«, schlug ich vor.

»Neugebauer? Warum?«

»Ich habe Angst, dass er ...«

»Nee, Sepulveda, dem gehts gut. Der hat ordentlich eins aufs Maul gekriegt, und jetzt verkriecht er sich irgendwo, weil er sich zu Tode schämt.«

»Hast du ihn gesehen?«

»Nö. Aber ich habe noch lauter andere wichtige Dinge zu tun. Da kann ich nicht alle fünf Minuten nachschauen, wie es den Leuten hier geht.«

»Aber du magst doch Ronny, oder?«

»Natürlich. Dich mag ich auch. Ich mag alle hier. Eigentlich mag ich die ganze Welt.«

»Das muss irre anstrengend sein. Ich mag bloß die Fliegen in meiner Wohnung, und eigentlich auch nur dann, wenn sie gerade in ein Spinnennetz geflogen sind.«

»Merkst du was? So unterschiedlich sind die Menschen. Oh, guck doch mal: Da ist Taxi Terreur. Die Alte sieht auf jeden Fall noch schlimmer aus als du.«

Eine große Sonnenbrille im Gesicht, eine verrutschte schmutzigblonde Perücke auf dem Kopf und in einen schweren Orientteppich gewickelt, schwebte Taxi wie ein betrunkenes persisches Gespenst über die Terrasse, torkelte die Treppe zum Garten hinunter und lief dann langsam kreuz und quer auf der Wiese umher, kratzte mit dem Fingernagel an der Rinde eines Baumes oder rupfte in rasender Geschwindigkeit die kleinen Blätter von den Zweigen eines Busches ab. Johanna und ich stellten uns an die Brüstung und sahen ihr lange dabei zu.

»Spyderling hat mich gefragt, ob ich ihren Arsch retten würde«, sagte ich.

»Du bist nicht für das Elend der ganzen Welt verantwortlich«, sagte Johanna.

»Und ich dachte, du kannst alles und jeden gut leiden.«

»Das stimmt ja auch. Aber wie gesagt: Ich kann mich nicht um alles und jeden kümmern.«

»Bist du egoistisch?«

»Pluralistisch-egoistisch.«

»Was soll denn das heißen?«

»Dass ich mich gerne unter den Menschen bewege, ohne dabei meine Bedürfnisse zu verleugnen, ist doch klar.«

»Na ja, so klar ist das nicht. Mir musst du so etwas erklären. Ich verstehe viel zu wenig davon.«

»Aber warum denn bloß? Du hast doch auch Gefühle.«

»Aber nicht so viele wie du. Eigentlich nur Liebe. Na ja, und Lust. Und Traurigkeit. Und Schadenfreude. Und Scham. Und blinde Wut.«

»Du großer Gott, das reicht doch völlig! Viele Leute müssen mit weitaus weniger klarkommen.«

»Johanna, meinst du, ich könnte irgendwann mal so locker mit allem umgehen wie du?«

»Auf gar keinen Fall. Du bist doch genau richtig da, wo du gerade stehst.«

»Aber vielleicht will ich dir ja hinterherlaufen und mir anschauen, was du alles so treibst. Wenigstens nur ... ein Stück weit oder so.«

Ich lehnte meinen Kopf an Johannas Schulter, und dann versuchte ich auf eine ziemlich ungelenke Art, ihren Mundwinkel zu küssen, doch sie bewegte plötzlich ihr Kinn und stieß meinen Kopf mit einem zärtlichen Schulterzucken von sich weg. Ich sah sie an, und sie sah zurück, und ganz leicht – nur ganz, ganz leicht – schüttelte sie ihr Köpfchen. Schließlich stupste ich meine Stirn gegen ihre Schulter und kniff ihr in die Hüfte, so stark, dass es ihr wenigstens ein bisschen wehgetan haben musste.

»Ich gehe mal nach Taxi schauen, okay?«, sagte ich. »Nur zur Sicherheit, damit sie keine Scheiße baut.«

»Du bist lieb, Sepulveda«, sagte Johanna. »Vielleicht sogar der liebste Mensch, den ich kenne.«

»Daytona?«, hörte ich Ioanas Stimme hinter mir rufen. »Telefon für dich!«

»Ich kann jetzt nicht«, antwortete ich.

»Aber es ist dringend«, sagte Ioana und wischte sich die Hände an ihrem Geschirrtuch ab.

»Na und?«, rief ich. »Ist es fucking Spyderling? Ich rufe zurück!«

»Das geht nicht«, sagte Ioana fröhlich und verärgert zugleich. »Immer fragst du nur und fragst und fragst und fragst und fragst, aber jetzt plötzlich ... Warum bist du so? Was haben wir falsch gemacht? Das Wetter ist doch heute so schön.«

Ich antwortete nicht, sondern ertrug ihren Ärger und ihre Fröhlichkeit, die wie eine Woge über mich hereinbrachen, aber nur auf der Kopfhaut und den Armen zwiebelten. Taxi, Taxi, verdammt noch mal, wo bist du nur hingegangen?

Auf der Treppe hinunter zum Garten übersprang ich jede zweite Stufe. Da waren die Spuren ihrer nackten Füße im Gras. Der tote elsässische Detektiv Bertrand Clairvaux rückte sich die kleine Brille auf seiner mit roten Knötchen und Verwesungsflecken bedeckten Nase zurecht. In meinem Bauch kam der Waldmeisterlikör in Wallung. Das war ein Fall ganz nach unserem Geschmack, denn *noch immer sah Clairvaux im Traum die Panik in den Augen der chinesischen Touristen, die in den eisglatten Gassen von Eguisheim um ihr Leben geschlittert waren, verfolgt von*

einem spargeldünnen, zahnlosen Männlein mit flatternden Hosen-
trägern und brüllender Kettensäge, das am frühen Abend seel-
lenruhig ihre Körperteile mit einer großen Plastiktüte der Super-
marktkette Hyper U einsammelte und auf der gefrorenen Erde
zwischen den Skeletten der Weinreben rund um das Dorf verteil-
te, während er, Clairvaux, nur wenige Meter entfernt sturzbetrun-
ken vor dem Fernseher schlief, wo sich gerade die rechtsextreme
Politikerin Marine Le Pen vom Kamerateam eines Nachrichten-
senders dabei filmen ließ, wie sie schimpfend und voller Furcht
durch die winterliche, menschenleere Betonwüste der Banlieue
von Paris stapfte, ein zerknittertes Papierfähnchen in den Hän-
den haltend, auf dem haargenau die gleiche Szene als blau-weiß-
rote Illustration noch einmal abgedruckt war: Le Pen, schimpfend
und voller Furcht, auf ihrem Spaziergang durch die winterliche,
menschenleere Betonwüste der Banlieue von Paris, ein zerknit-
tertes Papierfähnchen in den Händen haltend, auf dem haarge-
nau die gleiche Szene usw.

Den Verlauf von Taxis Fußabdrücken deutend, bekam ich schnell
eine Ahnung davon, wohin es sie verschlagen hatte, ich war ja
kein idiotischer Anfänger auf diesem Gebiet. Ich folgte ihnen durch
das Unterholz bis zum Teich und von dort weiter auf einen lange
schon vernachlässigten Pfad, auf dem lauter Überreste von Leons
Statuen abgelegt und halb mit Erde bedeckt worden waren, abge-
brochene Unterarme, Köpfe mit zerschlagenen Gesichtern, Fuß-
knöchel, Helme, Waffen, geballte Fäuste, die vielleicht einmal zu
alten Figurengruppen gehört hatten oder aufgrund ihrer porösen Materialbeschaffenheit niemals aufgestellt werden konnten.
Ich kraxelte über die Trümmer hinweg und erreichte schließlich den Eingang zur Grotte, in der ich schon einmal Zeit mit Taxi
verbracht hatte, und nachdem sich meine Augen an die Dunkelheit dort drinnen gewöhnt hatten, sah ich sie: In stabiler Seiten-
lage lag sie da, die Beine angewinkelt, die Arme ausgestreckt und
übereinandergelegt, der Kopf ruhend auf dem Schoß von Elke von
Manteuffel, die ihr mit der einen Hand über die Stirn und mit der
anderen über die Rippen strich. Ich hockte mich im Schneidersitz

zu ihnen und fuhr mit den Fingerspitzen die blau-roten Adern auf der Unterseite von Taxis rechtem Handgelenk entlang.

»Sie schläft«, sagte von Manteuffel leise.

»Hat sie ...?«, fragte ich.

Von Manteuffel nickte zu einem kleinen Stein in der Nähe, neben dem eine Spritze lag.

»Weißt du, was ein Speedball ist?«, fragte sie.

»John Belushi, Judee Sill, River Phoenix, Ken Caminiti, Chris Farley, Mitch Hedberg, Philip Seymour Hoffmann«, antwortete ich. »Und Dave Gahan, aber der hats überlebt. Genauso wie Slash mit seinem blöden Hut.«

»Sie hat nicht viel genommen. Ich habe es gesehen.«

»Und du hast sie nicht davon abgehalten?«

»Nein«, sagte von Manteuffel.

»Warum nicht?«

»Weil es keinerlei Möglichkeit gibt, jemanden zu retten, Daytona.«

»Wir sollten sie nach Hause bringen.«

»Das denke ich auch. Aber das ändert nichts daran, dass sie sterben wird.«

»Ich will das aber nicht«, sagte ich und kniff kurz die Augen zusammen, weil ich einen Stich im Hinterkopf spürte. »Ich will nicht, dass sie stirbt, Elke.«

»Schau mal: Du bist hier, und sie ist da«, sagte von Manteuffel ruhig. »Eure Welten existieren völlig unabhängig voneinander. Sie werden sich niemals berühren. Keine Welt tut das mit einer anderen, zu keiner Zeit. Wir können uns zwar aus der Ferne gegenseitig beobachten und uns irgendwelche Belanglosigkeiten zurufen, aber letzten Endes ist jeder von uns völlig allein.«

»Es sei denn, wir arbeiten zusammen, heiraten und kümmern uns umeinander.«

»Ja. Aber auch das ist nur eine Illusion, die es uns leichter macht, nicht von der einen auf die andere Sekunde den Verstand zu verlieren. Weißt du, wie wir Spyderling früher nannten, lange bevor wir Spyderling ›Spyderling‹ nannten?«

»Vielleicht … Skippy Palumbo?«

»Nein«, sagte von Manteuffel. »Das ist der Name eines Nachbars-jungen aus den *Sopranos*, der aber, soweit ich noch weiß, nur ein einziges Mal in der Serie in Erscheinung trat und auch dort nur als Gesprächsthema am Gartenzaun zwischen Tony Soprano und Dr. Bruce Cusamano.«

»Weißt du noch, wovon Pastor Bob abhängig war, bevor ihm der Evangelikalismus das arme Seelchen rettete?«, fragte ich.

»Natürlich!«, rief von Manteuffel. »Von Kokain und Stripperin-nen!«

Wir mussten beide lachen.

»Es gibt niemanden auf der Welt, den ich so sehr vermisse wie James Gandolfini«, sagte von Manteuffel.

»Was ist mit Hosianna del Mestre und Spike Skelling?«

»Ach ja, die beiden Halunken vermisse ich auch.«

»Ihr habt Spyderling nicht wirklich ›Speedball‹ genannt, oder?«, fragte ich.

»Warum denn nicht?«, sagte von Manteuffel. »Wir haben uns in den frühen 80ern kennengelernt. Damals führte man sich noch nicht so verzärtelt auf wie heutzutage.«

»Das sagt jeder, der dabei war. Für mich ist das völlig okay, auch wenn ich dieses Geheule nicht mehr hören kann. Aber sollen die Leute doch denken und empfinden, was sie wollen. Speedball fu-cking Spyderling also. Ja, stimmt, warum denn auch nicht?«

»Mit jedem Jahr unserer langen Freundschaft wächst auch die Liste seiner Namen: Hugo Holstein, Baron Taylor, Lubbock, Han-si Geratewohl, Inguschetia die Kleine, Von Jülichen, Die leere Lampe, Speedball, El-Alamolloi, De Ox, J. K. Landsraad, Ännen-möth, Elio Lahore, Spyderling … Wer weiß schon, wie er sich mor-gen nennen wird? Ich habe dieses Spiel nie so richtig begriffen, aber wer sich wie Spyderling immer nur zwischen allen sicht- und fühlbaren Dingen bewegen kann, der hat vielleicht auch gar kei-ne andere Wahl. Du musst mit ihm sprechen, wenn er es will, ver-stehst du? Geh gefälligst ans Telefon, wenn er dich anruft!«

»Aber das hier ist doch viel wichtiger als alles, was mit Spyderling zu tun hat!«, rief ich und ließ meine Handflächen einige Runden über Taxis Hüfte schweben.

»Nein, Daytona. Alles ist wichtig, das verwechselst du immer und immer wieder. Du musst überall ganz genau hinschauen. Du darfst keine qualitativen Unterschiede machen, das steht dir einfach nicht zu. Wir wägen stets und ständig ab, und zwar alles und jeden. Daraus entsteht unser Bild von der Welt.«

»Wer ist denn wir?«

»Na, wir sind wir!«

»Die Brettspielautoren?«

»Die auch. Und die ganzen anderen Leute um dich herum, auch die in deinem Kopf. Du wirst sie eines Tages alle kennengelernt haben. Jetzt bist du ja noch jung. Der Weg, den du zu gehen hast, ist weit. Und am Ende wird er dich umbringen. Aber dann hast du genau genommen erst die Hälfte der Strecke hinter dich gebracht, also mach dir bloß nicht allzu viele Gedanken darüber. Fühle den Weg und seine unmenschlichen Anstrengungen unter deinen Füßen. Mach dir seine höllische, aber auch seine himmlische Beschaffenheit zu eigen, sodass du immer weißt, wo du dich gerade befindest und in welch desolatem Zustand dein Körper dann ist. Um mehr geht es eigentlich gar nicht.«

»Chris Farley, Chris Farley«, sagte ich traurig vor mich hin. »Wer erinnert sich denn noch an den fröhlichen, übergewichtigen, todunglücklichen Chris Farley?«

»Du erinnerst dich, Daytona, nur du allein. Das ist es, was zählt. Was hat Johanna zu dir gesagt? Dass du der liebste Mensch bist, den sie kennt? Ich glaube, sie hat recht. Ich kenne zwar sehr, sehr viele andere Menschen, von denen die meisten tot sind oder verrückt, aber von all jenen, die jetzt oder gerade noch am Leben sind, kenne ich, glaube ich, niemanden wie dich. Und nun geh endlich an dieses beschissene Telefon, verdammt noch mal!«

Von Manteuffel reichte mir ihr Handy, das schon seit einer geraumen Weile in der Tasche ihres Kleides vibriert haben musste. Ich drückte auf den grünen Knopf und hielt es mir an mein Blumenkohlöhrchen.

»Hallo?«, sagte ich.

»*Politische Polizei*«, sagte Spyderling. »Ein Brettspiel von Spyderling für einen Spieler. Illustration: Pauline Hertzberg. Impressum: Ricarda Hennessy Games, 1498 River Road, Baton Rouge, 70801 LA, USA, 2019. Alter: 14 bis 99 Jahre. Spielaufbau: 1. Breiten Sie den Spielplan vor sich aus. 2. Platzieren Sie die Figuren der Geheimpolizisten (insgesamt 97) auf dem Aktionsfeld ›Geheimpolizei‹. 3. Platzieren Sie Ihre Spielfigur in der von Ihnen gewählten Farbe (Blau, Rot, Grün oder Gelb) auf dem Aktionsfeld *Zuhause*. 4. Platzieren Sie die übrigen Spielfiguren (Ihre Mitbürger) wahllos auf den Aktionsfeldern *Friedhof, Parteizentrale, Autowerkstatt, Kino, Fledermaushaus, Bank, Kindergarten, Katzenfutterfabrik, Botanischer Garten, Schönheitsklinik, Evangelikale Megakirche, Brautmodengeschäft, Schwimmbad, Masturbationsmaschine, Leuchtturm, Tankstelle, Bauernhof, Drachenhöhle* und *Müllhalde*, bis alle Aktionsfelder belegt sind. Es darf mehr als eine Figur auf einem Aktionsfeld stehen, aber jedes muss zwingend belegt sein. Fragen Sie nicht, warum das so sein muss. Unterwerfen Sie sich doch einfach mal einer Autorität, ohne weiter darüber nachzudenken, und schauen Sie, was dabei für Sie herausspringt. 5. Mischen Sie die Geheimpolizei-Aktionskartendecks *Desinformation, Zersetzungsmaßnahmen* und *Freizeitvergnügen* gut durch und platzieren Sie die Decks voneinander getrennt und verdeckt am linken oberen Spielfeldrand. 6. Mischen Sie Ihr persönliches Aktionskartendeck *Auswegloses Schicksal* gut durch und platzieren Sie es verdeckt vor sich. 7. Legen Sie die mitgeführten Würfel bereit. Sie sollten sie wohl nur in den seltensten Fällen benötigen, da Zufallsentscheidungen in Ihrer Partie so gut wie keine Rolle spielen werden. Aber es ist auf alle Fälle gesund zu wissen, dass ein paar Würfel in Ihrer Nähe liegen, damit Ihnen bewusst bleibt, in welch heillos chaotischem Zustand sich Ihre Wirklichkeit befindet, während dieses Spiel Ihnen vorgaukelt, alle Wirklichkeit sei vorgezeichnet und fremdbestimmt, wogegen Sie rein gar nichts unternehmen könnten. 8. Schließen Sie die Augen. 9. Denken Sie an etwas Abscheuliches. 10. Atmen Sie tief durch.«

»Okay«, sagte ich. »Auch wenn eigentlich gar nichts okay ist.«
Dann wurde am anderen Ende wieder aufgelegt. Ich fühlte mich,
als würden die Blätter Hunderter Scheren direkt an meinen Ohren
geöffnet und wieder geschlossen, geöffnet und wieder geschlossen, schnipp-schnapp, schnipp-schnapp, schnippel-di-schnipp-schnapp.

»Hier«, sagte ich und gab von Manteuffel ihr Handy zurück.

»Und?«, fragte sie.

»Was und?«

»Ich habe dir nichts Kluges mehr zu sagen. Jetzt bist du dran.«

»Ich will mich aber nicht mehr mit dir unterhalten«, sagte ich.
»Wie bringen wir Taxi rüber zum Haus?«

»Ich habe auf dem Weg eine von Leons Schubkarren gesehen.
Darunter hat sich allerdings dieser vermaledeite Einsiedler versteckt, um seinen Rausch auszuschlafen.«

Ich dachte nur: Was soll denn das jetzt werden? So ein armseliges Point-and-Click-Adventure, zusammenprogrammiert von einem Geisteskranken? Bringe mir diesen nutzlosen Gegenstand,
um jenes alberne Problem zu lösen, aber löse erst das lächerliche
Problem mit diesem überflüssigen Gegenstand, damit du ihn mir
bringen kannst, um ebenjenes alberne Problem zu lösen? Wir können die dem Tode geweihte Junkiebraut doch auch einfach so zum
Herrenhaus schleppen.

»Alles klar«, seufzte ich. »Du willst sie ja anscheinend nicht mit
mir tragen, oder?«

»Ich kann nicht«, sagte von Manteuffel. »Ich fasse generell keine
anderen Menschen an.«

»Aber, Elke«, versuchte ich es, »du hast doch … Ach was, ist ja
auch völlig scheißegal.«

Ich fand die Schubkarre sofort: Sie lag nur einige Meter von der
Grotte entfernt unter einem Feigenbaum. Vorsichtig klopfte ich
gegen das Metall und wartete.

Nach einigen Sekunden Stille hörte ich die blecherne Stimme von
Pawel: »Так, так?«

»Ähm, hier ist Daytona. Du, Pawel, kann ich vielleicht mal kurz deine Schubkarre haben? Ich bring sie dir auch gleich wieder zurück, versprochen.«

Pawel rumpelte unter der Karre, hob sie ein Stück hoch und linste durch den frei gewordenen Spalt zwischen Boden und Metall.

»Ah, das verrückte Mädchen«, sagte er. »Hast du wieder Drogen genommen?«

»Nein, das war die andere. Ihr geht es nicht so gut, und wir wollen sie gerne zurück zum Haus bringen. Aber allein schaffe ich das nicht.«

»Ist gut«, sagte er. »Einen Moment noch. Ich muss mir erst meine Hose anziehen.«

Ich wartete wieder. Die Schubkarre hob und senkte sich wie vom schwersten Erdbeben aller Zeiten geschüttelt. Doch irgendwann stieß Pawel sie zur Seite, stand auf, streifte sich mit zwei, drei gekonnten Handbewegungen den Dreck von den Klamotten und reichte mir die Hand.

»Hast du ein reines Herz?«, fragte er.

»Die einen sagen so, die anderen so«, antwortete ich. »Aber ja. Ich glaube, ich habe ein reines Herz.«

»Gibst du auch gut auf meine Schubkarre acht? Sie ist das Einzige, was ich besitze.«

»Ich dachte, die gehört Leon.«

»Ach, dieser ...« Er spuckte auf den Boden und schlug sich den Husten aus der Brust. »Der hat genug davon. Ich habe ihm nie etwas weggenommen. Alles, was ich benutze, bleibt in seinem blöden Garten. Und ich selbst kann hier ja auch nicht so einfach weg. Der Rest der Welt macht mir viel zu große Angst, aber ich schaue mir gerne im Fernsehen an, was dort so alles geschieht.«

»Ist Leon gemein zu dir?«

»Er tritt manchmal nach mir. Verscheucht mich. Stößt Flüche aus. Was glaubt er, wer er ist?«

»Du solltest Spyderling davon erzählen«, schlug ich vor.

»Ich erzähle nichts. Ich bin kein Verräter. Wer andere verrät, ist längst durch die Tore der Hölle spaziert, ohne es zu wissen. Ein schreckliches Schicksal.«

»Du kommst doch aus der Ostukraine, oder?«, fragte ich. »Wie ist es dort?«

»Es ist so wie überall, wo Krieg herrscht: keine Menschen, schöne Natur.«

»Und Soldaten.«

»Ja, Soldaten. Aber versteckt. Du gehst spazieren, die Sonne scheint, die Wildschweine rascheln im Wald, und dann wirst du erschossen. Das bekommst du gar nicht mit. Alle Soldaten leben gut versteckt. Aber jetzt bin ich hier, für immer und ewig. Ich kenne meine Vergangenheit nicht mehr.«

Ich versuchte, ihn anzulächeln, war mir aber nicht sicher, ob das gelang. Pawel stellte die Schubkarre auf ihre Räder. Ich nickte ihm dankbar zu.

»Ein Schneckenhaus«, sagte er.

»Ein Rettungswagen«, sagte ich.

Aber Pawel wedelte nur mit den Händen und ging den Weg entlang hoch zur Pergola, wo er sich auf einen Stuhl setzte, die schlammverkrusteten Stiefel auf dem Spieltisch ablegte und die Augen schloss. Ich fasste derweil die Schubkarre an ihren beiden Griffen und schob sie zur Grotte. Dort sah mir von Manteuffel stocksteif dabei zu, wie ich mit all meinen Kräften Taxis bewusstlosen Körper in die Karre wuchtete. Dann fuhr ich sie über die abschüssigen Pfade quer durch den Garten zur Terrasse, wo ich keuchend vor der Treppe anhielt, meine schmerzenden Hände massierte und mir eine Zigarette anzündete. Johanna und Campbell kamen über die Wiese gelaufen und betrachteten staunend meinen Fund.

»Du da!«, rief ich nach oben, zog an meiner Kippe, ließ sie fallen und zertrat sie im Gras.

Abdominis Sovieticus trat an die Brüstung, tauchte mich in seinen Schatten und sah zu mir herunter. Hinter ihm erschienen Valla Dolid, G. Mürzzuschlag und Herr Basedow, alle an ihren Frühstücksbrötchen nagend. Um die Ecke des Herrenhauses bog gerade Picardo auf seinem Morgenspaziergang.

»Du gibst mir Ronny«, rief ich, »und dafür bekommst du sie!«

Abdominis Sovieticus fuhr sich mit beiden Pranken durch seinen gewaltigen Bart, dann nickte er langsam.

»Wo ist er?«, fragte ich.

Abdominis Sovieticus presste die Handflächen zusammen, legte sie an seine Wange, schloss die Augen und schnarchte.

»In seinem Zimmer?«, fragte ich.

Abdominis Sovieticus schüttelte den Kopf und zeigte mit dem Finger in den Himmel.

»Verdammt noch mal!«, schrie ich.

Die Hitlerbabies hinter der Brüstung fingen an zu lachen.

»Kleiner Spaß«, polterte Abdominis Sovieticus. »Dem Deutschen geht es prächtig. Er ist in Tiraspol.«

»In Transnistrien?«, fragte ich. »Warum das denn?«

»Er hat ein paar Lektionen nachzuholen«, antwortete Abdominis Sovieticus. »Gerade bestaunt er das Wunder der Geschichte. Und er wartet darauf, dass du ihn abholst. Aber heute nicht mehr. Heute wird Musik gemacht.«

Abdominis Sovieticus brachte seinen wuchtigen Körper in Bewegung und kam die Treppe hinunter, flankiert von seinen beiden Bandkollegen. Er trat an die Schubkarre, legte vorsichtig seine Arme um Taxi und hob sie in die Luft.

»Как ты, мой маленький ангел?«, fragte er und küsste sie mit geschlossenen Augen auf die Stirn.

Dann trug er sie die Treppe hinauf und verschwand mit ihr im Herrenhaus.

»Tiraspol?«, fragte Johanna und drückte den neben ihr stehenden Campbell an sich. »Nie davon gehört. Ist das irgendwo in der Nähe?«

»Keine Ahnung«, sagte ich.

»Es ist nicht weit«, sagte Picardo. »Zumindest in Kilometern oder Meilen gemessen. Aber politisch gesehen ist es wie die Reise mit einer Zeitmaschine in eine aus heutiger Sicht irreguläre Welt. Oder anders gesagt: eine unüberbrückbare Distanz aufgrund physikalischer und moralischer Unmöglichkeiten.«

»Das verstehe ich nicht«, sagte Johanna.

»Das versteht niemand«, sagte Picardo. »Und dennoch ist Tiraspol real und mit dem Auto auch ganz gut zu erreichen.«

Weil anscheinend alles gesagt war und niemand einen besseren Vorschlag hatte, wie man aus dieser Ronny-Situation sonst noch herauskommen konnte, verstreuten wir uns in alle Winde. Ich ließ mich wieder auf die Sonnenliege am Pool fallen und versuchte, Nastassja de La Rochefoucauld zurückzurufen, aber sie ging nicht ans Telefon. Dann schlief ich noch eine Runde, und kurz nachdem ich wieder aufgewacht war, kam Cazimir auf die Terrasse, setzte sich neben mich und gab mir einen Schluck aus seiner Teetasse.

»Willst du gar nicht mehr in deinem Zimmer schlafen?«, fragte er.

»Doch«, sagte ich.

»Warum tust du es dann nicht?«

»Kennst du diese Leute, die in den Wald gehen, um dort eine Woche lang zu überleben? Die nur die Dinge benutzen und essen, die sie in der Natur finden, um sich selbst zu beweisen, wie tough sie sind?«

»Und so jemand bist du?«

»Nein. Aber ich kann nachvollziehen, wie es sich anfühlt, nur an das eigene Überleben denken zu müssen und an nichts anderes. Und dass man auch dann noch immer daran denken will, wenn man längst schon wieder genug zu essen und zu trinken und ein schönes warmes Zimmer mit Bett und Dusche und Ausblick auf den Hinterhof einer Brauerei hat, wo den ganzen Tag ein Gabelstapler hin und her fährt, um Bierkästen aufzutürmen. Wenn ich müde werde, lege ich mich halt irgendwohin und mache mir keine Gedanken darüber.«

Cazimir begann damit, meine Knöchel zu streicheln, aber falls er mehr wollte, würde ich ihn treten.

»Du bist sehr lustig«, sagte er. »Aber ich verstehe nicht viel von dem, was du sagst.«

»Geht mir genauso«, sagte ich.

Wir schwiegen. Ein Windstoß blies etwas Laub über die Terrasse. In der Ferne summte ein Bienenschwarm. Irgendwann tätschelte Cazimir meine Oberschenkel, stand wieder auf, lächelte mich an und ging davon. Auf der Wasseroberfläche des Pools trieb etwas. Ich kaute auf meiner Unterlippe herum und reckte den Kopf nach vorne. Nanu? Ein kleines rotes Spielfigürchen aus Holz. Wer hatte das denn hier verloren?

Zur Mittagsstunde kamen Campbell, King, von Manteuffel und Picardo mit ihren Tellern heraus, um an den Terrassentischen zu essen. Ioana hatte Salate gemacht und einen mit Käse überbackenen Hackbraten. Im ersten Stock brachte der Wind ein offen stehendes Fenster zum Klappern. Ich lauschte nach dem Läuten eines Telefons, aber es klingelte nichts. Leon stand unten im Garten, warf seinen Rasentrimmer an und kürzte das Gras an den Rändern der Pfade. Während die anderen mit ihrem Besteck kratzten, dachte ich daran, wie nah sich doch die Dinge manchmal waren – und auch wenn sie sich, wie von Manteuffel gesagt hatte, niemals berühren würden, so mussten sie aufgrund ihrer Nähe zwangsläufig miteinander in Verbindung stehen, das ging ja gar nicht anders. Ein merkwürdiges Gefühl, alles ganz genau vor sich zu sehen und doch davon ausgehen zu müssen, dass man es nur mit Teilstücken zu tun hatte, von denen jedes einzelne möglicherweise schon ein großes Ganzes darstellte. Ein verwirrendes, ein beängstigendes Gefühl. Kurz verlor ich das Gleichgewicht und rumpelte auf meiner Liege herum. King guckte zu mir, dann aß er weiter. Gab es daraus eine Erkenntnis zu ziehen, die einem das Leben wenigstens ein bisschen erleichtern konnte? Natürlich nicht. Wie denn auch? Alles flirrt, immerzu. Schwärme von Glühwürmchen, eine Eiseskälte ausstrahlend, Träume und Zusammenhänge, ein Funkenflug unter dem Walnussbaum und dazwischen eine Handvoll gelangweilter Spaziergänger, die sich in einer nächtlichen Landschaft verirrt haben. Krieg und Frieden und im Sand verlaufene Verhandlungen, ein Blick auf die schmerzenden Hände, leise Gespräche unter vier Augen. Die Entführung des Deutschen in das letzte kümmerliche Überbleibsel der Sowjetunion auf europäischem Boden. Raketenstarts. Monstertrucks. Schwarze Löcher. I AM LEIPZIG. Neoliberale Verantwortungslosigkeiten. Ein Brettspiel mit dem Titel *Wo bitte gehts zum Arschloch?*. Black

Metal. River Phoenix. Der Hass zu Hause, der Hass in den Spielen, der Hass auf den Straßen, der Hass im Internet. Segways. I AM CHIȘINĂU. Haifischflossensuppe. Eine Milliarde Euro. Kabelfernsehen. Femizide. I AM EL IMPOSIBLE. Aaliyah und R. Kelly, *NSYNC und 'Ndrangheta, Transgender und Transnistrien, *Ren & Stimpy*. Spinnen und Schlangen und Drachen und erblindete Dachse. I AM CHEYENNE. Undankbare Herzen. Juwelen. Asexualität und Industriearchitektur. Und wie ich so darüber nachdachte, hatten mich die anderen schon längst wieder allein gelassen, und es war Nachmittag geworden.

Ich musste aufs Klo und ging hinauf in mein Zimmer. Das Fenster stand weit offen, der Wind fegte frisch hinein. Als ich aus dem Bad zurückkam, machte ich den Schrank auf, nahm den Reiserucksack heraus und begann damit, meine Sachen hineinzupacken. Dem Prototyp des Spiels *Devil's Dice Motorcycle Club* stülpte ich eine Plastiktüte über; ich wusste noch nicht, ob ich ihn wieder mit nach Hause nehmen oder Spyderlings Ludothek hinzufügen sollte, für eine andere neugierige Nase, die sich womöglich im nächsten Jahr hier in Angelegenheiten einmischen würde, die sie nichts angingen. Auf dem Bett sitzend, schickte ich meinen Eltern eine SMS, in der ich sie darum bat, mir siebenhundertfünfzig Dollar zu überweisen, damit ich mir ein Flugticket und etwas zu essen kaufen konnte, wenn ich zurück in Leipzig war. Draußen spielten schon wieder die Hitlerbabies. Ich lauschte nach Taxis Gesang, hörte aber nur das Keyboardgedudel von Valla Dolid und Abdominis Sovieticus' markerschütterndes Grunzen. Die Zimmertür wurde geöffnet, Cazimir kam herein.

»Was machst du?«, fragte er.

»Ich packe«, sagte ich.

»Gehst du?«

»Ich glaube schon.«

»Jetzt?«

»Morgen. Vielleicht.«

»Hier«, sagte er und hielt mir sein Handy hin. »Für dich.«

»Ich will nicht«, sagte ich.

Cazimir blieb wie angewurzelt im Zimmer stehen, den Arm ausgestreckt, das silberne Handy in der Hand. Als er verstanden zu haben schien, dass ich es ernst meinte, führte er das Telefon ganz langsam zurück an sein Ohr.

»Ea nu vrea«, sagte er und blickte knapp an mir vorbei, während er zuhörte.

»Okay«, sagte er dann und legte auf.

»Du bist traurig, oder?«, fragte er mich. »Aber warum?«

Ich schüttelte den Kopf und wischte mir mit dem Handrücken ein Tröpfchen Rotz von der Nasenspitze.

»Wie geht es Taxi?«, fragte ich.

»Gut. Sie haben ihr eine Medizin gegeben. Aber sie kann sich noch nicht bewegen.«

»Kann ich sie sehen?«

»Nein. Sie werden sie morgen nach Hause bringen. Jemand von euch soll hinterherfahren. Zu eurem Freund. Ihr braucht einen Fürsprecher, wenn ihr über die Grenze wollt.«

»Nach Transnistrien?«

»Nach Transnistrien«, sagte Cazimir. »Da gibt es sehr guten Cognac.«

»Ich weiß«, sagte ich.

Er legte sein Handy neben mir aufs Bett und machte sich wieder auf den Weg nach draußen.

»Geh doch mal ran«, bat er mich noch, bevor er die Tür öffnete und sie hinter sich ins Schloss fallen ließ.

Ich trieb noch dies und das auf meinem Zimmer, lag nutzlos auf dem Bett herum, glotzte aus dem Fenster, saß regungslos am Schreibtisch, putzte mir die Zähne, kämmte mich, schaute unter das Bett, kratzte ein Stück von der Tapete ab, furzte, drückte auf Cazimirs Handy herum (es war mit einem vierstelligen PIN-Code gesperrt), trank am Waschbecken aus dem Wasserhahn, summte eine schwermütige selbst ausgedachte Melodie, und kurz nach Sonnenuntergang klingelte das Telefon.

»Ja?«, fragte ich hinein.

»Ich mache dir einen Vorschlag«, sagte Spyderling.

»Dann lass mal hören.«

Für einige Sekunden passierte nichts. Ich dachte schon, Spyderling hätte wieder aufgelegt oder einen Herzanfall erlitten.

»Bist du noch dran?«, fragte ich.

»Ja«, sagte Spyderling.

»Du wolltest mir etwas vorschlagen?«

»Ja.«

»Alles klar.«

»Hm.«

»Okay?«

»Ja.«

»Ich höre.«

»Ich weiß.«

Dann wieder Stille am anderen Ende. Wer hielt so was bloß aus?

»Ich lege auf, wenn du nicht mit mir sprichst«, drohte ich.

»Aber ich spreche doch mit dir«, sagte Spyderling. »Die ganze Zeit. Bist du schwer von Begriff?«

»Dann sag endlich, was du mir zu sagen hast, herrje!«

»Wie oft denn noch? Ich schreie mir hier die Kehle aus dem Hals.«

»Ich habe nichts gehört.«

»Daytona Sepulveda, weißt du, was ein Eissturm ist, der nicht nur draußen vor der Tür, sondern auch in deinem Kopf tobt? Wie laut so etwas sein kann? Nichts weißt du.«

»Mir egal.«

»Gehst du jetzt wohl endlich? Es ist alles vorbereitet.«

»Was denn? Wo denn?«

»Geh spielen. Es ist das Einzige auf dieser Welt, das ich ...«

Das Handy vibrierte kurz in meiner Hand. Ich guckte auf das schwarze Display und drückte eine Taste. Nichts geschah. Der Akku war leer. Tja. Was solls.

Ich blieb noch kurz auf meinem Bett sitzen und hörte der Musik der Hitlerbabies von draußen zu. Dann stand ich auf, ging aus dem Zimmer und betrat die Ludothek am Ende des Flurs. Sofort fiel mir auf, dass in dem Regal mit Spyderlings Spielen eines fehlte: *Politische Polizei*. Ich sah mich um, aber es war nirgendwo im Raum zu finden. Fast kam es mir vor, als klapperten die vielen, vielen anderen Spiele in ihren Kartons voll Freude darüber, wenigstens eines dieser schrecklichen Scheißdinger endlich los zu sein. Wenn ihr euch da mal nicht täuscht, ihr kleinen Idioten, dachte ich, verließ die Ludothek wieder und betrat das Kaminzimmer nebenan.

Dort hatte jemand Geheimnisvolles sein Allerbestes gegeben: Auf dem Tisch war das Spiel *Politische Polizei* aufgebaut worden, der Spielplan in der Mitte, die aberhundert Spielfiguren in ihren jeweiligen Bereichen, jeder Kartenstapel verdeckt an seinem Platz. Nur für mich? Oder für jeden anderen, der gerade zufällig vorbeikam? Egal. Spyderlings Botschaft war klar: Spiel mit mir das Spiel vom Tod, du Knalltüte – und wenn es das Letzte ist, was du tust!

Ich setzte mich an den Tisch, streckte die Beine aus und stieß mit dem rechten großen Zeh gegen etwas Schweres, das darunter lag. Fluchend guckte ich unter den Tisch und sah Campbells blöden bemalten Stein mit den Basteleien drum herum, an dem er vor einigen Tagen gearbeitet hatte oder immer noch arbeitete. Ich hob mein Bein und legte den Fuß auf meinem Oberschenkel ab, massierte den Schmerz hinaus und inspizierte nebenbei die Illustrationen von Pauline Hertzberg auf dem Spielbrett von *Politische Polizei*, die bereits einige andere Spiele gestaltet hatte, sogar eines von mir, nämlich meine Nordirlandkonflikt-Simulation *The Troubles*, aber bisher keines von Spyderling. Ich erkannte ihren schnörkellosen, kühl realistischen Strich wieder, der die bonbonbunten Farbflächen von Spyderlings Stadtlandschaft miteinander verband, dazu die Unaufgeregtheit ihrer Symbolsprache, die immer klar, aber nie zum Gähnen war. Außerdem brachte sie gern witzige Details auf den Spielplänen unter, nur wenige und so klein, dass man sie glatt übersehen konnte, einen im Stehen pinkelnden Hund zum Beispiel, eine gelbgrüne, warzige Hand, die aus einer Mülltonne schaute, oder einen dicken kleinwüchsigen Piraten mit einer Bockwurst im Mund. Einige Sekunden lang suchte ich auf dem Brett von *Politische Polizei* nach diesen Details und fand auf die Schnelle immerhin eines: eine katzengroße Vogel-spinne mit Sonnenbrille und »Make America Great Again«-Base-cap, die ihre acht Beine um einen roten Hydranten schlang, als würde sie ihn gerade begatten. Das hatte Spyderling ihr durch-gehen lassen? Die beiden mussten sich ja prächtig verstehen. Dann schaute ich auf, unter und um den Tisch herum nach der Anlei-tung, konnte sie jedoch, ebenso wie die Schachtel, nicht entdecken. Aber das machte nichts, denn Spyderlings Spiele funktionierten immer gleich: Ziehe eine Karte, befolge die Anweisung darauf und lebe mit den Konsequenzen. Also nahm ich die erste Karte von meinem persönlichen Deck *Auswegloses Schicksal*, das vor mir lag, und las: »Genug gefaulenzt! Gehen Sie endlich zur Arbeit.« Ich nahm mein gelbes Figürchen, das auf dem Aktionsfeld *Zu-hause* stand, grüßte mit ihm freundlich die Figuren in den Nach-barhäusern und setzte es auf das Aktionsfeld *Autowerkstatt*. Ei-ne Kfz-Mechanikerin also, wie toll. Oder lieber doch ...? Ach, scheiß drauf, warum eigentlich nicht? Ich nahm die Figur wie-der zwischen die Fingerspitzen und stellte sie auf das Aktionsfeld *Fledermaushaus*. Auf welche andere Art konnte man heutzutage schon echten Nervenkitzel erleben? Danach befolgte ich die in kleinerer Schrift auf meiner Karte abgedruckte Anweisung, ei-ne Karte vom Stapel *Freizeitvergnügen* zu ziehen. Darauf stand: »Sie sind von Feinden umgeben, Sie armes Schwein! Sollten Sie in der Autowerkstatt angestellt sein: Glück gehabt – die Arbeiter-klasse steht fest an Ihrer Seite; machen Sie einfach so weiter wie bisher, dann wird das am Ende auch was mit dem großen Glück. Sollten Sie in der *Drachenhöhle* unterwegs sein: Zücken Sie so-fort Ihr mächtiges Flammenschwert! Sollten Sie eine Karriere als Prostituierte eingeschlagen haben: Zählen Sie bitte die Figuren Ihrer Mitbürger auf dem Aktionsfeld *Fledermaushaus*, ziehen Sie gemäß der Anzahl dieser Figuren Karten vom Stapel *Zersetzungs-maßnahmen* und befolgen Sie die Anweisungen auf jeder dieser Karten, Sie kleine Nutte.« Und zack!: Schon war er wieder da, die-ser wohlige Ekel, der mich bei Spyderlings Spielen immer über-kam – wie der eiskalte Blitz des Heroins, von dem Taxi unbedingt getroffen werden wollte, oder die feuchte Hitze der Zungenküsse, nach denen Johanna sich stets und ständig das Mäulchen leckte. Fünf Karten musste ich nehmen, eine mit schlimmeren Folgen als die vorherige: Zechprellerei, Streit und Zwietracht, Alkoholvergiftung, unbändige Gewaltausbrüche, eine Gasexplosion. Schwer angeschlagen schleppte sich meine Spielfigur nach Hause, wo sie für den Moment noch halbwegs sicher war, eben so lange, bis die Geheimpolizei herausfand, dass sie hier wohnte. Als Nächstes mussten die Figuren der Mitbürger über den Spielplan bewegt werden: Einige blieben dort, wo sie waren, andere ließen sich in der *Parteizentrale* ideologisch indoktrinieren, drei oder vier verschwanden ohne eine weitere Spur vom Brett.

»Was ist das?«, fragte Johanna, die hereingekommen war und mir über die Schulter schaute.

»*Politische Polizei*«, sagte ich.

»Fucking Spyderling? Bah!«, rief sie, haute sich hinter mir auf die Couch und gähnte laut. »Na dann mal viel Spaß. Cazimir kommt gleich noch. Wir wollen uns die Musik vom Balkon aus anhören.«

»Schön«, sagte ich und trieb eine große Traube von nach Blut und Prügel dürstenden Geheimpolizisten durch die einsamen Straßen der Stadt.

»Ich habe nachgedacht«, sagte Johanna.

»Und?«, fragte ich.

»Über das, was ich als Nächstes machen will.«

»Wie? Was denn machen?«

»Na ein neues Projekt«, sagte sie. »Also pass auf: Eine alte Freundin von mir – sie lebt seit Jahren in Lüttich, und niemand weiß, wieso – traf sich bis vor Kurzem einmal im Monat zum Spielen mit ein paar anderen Leuten, und weißt du, was sie immer gespielt haben? Nur ein einziges Spiel. Ausschließlich.«

»Das *Basic Instinct*-Brettspiel von Ilse und Ruprecht Karmesin?«

»Nein. *Risiko* natürlich, was denn sonst? Fünfzehn Jahre lang, jeden Monat. Und immer war ein Kerl aus der Nachbarschaft dabei, der sich mit dreizehn in eine Australierin verliebt hatte, eine Austauschschülerin, glaube ich, die einmal mit ihm rumgeknutscht und ihm dann das Herz gebrochen hat. Und was macht der Typ bei jeder einzelnen Partie, fünfzehn ganze Jahre lang? Erobert mit seinen Armeen immer zuerst Australien, wieder und wieder, als könnte es für ihn nichts Schöneres geben auf der Welt. Anfangs ging das den anderen ganz schön auf die Nerven, aber irgendwann war nur noch ein müder Witz daraus geworden, den sie schweigend hinnahmen, anstatt mal etwas anderes zu spielen oder ihr trauriges Treffen einfach sein zu lassen. Sagenhaft, oder?«

»Yep«, sagte ich und musste wieder arbeiten gehen, aber das *Fledermaushaus* war längst eine ausgebrannte Ruine, weshalb ich mein kleines bisschen Glück in der *Tankstelle* versuchte.

»Na ja«, sagte Johanna, »und wie ich in den letzten Tagen so darüber nachdachte, fiel mir auf, dass dieser schwer verliebte Kriegstreiber am Ende natürlich völlig recht hatte: Wenn es schon nicht auf die eine Art klappt, dann muss es eben auf die andere Art klappen. Und dann dachte ich, es wäre doch cool, ein Spiel über zerplatzte Träume und Durchhaltevermögen zu machen, ein ›*Risiko für hoffnungslose Fälle*‹ über Eroberungen um jeden Preis, die nur dazu dienen, den eigenen Arsch noch irgendwie zu retten, ohne Rücksicht auf Verluste. Wie findest du das?«

»Ich finds gut«, sagte ich. »Klingt für mich ... geradeheraus. Ohne viel Schnickschnack. Einfach kräftig drauflos gefeuert. Du machst das schon.«

»Und bei dir?«, fragte Johanna. »Wie geht es jetzt weiter mit deinen Motorradrockern?«

»Mit denen beschäftige ich mich, wenn ich wieder zu Hause bin.«

»Du könntest immer noch alles umarbeiten.«

»Warum denn? Ich finde meine Idee gut, so wie sie ist. Außerdem ist das Ding ja fast fertig. Der Prototyp geht nächsten Monat an den Verlag.«

»Aber du bist nicht mehr so richtig zufrieden damit, oder?«

»Nein. Aber ich habe erst kürzlich gelernt, Kompromisse mit mir selbst einzugehen. Ich bringe diese Sache jetzt zu Ende, so gut ich kann – und dann steht mir wieder alles offen.«

»Das ist super, Sepulveda. Sei die Löwin, die sich ausschließlich von Hyänen ernährt.«

»O Scheiße«, rief ich.

»Was denn?«, fragte Johanna.

»Ach, nichts eigentlich. Ich habe geschlafen. Diese blöden Nachbarn, die sich die ganze Zeit nicht geregt haben, gehören auch längst zur Geheimpolizei, diese Wichser. Jetzt wissen alle, wo ich wohne. Ich muss hier weg.«

Verfolgt von einhundertzwanzig Spielfiguren floh ich durch die Stadt auf der Suche nach einem allerletzten Versteck, aber die meisten Orte waren schon von der Polizei eingenommen worden. Es war zum Haareraufen, aber ich spielte ja auch nicht irgendwelchen überempfindlichen Kram, sondern ein Spiel von Spyderling.

»Worüber sprecht ihr?«, fragte Cazimir, der noch vier Flaschen kommunistischen Wein mitbrachte und sie zwischen meine Spielmaterialien auf den Tisch stellte.

Ich sah auf und fauchte ihn leise an, aber er hob nur freudestrahlend die Hände und setzte sich zu Johanna auf die Couch.

»Wir quatschen über unsere Zukunft«, sagte Johanna. »Sieht ziemlich düster aus. Aber wir beide wollen uns viel Mühe geben, um nicht völlig zu verwahrlosen.«

»Und was machst du da, Day?«, fragte Cazimir.

»Hat er ›Day‹ zu dir gesagt?«, rief Johanna und fing an zu lachen.

»Ey Mann, sie heißt Sepulveda. Se-pul-ve-da. Sprich mir nach!«

»Ich kann das leider nicht aussprechen«, sagte Cazimir traurig.

»Sorry, Johanna. Sorry, Day.«

»Schon gut«, sagte ich. »Ich spiele.«

»Ganz allein?«, fragte er.

»Yep«, sagte ich.

»Sie ist ganz schön durch den Wind«, erklärte Johanna ihm. »Niemand spielt ein Brettspiel allein. Nur sie und Spyderling. Manche Leute denken, das ist irgendwie …«

»Krank?«, fragte Cazimir.

»Na ja, nicht krank«, sagte Johanna. »Aber auf jeden Fall total bekloppt. Ach, das soll dir Sepulveda mal schön selbst erklären.«

»Ist das wie Computerspielen?«, fragte Cazimir, anscheinend aufrichtig interessiert.

»Nein, eben nicht!«, rief ich. »Die unmittelbare Gefahr für Leib und Leben ist viel, viel größer. Und die Ekstase natürlich auch.«

»Siehst du, Cazi«, sagte Johanna, stand auf und schraubte eine der Weinflaschen auf. »Ich habe dich gewarnt. Sie ist eine Extremistin. Pass bloß gut auf deinen Hintern auf, wenn du in ihrer Nähe bist.«

»Und was passiert jetzt in deinem Spiel?«, fragte Cazimir.

»Nicht viel«, sagte ich. »Ich muss mich vor einer ganzen Horde von Spielfiguren verstecken. Wenn sie mich kriegen, ist das Spiel vorbei.«

»Warum?«, fragte er.

»Warum? Das ist halt so. Ich kämpfe gegen einen zahlenmäßig überlegenen Feind, der alles, was ich bin und was mich ausmacht, komplett ausradieren will.«

»Aber warum? Was hast du denn angestellt? Ich verstehe das nicht.«

»Pass auf«, seufzte ich. »Ich renne hier eigentlich bloß die ganze Zeit um mein Leben – und du hast völlig recht: Es ist völlig unklar, warum. Es gibt eine Bedrohung in Form einer Geheimpolizei, die sich alles einverleibt, was noch kein Teil von ihr ist. Und ich will auf gar keinen Fall Teil von ihr sein – das ist der Ausgangspunkt des Spiels. Ein Spiel, das nur auf zwei Arten enden wird: Entweder ich entkomme meinem Schicksal, oder ich entkomme ihm eben nicht. Mehr gibt es darüber nicht zu sagen. Hast du wenigstens das verstanden, Cazimir?«

Er antwortete nicht.

»Cazimir?«, fragte ich und drehte mich um.

Cazimir und Johanna knutschten miteinander auf ihrer blöden Couch.

»Herrje«, sagte ich, öffnete eine Weinflasche, trank einen Schluck und zog eine Karte von meinem persönlichen Aktionskartenstapel. »Einzige Chance«, stand darauf geschrieben.

Ich hopste mit meinem Spielfigürchen über das Brett und brachte es auf dem allerletzten freien Aktionsfeld namens *Masturbations-maschine* in Sicherheit.

Dann nahm ich eine Karte vom Stapel *Desinformation* und las mit völlig übertrieben lauter Stimme den Text darauf vor: »Prüfen Sie bitte genau, wo Sie sich gerade befinden. Stehen Sie auf dem Aktionsfeld *Evangelikale Megakirche*? Wenn ja: Dann gnade Ihnen der Allmächtige. Stehen Sie auf dem Aktionsfeld *Müllhalde*? Wenn ja: Dann mag dies wohl der Ort sein, an dem Ihre gemarterte Seele ihren Frieden findet. Stehen Sie auf dem Aktionsfeld *Masturbationsmaschine*? Wenn ja: Hervorragend! Stellen Sie sich die Masturbationsmaschine als eine Art Trichter vor, in den ein Mensch von oben hineingleiten kann, bis nur noch der Kopf herausschaut. Sie ist als Vakuumpumpe konstruiert, die auf Knopfdruck in Betrieb gesetzt wird. Sobald Sie sich vom Hals abwärts im Vakuum befinden, starten beheizte, von einem Motor angetriebene und mit Noppen versehene Lamellen aus Gummi arabicum, die in jede Ihrer Hautfalten und Körperöffnungen vordringen können, ihre unvergleichliche Stimulation. Nach Beendigung des Masturbationsvorgangs wird sich unter Ihnen ein Fallrohr öffnen, das Sie durch ein ausgeklügeltes Leitungssystem saugt und auf einem Förderband in der Katzenfutterfabrik drei Straßen weiter wieder ausspuckt, wo sich direkt vor Ihnen ein mit Klingen aus japanischem Stahl bestehendes Mahlwerk augenblicklich in Gang setzen wird. Aber bitte, jetzt lehnen Sie sich doch erst mal zurück und lassen Sie sich ordentlich auspressen – etwas Besseres wird Ihnen heute nicht mehr passieren, Sie erbärmliches, aufmüpfiges Stück Scheiße!«

Ist denn das zu fassen?, dachte ich.

Empört und gleichzeitig auch ein bisschen geil geworden, drehte ich mich erneut um und sah Johanna und Cazimir auf der Couch dabei zu, wie sie sich gegenseitig befummelten. Dann rutschte ich von meinem Stuhl und drängte mich zwischen sie, und wo sich gerade noch Johannas Hände an Cazimirs Hals zu schaffen gemacht und Cazimirs Finger an Johannas Hosenbund herumgenestelt hatten, spürte ich jetzt Johannas Hände an meinen Mundwinkeln und Cazimirs Finger zwischen meinen Arschbacken. So machten wir miteinander rum, Küsse, Gegrunze, Streicheleinheiten, Gezerre und so, doch die Partie mit Spyderlings Spiel wollte mir einfach nicht aus dem Kopf gehen, also glitschte ich irgendwann zwischen den beiden hindurch zu Boden, rappelte mich auf und kehrte zurück an den Tisch, stellte mein Figürchen ordnungsgemäß vom Aktionsfeld *Masturbationsmaschine* auf das Aktionsfeld *Katzenfutterfabrik* und starrte es einfach nur an, starrte und starrte und starrte, als wollte ich es zum Leben erwecken, lauf doch, lauf doch, lauf doch weg, du arme kleine Spielfigur!, nun mach schon, sie sind doch hinter dir her, warum bewegst du dich denn nicht, warum nur, warum?, und ich hörte das Klackern der Geheimpolizisten auf dem Brett, tock, tock, tock, tock, tock!, und schon kamen sie alle herbei, siebenundneunzig, einhundertzwanzig, einhundertfünfzig, zweihundert, fünfhundert, tausend, zweitausend, zehntausend, hunderttausend, fünfhunderttausend, Aber- und Abermillionen hölzerne Spielfiguren strömten durch die Straßen und über den Rand des Spielplans hinweg, türmten sich um die Weinflaschen zu bunten Häufchen auf, marschierten über meine Hände und zwischen meine Finger, rieselten von der Tischkante und landeten klappernd auf dem Parkett, krochen da unten über meine Füße und in meine Socken hinein und die Hosenbeine hinauf und in meine Boxershorts hinein und die Ärmel hinauf, blieben im Schweiß auf meinen Brüsten kleben, drückten sich in mein Arschloch, zwängten sich zwischen meine Schamlippen, verschwanden in meinen Nasenlöchern, klopften gegen meine Schneidezähne, schlossen meine Lider und wuchsen mir schließlich über den Kopf, sodass nichts mehr von mir blieb außer ein nach Speichel, Lack und Tränen duftender Berg aus Spielfiguren, in dessen finsteren Tiefen irgendjemand hilflos nach Atem rang.

Ich schlug die Augen auf und schüttelte mich. Meine Spielfigur stand noch immer artig und leise auf dem Aktionsfeld *Katzenfutterfabrik*. Drum herum gruppierten sich seelenruhig die Feinde. Alles aus. Das Spiel war verloren.

Ich schaute mich nach Johanna und Cazimir um, aber die Couch war leer. Auf der Brüstung des Balkons saßen sie jetzt, Schulter an Schulter. Als ich mit einer Weinflasche im Arm zu ihnen kam, machten sie mir zwischen sich Platz.

»Alles erledigt?«, fragte Cazimir.

Ich grummelte nur vor mich hin.

Unten spielten die Hitlerbabies immer noch, ohne Taxi. Die Musik lief gerade auf ihr großes Finale zu: G. Mürzzuschlag malträtierte ihr Schlagzeug wie eine Wahnsinnige, Herr Basedow blies völlig unkontrolliert in seine Flöte hinein, Valla Dolid zerschmetterte sein Keyboard auf der Wiese, und Abdominis Sovieticus brüllte sich, die Finger in die Brust gekrallt, mit einer Coverversion des Songs *Kiss You All Over* von Exile den nicht enden wollenden Schmerz seiner russischen Seele aus dem Leib. Dann legten mit einem Mal die um sie verteilt stehenden Feuerwerksbatterien los, Raketen sausten zischend in den Himmel und zerplatzten dort zu goldenen Blumen, die unsere süßen Gesichter wunderschön erhellten, und die Windmaschine trieb einen Sturm aus einer Milliarde in Geldscheinen hinterher, das Papier entzündete sich sofort im Feuerregen, Qualm breitete sich aus, und tausend Lichter wehten über den Garten hinweg und setzten hier und da das trockene Laub, die Zweige und Pawels Stofffetzen in Brand, und kurz darauf stand der Garten in Flammen, zumindest der hintere Bereich, o yeah, baby!, »I wanna kiss you all over«, es brannte, es brannte, »And over again«, es brannte, es brannte, »I wanna kiss you all over«, es brannte, es brannte, »'Til the night closes in«, es brannte, es brannte, »'Til the night closes in«.

DER SCHRECKEN IN TIRASPOL

Vom Balkon des Kaminzimmers aus sah ich den Garten in Flammen stehen. Ich hörte mich atmen, trat zurück in den Raum, holte unter dem Tisch Campbells Stein hervor und lief hinaus, den finsteren Flur entlang und die Treppen hinunter. Im Foyer, neben dem Telefonapparat an der Wand, stand Ioana, ein rotes Taschentuch in den Händen; ihre Augen schützte sie mit einer selbst gebastelten Brille vor der Helligkeit draußen, zwei mit einem Feuerzeug oder einer Kerze geschwärzte Flaschenböden, verbunden mit einem Drahtgestell. Ihr gegenüber, im Durchgang zum Speisezimmer, hielt sich Leon am Türrahmen fest, die Lippen vor Zorn zusammengepresst, regungslos; sein rechter Arm reichte in den Raum hinein, wo er die Tür daran hinderte, mit dem nächsten Windstoß zuzufallen. Das alles habe ich gesehen, im Vorbeilaufen, Campbells kalten Stein mit beiden Händen umklammernd, der gegen mich schlug mit jedem meiner Schritte, sanft gegen meinen Bauch schlug, und ich nahm all meinen restlichen Mut zusammen, öffnete die Terrassentür und trat in die Schlacht um den brennenden Garten hinaus.

Jemand stieß mich zur Seite, und ich sah Leon hinterher, der mit einer Gießkanne aus Blech in der einen und einem Rechen in der anderen Hand über die Terrasse rannte, die Treppe zum Garten hinunter und über die Wiese, wo die Hitlerbabies im Schein der kleinen Feuer ringsum seelenruhig und mit brennenden Zigaretten in den Mündern ihre Instrumente in schwarzen Koffern und durchsichtigen Plastiktüten verstauten.
Diese Ferkel, dachte ich nur und sorgte mich um die Unversehrtheit von Pawel, der ja im Garten leben musste, manchmal ganz

hinten bei den prähistorischen Tieren, manchmal in der Grotte am Teich und manchmal unter einer von Leons Schubkarren. King und Nygård kamen die Treppe zur Terrasse hochgespurtet, schnappten sich vier Handtücher von den Sonnenliegen, tunkten sie in das Wasser des Pools und rasten zurück, wo sie auf ein paar in Flammen stehende Büsche eindroschen. Etwas weiter vorne spazierten von Manteuffel und Picardo Hand in Hand einen Pfad unter den lodernden Bäumen entlang, als ginge sie das alles überhaupt nichts an. Auf dem Balkon oben hörte ich Johanna jubeln und klatschen. Eine Rauchwolke wehte herbei und hüllte mich ein, sodass ich mir hustend den Ausschnitt meines T-Shirts über den Mund ziehen musste, den Stein ungelenk in der Armbeuge balancierend. Jemand zupfte vorsichtig an meinem Zopf. Campbell stand neben mir, kreidebleich. Seine Zähne hämmerten leicht aufeinander.

»Was ist los?«, fragte er und nahm mir seinen Stein aus den Händen. »Ich habe auf einmal so große Angst.«

»Komm, Campbell«, sagte ich, »wir gehen. Die anderen schaffen das schon.«

»Wohin?«, fragte er.

»Ja, wohin denn?«, fragte Taxi Terreur, auf zwei Krücken gestützt. »Wow, schaut mal: Es brennt.«

»Nach Tiraspol«, sagte ich. »Zu Ronny.«

»Tiraspol?«, fragte Taxi. »Jetzt?«

»Jetzt«, sagte ich. »Kannst du uns über die Grenze bringen?« Taxi lächelte.

»Ich kann alles«, sagte sie und saugte wie ein hungriges Kätzchen an ihrem Handgelenk.

Dann fing sie an zu husten und wischte sich einen Schleimfaden vom Kinn. Gemeinsam kehrten wir ins Herrenhaus zurück, wo Ioanas Wehklagen aus der Küche zu hören war. Ich suchte im Verwaltungsbüro nach dem Schlüssel für Leons Kleinbus und fand ihn an einem Haken an der Wand hängend. Schwer atmend hatte sich Taxi derweil auf den Arbeitsstuhl gesetzt und rieb sich mit geschlossenen Augen die Schläfen. Campbell stand zitternd und mit verschränkten Armen im Durchgang zum Flur.

»Ich muss mich mal kurz ausruhen«, sagte Taxi leise.

»Nein«, sagte ich, ging zu ihr, griff unter ihre Achseln und zog sie auf die Beine.

»Bringst du mich nach Hause, Tona?«, flüsterte sie mir ins Ohr.

»Ja«, sagte ich und stützte sie auf dem Weg bis nach draußen, wo der Bus nicht weit vom Haus mitten auf der Einfahrt geparkt stand.

Wir fuhren die dunkle Allee mit den Walnussbäumen entlang und bogen an ihrem Ende auf die Landstraße ein, nach links, in nordöstlicher Richtung. Campbell saß schlotternd auf dem Beifahrersitz, seinen Stein zwischen die von der Nachtkälte blau gefärbten Knie gepresst; Taxi hatte sich hinten ausgestreckt und gab mir, wenn sie nicht gerade weggenickt war und ich sie lauthals wecken musste, erschöpfte Anweisungen, wohin ich zu fahren hatte. Der Tank reichte noch für … na, wir würden schon irgendwo ankommen.

Wir holperten knatternd über die Landstraße, an Dorfrändern und Feldern vorbei, im Mondschein noch, aber am Horizont brach schon der Tag an. Leichter Regen setzte ein, und ich betätigte den Scheibenwischer, der aber nur auf Campbells Seite funktionierte, sodass ich versuchte, während der Fahrt durch seine Hälfte der Windschutzscheibe zu schauen, und lieber etwas langsamer fuhr, damit wir nicht im nächsten Moment gegen einen Pferdewagen, einen NATO-Panzer oder eine trächtige Braunbärin prallten.

»Du, sag mal«, sagte ich irgendwann zu Campbell, »dieses Spiel … *MAUNSTEIN* … Hast du irgendwas damit zu tun?«

Ich sah aus den Augenwinkeln, wie Campbell den Kopf schüttelte.

»Oder Spyderling?«, fragte ich weiter.

Campbell schüttelte immer noch den Kopf.

»King vielleicht?«

Nach wie vor Kopfschütteln.

»Alles klar«, sagte ich. »Aber, weißt du, Campbell …«

»Bryan«, sagte Campbell.

»Bryan?«

»Bryan«, sagte Campbell.

»Wer ist das?«, fragte ich.

»Na ich«, sagte Bryan.

»Bryan ...«, sagte ich zögernd, in meinem Gedächtnis danach kramend, ob ich diesen Namen schon einmal gehört hatte.

»... Campbell«, vervollständigte Bryan mich.

»Bryan Campbell?«, fragte ich und fuhr wieder etwas schneller.

»Und was zum Teufel ist mit Campbell Campbell?«

»Das ist mein Bruder.«

»Dein Bruder? Was ist denn jetzt los?«

»Wir sind Zwillinge. Eineiig. Wir sind eins. Aber zu zweit.«

»Du meinst, du bist gar nicht Campbell Campbell? Der durchgedrehte Junge aus Schottland, der die Spiele macht? *Existieren Zahlen?* und *Die Chiffren des Chephren* und *Nehrungen* und *In Proctors gutem Hause* und *Angriff der Metaspione*?«

»Ich glaube nicht«, sagte Bryan. »Aber irgendwie ja doch. Schau mal hier: Ich habe in den letzten Tagen eine ganze Welt erschaffen. Für meinen Bruder. Für euch alle.«

Er hievte seinen Stein ein Stückchen in die Höhe. Ein paar der angeklebten Holzteile waren abgebrochen und lagen jetzt im Fußraum herum.

»Aber dann hast du ...«, kombinierte ich scharfsinnig, das lallende Krakeelen von Bertrand Clairvaux aus Eguisheim im Ohr, »... gar keine Einladung von Spyderling erhalten, sondern ...«

»... mein Bruder Campbell natürlich«, sagte Bryan. »Aber der hatte keine Lust hierherzukommen. Er hat mir sein Spiel zugeschickt. Ich durfte ein bisschen daran arbeiten, zusammen mit Elke, Arno und Spyderling. Aber es war ja schon so gut wie fertig. Also dachte ich mir, ich baue für Campbell ein neues Spielbrett. Kannst du dich noch daran erinnern, wie wir Bouche Nest Kasi Moonshine mit der Atomrakete sonst wohin geschickt haben? Vielleicht ist er ja gar nicht über der imperialen Megalopolis Dritter-Traum-von-Paulimaritzburg explodiert, sondern einfach weitergeflogen, bis weit ins Weltall hinaus, und da hat er irgendwann einen fremden Planeten erreicht. Na ja, jedenfalls waren das so meine Gedanken, und nachdem wir dann alle das Spiel gespielt hatten, war ich mir ganz sicher: Coronel Moonshine sollte es an einem anderen, neuen Ort viel besser haben. Dort hätte er vielleicht sogar seinen Bruder Kai-Davy treffen können, du weißt schon: der Junge mit der anderen Rakete.«

»Rakete, Rakete, Rakete!«, rief ich. »Und warum bist du hier? Und hast du dabei auch nur eine einzige Sekunde mal an Maxim gedacht? Was soll das denn?«

»Sagst du mir, was du im Dschungel gesehen hast, Daytona?«, fragte Bryan freundlich. »Damals, als du verschwunden bist?«

»Einen Scheiß sag ich dir!«, schrie ich ihn an, sodass er sich wegduckte. Fast wäre ihm der Stein aus den Händen gerutscht, aber er konnte ihn gerade noch festhalten.

»Hey«, rief Taxi von hinten, »könnt ihr nicht leiser sein? Übrigens: immer weiter geradeaus, Tona, bis zur Grenze. Dann dürfte es nicht mehr weitergehen. Ja, ja, auf jeden Fall, da ist dann erst mal Schluss. Wegen dem Scheißkrieg und so, du weißt schon.«

»Mein Bruder ist ein trauriger Mensch, der den ganzen Tag schweigend in seinem Zimmer hockt«, sagte Bryan. »Aber wenn ich ihm davon erzähle, was ich hier mit euch erlebt habe, dann ist er vielleicht wieder froh, für einige Wochen jedenfalls. Hast du die Traurigkeit im Urwald gesehen, Daytona? Wie sieht sie aus? Ich weiß, wie die Traurigkeit auf unserem Schloss bei Inverness aussieht, aber das kann ja nicht die gleiche Traurigkeit wie in El Salvador sein, oder? Erzähl mir davon. Ich bitte dich.«

Mir fiel nichts anderes ein, als das Lenkrad anzuknurren. Was erlaubte sich dieser kleine Irre eigentlich? Und ich hatte ihm *MAUNSTEIN* auch noch zum Geburtstag geschenkt! Wie bescheuert konnte man eigentlich sein?

»Erzählst du's mir?«, bettelte Bryan.

»Weißt du, was?«, fuhr ich ihn an. »Du kannst mich mal!«

»Ich hoffe, du kommst uns irgendwann einmal besuchen«, sagte Bryan. »Campbell würde dich bestimmt gern kennenlernen.«

Ich wischte mir über das Gesicht und starrte auf die leuchtenden

Regentropfen, die in das Scheinwerferlicht über der Straße in Bryans Hälfte der Windschutzscheibe fielen.

»Erzähl jetzt, Daytona.«

»Okay, pass auf«, sagte ich. »Ich erzähle dir davon, und zwar genau ein einziges Mal. Und wenn du mich jemals wieder danach fragst, dann trete ich dir so fest in deinen kleinen Arsch, dass du mir mit deiner Zunge die Schnürsenkel binden kannst. Alles klar?«

»Alles klar«, sagte Bryan.

»Hast du schon mal von Tschernobyl gehört?«

Er überlegte kurz. Dann nickte er.

»Nach den ersten Explosionen machten sich ein paar der Ingenieure auf, um den entstandenen Schaden im Reaktorblock zu begutachten«, erzählte ich. »Zu diesem Zeitpunkt war eh schon alles zu spät, das tonnenschwere Dach längst weggeflogen, Strahlung überall. Und dennoch öffneten sie die Stahltür, um sicherzugehen, diese armen Schweine. Dahinter blickten sie in das glimmende Auge des zerborstenen Reaktors, in sein geschmolzenes glühendes Herz, und was sie dort sahen – so erkläre ich es mir zumindest –, war nichts anderes als das ursprüngliche Wesen einer großen Traurigkeit, die ein totes Auge, ein gesprengtes Herz, ein paar zu heiß gelaufene Brennstäbe, die Finsternis des Dschungels am Tag und in der Nacht, der schweigende Zwillingsbruder im Kinderzimmer eines schottischen Schlosses oder etwas ganz anderes sein kann. Sicher ist nur: Nach zwei Minuten Hinsehen bist du tot. Das liegt durchaus im Rahmen des Möglichen, verstehst du? Und jeder, der traurig ist, muss sich dessen bewusst sein. Hinter der Stahltür in den Dschungel oder ins Kinderzimmer lauert das blanke Grauen. Du weißt es – also lass sie gefälligst geschlossen. Oder öffne sie nur, wenn du verdammt gut vorbereitet bist. Aber am besten ist, du nimmst immer sofort Reißaus und rennst so lange, bis du nicht mehr kannst. Und dann legst du dich irgendwohin und denkst darüber nach, wie es dir in Zukunft besser gehen könnte. Das, was hinter der Tür ist, wirst du niemals wieder los. Aber du weißt genau, dass es da ist – also kannst du dich auch ruhigen Gewissens um ein paar andere wichtige Dinge kümmern, alles klar?«

Bryan nickte langsam.

»Da vorne«, sagte Taxi.

»Die Grenze?«, fragte ich und schaute in den Rückspiegel.

»Die beschissene Heimat«, sagte sie und schaute mich an.

Das Spiel, das kein Spiel ist. Das Spiel, das seine eigene Auslöschung bedeutet. Das Spiel, das seinen Erschaffer und mit ihm die gesamte Welt in einen Abgrund reißt. Das Spiel als Untergang von allem und Anbeginn einer neuen Zeit in einer neuen Welt. Das Spiel, das von keinem Gott erschaffen wurde oder allerhöchstens von einem Gott, der alles sieht, aber rein gar nichts davon begreifen kann. Das Spiel, das von keinem Menschen erschaffen wurde oder allerhöchstens von einem Menschen, der nicht von Gott erschaffen wurde, aber auch nicht von einem anderen Menschen, auf gar keinen Fall. Das Spiel, erschaffen von einem merkwürdigen Menschen, der keine Vergangenheit, keine Gegenwart und keine Zukunft hat, der kein Gesicht hat und keine Freunde, kein Zuhause und kein Lieblingsurlaubsziel. Das Spiel, dieser merkwürdige Mensch zu sein in dieser merkwürdigen Welt, die aus nichts anderem besteht als aus Vergangenheit, Gegenwart und Zukunft, aus Gesichtern von Freunden und Obdachlosigkeit und Tourismus. Das Spiel als Verweigerung, ein Spiel sein zu müssen. Der merkwürdige Mensch als Verweigerung, ein Mensch sein zu müssen. Wo gibts denn so was? Na hier. Schaut doch mal genau hin! Seht ihr es denn nicht?

Wir hielten im Lichtkegel einer Laterne, und ich stellte den Motor ab. Fünf Meter vor uns befand sich der Schlagbaum, rechts daneben ein weiß angestrichenes beleuchtetes Häuschen.

Taxi öffnete die hintere Autotür und zwängte sich wimmernd aus dem Wagen. Sie kam nach vorn gehumpelt und klopfte an Bryans Fenster. Er kurbelte die Scheibe herunter.

»Ihr müsst mitkommen«, sagte sie. »Habt ihr eure Pässe dabei?«

Aus dem Häuschen trat ein untersetzter Grenzbeamter in hellblauem Uniformhemd und senfgelber Hose, einen Schlagstock am Gürtel festgeklemmt. Er sah nicht zu uns herüber, sondern betrachtete ausdruckslos den Kleinbus.

Wir folgten Taxi zögerlich in das Innere des Häuschens, wo es nach verbranntem Schießpulver, Kaffee und kalten Fäkalien roch. In einem von uns abgetrennten Bereich saß ein weiterer Beamter hinter einer Plexiglasscheibe. Taxi stützte sich auf der Ablagefläche vor seinem Schalter ab und begann, auf Russisch mit ihm zu reden, leise, aber bestimmt, sicher einige Minuten lang, und der Beamte hörte ihr zu und kratzte sich immer mal wieder an den dunkelblau verfärbten warzigen Tränensäcken. Danach mussten wir einzeln an den Schalter treten, erst ich, dann Bryan. Ich nickte dem Beamten zu und legte meinen Pass in die Schublade unterhalb der Scheibe, er zog sie mit einem Ruck zu sich, nahm den Pass heraus und blätterte darin mit einem hoch konzentrierten Ausdruck im Gesicht, mal einige Seiten vor, dann wieder einige Seiten zurück, schaute mich an, sah wieder in den Pass, schaute mich wieder an und blickte erneut in den Pass.

»Американский?«, fragte er, kniff die Augenbrauen zusammen und schürzte die Lippen.

Ich nickte.

Taxi, die noch neben mir stand, sagte etwas zu ihm. Er antwortete ihr in unfreundlichem Ton. Dann tippte er auf einer Tastatur herum, drehte sich zur Seite, zog einen Zettel aus dem Schlitz eines kleinen Thermodruckers, knallte Zettel und Pass zurück in die Schublade und schob sie zu mir zurück. Ich nahm alles heraus und nickte ihm wieder zu, aber er verscheuchte mich mit einer Handbewegung und zitierte Bryan mit einem Fingerzeig zu sich heran.

»Английский?«, fragte er, kniff die Augenbrauen zusammen und schürzte die Lippen.

Als wir zurück im Auto waren, bläute uns Taxi ein, bloß nicht die Zettel – unsere Migrationskarten – zu verlieren, die wir von dem Grenzbeamten bekommen hatten. Ohne sie würden wir die Pridnestrowische Moldauische Republik niemals wieder verlassen können, und dann landeten wir im Keller irgendeiner Sicherheitsbehörde, ohne Aussicht darauf, mit der Regierung in Chișinău oder unseren jeweiligen Botschaften dort in Kontakt treten zu können, denn es gab hier keinerlei offizielle diplomatische Verbindungen zum restlichen Teil der Welt, außer zu solch ebenso obskuren und nicht anerkannten, jedoch weitestgehend autarken Staatsgebilden wie Abchasien am Schwarzen Meer, die Republik Arzach zwischen Armenien und Aserbaidschan oder Südossetien im Kaukasus. Abgesehen davon durften wir uns ab jetzt frei in Transnistrien bewegen, und zwar ganze zwölf Stunden lang.

Der Schlagbaum wurde geöffnet, ich startete den Motor, und wir passierten die Grenze. Fünfzig Meter dahinter sah ich ein gepanzertes Fahrzeug am Straßenrand, das nur notdürftig mit ein paar belaubten Zweigen bedeckt worden war. Drei Soldaten in dunkelgrüner Kampfmontur und mit angelegten Maschinengewehren standen daneben, rauchend im stahlblauen Morgenlicht.

»Unsere Friedenstruppen«, sagte Taxi, hob die Hand zum militärischen Gruß und kuschelte sich kopfschüttelnd wieder auf ihrer Rückbank ein.

»Russisch?«, fragte ich.

»Was denn sonst?«, sagte sie mit geschlossenen Augen und kicherte vor sich hin. »Aber pssst: Das dürft ihr niemandem verraten.«

Ich hielt an der nächsten Tankstelle, die nur einen Steinwurf von der Grenze entfernt lag, ein blau-weiß-rotes Ding mit Flachdach und mächtigen Säulen, einem griechischen Tempel nicht unähnlich und betrieben vom transnistrischen Konzern Sheriff, der hier alles betrieb, also auch die Supermärkte, die Medienhäuser, den Mobilfunk, die Schnapsfabrik und den Fußballverein. Taxi drückte mir ein paar transnistrische Rubel in die Hand, für die ich ihr ein paar Euroscheine gab, ich tankte, ging in das Gebäude, zahlte, fragte nach einer Toilette, ging aufs Klo und kehrte dann zum Bus zurück, wo meine zwei Mitfahrer eingeschlafen waren.

Ihr beiden komischen Mäuse, dachte ich, während ich den Bus zurück auf die Straße lenkte, schlaft ruhig, schlaft euch aus. Ab jetzt braucht ihr keine Angst mehr zu haben, ab jetzt wird euch kein Leid mehr geschehen – dafür werde ich schon sorgen.

Das Land, durch das ich fuhr, unterschied sich in keiner Weise von dem Land, aus dem ich gerade gekommen war: eine schnurgerade durchlöcherte Straße mit vereinzelten Bäumen an den Rändern, dahinter Gräben, Felder und Hügel, dann ein Wald, eine Kiesgrube und der Fluss Dnister (auch Днестр, Nistru, Týras oder wie auch immer genannt), später ein Dörfchen mit einer schicken orthodoxen Kirche, einer weiteren Tankstelle und Hütten mit verwilderten Vorgärten, über allem die Wolken, der Wind und die Morgensonne.

Taxi begann, im Schlaf zu weinen, und ich griff nach hinten, um sie zu beruhigen, aber ich erreichte sie nicht.

Als wir im Stadtgebiet von Tiraspol ankamen, hielt ich auf dem Parkplatz eines Elektronikfachmarktes und zündete mir eine Zigarette an. Die glatten Fassaden der umliegenden Wohnblöcke waren sandfarben gestrichen, nur hier und da einige Löcher im Beton, aus denen eine graue Flüssigkeit die Wände hinabzutropfen schien. Die Straße musste erst vor Kurzem gekehrt worden sein, nirgendwo lag auch nur ein Fitzelchen Müll herum. Ich drehte den Oberkörper, lehnte mich über meinen Sitz und rüttelte Taxi am Unterschenkel.

»Wohin denn jetzt?«, fragte ich.

Sie öffnete die Augen und starrte mich an, als sähe sie mich zum ersten Mal.

»Fahr einfach herum«, antwortete sie, »wir werden schon irgendwo ankommen.«

Dann schlief sie weiter.

Also startete ich den Motor wieder und fuhr kreuz und quer durch die morgendliche Hauptstadt der Pridnestrowischen Moldauischen Republik, an dem Gebäude des Obersten Sowjets mit seiner Lenin-Statue und Kriegsdenkmälern und Einkaufszentren und Parks und Wohnblöcken und Cafés und Hotels und Einfamilienhäusern vorbei, nur wenige Autos waren unterwegs und noch weniger Menschen, dort eine Brücke über den Dnister, hier ein bewaffneter Soldat auf einer Holzbank mit einem Pappbecher Kaffee oder Tee oder Likör in der Hand, in der Mitte der breiten Straße ein übergroßes Schild mit dem Wappen der Republik (Hammer und Sichel, Ährenkranz, roter Stern, Weintrauben, kyrillische Buchstaben, die aufgehende Sonne über dem Fluss), da ein Rudel bunter Katzen, das auf einer Mauer saß, und obwohl in Tiraspol seit dem letzten Krieg im Frühsommer 1992 wirklich alles, alles penibel gesäubert und geordnet wurde, so fiel mir doch immer wieder diese graue Substanz auf, die sich als Pfützen auf den leeren Gehsteigen sammelte oder als große eingetrocknete Flecken unterhalb der Balkone zu sehen war.

»Guck mal, Bryan Campbell«, sagte ich und boxte dem Jungen in die Seite.

»Was denn?«, murrte er und rieb sich mit beiden Fäusten den Schlaf aus den Äuglein.

»Siehst du das auch?«, fragte ich.

Er guckte lange aus seinem Fenster.

»Schön hier«, sagte er. »Wo sind wir?«

»Das sieht doch alles total merkwürdig aus«, sagte ich.

»Wenn du meinst«, sagte Bryan und gähnte ausgiebig.

»Ich will jetzt nicht sterben«, sagte Taxi ernst.

Ich schaute in den Rückspiegel. Sie hatte sich aufrecht hingesetzt, hielt die Augen aber noch geschlossen.

»Halt deinen Mund, du Miststück, du stirbst heute nicht!«, rief ich ihr zu, sie fest im Blick behaltend.

Und dann rumste es einmal kräftig. Auf der Höhe des Gebäudes des Obersten Sowjets hatte das kleine rote zerbeulte Auto vor mir aus unerfindlichen Gründen angehalten. Bryan sah mich erschrocken an.

»Gehts euch gut?«, fragte ich und drückte die Handflächen fest auf meine Beine, die unkontrolliert zu zucken begonnen hatten. Taxi kletterte aus dem Fußraum zurück auf ihre Bank und hielt sich zischend den rechten Unterarm. Ich stieg aus und begutachtete den Schaden. Wir hatten dem kleinen roten Auto die hintere Stoßstange abgerissen. An Leons Kleinbus konnte ich außer ein paar rostigen Kratzspuren nichts feststellen. Die Tür des kleinen roten Autos wurde geöffnet, und heraus zwängte sich eine fast zwei Meter große klapperdürre Frau mit goldenem Gesicht und tiefschwarzen Augen, eingewickelt in einen dunkelblauen Anzug aus kratziger Wolle. Sie stapfte wütend auf mich zu und fing sofort an, mich auf Russisch zu beschimpfen.

»Sorry«, sagte ich nur, »sorry, sorry.«

»Sorry?«, brüllte sie und holte mit der Hand aus.

In diesem Moment warf sich Taxi zwischen uns und bekam die Handfläche der Frau volle Wucht ins Gesicht geklatscht. Dann fing auch sie damit an, auf Russisch herumzuschreien, und nur eine halbe Minute später hielt ein Polizeiauto neben uns an, zwei Beamte stiegen aus, ein weiteres Auto fuhr vor, zwei weitere Männer stiegen aus, die sich aber aufgrund fehlender Uniformen nicht als Polizisten einordnen ließen, ein junges Pärchen war neben den Ketten eines sowjetischen Panzerdenkmals in der Nähe stehen geblieben und guckte zu uns herüber, ein freundliches Großmütterchen mit Kopftuch und Einkaufsbeutel trat dicht an uns heran, um besser mithören zu können, auf der anderen Straßenseite marschierte unter dem strengen Blick der Lenin-Statue eine Kolonne winkender Kindergartenkinder vorüber, die von ihrer Erzieherin mit vier scharfen Stößen in eine Trillerpfeife zur Ordnung gerufen werden musste, irgendwo gab ein Motorrad ordentlich Gas, ein Vogelschwarm zog kreischend über uns hinweg, die Hufe eines Pferdes im Galopp klapperten auf dem Asphalt, und während unsere Personalien geprüft wurden, fegte ein kühler Wind durch die Stadt. Die Situation löste sich so schnell auf, wie sie entstanden war: Taxi öffnete die Hand und wackelte mit den Fingerspitzen, ich gab ihr mein restliches Geld, sie verteilte es zwischen den Beamten und reichte der Frau aus dem kleinen roten Auto alle Münzen, die sie noch in ihrer Hosentasche finden konnte, wir bekamen unsere Pässe und Migrationskarten zurück, es wurden noch ein paar Worte auf Russisch gewechselt, jemand machte anscheinend einen Witz, alle lachten, und dann fuhr erst die Frau davon und dann die Beamten, das Großmütterchen schleppte sich weiter, das junge Pärchen schoss vor dem Panzer noch ein Selfie, und ich sah zu Bryan hinunter, der sich in dem ganzen Gewimmel auf die Bordsteinkante gesetzt hatte.

»Wow«, sagte er und rührte mit der Spitze seines Zeigefingers in einem Batzen des grauen Schleims herum, der aus den Ritzen zwischen den Betonplatten quoll.

»Igitt«, sagte ich, »lass das!«

»Nein, nein!«, rief er. »Schaut doch mal!«

Er pikte seinen Finger an verschiedenen Stellen in die Substanz, und jedes Mal wich sie ihm aus, ganz langsam zwar, sodass er sie doch immer wieder erwischte, aber es war zu erkennen, dass dieses merkwürdige Zeug irgendwie auf seine Berührungen zu reagieren schien.

»Was ist das, Taxi?«, fragte er.

Keine Antwort.

»Taxi?«, fragte er.

Aber Taxi war nicht mehr bei uns, weder beim Bus noch irgendwo auf dem Bürgersteig. Wir suchten nach ihr hinter dem Panzer, zwischen den Grabplatten der Gedenkstätte nebenan, bei der Ewigen Flamme für die Gefallenen in den Kriegen des 20. Jahrhunderts und zu Füßen der Basaltsäule für die Gefallenen aller zukünftigen Kriege, und schließlich entdeckten wir sie in einer kleinen Parkanlage ganz in der Nähe, wo sie mit angezogenen Beinen auf einer Bank kauerte. Als wir uns zu ihr setzten, begann sie zu zittern. Ich legte meinen Arm um sie, aber sie stieß mich sofort von sich weg.

»Was ist los?«, fragte Bryan.

Ich holte meine Zigaretten heraus und bot Taxi eine an, wir rauchten schweigend und starrten in den Morgennebel über dem Fluss, der hier in einer weiten Kurve grau und träge an der Stadt vorbeifloss.

»Woran denkt ihr?«, fragte ich.

»Ich denke an das Ende«, sagte Bryan fröhlich.

»Ich auch«, flüsterte Taxi.

»Aber es hört einfach nie auf, oder?«, sagte ich.

»Irgendwann schon«, sagte Bryan.

»Nein«, sagte Taxi. »Ich bin doch bloß eine lebende Tote, wie wir alle hier. Nicht mal die Russen wollen irgendetwas mit uns zu tun haben.«

»Aber doch nur«, entgegnete ich, »damit der Dritte Weltkrieg nicht ausbricht.«

»Na und?«, sagte Taxi. »Wenn die Welt uns gerade nicht komplett ignoriert, dann lacht sie uns aus. Und das Schlimmste daran ist: Wir sind ja selbst schuld. Wer zwingt uns, so zu leben? Es ist so friedlich hier. Wer nicht spurt, verschwindet einfach. Ich bewege mich auf eine Sackgasse zu, und wenn ich mich umdrehe, dann ist da … tja, was denn eigentlich? Es ist doch einfach nur zum Kotzen.«

»Kannst du nicht nach Moldau gehen?«, fragte ich.

»Wer will denn schon nach Moldau?«, sagte Taxi. »Mein Pass ist nichts wert. Mein Geld ist nichts wert. Meine Ausbildung ist nichts wert. Außer hier. Nur in Tiraspol gibt es mich. Nirgendwo sonst.«

»Moldau ist das schönste Land der Welt«, flötete Bryan.

»Du hast eine Ausbildung?«, fragte ich.

Aber Taxi winkte bloß ab und schnippte ihre Kippe in hohem Bogen von sich weg. Sie landete auf der Gehwegplatte und rollte ein paar Zentimeter in Richtung des Flusses, wo sie zwischen einigen Gräsern hängen blieb, die aus einem Schlagloch hervorwuchsen. Sofort trat die graue Substanz an die Erdoberfläche, legte sich um den qualmenden Filter und löschte die Glut von einer auf die andere Sekunde.

»Taxi?«, fragte Bryan. »Was ist das?«

Taxi ließ die Lippen flattern.

»Das«, antwortete sie, »ist ein Problem.«

»Was für ein Problem?«, fragte er.

»Ein sehr, sehr altes. Aber für so etwas bist zu jung. Darum sollte sich jemand wie du nicht kümmern müssen. Können wir jetzt weiterfahren?«

»Wenn du uns verrätst, wohin«, sagte ich, »dann gerne.«

»Es ist nicht weit«, sagte Taxi. »Ich bin mir sicher, dass mein braver Abdominis euren Freund bei Leuten untergebracht hat, die sich ... nun ja ... gut um ihn gekümmert haben. Aufgeschlossene Leute, eurer und unserer Kultur gegenüber. Gastfreundliche Leute, die etwas von den Konsequenzen der Geschichte verstehen. Wenn sie ein hartes Urteil fällen, dann hat das immer Hand und Fuß. Aber sie schlagen niemals Fremde zusammen und rauben sie danach aus. Das ist schon viel wert in meiner Heimat.«

»Ich bin kein Kind, Taxi«, sagte Bryan und stand auf, »war ich noch nie. Was ist eine Konsequenz der Geschichte? Das da vielleicht?«

Er zeigte auf den grauen Schleim zu unseren Füßen, der unentwegt blubbernd zwischen den Gehwegplatten hervortrat.

Taxi schüttelte bloß den Kopf.

»Kommt jetzt endlich«, befahl sie. »Auch wenn die Zeit hier schon lange stehen geblieben ist: Für euch zwei Idioten tickt die Uhr.«

Wir gingen zurück zu Leons Kleinbus, und Taxi navigierte mich durch die Stadt bis vor einen niedrigen Wohnblock in einer kleinen holprigen Straße, die von hohen grünen Bäumen gesäumt war. Als ich den Wagen unter einer Platane parkte, platschten sofort dicke graue Tropfen auf die Windschutzscheibe. Gemeinsam betraten wir das Haus und stiegen die Treppe in den zweiten Stock hinauf. Dort klingelte Taxi an einer Tür, und als sich niemand meldete, klopfte sie zweimal gegen das Holz. Jemand öffnete, blieb aber in der Dunkelheit des Korridors hinter der Tür versteckt. Taxi trat hinein und bedeutete uns mit einer Handbewegung, noch einen Moment zu warten.

»Моя птичка«, hörten wir eine Frauenstimme von drinnen, dazu zwei Kussgeräusche.

»Mama, das ist Daytona und ihr kleiner Freund«, sagte Taxi auf Deutsch und zog die Tür weit auf. »Sie sind hier zu Besuch, um unser Land kennenzulernen.«

»So wie unser lieber Ronny?«, fragte Taxis Mama freundlich. »Das ist schön.«

Bryan und ich begrüßten höflich die kleine rundliche Frau mit hochtoupiertem schwarzem Haar, eng anliegendem Kleid und dicker Perlenkette um den Hals.

»Kommt mit«, rief sie und wackelte den Korridor hinunter, »kommt mit, wir essen gerade.«

Wir gingen ihr hinterher zu einem Raum am Ende des Flurs, und als wir über die Schwelle traten, fürchtete ich schon, den ausgeweideten Leib Ronny Neugebauers von einem Haken an der Decke hängen zu sehen, aber nichts da: Ronny saß mit roten Flecken im Gesicht und einem blauen Auge munter in der hölzernen Sitzecke einer engen Küche, auf dem Tisch vor sich Schalen mit dampfenden Fleischstücken, Brot, Kaviar, Gemüse und Teigtaschen, dazu Einmachgläser und Bonbonnieren aus Porzellan, Teller, Besteck, Soßenschüsseln und eine teure Flasche Sekt von der politisch umstrittenen Halbinsel Krim.

»Sepulveda! Campbell!«, rief er.

»Setzt euch«, sagte Taxis Mama.

»Wo kommt ihr denn her?«, fragte Ronny und fügte in breitestem Brandenburgisch hinzu: »Na los doch: Ran an 'n Sarch und mitjeweent!«

Wir setzten uns. Ich rückte an Ronnys Seite, Bryan zog ich zu mir, Taxi und ihre Mama nahmen nebeneinander auf zwei Stühlen Platz, die auf der anderen Seite der Küche an der Wand standen.

»Esst«, sagte Taxis Mama.

»Ihr nicht?«, fragte ich.

»Erst die Gäste«, sagte Taxi und rollte mit den Augen.

Während wir aßen und tranken, fragte ich Ronny, ob alles in Ordnung sei. Er antwortete, dass ihm sein Gesicht und der Rücken wehtun würden, aber man habe ihm Tabletten gegeben, und die würden gut helfen.

»Aber warum bist du hier?«, fragte ich.

»Woher soll ich das wissen?«, sagte er. »Ich habe keine Ahnung, wer diese Leute sind und warum sie tun, was sie tun. Aber sie sind sehr nett und kochen richtig gut.«

»Hast du sie mal irgendetwas gefragt?«

460

»Na ja, ich habe gefragt, wo ich bin. Aber sie haben mir bloß vom Krieg erzählt. 585 Leute sind hier damals gestorben, wusstest du das? Doch jetzt herrscht wohl Frieden.«

»Frieden«, sagte Taxis Mama und zeigte lächelnd auf alle Speisen, die wir noch nicht angerührt hatten.

Von irgendwo war eine tiefe Stimme zu hören, eine Tür knallte ins Schloss. Jemand ging mit schweren Schritten durch den Flur und brachte die Gläser in der Küche zum Vibrieren. Taxi und ihre Mama schauten zur Seite und standen auf. Ein großer Mann in hellgrauer Uniform kam herein und blickte kurz zu uns, dann gab er Taxis Mama einen Kuss auf die Wange und nahm Taxi lang in den Arm.

»Mein Papa«, sagte Taxi.

Taxis Papa brummte irgendetwas, ging zum Tisch, gab Ronny und Bryan die Hand und steckte sich ein Stück knallrote Paprika aus einem der Einmachgläser in den Mund.

»Der Herr Genosse Polizeichef«, sagte Ronny. »Ein wichtiger Mann.«

»Entschuldigung, bitte ...«, sagte ich, aber Taxis Papa hatte sich schon wieder weggedreht und war gerade dabei, sich seine Uniformjacke auszuziehen.

Taxis Mama half ihm dabei, und als sie damit fertig war, nahm sie die Deckel der Bonbonnieren auf dem Tisch ab und wühlte mit ihren Fingern zwischen den in Plastikfolie verpackten Süßigkeiten.

»Konfekt«, sagte sie. »Aus der Ukraine. Aus Sankt Petersburg. Aus Samarkand.«

»Lecker, lecker«, sagte Ronny.

»Bitte«, sagte ich vorsichtig, »essen Sie doch auch etwas.«

Taxis Mama schüttelte den Kopf.

»Doch, doch«, sagte ich, »bitte, bitte.«

Bryan klaubte eine Praline aus einer der Bonbonnieren und hielt sie ihr hin. Taxis Mama guckte kurz nach oben, nahm ihm grinsend die Süßigkeit aus der Hand, wickelte die Folie ab und berührte die glatte glänzende Oberfläche der Praline mit der Zungenspitze.

»Wir fahren doch jetzt zurück, oder?«, flüsterte Ronny.

»Natürlich«, sagte ich. »So schnell wie möglich.«

Taxis Mama stand über uns und mampfte mit zusammengekniffenen Augen ihr Konfekt. Ich hörte Taxi leise mit ihrem Papa sprechen. An der Wand tickte die Küchenuhr. Dahinter rauschte Abwasser aus einer der oberen Etagen durch ein Rohr. Taxis Mama kaute und kaute, bis ihr die Tränen aus den Augen liefen, sie kaute und kaute und wischte sich mit dem Handrücken über die Augen, sie kaute und kaute, und über ihre Wangen zogen sich die breiten Spuren einer grauen Flüssigkeit, sie kaute und kaute und stieß auf und fing an zu husten, und aus ihren Augen lief der Schleim hinaus, und Bryan neben mir quiekte laut, und das Geschirr klapperte, als wir den Tisch verrückten, um aufstehen zu können, und Taxi und ihr Papa fuhren herum, und wir zwängten uns an Taxis Mama vorbei, deren Kiefer sich bewegten, deren graue Augen sich bewegten, deren Hände sich bewegten, und ich rief nach Taxi, und Taxi kam sofort herbei, stützte ihre Mama und führte sie aus der Küche in das angrenzende Wohnzimmer hinein, und ihr Papa folgte den beiden, und wir anderen folgten ihnen, blieben aber in der geöffneten Tür stehen, und die Sonne schien zum Fenster herein, und an den Wänden des Wohnzimmers breiteten sich graue Flecken aus, die schon Risse in das Mauerwerk getrieben hatten, und Taxi setzte ihre Mama auf einem Kanapee ab, und Taxis Papa knetete die Hand seiner Frau, und ich fragte Taxi, ob wir irgendwie helfen könnten, aber sie rief nur, nein, nein, wir sollten jetzt gehen, wir würden das nicht verstehen, wir würden das niemals verstehen, und ich warf ihr einen Handkuss zu, drehte mich um und stieß Ronny und Bryan in den Flur hinaus, und wir verließen die Wohnung, und wir verließen das Haus, und wir stiegen unten auf der Straße in Leons Kleinbus ein und fuhren los, die Sonne über uns, deren Licht auf den Fassaden der Stadt glitzerte, sandfarben gestrichene Fassaden, von einer grauen Substanz überzogen, die sich aus allen Ritzen und Einschusslöchern drückte.

Ich versuchte, mich an den Straßenschildern zu orientieren, aber ich verstand die kyrillischen Zeichen darauf nicht, und selbst die wenigen in lateinischen Buchstaben geschriebenen Worte sagten mir nichts. Mir rotierte das Hirn, und ich begann zu spüren, dass ich die Richtung nicht mehr kannte, und zwar überhaupt keine einzige Richtung mehr: Wo lag noch mal die Grenze? Welche Grenze denn? Die Grenze zu Moldau, die Grenze zur Ukraine, die Grenze zum Zarenreich, die Grenze zur Sowjetunion, die Grenze zum Fegefeuer, die Grenze zum Garten Eden? In den Bäumen am Straßenrand hockten die Skelette der Vögel und schmiegten sich um Hilfe tschilpend aneinander. Auf dem Bürgersteig standen Männer mit schütteren Frisuren und in hellen Anoraks herum und starrten ins Leere. Und am Himmel schoben sich die Wolken zusammen, dunkelgraue Wolken, aus denen der graue Regen fiel über dem grauen Land, das nur so tat als ob unter den Wolken, die nur Wolken waren oder vielleicht auch nicht, im Regen, der nur ein Regen war oder vielleicht auch nicht. Wer schlich da ein und aus im großen Haus der Verzweiflung am Ende der Strada Karl Liebknecht? Wer verbarg sich unter den Masken am 2. September, wenn überall im Land die Gründung der Republik gefeiert wurde? Wer zahlte in die geheimen Kassen ein? Wer hatte einen Überblick, wie viele Granaten im Umlauf waren? Wer ging zur Mittagsstunde von Tür zu Tür und wollte nur mal ein paar Fragen stellen? Wer stattete die Würger mit Handschuhen aus? Wer fuhr des Nachts mit seinem Kahn auf dem Fluss Dnister umher, aufrecht stehend, gestützt auf einen Spazierstock, die schwarzen Umrisse scharf ausgeschnitten vom weißen Licht des Mondes über den Militärbaracken, Plattenbauten und stillgelegten Textilfabriken? Wer versank in den Fluten? Wer trat voller Stolz ans Maul des Löwen, den Brief mit den Namen in der Jackentasche, und spottete all jenen, die ihn dabei beobachteten? Wer griff zum Telefon, als der Präsident sich als Verschwörer zu erkennen gab? Wer ruhte noch, wer war schon wach? Wer kümmerte sich um die Körper der Erschossenen? Wer trieb die Pestratten über die Brücken ins Feindesland? Wer weinte, wer lachte, wer schwieg?

»Halt!«, rief Ronny plötzlich, während wir durch die Straßen rasten.

»Was denn?«, brüllte ich.

»Ich soll doch noch ein Foto machen«, sagte er. »In ... warte mal ... wie heißt der Ort noch gleich? B... Ben... Bender! Ja, in Bender!«

»Warum?«, fragte ich. »Bist du irre?«

»Nein, nein«, antwortete er, »da gibt es eine Festung, und von dort flog der Baron Münchhausen auf der Kanonenkugel nach ... na ja, irgendwohin halt!«

»Wir fahren jetzt zurück!«, polterte ich.

»Ich würde die Kanonenkugel gerne sehen«, sagte Bryan.

»Und ich muss dieses Foto machen«, sagte Ronny. »Das haben sich Taxis Eltern so sehr von mir gewünscht. Als Erinnerung an meine Zeit hier.«

»Ich glaubs nicht«, stöhnte ich, »ich glaub ... es ... einfach ... nicht ...«

»Bitte, bitte, Sepulveda«, flehte Ronny. »Ich will niemanden enttäuschen.«

»Ich auch nicht«, sagte Bryan.

»Ach«, sagte ich, »ich ja auch nicht. Also gut. Machen wir dein bescheuertes Foto, und dann aber nichts wie weg.«

So unwahrscheinlich das auch klingen mag: Ronnys Schwachsinn bewirkte in mir, dass ich wieder etwas klarer denken konnte, also orientierte ich mich anhand der Straßenschilder, und kurz darauf erreichten wir die Stadt Bender, die anscheinend sowieso auf dem Weg zur Grenze lag. Die Festung befand sich auf der anderen Seite des Flusses Dnister und war schon aus der Ferne zu sehen. Auf dem Parkplatz davor stellte ich den Bus ab und blickte mich beim Aussteigen nach allen Seiten um: nichts Ungewöhnliches. Nur über Tiraspol im Osten und Chişinău im Westen brauten sich zwei kleine Gewitter zusammen.

Die Kanonenkugel befand sich direkt hinter dem Eingang zum Festungsgelände. Ronny ging schnurstracks darauf zu, kletterte hinauf, rief irgendetwas und ruderte dabei kräftig mit den Armen. Ich schoss ein Foto mit meinem Handy, dann war Bryan dran. Auch er kletterte hinauf und lächelte verzagt, und Ronny und ich machten Fotos von ihm.

»Und jetzt du, Sepulveda«, sagte Ronny.

»Ich habe keine Lust«, sagte ich.

»Doch, doch«, sagte Ronny, »komm, mach schon.«

Mit hängenden Schultern ging ich zu der Kugel und setzte mich obendrauf.

»Sag: Angelina Jolie!«, rief Ronny, mich im Display seines Handys betrachtend.

»Andie MacDowell!«, rief ich zurück.

Um mich herum breitete sich das leere Festungsgelände aus, eingefasst von hellen Mauern und dicken Türmchen, dahinter das Grün der Bäume und das hügelige Land, wo eine Armee Position bezogen hatte, Reiter und Lanzenträger und Füsiliere mit Schnauzbärten, angeführt von einer slawischen Kriegerprinzessin, die mit Lederstirnband und einem Brustschutz aus Kettenringen in diesem Augenblick auf ihrem Wallach Tomáš den Abhang hinabritt, um ihren zahllosen Feinden mit ihrem brennenden Bronzeschwert die blöden Rüben abzuschlagen, Feinden mit Panzerfäusten und Klobürsten und Amphibienfahrzeugen, die auch nicht zu sagen wussten, wie ihnen geschah, als der Pfeilhagel und die Fassbomben und die Ultraschallwellen sie trafen, aber so war das nun mal unter den vielen kleinen Gewittern, die von einer Ecke der Welt in die andere zogen, um sich irgendwann irgendwo über den gewaltigen Fluten der Ozeane in nichts aufzulösen.

»Alles klar?«, fragte Ronny.

»Alles klar«, sagte ich, atmete tief durch und stieg wieder von der Kanonenkugel herab.

STARBUCKLE

»Schläft Ronny?«

»Ja. Mit offenem Mund.«

»Du, Campbell …«

»Bryan.«

»Ja, natürlich: Bryan. Entschuldige.«

»Was ist denn?«

»Wie geht es dir?«

»Gut. Ich habe ein paar merkwürdige Dinge gesehen.«

»Ich auch. Taxi … ihre Eltern … diese Stadt … dieses Land … Ich frage mich gerade, ob du irgendetwas davon verstehst.«

»Nicht viel. Ich bin ja gerade erst fünfzehn geworden. Und mit Geschichte kennt sich mein Bruder besser aus.«

»Ich wollte damit nicht sagen, dass ich dich für zu blöd halte oder so. Ich habe nur gerade das Gefühl, dass ich gerne wissen möchte, was du darüber denkst, weil ich es ja selbst nicht so richtig verstehen kann. Und ich kenne mich ein bisschen mit Geschichte aus, das kannst du mir glauben.«

»Nett von dir, Daytona. Aber wie gesagt: Ich bin ziemlich verwirrt … und ängstlich vielleicht. Nein, nicht ängstlich – da ist bloß so eine Furcht, aber noch hinter dem Horizont, also zu weit weg. So als ob …«

»… du alles ganz, ganz genau gesehen hast, aber dir einfach keinen Reim darauf machen kannst?«

»Ja, in etwa.«

»Fühlst du dich überfordert?«

»Ganz bestimmt. Aber Kinder sind immer und überall überfordert. Teenager sowieso.«

»Hm. Das ist, glaube ich, die Frage, die sich auch Erwachsene immerzu stellen: Wie weiter? Nur dass wir uns diese Frage oft zu ganz unterschiedlichen Zeiten und mal mehr, mal weniger laut stellen müssen, um daraus eine Antwort zu entwickeln, nach der wir handeln können. Ihr Kinder handelt immer sofort, ohne darüber nachzudenken.«

»Das Ergebnis ist das gleiche.«

»Das glaube ich auch. Oder: Die Unterschiede sind zumindest minimal. Verschwindend. Fast nicht mehr existent.«

»Aber es gibt sie trotzdem, oder? Diese Unterschiede?«

»Ja, die gibt es. Nur mal ein Beispiel, aus aktuellem Anlass: Die Sowjetunion von heute – also so, wie sie nur noch im winzig kleinen Transnistrien gelebt wird – ist so ein Unterschied im Vergleich zu der unfassbar großen Sowjetunion, wie sie vor 1989 und bis zum endgültigen Zusammenbruch 1991 gelebt wurde. Da gibt es also eine Kontinuität auf der einen Seite, und es gibt einen fundamentalen Unterschied auf der anderen Seite. Und trotzdem wird beides in der Gegenwart miteinander in Einklang gebracht, irgendwie. Und das ist doch einfach zum Verrücktwerden! Aber das Verrückte daran wird eigentlich nur umso deutlicher, je länger man darüber nachdenkt, also auch über die Vergangenheit, die Gegenwart und die Zukunft dieser einzelnen Tatsache.«

»Eine Tatsache, die sich möglicherweise ein Kind ausgedacht hat?«

»Na ja, vielleicht kein Kind … aber jemand mit kindlichem Verstand. Ich weiß auch nicht … Es ist halt, wie es ist. Deal with it, würde mein Papa sagen.«

»Ist dein Papa nett?«

»Sehr nett. Und sehr still. Er mag Autos. Und er hat mich niemals verurteilt. Warum sollte er auch? Ich war immer brav und hab nie irgendwo herumgelungert. Immer habe ich irgendetwas gemacht, womit er vielleicht nicht viel anfangen konnte – aber dass ich überhaupt irgendetwas gemacht habe: Das war dann schon ziemlich okay für ihn.«

»Die Spiele?«

»Ja, zum Beispiel.«

»Und deine Mama?«

»Wir verstehen uns. Manchmal ist es besser für uns beide, wenn wir uns eine Zeit lang aus dem Weg gehen. Was jetzt ja nicht so schwer ist: Wir leben auf unterschiedlichen Kontinenten. Aber früher war das nicht so einfach.«

»Hm.«

»Was ist mit deinen Eltern? Lebt ihr alle zusammen auf eurem Schloss?«

»Ja. Jeder in seinem Flügel. Und zwischen unseren Flügeln bewegt sich eigentlich nur die Dienerschaft hin und her. Wir haben oft Regen in Schottland. Es kann passieren, dass ich wochenlang nicht rausgehe. Campbell kann mich jederzeit anrufen. Aber manchmal hebe ich erst gar nicht ab, wenn es klingelt.«

»Was ist mit dir? Campbell macht ja seine Spiele und wahrscheinlich nicht viel nebenher. Was machst du denn?«

»Ich helfe meinem Bruder. Wenn er eine Frage hat, dann versuche ich, sie ihm zu beantworten. Ich lese viel. Und wenn ich nicht lese, dann schaue ich Campbell gerne beim Arbeiten zu. Wenn er etwas von unseren Eltern oder von den Bediensteten braucht, dann rede ich mit ihnen. Wie gesagt: Wir unterscheiden uns nicht groß voneinander.«

»Das gefällt mir gut. Aber jetzt werdet ihr langsam erwachsen. Da wartet noch die eine oder andere Überraschung auf euch.«

»Wir sind fast zurück, oder?«

»Ja, es nicht mehr weit. Schau: Dahinten – das müsste Chişinău sein.«

»Meinst du, es brennt noch?«

»Nee, glaube ich nicht. Guck doch: Es hat geregnet. Draußen ist alles ganz nass.«

»Du fliegst bald nach Hause, oder?«

»Ja, ich glaube schon. Ich muss mich ausruhen.«

»Und dann? Machst du wieder ein Spiel?«

»Ja, dann mache ich wieder ein Spiel.«

»Du könntest auch etwas anderes machen, oder?«

»Ja? Was denn?«

»Ich weiß nicht … Eine Windmühle bauen? Oder besser: eine Achterbahn!«

»Ja, das könnte ich echt mal machen. Eine Windmühle, zusammengehämmert aus alten Autoteilen. Und daneben eine Achterbahn, die in die Unendlichkeit reicht und auf der die Fahrgäste bis an ihr Lebensende kreischend durch die Loopings, Rollen, Helices und Korkenzieher sausen, bis der Fahrtwind ihre bleichen Knochen von den Sitzen und in die Nacht hinaus weht.«

»Hm. Du könntest aber vielleicht auch ... etwas malen! Ein großes Bild vielleicht.«

»Aber was wäre denn auf dem Bild zu sehen? Ich kann nicht besonders gut malen.«

»Hm ... Du könntest uns malen. Also Elke, Arno, King, dich und mich. Johanna. Clark. Cazimir. Ronny. Taxi und ihre Hitlerfreunde. Ioana. Leon. Pawel. Starbuckle. Moonshine und Maxim. Spyderling. Wie wir im Garten stehen, alle zusammen. Bei Neumond vielleicht?«

»Moment mal, wer ist denn Starbuckle?«

»Hä? Na Spyderlings Wolfspudel natürlich! Hast du den nicht im Haus und im Garten herumlaufen sehen?«

»Ich glaube nicht. Vielleicht habe ich aber auch immer in die falsche Richtung geguckt, wenn er gerade da war.«

»Starbuckle ist ganz zutraulich. Wenn man zu ihm sagt ›Tadaaa!‹, dann versucht er, auf zwei Beinen zu laufen.«

»Echt? Dann sollte er unbedingt beim Zirkus arbeiten.«

»Ich muss mal.«

»Jetzt?«

»Dringend!«

»Gut, gut, ich fahre da vorne rechts ran. Aber beeil dich.«

Ich hielt am Straßenrand unter einem großen Baum. Bryan sprang aus dem Kleinbus, pinkelte in einen Busch und stieg wieder ein. Das Leben konnte so einfach sein.

»Okay, alles erledigt. Was ist denn nun mit dem Bild von uns allen im Garten?«

»Das ist nicht so einfach, Bryan. Es ist ganz schön viel passiert, seit wir uns zum ersten Mal getroffen haben. Ich wüsste gar nicht, wie so ein Bild jetzt aussehen sollte, nach all der Zeit.«

»Na ja, es müsste schon ganz schön bunt sein. Und fröhlich. Aber auch traurig. Genau so, wie sich jeder von uns manchmal fühlt.«

»Warum malst du es nicht?«

»Nee, ich kann so etwas nicht. Ich bin ja noch so klein. Ich habe andere wichtige Aufgaben. Aber du, Daytona – du könntest das. Du könntest so ein Bild malen. Das weiß ich ganz genau.«

»Du bist süß. Guck mal: Da sind schon die Walnussbäume. Wir sind fast da.«

»Sehr gut. Ronny wacht auch gerade auf. Wie spät ist es denn? Zeit fürs Abendessen?«

»Ja, ich glaube schon.«

HOME

Von meinem Fenster aus sah ich den Garten … Aber was habe ich wirklich gesehen? Jedenfalls keinen brennenden Arno Picardo im Sonnenstuhl, keine brennende Johanna van Tavantar an der Pergola, keinen brennenden Bryan Campbell auf der Wiese. Wer denkt sich nur solch einen Quatsch aus? Auf dem Schreibtisch in meinem Zimmer: ein Gutschein für ein Flugticket, das Ziel sei von mir selbst zu bestimmen. Das Herrenhaus des Weingutes als Spielbrett gedacht: das Aktionsfeld *Kaminzimmer*, das Aktionsfeld *Rauchsalon*, das Aktionsfeld *Ludothek*, das Aktionsfeld *Balkon (zum Garten hinaus)*, das Aktionsfeld *Küche*, das Aktionsfeld *Verwaltungsbüro*, das Aktionsfeld *Speisezimmer*, das Aktionsfeld *Terrasse*, das Aktionsfeld *Pool*, das Aktionsfeld *Spyderlings Privatgemächer*, das Aktionsfeld *Flur mit Treppenhaus*, das Aktionsfeld *Johannas Zimmer*, das Aktionsfeld *Mein Zimmer*. Und irgendwo jenseits des Spielfeldrandes: der Garten. Darüber: ein Gewitter. Darin: siebenundneunzig schwebende Fernseher, auf jedem von ihnen eine Fotografie aus den Tiefen des Dschungels von El Salvador, aufgenommen mit Abbys Kamera. Und irgendwo weit jenseits des Spielfeldrandes: das Tunnelsystem unter dem Weingut, der Club Transistor in Chişinău, das Ufer des Flusses Dnister in Tiraspol. Moldau ist das schönste Land der Welt, Spyderling zum Trotz. Worum gehts denn überhaupt? Na ausschließlich um mich, ihr kümmerlichen Erdlinge! Aus dem Arschloch der Galaxis bin ich gekommen, um euch meinem Willen zu unterwerfen. Typisch Amerikanerin, werdet ihr sagen. Na und wenn schon – was wollt ihr denn machen? Insekten werden mir folgen, die euren Planeten in eine Wüste verwandeln. Am Horizont lodern schon die Feuer, seht mal genau hin – das ist die Front, die alle Himmelsrichtungen und selbst die Himmelsrichtungen zwischen den Himmelsrichtungen umfasst. Und dabei bin ich nur die allerkleinste Gefahr innerhalb der allergrößten Gefahr. Erinnert euch bloß an Lupa Rossa, die linksterroristische Werwölfin aus Umbrien! Erinnert euch an Calamity Jane! Erinnert euch an Ellen Ripley! Erinnert euch an Jennifer Vulcanesti! Erinnert euch an Abby Montevertigo! Kniet nieder vor euren Kriegsherrinnen, küsst euren War Ladys den Ring! Alles geht seinem Ende zu.

Ich ging, ohne jemandem Bescheid zu geben. Außer Leon. Er fuhr mich am frühen Morgen zum Flughafen. Die letzte Nacht hatte ich allein in meinem Bett verbracht. Noch vor Sonnenaufgang war ich hinunter zum Pool gegangen, eine Tasse Kaffee ohne Milch oder sonst irgendetwas in der Hand, und hatte mich auf die Sonnenliege gesetzt, den Wolfspudel Starbuckle zu meinen Füßen, der ganz leise im Schlaf summte. Sobald ich Leon verschlafen zwischen den Sträuchern sah, winkte ich ihn heran und erklärte ihm alles. Er war missmutig, aber einverstanden. Vor dem Eingang zum Flughafen hielt er in dem für die Taxis reservierten Bereich.

»Auf Wiedersehen, Daytona«, sagte er.

»Auf Wiedersehen, Leon«, sagte ich.

Ich öffnete die Beifahrertür, stieg aus und holte meinen Reiserucksack aus dem Fußraum.

»Und … Leon?«, sagte ich.

Leon sah mich an.

»Большое спасибо«, sagte ich.

Leon nickte mir zu.

Am Schalter buchte ich mit Spyderlings Gutschein einen Flug nach Kathmandu, der über Istanbul ging. Leipzig? Ha! Cheyenne? No way! Me llamo Daytona. Noch kann ich mich atmen hören.

Da ist das weiße Licht, und da ist die karge Weite zu Füßen der Berge. Wind weht. Geier kreisen. Könnt ihr mein Lachen im Schatten der letzten Gletscher hören?

Hört ihr es?

Hört ihr …

Horcht!